DUMONT *Landschaftsführer*

Zur schnellen Orientierung: Die wichtigsten Orte und Sehenswürdigkeiten Namibias und Botswanas auf einen Blick:

(Auszug aus dem ausführlichen Register S. 317ff.)

In der vorderen Umschlagklappe: Übersichtskarte von Namibia und Botswana

In der hinteren Umschlagklappe: Historische Karte von Deutsch-Südwestafrika (um 1890)

Karl-Günther Schneider / Bernd Wiese

Namibia
und Botswana

Kultur und Landschaft im südlichen Afrika

DUMONT

Abb. Umschlagvorderseite: Himba-Familie im Kaokoveld vor ihrer temporären Wohnstätte *(pontok)*

Abb. Umschlaginnenklappe und Umschlagrückseite: Herero-Frauen beim alljährlichen Treffen in Okahandja

Frontispiz S. 2: Löwen reißen eine Giraffe; Darstellung von 1856

4., aktualisierte Auflage 1996

Satz und Druck: Rasch, Bramsche
Buchbinderische Verarbeitung: Bramscher Buchbinder Betriebe

Printed in Germany ISBN 3-7701-1533-3

Inhalt

Eine Antilope setzt über eine Palisade; Foto um 1905

Vorbemerkungen

Die Darstellung von Namibia und Botswana in einem Kultur- und Landschafts-Reiseführer verlangt zunächst eine kurze Besinnung auf die Frage, was diese beiden Länder an kulturellen und landschaftlichen Attraktionen besitzen, die sie zu einmaligen Reisezielen in Afrika machen. In erster Linie faszinieren die Naturlandschaften: Die Namib-Wüste, der Fischfluß-Canyon, die von Inselbergen besetzten Savannen, die wildreiche Etoscha-Pfanne und die Flußgebiete von Kunene und Okavango sind die Höhepunkte in Namibia, in Botswana üben die Savannen- und Galeriewälder des Chobe-Nationalparks eine besondere Anziehungskraft aus. Das Okavango-Delta mit seiner Durchdringung von Wasser und Land, »ein Meer im Land«, wie es genannt wurde, ist eines der letzten Naturparadiese in Afrika, die Makgadikgadi-Salzsümpfe gehören zu den am schwersten zugänglichen und am wenigsten bekannten Ökogebieten des Kontinents. Die Kalahari-›Wüste‹ überrascht durch ihren Baumreichtum, doch ist das riesige Dornsavannengebiet von der dreifachen Ausdehnung der Bundesrepublik Deutschland wegen Wassermangels ein menschenleeres Gebiet.

Das breite Spektrum an Bevölkerungsgruppen und Lebensformen fesselt völkerkundlich und entwicklungspolitisch orientierte Reisende: Reste der San-(›Buschmann‹-)Kultur als Relikte altafrikanischer Jäger- und Sammlerwirtschaft; traditionelle afrikanische Kleinbauern im Norden Namibias und Botswanas; bedeutende rinderhaltende Gruppen in Nordwest-Namibia und in Botswana, wo sich auch Spuren der ›Tswana-Städte‹ finden, Ansätze vorkolonialer Stadtentwicklung im südlichen Afrika. Durch Einwanderung aus dem Süden wurde das Bevölkerungsspektrum in Namibia um Nama-›Hottentotten‹, die Orlaam, die Rehobother Baster und die Farbigen ergänzt, in der Kolonialzeit kamen Deutsche, Buren und Briten ins Land. Architektonisch manifestiert sich die Vergangenheit in Namibia vor allem in zahlreichen Bauten und Denkmälern aus der deutschen Kolonialepoche (1884 bis 1915), in Botswana trifft man vereinzelt auf Zeugnisse aus britischer Zeit.

Kulturwandel, ›Nation Building‹ im Sinne der Schaffung eines geeinten Staatswesens sowie Fragen von ›Unterentwicklung‹ und ›Entwicklung‹ werden als Probleme Afrikas bewußt. Das Nebeneinander von moderner Farm- und Ranchwirtschaft einerseits und ›rückständigen‹ Kleinbauernbetrieben andererseits ist eine schwere Hypothek für die Zukunft, ebenso die Abhängigkeit der beiden Bergbaustaaten von internationalen Diamanten-, Uran- und Goldkonzernen. Industrie existiert kaum, da Südafrika als einzige Industrienation des Kontinents die Märkte beherrscht.

Auch wenn man sich den entwicklungspolitischen Fragestellungen nicht entziehen kann (und sollte), so bleiben für den Besucher aus einem Industrieland die Stille und Faszination der Natur überwältigend, die Vielfalt der Lebensformen einer Welt im Umbruch beeindruckend – und nachdenklich stimmend.

Namibia: Landeskunde

Von Bernd Wiese

Eine Einführung in die Naturlandschaften, die Geschichte, die Bevölkerung mit ihren unterschiedlichen Kultur- und Wirtschaftsformen, die Städte und Zentren und das sie verknüpfende Verkehrswesen erleichtert die Entscheidung für einzelne Sehenswürdigkeiten, für bestimmte Regionen, Standorte und Routen. Am Anfang der Darstellung stehen die großen Naturräume: Wüsten, Savannen und Salzpfannen. Der Reichtum ihrer Oberflächenformen, ihrer Pflanzen- und Tierwelt, aber auch ihre Gefährdung und die Bemühungen um ihre Konservierung werden vor Augen geführt. Nicht nur Wassermangel und Dürren, sondern der Mensch selbst stellt inzwischen eine erstrangige Bedrohung für die Natur dar. Der Schutz der Naturlandschaften für den Touristen und vor den Touristen hat in Namibia hohe Priorität. Die Naturschutzbehörden sperren nicht ab, aber sie beschränken die Besucherzahlen und verlangen ein ökologisch angepaßtes Verhalten der Reisenden.

Ein ähnlich ›angepaßtes Verhalten‹ ist beim Besuch der traditionellen afrikanischen Bauerngebiete im Norden Namibias notwendig. Hier lassen sich Relikte einer bäuerlichen Gesellschaft und Formen der Landnutzung studieren, die man gemeinhin als ›unterentwickelt‹ bezeichnet. Beobachtung und Nachdenken sind hier jedoch eher angebracht als schnelle Urteile! Die moderne Farmwirtschaft der Weißen kontrastiert mit den traditionellen Bauerngebieten, doch sollte der Reisende auch diese Wirtschafts- und Lebensform hinterfragen, deren Entwicklung für die wirtschaftliche Zukunft Namibias mitentscheidend sein wird. Dies gilt auch für die Betrachtungen zu den vielen verschiedenen Bevölkerungsgruppen des Landes, aus denen eine ›Nation von Namibiern‹ werden soll. Das schnelle Wachstum der städtischen Bevölkerung trägt erheblich zum gesellschaftlichen Wandel bei.

Namibia ist ein Bergbauland, bei Diamanten und Uran gehört es zu den führenden Produzenten der Welt. In den Andenken- und Juweliergeschäften in Windhoek oder Swakopmund kann man herrliche Schmucksteine bewundern, man kann sie aber auch unter fachkundiger Führung selbst in den Wüsten, Halbwüsten und Gebirgen sammeln. Küsten- und Hochseefischerei sind die Grundlage der bedeutendsten Industrien in Namibia und werden deshalb im Rahmen der deutsch-namibischen technischen Zusammenarbeit gefördert.

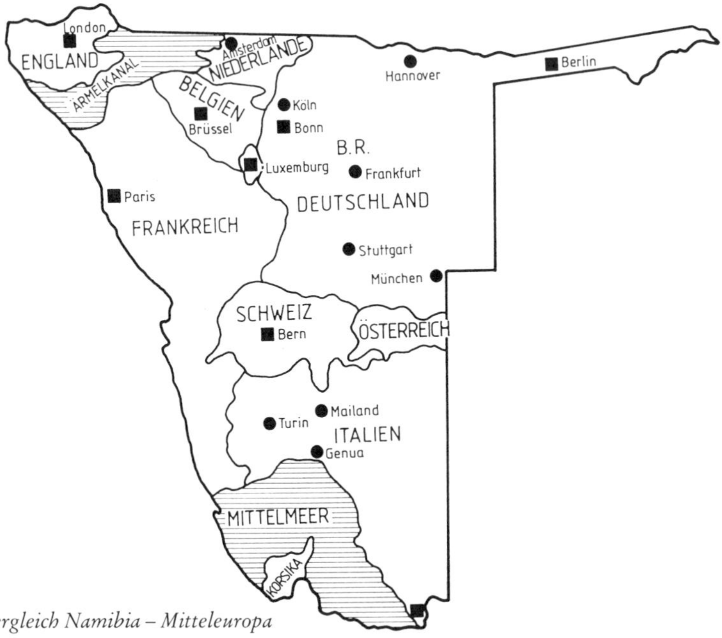

Größenvergleich Namibia – Mitteleuropa

Namibia ist ein Flächenstaat mit einer Ausdehnung von 824 292 km², d. h. mehr als zweimal so groß wie die Bundesrepublik Deutschland (356 945 km²). Die Bevölkerungszahl beträgt aber nur 1,5 Millionen – in der Größenordnung vergleichbar mit der von Hamburg (ca. 1,6 Millionen) –, was eine mittlere Dichte von nur 1,8 Einwohner pro km² ergibt (zum Vergleich: Bundesrepublik Deutschland 223 Einwohner pro km²!). An dieses Phänomen der Menschenleere muß sich ein Reisender aus einem dicht besiedelten Industriestaat Mitteleuropas erst gewöhnen. Die ungleichmäßige Verteilung der Bevölkerung innerhalb Namibias verstärkt diese Situation noch: Von den ca. 1,5 Millionen Menschen lebt über die Hälfte im äußersten Norden des Landes im unmittelbaren Einflußbereich der Flüsse Kunene, Okavango und Zambezi, weitere ca. 200 000 konzentrieren sich in Windhoek, der Rest verliert sich fast in einem riesigen Gebiet. In den ›dicht bevölkerten‹ Farmgebieten beträgt der Abstand zwischen den Farmen ca. 20 km, in den dünn besiedelten Bereichen im Süden und Südwesten steigt er auf 50 bis 60 km! Diese Einsamkeit, heute durch moderne Telekommunikation gemindert, hat den Charakter der deutschsprachigen ›Südwester‹ und der burischen Farmer geprägt: eigenständig, hart im Durchhalten, häufig noch von ausgeprägter Religiosität, bereit zum Improvisieren, aber auch mit einem Hang zum Eigenbrödlerischen.

In großen Teilen Namibias gibt es über Hunderte von Kilometern keinerlei Serviceleistungen für Mensch oder Fahrzeug; man ist auf sich selbst gestellt und muß Fahrten in

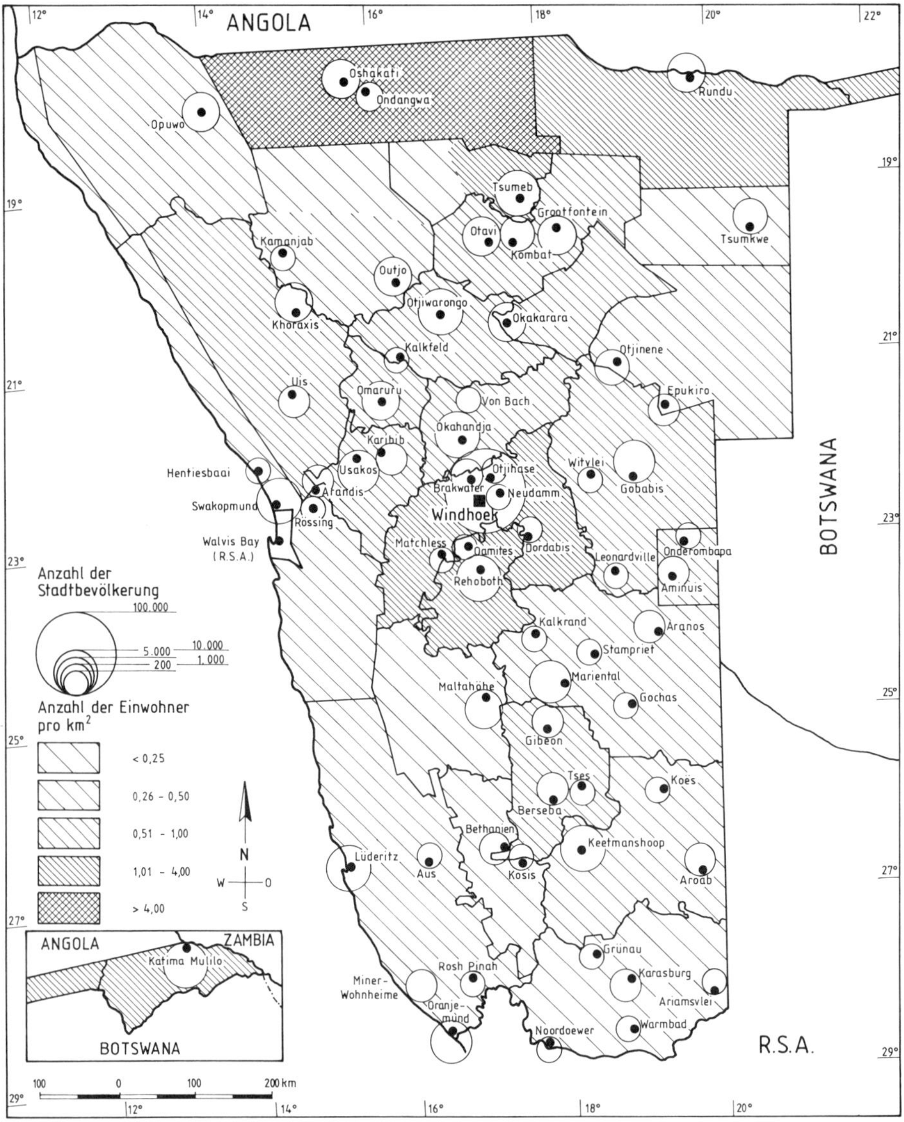

Besiedlungsdichte und Einwohnerzahl der Städte in Namibia (1991)

abgelegene Gebiete und über große Entfernungen sorgfältig planen. Wie die Tabelle auf S. 287 zeigt, beträgt die Distanz zwischen Vioolsdrif/Noordoever am Oranje-Fluß im Süden und Rundu am Okavango im Norden 1528 km, zwischen Swakopmund am Atlantik und Gobabis am Rand der Kalahari 577 km. Eine große Rundreise durch Namibia von Windhoek aus, wie sie mit einem normalen Pkw möglich ist, umfaßt ca. 5000 km! Für eilige Reisende steht das Flugzeug zur Verfügung. Es bietet zugleich die Möglichkeit, Landschaften der Wüste und der Savanne, Gebirge und Canyons, Farmen und traditionelle Siedlungen, Städte und Kleinzentren aus der Vogelperspektive zu erleben. Wanderer können Einsamkeit in Naturlandschaften wie dem Fischfluß-Canyon, im Namib-Naukluft-Wüstenpark oder am Brandberg erleben, auf einer Gästefarm Wild beobachten oder auf der Suche nach Felszeichnungen der San (›Buschmänner‹) durch die Savanne streifen, bzw. auf Jagdfarmen auf Trophäenjagd gehen. Die Atlantikküste und einige Stauseen im Landesinneren sowie die tropischen Gewässer in den nördlichen Landesteilen sind wahre Anglerparadiese – Möglichkeiten für eine abwechslungsreiche Reisegestaltung bietet Namibia also genug.

Ochsengespann mit ›Reisewagen‹ vor einem Akazienhain; Darstellung um 1890

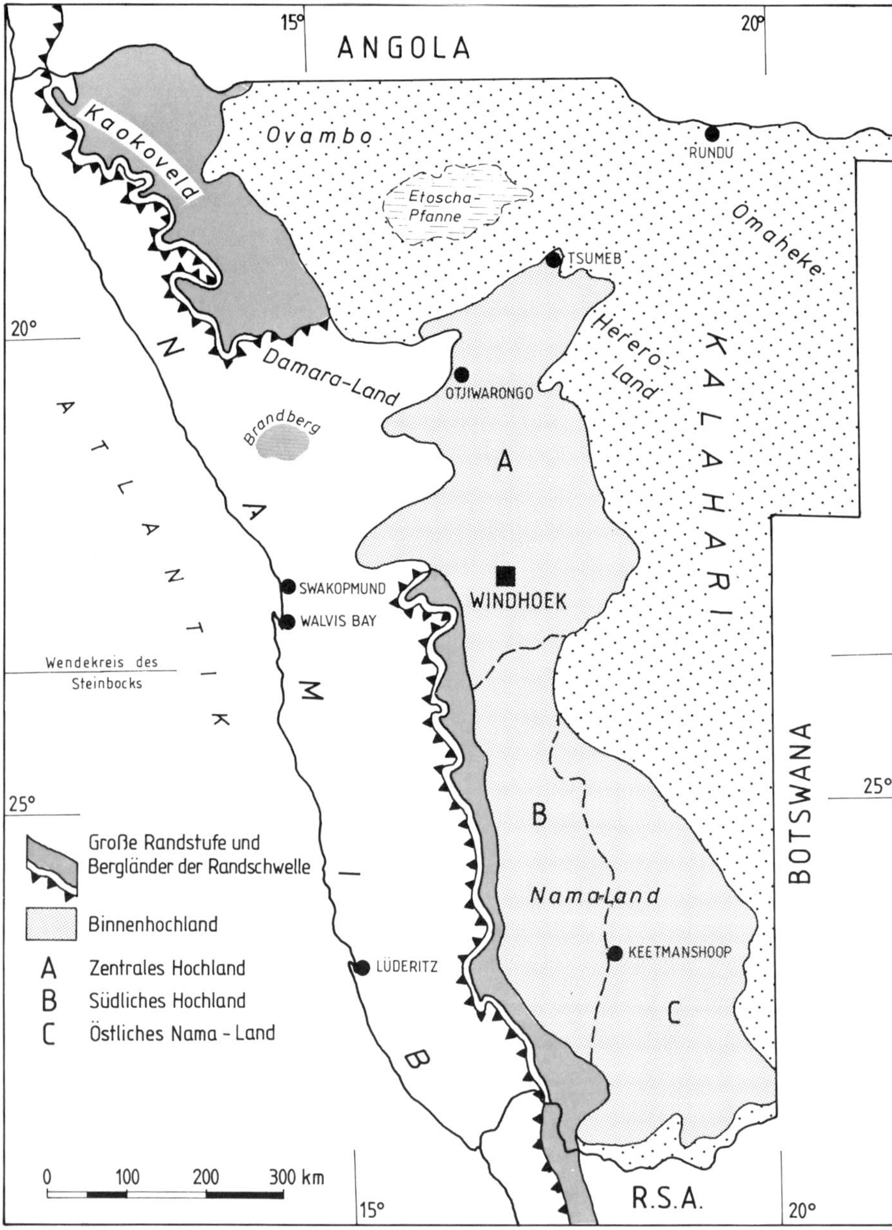

Großlandschaften Namibias

Querprofil durch Namibia von West nach Ost ▷

Natürliche Lebensräume: Wüsten – Savannen – Salzpfannen – Gebirge

Die Gliederung der Naturlandschaften in Namibia folgt zwei Ordnungsprinzipien: der Höhenlage über dem Meer und der Höhe der Niederschläge. Betrachten wir zunächst die Gliederung nach der Höhenlage. Den Westrand Namibias nimmt die **Namib-Wüste** ein. Sie erstreckt sich vom Kleinen Nama-Land im äußersten Nordwesten der südafrikanischen Kapprovinz über den Oranje hinweg an der Atlantikküste entlang über Lüderitz, Walvis Bay und Swakopmund bis zum Kunene-Grenzfluß im Nordwesten des Landes; als schmale Küstenwüste reicht sie noch einige hundert Kilometer nach Angola hinein. In West-Namibia steigt das 80 bis 130 km breite Wüstengebiet vom Niveau des Meeresspiegels allmählich auf 600 m Höhe an. Es wird im Osten begrenzt vom eindrucksvollen Gebirgswall der **›Großen Randstufe‹** und der Bergländer der Randschwelle, die ca. 2000 m Höhe erreichen. Hier ragt der höchste Berg Namibias auf, der Königstein im Brandberg-Massiv mit 2579 m. Das anschließende **Binnenhochland** mit durchschnittlich 1700 m Höhe bildet mit einer Süd-Nord-Ausdehnung von ca. 1500 km das ›Rückgrat‹ des Landes. Es wird von der Städtereihe Keetmanshoop, Mariental, Windhoek, Otjiwarongo, Tsumeb/Grootfontein markiert. Seine höchsten Teile liegen im zentralen Hochland südlich von Windhoek in den Auas-Bergen, wo der Moltke-Blick 2483 m erreicht. Nach Osten und Nordosten nimmt die Höhe unmerklich bis auf ca. 1200 m ab, um in das **Kalahari-Hochbecken** überzuleiten. Hier sind weite, von Trockengehölzen bedeckte Sandflächen, aktive Dünen (zwischen Molopo und Schwarzem Nossob), weite Altdünenfelder und abflußlose, jahreszeitlich wassergefüllte Senken und Pfannen typisch. Verlängert man dieses Profil durch Namibia weiter nach Westen durch Botswana und Südafrika bis an den Indischen Ozean, so wird sichtbar, daß das schüsselförmige Kalahari-Hochbecken die beherrschende Form im Inneren des südlichen Afrika bildet. Es wird gerahmt vom Hochland von Namibia mit dem Nama-Land im Westen und den Hochflächen von Transvaal und Natal im Osten.

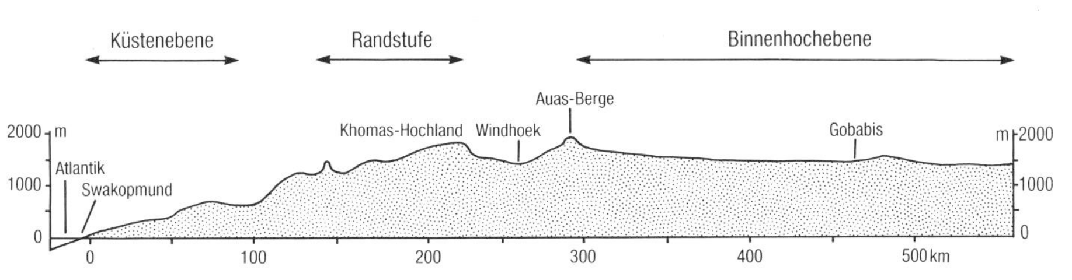

Die höchsten Erhebungen in Namibia

Brandberg (Königstein) 2573 m
Auas-Berge (Moltke-Blick) 2483 m
Großer Gamsberg 2351 m
Erongo-Gebirge (Bockberg) 2350 m
Auas-Berge 2339 m
Kleiner Gamsberg 2332 m
Bismarck-Berge 2301 m
Omatako 2289 m
Erongo-Gebirge (Hohenstein) 2319 m
Groß-Karasberge (Schroffenstein) 2202 m
Charlottenberge 2141 m
Otavi-Berge 2134 m
Eros-Berge 2125 m
Etjo-Berge 2086 m
Onjati-Berge (Prinz-Heinrich-Berg) 2050 m
Khomas-Hochland 2047 m
Baynes Mountains (Topo Point) 2037 m
Kaiser-Wilhelm-Berg 1997 m
Naukluft (Friedensberg) 1974 m
Kleiner Waterberg 1930 m
Tiras 1867 m
Ehombo-Berge 1863 m
Großer Waterberg 1857 m
Huib-Plateau 1786 m
Joubert-Berge (Fahlkuppe) 1784 m
Große Spitzkoppe 1728 m
Brukkaros 1586 m
Kleine Spitzkoppe 1580 m

Höhenlage von Orten in Namibia

Aus 1446 m
Andara 1050 m
Aranos 1220 m
Aroab 1010 m
Bethanien 1000 m
Fransfontein 1120 m
Gobabis 1444 m
Grootfontein 1463 m
Gochas 1150 m
Gibeon 1060 m
Gobabeb (Namib-Forschungsstation) 408 m
Kalkfeld 1520 m
Katima Mulilo 960 m
Karasburg 1014 m
Keetmanshoop 1001 m
Khorixas 1000 m
Lüderitz 11 m
Mariental 1098 m
Maltahöhe 1330 m
Namutoni 1084 m
Okahandja 1342 m
Omaruru 1214 m
Opuwo 1135 m
Otjiwarongo 1460 m
Otavi 1415 m
Outjo 1282 m
Ondangwa 1097 m
Okombahe 954 m
Otjimbingwe 860 m
Rehoboth 1386 m
Rundu 1095 m
Seeheim 710 m
Swakopmund 14 m
Sesfontein 577 m
Tsumeb 1279 m
Usakos 876 m
Warmbad 745 m
Windhoek 1654 m
Witvlei 1456 m

Dieser Großbau der Oberflächenformen ist das Ergebnis einer gewaltigen Aufwölbung des südlichen Afrika seit der Kreidezeit (seit ca. 120 Millionen Jahren). Bei dieser Heraushebung wurden die Ränder stärker aufgewölbt als die Binnenregion und die Saumbereiche gegen die Ozeane abgebogen – eine gewaltige ›Festlandgenese‹, die den Subkontinent Südafrika entstehen ließ.

Die Gegend des Waterbergs in der Regenzeit; Gemälde von Ernst Vollbehr, um 1910

Klima und Wasserversorgung

Das zweite Ordnungsprinzip der naturlandschaftlichen Gliederung Namibias sind die **Niederschläge.** Sie haben entscheidende Bedeutung für die Landwirtschaft und bestimmen damit über ›Wohl oder Wehe‹ großer Teile der Bevölkerung. Die Höhe der Niederschläge nimmt von ca. 700 mm im Norden auf weniger als 100 mm im Süden und Westen ab. Auf nur ca. 20 % der Landesfläche kann Ackerbau auf der Grundlage von Regenfällen betrieben werden, und auch das nur mit erheblichem Risiko. Namibia gehört zur Kategorie der Trockengebiete Afrikas, der Trocken- und Dornsavannen, der Halbwüsten und Wüsten. Der Grad der Aridität, der Trockenheit, nimmt von Westen (*hyperarid* = Vollwüste) über das Binnenland (*arid* und *semiarid* = Halbwüste, Steppe und Dornsavanne) nach Norden (*subhumid* = Trockensavanne) ab. Die Trockengebiete eignen sich nur für eine extensive Weidewirtschaft mit Rindern, Ziegen und Schafen, oder sie sind – wie die Namib-Wüste – menschenleer. Die im nordafrikanischen Trockenraum bekannte Oasenwirtschaft fehlt im

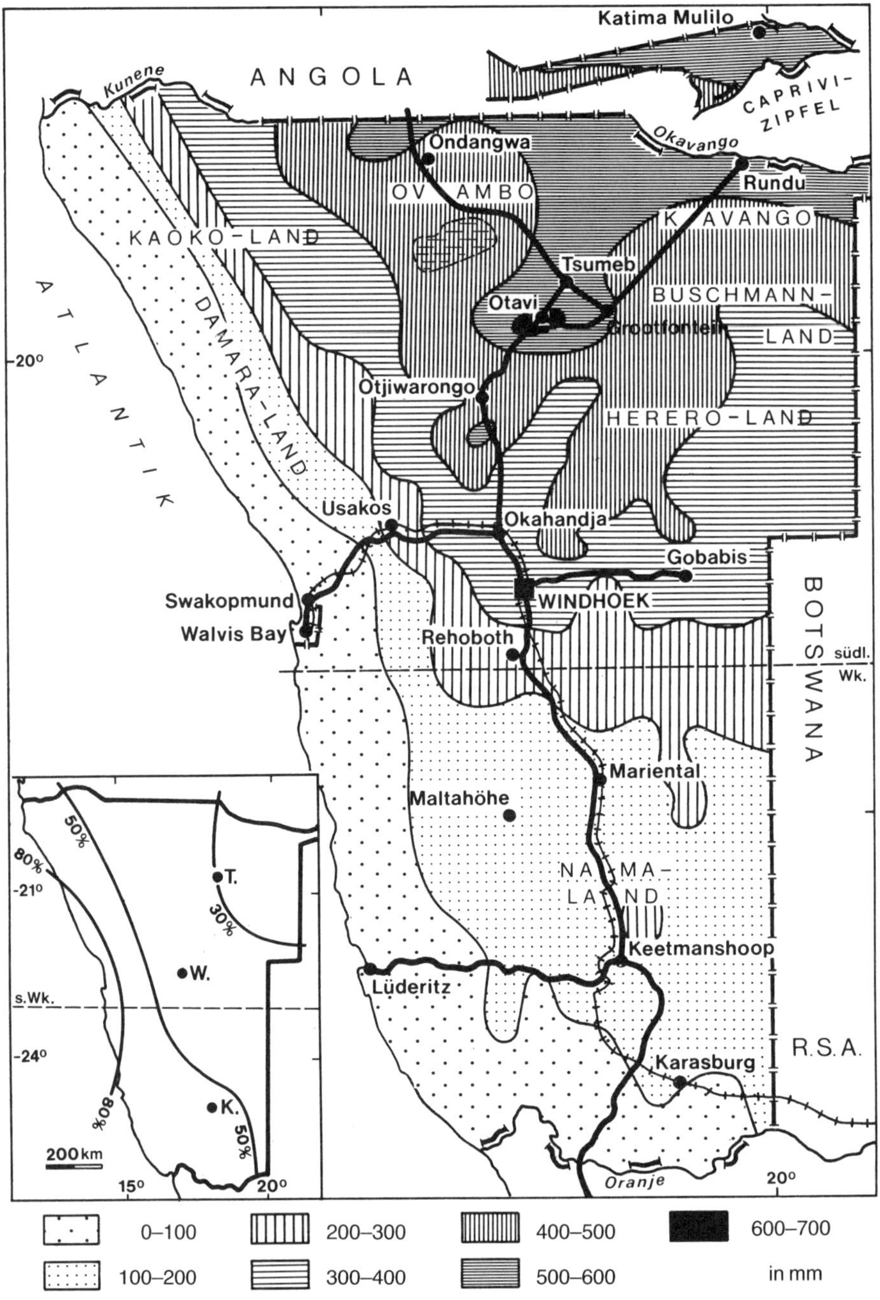
Katima Mulilo
ANGOLA
CAPRIVI-ZIPFEL
Kunene
Okavango
Ondangwa
OV AMBO
Rundu
KAVANGO
KAOKO-LAND
Tsumeb
Otavi
Grootfontein
BUSCHMANN-LAND
ATLANTIK
DAMARA-LAND
-20°
Otjiwarongo
HERERO-LAND
Usakos
Okahandja
Gobabis
Swakopmund
WINDHOEK
Walvis Bay
Rehoboth
BOTSWANA
südl. Wk.
Mariental
Maltahöhe
NAMA-LAND
Keetmanshoop
Lüderitz
Karasburg
R.S.A.
Oranje
20°
50%
80%
T.
-21°
30%
W.
s.Wk.
-24°
K.
200 km
15°
20°
0–100
100–200
200–300
300–400
400–500
500–600
600–700
in mm

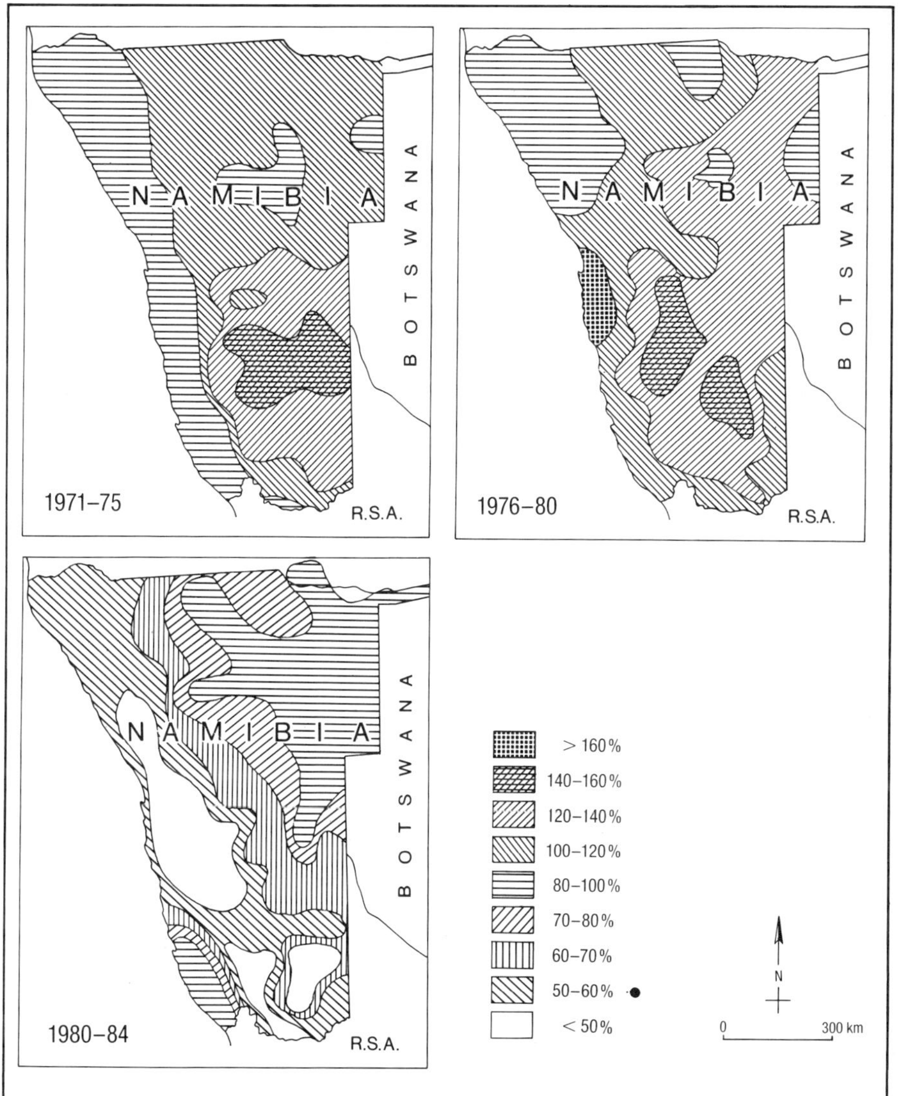

Regenfälle 1971–1984 in % der langfristigen Durchschnittswerte

◁ *Höhe und mögliche Abweichungen (Kartenausschnitt links) des mittleren Jahresniederschlags in Namibia (Beobachtungszeitraum 1910–1970; nach Unterlagen des Wetteramts Windhoek, 1984)*

Klimadaten ausgewählter Stationen in Namibia und Botswana

Station Tsumeb (Namibia)
Lage 19°14′S/17°43′E, Höhe über NN 1311 m

		J	F	M	A	M	J	J	A	S	O	N	D	Jahr
Mittl. Temperatur	in °C	24,6	23,1	22,8	21,4	18,2	15,5	15,4	18,2	22,6	25,2	25,3	24,8	21,4
Mittl. Max. d. Temperatur	in °C	31	30	30	29	27	25	25	28	32	34	33	32	30
Mittl. Min. d. Temperatur	in °C	18	18	17	15	10	7	7	10	15	18	18	18	14
Absol. Max. d. Temperatur	in °C	39	38	38	36	35	30	31	34	38	39	40	40	40
Absol. Min. d. Temperatur	in °C	10	10	7	7	1	–4	–4	1	3	7	12	8	–4
Mittl. relative Feuchte	in %	56	57	65	57	45	37	35	27	22	27	38	48	43
Mittl. Niederschlag	in mm	119	139	79	40	6	0	0	0	1	19	53	97	553
Max. Niederschlag	in mm	335	371	254	186	45	3	2	0	20	58	132	207	969
Min. Niederschlag	in mm	24	9	2	4	0	0	0	0	0	0	7	2	235
Max. Niederschlag 24 h	in mm	75	123	79	121	19	3	2	0	11	33	69	81	123
Tage mit Niederschlag	> 0,1 mm	12	12	9	5	1	0	0	0	0	3	6	11	59
Sonnenscheindauer	in h	264	157	276	264	291	309	335	332	315	285	282	295	3405

Station Swakopmund (Namibia)
Lage 22°41′S/14°31′E, Höhe über NN 12 m

		J	F	M	A	M	J	J	A	S	O	N	D	Jahr
Mittl. Temperatur	in °C	17,2	18,1	17,5	15,7	15,1	15,2	13,0	12,1	12,6	13,7	14,9	16,4	15,1
Mittl. Max. d. Temperatur	in °C	20	21	20	18	18	20	18	16	16	16	18	19	18
Mittl. Min. d. Temperatur	in °C	15	16	15	13	11	11	9	9	10	11	13	14	12
Absol. Max. d. Temperatur	in °C	25	29	40	40	38	36	36	40	29	41	24	27	41
Absol. Min. d. Temperatur	in °C	4	9	11	7	5	5	3	4	5	5	8	8	3
Mittl. relative Feuchte	in %	87	88	89	90	84	77	80	88	90	87	88	89	86
Mittl. Niederschlag	in mm	1	2	2	2	0	0	0	0	0	0	1	0	10
Max. Niederschlag	in mm	5	18	11	9	5	4	3	1	0	4	18	4	29
Min. Niederschlag	in mm	0	0	0	0	0	0	0	0	0	0	0	0	0
Max. Niederschlag 24 h	in mm	3	17	11	9	5	4	1	1	0	3	18	2	18
Tage mit Niederschlag	> 0,1 mm	0	0	0	1	0	0	0	0	0	0	0	0	1
Sonnenscheindauer	in h	233	188	211	237	251	231	236	220	189	226	210	214	2646

Station Windhoek (Namibia)
Lage 22°34′S/17°06′E, Höhe über NN 1728 m

		J	F	M	A	M	J	J	A	S	O	N	D	Jahr
Mittl. Temperatur	in °C	23,4	22,2	21,1	18,9	15,8	13,5	13,2	15,6	18,7	21,6	22,3	23,1	19,1
Mittl. Max. d. Temperatur	in °C	30	28	27	26	23	20	20	23	29	29	30	30	26
Mittl. Min. d. Temperatur	in °C	17	16	15	13	9	7	6	9	11	15	15	16	12
Absol. Max. d. Temperatur	in °C	36	35	34	31	29	26	25	30	33	35	36	36	36
Absol. Min. d. Temperatur	in °C	8	7	4	2	–2	–3	–3	–4	–1	2	0	3	–4
Mittl. relative Feuchte	in %	40	46	51	43	32	31	27	22	18	19	32	31	33
Mittl. Niederschlag	in mm	77	73	81	38	6	1	1	0	1	12	33	47	370
Max. Niederschlag	in mm	229	223	312	170	52	19	11	2	12	41	151	134	745
Min. Niederschlag	in mm	4	9	5	0	0	0	0	0	0	0	0	0	91
Max. Niederschlag 24 h	in mm	86	46	78	76	20	19	11	1	10	25	62	44	86
Tage mit Niederschlag	> 0,1 mm	8	9	8	3	1	0	0	0	0	2	4	6	41
Sonnenscheindauer	in h	288	252	282	273	310	309	326	341	321	319	297	285	3603
Potentielle Verdunstung	in mm	353	262	249	246	228	193	206	272	333	389	358	378	3467

Station Keetmanshoop (Namibia)
Lage 26°34'S/18°07'E, Höhe über NN 1066 m

		J	F	M	A	M	J	J	A	S	O	N	D	Jahr
Mittl. Temperatur	in °C	26,9	26,6	24,7	20,9	17,2	14,2	13,4	15,0	17,8	21,6	24,2	25,8	20,7
Mittl. Max. d. Temperatur	in °C	35	34	32	29	25	22	21	24	27	30	33	34	29
Mittl. Min. d. Temperatur	in °C	18	19	17	14	10	7	6	7	10	13	15	17	13
Absol. Max. d. Temperatur	in °C	42	42	40	37	39	32	31	34	36	40	41	42	42
Absol. Min. d. Temperatur	in °C	8	9	7	2	–1	–3	–4	–3	–1	1	5	3	–4
Mittl. relative Feuchte	in %	31	37	40	38	36	39	35	31	26	27	28	28	33
Mittl. Niederschlag	in mm	22	30	35	13	5	2	1	1	2	5	14	17	147
Max. Niederschlag	in mm	87	114	182	54	35	31	8	11	45	21	56	114	333
Min. Niederschlag	in mm	3	0	0	0	0	0	0	0	0	0	0	0	43
Max. Niederschlag 24 h	in mm	33	65	56	23	30	14	4	10	23	21	33	99	99
Tage mit Niederschlag	> 0,1 mm	3	4	4	2	1	0	0	0	0	1	2	2	19
Sonnenscheindauer	in h	360	297	310	306	307	291	307	326	324	350	354	375	3907
Potentielle Verdunstung	in mm	465	373	328	251	185	170	206	246	323	396	465	495	3903

Station Maun (Botswana)
Lage 19°59'S/23°25'E, Höhe über NN 942 m

		J	F	M	A	M	J	J	A	S	O	N	D	Jahr
Mittl. Temperatur	in °C	25,2	24,7	23,9	22,2	18,5	15,6	15,3	18,1	22,9	26,2	26,4	25,6	22,1
Mittl. Max. d. Temperatur	in °C	32	31	31	31	28	25	25	29	33	35	34	32	30
Mittl. Min. d. Temperatur	in °C	19	19	17	14	10	6	6	9	13	18	19	19	14
Absol. Max. d. Temperatur	in °C	40	39	39	37	36	33	32	36	39	43	43	42	43
Absol. Min. d. Temperatur	in °C	9	9	10	3	–3	–6	–5	–4	–1	6	9	11	–6
Mittl. relative Feuchte	in %	71	74	67	58	50	46	40	33	30	34	52	66	51
Mittl. Niederschlag	in mm	110	102	85	26	22	1	0	0	1	15	46	80	471
Max. Niederschlag	in mm	380	339	275	93	34	10	1	0	12	61	116	233	776
Min. Niederschlag	in mm	14	8	0	0	0	0	0	0	0	0	1	16	285
Max. Niederschlag 24 h	in mm	90	103	120	61	26	10	1	0	8	33	55	71	120
Tage mit Niederschlag	> 0,1 mm	10	10	7	3	1	0	0	0	0	3	5	8	47
Sonnenscheindauer	in h	245	207	257	282	310	300	313	332	315	291	264	214	3330
Potentielle Verdunstung	in mm	262	208	213	211	188	178	221	277	330	401	312	257	3058

Mittlerer Beobachtungszeitraum 30 Jahre; Quelle: Müller, Manfred J., ›Handbuch ausgewählter Klimastationen der Erde‹, Trier 1979

südlichen Afrika. In der Kalahari Ost-Namibias und Botswanas ist es nicht der Mangel an Niederschlägen, der eine Besiedlung erschwert, sondern das Fehlen von Oberflächenwasser: Das Wasser versickert in den bis zu mehreren hundert Meter mächtigen Kalahari-Sanden, es wird von der Vegetation verbraucht oder es verdunstet, so daß nur in der Regenzeit zwischen November und März einige Wasserstellen zur Verfügung stehen. Lediglich die Grenzflüsse Kunene, Okavango, Chobe, Zambezi und Oranje führen – bei starken Wasserstandsschwankungen – ganzjährig Wasser. Die übrigen Flüsse fließen nur periodisch (im Norden) oder episodisch (in den übrigen Landesteilen). Es können Jahre ohne nennenswerten Abfluß vergehen, gefolgt von Tagen mit verheerenden Flutwellen.

Ursache für die Trockenheit Namibias und Botswanas ist einmal die Lage im Trockengürtel der Südhalbkugel, wo die absteigenden Luftmassen während langer Monate keine Wolkenbildung und entsprechend keine Niederschläge erlauben. Verstärkt wird diese Situation noch durch die Wirkung des kalten Benguela-Stroms und der Auftriebwässer vor der Küste, die die Feuchtigkeit schon über See kondensieren und abregnen lassen. Nur in den Sommermonaten der Südhalbkugel, zwischen Oktober/November und März/April, werden durch das Zusammentreffen feuchter Luftmassen aus äquatorialen Breiten und der trocken-heißen Luftmassen über dem südlichen Afrika Starkregen hervorgerufen. Selten kommt es an der Küste und im Süden Namibias auch zu Winterregen, wenn aus der Kapregion ein Tief mit kühlen, feuchten Luftmassen bis hierher vorstößt. Trockene, tagsüber milde, nachts kalte (Strahlungsfrost) ›Winter‹ und warme bis heiße, ab und zu durch einen Schauer unterbrochene Sommertage sind jedoch die Regel.

Die naturgeographische Raumausstattung bedingt eine Einteilung des Landes in zwei grundverschiedene **Siedlungsräume:** In den feuchten nördlichen Regionen Ovambo, Okavango und Ost-Caprivi leben Ackerbauern mit ergänzender Viehhaltung, die enge Bindungen zu ihren Nachbarn in Angola, Zambia und Zimbabwe haben, während die Trockengebiete früher von nomadischen Herero oder Nama besiedelt waren und in der Kolonialzeit weitgehend in Farmland umgewandelt wurden (vgl. S. 109). San (›Buschmänner‹) lebten als Wildbeuter in allen Landesteilen; Restgruppen sind heute noch in der zentralen und westlichen Kalahari zu finden.

Wasser ist der entscheidende Faktor des Lebens in Namibia, nicht das Regime der **Temperaturen.** Diese liegen in den randtropischen Gebieten Nord-Namibias (Station Tsumeb) im Jahresmittel bei 21 °C, im subtropischen Hochland um Windhoek bei 19 °C, in der subtropischen Halbwüste um Keetmanshoop um 21 °C und an der Küste um Swakopmund bei 15 °C (zum Vergleich: Köln 9,6 °C). Wie aus den Tabellen hervorgeht, kann das tägliche Maximum im Norden bis 31 °C, im absoluten Maximum sogar bis 40 °C ansteigen. Auf dem Hochland werden die Temperaturen durch die Höhenlage gemildert, wobei in klaren Nächten Frost auftreten kann. In der Namib-Wüste wird es tagsüber bei hoher Einstrahlung sehr heiß (absolute Maxima 40–42 °C), doch auch hier sinken die Temperaturen nachts bis auf 10 °C ab. Warme, selten heiße Tage und kühle bis kalte Nächte machen vor allem das Hochland Namibias zu einem idealen Reisegebiet. Die Belastung durch hohe Temperaturen bei hoher Luftfeuchtigkeit, als drückende Schwüle in den Tropen empfunden, tritt nicht auf. Tropenkrankheiten wie Malaria sind weitgehendst auf den Norden beschränkt, breiten sich jedoch in starken Regenzeiten bis in die Landesmitte aus.

Die Lage von Namibia in den Trockengebieten der Randtropen und Subtropen hat eine sehr geringe Bewölkung und eine hohe Sonnenscheindauer zur Folge – ideale Verhältnisse zum Fotografieren, für die Aquarellmalerei, für Wanderungen oder für Segelflieger. Beide Faktoren bedingen aber eine starke Verdunstung, so daß die Effizienz der ohnehin geringen Niederschlagsmengen noch weiter gemindert wird. Zugleich ist die Verteilung der Niederschläge auch innerhalb der Regenzeiten zwischen Oktober/November und März/April sehr unregelmäßig. In manchen Jahren werden die langjährigen Durchschnittswerte nicht erreicht; reihen sich mehrere solcher Jahre aneinander, treten verheerende Dürren mit kata-

Gebirgsabfall im Nama-Land; Darstellung um 1890

strophalen wirtschaftlichen Folgen auf wie zwischen 1978 und 1985 sowie 1992 bis 1994. Hinsichtlich dieser ökologischen Gefährdung gleicht Namibia Staaten der Sahelzone wie Mauretanien, Mali oder Niger.

Wegen dieser schwierigen Situation hat man umfangreiche Maßnahmen zur Sicherung der **Wasserversorgung** ergriffen; deren weiterer Ausbau zählt zu den wichtigsten Entwicklungszielen des Landes. Traditionell gruben die Buschmänner Wasserlöcher in den Rivieren (Wadis), den Trockenbetten der Flüsse, oder in den Kalahari-Sanden – Überlebensstrategien, die heute weitgehend überflüssig sind. Auf den Farmen und in den Städten dominierte lange Zeit die Versorgung aus Bohrlöchern, doch hatte das übermäßige Abpumpen in vielen Fällen eine Absenkung des Grundwasserspiegels zur Folge. Auf den Farmen sind deshalb ›Sandstaudämme‹ von Bedeutung: Im Feinsand des Flußbettes oberhalb eines Wehres sammelt sich Wasser, das durch Pumpen gehoben werden kann. Talsperren und Fernwasserleitungen gehören zu den jüngsten Baumaßnahmen, wobei hohe Verdunstung und die Ablagerung von Schlick und Sand die Wasserspeicherung erschweren. Die Landeshauptstadt Windhoek wird durch ein gemischtes System von Bohrlöchern, Stauseen und ›Wasser-Recycling‹, d. h. der Aufbereitung von Abwasser, versorgt. ›Wassersparen‹ gehört zu den Grundregeln in diesem Trockenraum. Für Reisende ist es unbedingt notwendig, auf Wanderungen oder auf Fahrten in die Halbwüsten und Wüsten eine tägliche Wasserration von ca. 3 l pro Person mitzunehmen.

Klimagebiete

Nach der Höhe der Niederschläge lassen sich in Namibia folgende Klimagebiete unterscheiden, deren Kenntnis für das Verständnis der Landschafts-, Lebens- und Wirtschaftsformen sowie für die Reiseplanung von Bedeutung ist (vgl. Karte S. 37): Die **Wüsten** wie die Namib im Westen oder das Land um den Oranje-Fluß im Süden erhalten nur episodisch und lokal Niederschläge, die schnell verdunsten oder abfließen. Die kurzen Starkregen rufen einen herrlichen Blütenteppich hervor, können aber dem Autofahrer oder Wanderer durch Flutwellen verhängnisvoll werden. Wassermangel und hohe Verdunstung bei wolkenlosem Himmel lassen keine Dauervegetation zu, machen diese Teile Namibias zu einem menschenfeindlichen Raum. Nur dort, wo Wasser an Quellen und Brunnen oder durch moderne Wasserversorgungssysteme erreichbar ist, können Menschen überleben – einst die Jäger und Sammler, heute Bewohner von ›Oasenorten‹ wie Walvis Bay und Swakopmund oder an Bergbaustandorten wie Rössing (Uran) oder Rosh Pinah (Zink).

Die riesigen **Halbwüstengebiete** im Westen und Süden Namibias eigneten sich ebenfalls nicht für eine Dauerbesiedlung, bis im ausgehenden 19. Jahrhundert die vom Windrad getriebene Wasserpumpe eine Niederlassung von Farmern möglich machte. Doch lebt der Mensch hier an den Grenzen des Siedlungsraumes, im Randbereich der Ökumene, bedroht von der Erschöpfung der Wasservorräte durch übermäßiges Abpumpen, von Dürrejahren,

Südwestafrikanische Savannenlandschaften mit Oryx-Antilopen . . .

die die Wasservorräte schwinden lassen und die Herden dezimieren, von der Desertifikation, die das Weideland in eine Wüste verwandelt. Nur eine ökologisch angepaßte Karakulschafhaltung (früher wertvolle Swakara-Persianerfelle, heute Fleisch und Wolle) oder Wildfarmen, z. B. mit Antilopen und Straußen, können sich hier behaupten.

In den **Dornsavannen** des Hochlandes nehmen die Niederschläge bis auf 500 mm pro Jahr zu. Der Regen fällt jedoch keineswegs regelmäßig, so daß Dürren auch hier die menschliche Existenz bedrohen. Die Pflanzenwelt erlaubt bereits Rinderhaltung, aber die geringe Menge und die Unzuverlässigkeit der Niederschläge machen einen Ackerbau zu riskant. Erst in den randtropischen **Trockensavannen** Nord-Namibias mit langjährigen Niederschlagsmitteln von über 500 mm ist Ackerbau auf der Basis von Regenfällen möglich. Während der Monate November bis März kann sich die Savanne in eine grüne Park- und Waldlandschaft verwandeln, sonst liegt sie braun verbrannt unter der sengenden Sonne der Trockenzeit. Die tropischen Starkregen verwandeln ungeteerte Straßen in Schlammwege und überfluten die flachen Senken *(Vleys,* in Ovambo *oshana* genannt) bzw. die *omuramba*-Trockenflußbetten (in Caprivi *mulapo* genannt), so daß in der Regenzeit die Reisemöglichkeiten stark eingeschränkt sind. Am besten reist man ab Ende der Regenzeit (März bis Mai) in die nördlichen Gebiete, wenn die Felder bestellt sind und das Grün der Savanne noch besteht. Für die Wildbeobachtung und die Jagd ist allerdings die Trockenzeit zu bevorzugen, da man nach dem Laubfall die lichten Wälder und Buschgebiete besser einsehen kann, und das Wild sich an den Wasserstellen sammelt.

... und Eland; Darstellungen von 1856

Gewässer in Namibia

Ständig wasserführende Flüsse (alles Grenzflüsse; jeweils Abschnitt in Namibia)

Kunene	325 km	Oranje	500 km
Okavango	400 km	Zambezi	100 km

In der Regenzeit wasserführende Flüsse

Fischfluß	600 km	Omuramba Eiseb	300 km
Omuramba Omatako	600 km	Haub	300 km
Elefantenfluß	500 km	Omaruru	300 km
Nossob	500 km	Hoarusib	270 km
Kuiseb	400 km	Auob	250 km
Ugab	400 km	Hoanib	250 km
Swakop	315 km	Konkiep	250 km

Wasserfälle (alle am Kunene; Höhe)

Ruacana	110 m
Epupa	34 m
Ondorusa	8 m

Seen

Otjikoto-See   Guinas-See

Beide liegen in der Nähe von Tsumeb und haben, obwohl von beträchtlicher Tiefe, nur einen Durchmesser von ca. 50 m

Heiße Quellen

Marinkas-Quellen (nahe dem Oranje)
Warmbad (Hom-Fluß)
Ai-Ais (Fischfluß)
Rehoboth
Windhoek
Gross-Barmen (Swakop)
Omapyu (bei Omaruru)
Otjitambi (Huab)
Warmquelle (Hoanib)
Otjiwasandu (Etoscha-Nationalpark)

Die größten Talsperren Namibias

Name	*Fertigstellung*	*Fassungsvermögen* (in Millionen m^3)
Stausee auf Voigtsgrund	1915	11
Daan-Viljoen-Damm*	1957	0,4
Goreangab-Damm bei Windhoek	1959	4,7
Hardap-Damm (Mariental)	1962	300
Von-Bach-Damm	1971	50
Naute-Damm	1972	69
Dreihuk-Damm	1975	15
Swakoppoort-Damm	1978	70
Omatako-Damm	1983	40
Oanob/Rehoboth	1989	35
Olusati/Ovambo	1989	45

* Durch einen Kanal mit einem 1965 fertiggestellten Pumpspeicherdamm von 1,25 Millionen m^3 Fassungsvermögen verbunden; bildet mit diesem zusammen das Wasserversorgungssystem für Gobabis

Zum Vergleich: Die größte Talsperre der Bundesrepublik Deutschland, die Edertalsperre, hat ein Fassungsvermögen von 200 Millionen m^3.

Geologische Formationen, Gesteine, Formenschatz des Reliefs

Welch wesentliche Rolle das Klima für die Formung des Reliefs spielt, wird etwa dann deutlich sichtbar, wenn infolge der krassen Schwankungen zwischen Tag- und Nachttemperaturen Gesteine zerplatzen oder wenn starke Regenfälle ganze Berghänge wegreißen. Nicht weniger bedeutsam waren im Lauf der Jahrmillionen Faktoren wie die Art der Gesteine und die geologische Entwicklung des Landes. Da die Dünen und Kiesflächen der Wüste, die Inselgebirge und Bergmassive oder die Canyons der Flüsse für die meisten Besucher des südlichen Afrika überraschende und ungewohnte Formen darstellen, sollen sie im folgenden in ihrer Entstehung erläutert werden.

Die **geologische Geschichte** Namibias läßt das für weite Teile Afrikas typische Nebeneinander von uraltem präkambrischem Sockel mit Gesteinen, die über 500 Millionen Jahre alt sind, und jüngeren, auflagernden Sedimenten erkennen. Im zentralen und nördlichen Hochland wie z. B. im Khomas-Hochland und in den Damara-Bergländern kommen weitflächig präkambrische Gesteine wie Gneise, Glimmerschiefer, Quarzite und selten auch Marmor

Geologische Zeittafel

Zeitalter	*Alter (in Millionen Jahren)*	*Formation*	*regionale Bezeichnung*	*bedeutende Gruppe*	*Gesteine*	*Lagerstätten*
Erdneuzeit		Quartär Tertiär	Post-Karoo-Schichten	Kalahari-Schichten	Sande, Schotter, Sandsteine, Konglomerate, Kalkkrusten	Salz, Gips Uran und Diamanten (sekundär)
Erdmittelalter	65	Kreide			Kimberlit Granit	Diamanten
	150	Jura Trias Permo-Karbon Karbon	Karoo-Schichten	Ecca-Schichten	Basalt Dolerit Sandsteine Schiefer	Eisen Uran (sekundär) Steinkohle
Erdaltertum	350	Kambrium	Post-Damara-Schichten	Nama-Schichten	Granit Sandsteine Schiefer	Gold Silber Kupfer Eisen Mangan Zinn Uran Edelsteine
Erdfrühzeit	570	Präkambrium Namibium	Damara-Schichten	Otavi-Schichten	Quarzit Dolomit	
	1100	Mokolium			Quarzite Vulkanite	Gold Kupfer Uran Wolfram Zink
	2000 über 2100	Vaalium			metamorphe Gesteine	

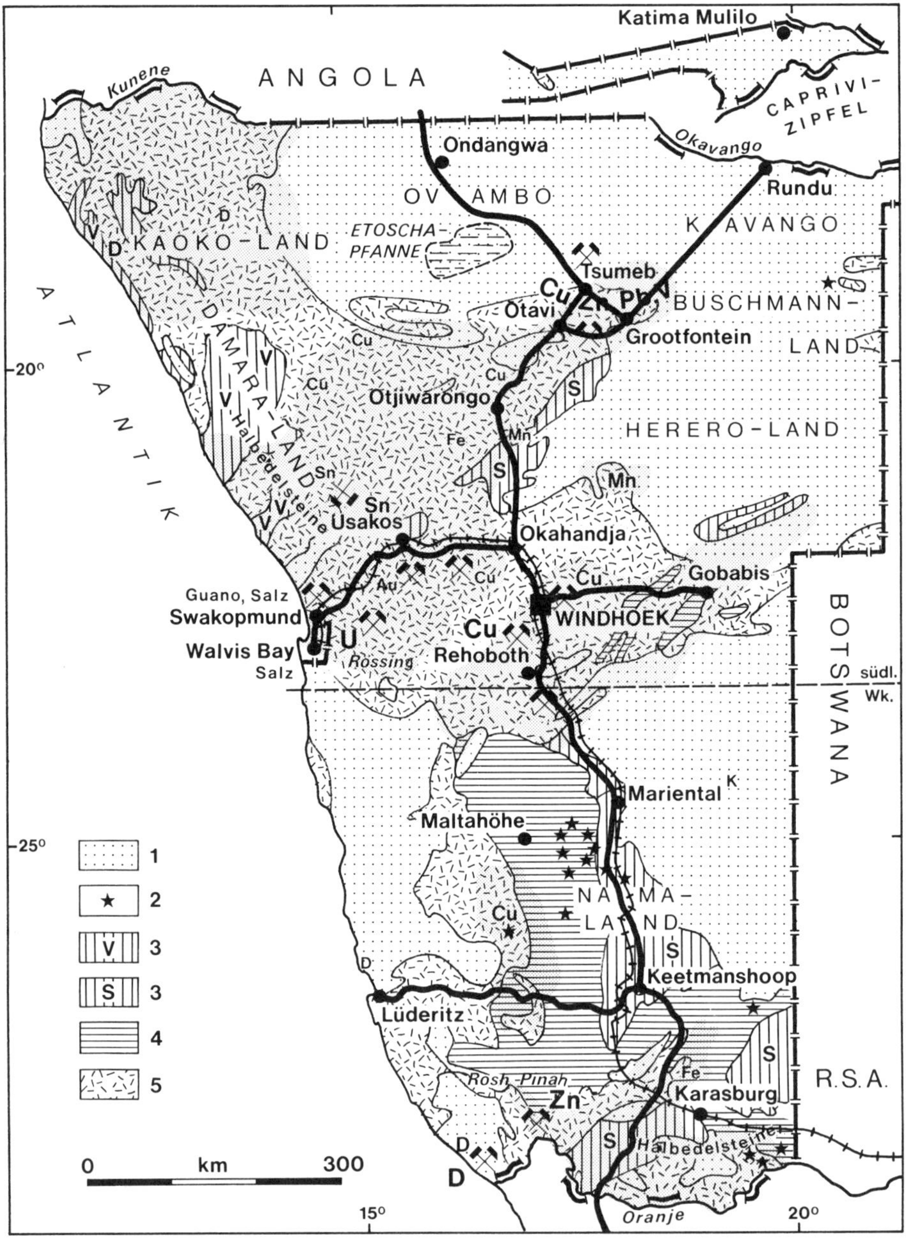
ANGOLA
Katima Mulilo
CAPRIVI-ZIPFEL
Kunene
Okavango
Ondangwa
OVAMBO
Rundu
KAVANGO
ETOSCHA-PFANNE
KAOKO-LAND
Tsumeb
Otavi
Grootfontein
Cu Zn Pb V
BUSCHMANN-LAND
DAMARA-LAND
ATLANTIK
Otjiwarongo
HERERO-LAND
Halbedelsteine
Usakos
Okahandja
Guano, Salz
Swakopmund
Walvis Bay
Salz
Rössing
WINDHOEK
Gobabis
Rehoboth
BOTSWANA
südl. Wk.
Mariental
Maltahöhe
NAMA-LAND
Keetmanshoop
Lüderitz
Rosh Pinah
Karasburg
Halbedelsteine
R.S.A.
Oranje
20°
25°
15°
20°
1
2
3
3
4
5
0 km 300

vor. In den präkambrischen Meeresablagerungen des Damara-Systems liegen die bedeutenden Kupfer-Blei-Zink-Vanadium-Lagerstätten Zentral- und Nod-Namibias (Tsumeb, Berg Aukas, Asis, Kombat). Die sedimentären Eisenerzlagerstätten wie im Kaokoveld oder in Ongaba lohnen den Abbau bisher noch nicht. Seltene Elemente und Mineralien sind an Ganggesteine (Pegmatite) gebunden, die während der Faltung der Damara-Sedimente entstanden. Zu ihnen gehören die Zinnlagerstäten zwischen Karibib, Usakos, Omaruru, Okombahe und dem Brandberg sowie die Lithium-Erze bei Karibib.

Südlich des Wendekreises treten auf dem Hochland weitflächig flachlagernde Sedimentgesteine der kambrischen Nama-Formation auf. Ihre Gesteine – Quarzite (Kuibis-Quarzit), schwarze bituminöse Kalke (Schwarzkalk), Tonschiefer (Schwarzrand-Schichten) und Sandsteine (Fischfluß-Schichten) – besitzen unterschiedliche Widerstandskraft gegen die Abtragung. Sie bauen hohe Plateaus auf wie die Zaris-Berge oder geben Anlaß zur Bildung von Schichtstufen. Beispiele für letztere sind die eindrucksvollen, nach Westen gewandten Stufenstirnen des Schwarzrandes und des Weißrandes im Schichtstufenland von Maltahöhe, die sich markant durch das südliche Hochland ziehen.

Weltberühmtheit in der Diskussion um die Klimageschichte der Erde haben die Reste ehemaliger Moränen erlangt, die Dwyka-Tillite im Gebiet zwischen Mariental und Keetmanshoop sowie die Gletscherschliffe im Kaokoveld (Hoarusib- und Kunene-Tal). Sie sind ca. 200 Millionen Jahre alt und stammen aus dem Permo-Karbon. Damals gehörte das südliche Afrika zum Gondwana-Kontinent, der auch Brasilien, Vorderindien, Australien und die Ost-Antarktis umfaßte. Während der permo-karbonischen Eiszeit reichten die Eismassen vom Kap bis zum Kongo – in der Hitze der namibischen Halbwüsten heute kaum vorstellbar. Der Eiszeit folgten Meeresablagerungen wie die grauvioletten Schiefer des ›Verbrannten Berges‹ bei Khorixas mit Resten von Pflanzenmaterial. Der ›Versteinerte Wald‹ (Farbabb. 17) besteht aus Schwemmholz, das damals im Norden des Landes von Flüssen abgelagert wurde. In Lagunen entstanden die Kohlenlagerstätten des Aminuis-Reservates; der Abbau der Kohle ist technisch schwierig und z. Zt. nicht rentabel.

Während der Trias-Zeit, in einem wüstenhaften Klima, entstanden die Sandsteine der Stormberg-Schichten, wie sie am Waterberg, bei Twyfelfontein oder am ›Verbrannten Berg‹ auftreten. In den ca. 200 Mio. Jahre alten Etjo-Schichten hinterließen Dinosaurier ihre Spuren, wie bei Otjihaenemaparero im Waterbergplateau-Park zu sehen ist.

◁ *Geologie, Bodenschätze und Bergbau Namibias (nach Unterlagen des Department of Geology Windhoek, 1984)*

Lagerstätten:
Au Gold
Cu Kupfer
Fe Eisenerz
K Steinkohle
Mn Mangan
V Vanadium
Sn Zinn
D Diamanten
Zn Zink
U Uran
Pb Blei

1 Tertiär und Quartär: Lockersedimente
2 Kreidezeitliche Kimberlit-Schlote
3 V Kreidezeitliche bis jurassische Vulkanite
3 S Triassische bis karbonische Sedimente
4 Kambrium: Sedimente
5 Präkambrium: Tiefengesteine und metamorphe Gesteine des afrikanischen Sockels

Granitblöcke im Hochland (Erongo-Gebirge); Darstellung um 1890

Das Auseinanderbrechen des ›Urkontinents‹ Gondwana war mit gewaltigen vulkanischen Aktivitäten verbunden (Drakensberglaven und Karroodolerite in Südafrika). In Namibia entstanden die Granit- und Syenit-Komplexe des Brandbergs und des Erongo, die, von der Abtragung freigelegt, heute als Gebirgsmassive aufragen. Vor etwa 150 Millionen Jahren stieg in den berühmten Kimberlit-Schloten oder ›pipes‹ extrem basisches Gestein explosionsartig aus großen Tiefen an die Oberfläche. Dort erstarrte es zu diamantführenden Schloten, wie sie im südlichen Hochland auftreten – allerdings ohne daß hier bisher wie in Südafrika oder Botswana Diamanten gefunden wurden.

Das südliche Afrika war im Tertiär und Quartär (seit ca. 65 Millionen Jahren) regional ein Hebungs- und Abtragungsgebiet, während das Kalaharibecken einen Senkungs- und Aufschüttungsbereich bildete. So sind heute riesige Abtragungsflächen auf den Hochländern und weite Ablagerungs- oder Sedimentationsgesteine im Kalahari-, Ovambo- und Etoscha-Becken typisch. Der Absenkung der Becken entsprach eine phasenhafte Heraushebung der Ränder des Kontinents, an dem die Große Randstufe als Gebirgsmauer entstand (vgl. S. 15).

Seit etwa 1 Million Jahren, im Quartär, erlebt das südliche Afrika einen Wechsel zwischen feuchteren und trockeneren Zeiten. Die feuchteren Pluvialzeiten beschleunigten die Flußerosion, so daß die Schluchten des Kuiseb, des Swakop, des Kunene und der Fischfluß-Canyon entstanden. In den trockeneren Interpluvialen entstanden die Dünen der Namib und der Kalahari sowie (durch Winderosion) Pfannen. Meeresspiegelschwankungen führten zur Bildung von Strandterrassen, auf denen sich entlang der Südküste Diamanten finden. Diese sekundären Diamantenlagerstätten bestehen aus Gesteinen, die vom Oranje-Fluß aus dem Inneren Südafrikas, von den Kimberlit-Schloten um Kimberley, herantransportiert und im Mündungsgebiet abgelagert wurden; vielleicht stammen manche auch aus submarinen Kimberliten, Schloten im Meeresbereich. Ihre Verbreitung setzt sich bis in das Meer hinein fort, da alte Anreicherungsorte von Diamanten in kesselförmigen Gesteinsaushöhlungen heute unter dem Meeresspiegel liegen.

Die östlichen und nördlichen Landesteile Namibias werden von jüngeren, tertiären und quartären Kalahari-Schichten überdeckt. Diese Sande und Schotter sind sehr wasserdurchlässig; fehlt dort Vegetation, kann der Wind mächtige Dünen aufwehen, wie sie im Südosten des Landes auftreten, z. T. als Zeugen trockenerer Klimaphasen. Ist der Gras- und Buschwuchs dichter, spricht man vom Kalahari-Sandveld, die Omaheke der Herero.

Die jüngsten Gesteine finden sich in der Namib. Dort hat der Wind von See her Sand eingeweht sowie aus den Verwitterungsmaterialien des Binnenlandes Sand aufgenommen und zu ausgedehnten Dünenfeldern aufgeweht. Während feuchterer Perioden entstanden Kalkkrusten und Schotterfelder, die heute Teile der Flächen-Namib bedecken.

Die einzelnen Formen, denen der Reisende begegnet, lassen sich zu Relief-Formenkomplexen zusammenfassen. Auf dem zentralen und nördlichen Hochland herrscht der **Rumpfflächen-Inselberg-Komplex** vor. Dabei handelt es sich um ausgedehnte, schwach gewellte Flächen mit weiten Talmulden, gering eingetieften Talbetten und breiten Rücken, die dem Hochland eine gewisse Monotonie verleihen. Diese Flächen sind Ergebnis jahrtausendelanger Abtragung und Einebnung der Gesteine. Über den Rumpfflächen ragen Inselberge auf, die als steile, spitze Kuppen oder als plumpe, rundliche Buckel geformt sind. Sie bestehen aus härteren Gesteinen, die bei der allgemeinen Abtragung zurückblieben, sogenannten Härtlingskuppen. Andere Kuppen sind Reste ehemaliger Rücken und Wasserscheiden, die allmählich aufgelöst wurden (an der gereihten Form der Inselberge läßt sich dies noch erkennen). Wieder andere Inselberge liegen als ›zonale Inselberge‹ vor Rumpfstufen, wie sie am Westrand des Hochlandes auftreten.

Im südlichen Hochland fallen die oben erwähnten **Schichtstufenlandschaften** auf. Über einer vorgelagerten Fläche erheben sich mit steiler Wand, der Stufenstirn, 100 bis 120 m hohe Geländestufen. Sie sind aufgrund der unterschiedlichen Härte der Gesteine in sich gegliedert, wobei über einem flacheren Stufenhang steil und markant die Trauf mit dem eigentlichen Stufenbildner aufsteigt. Wegen der unterschiedlichen Gesteine haben die Schichtstufen Bedeutung für die Wasserversorgung: Speichergesteine nehmen Wasser auf, das sich aus Bohrlochgalerien über wasserstauenden Schichten gewinnen läßt; allerdings muß man manchmal 300 bis 400 m tief bohren, um an die Vorräte zu gelangen.

Pfannen gehören zum typischen Formenschatz der Trockengebiete des südlichen Afrika. Es handelt sich dabei, wie besonders vom Flugzeug aus gut zu beobachten ist, um runde bis

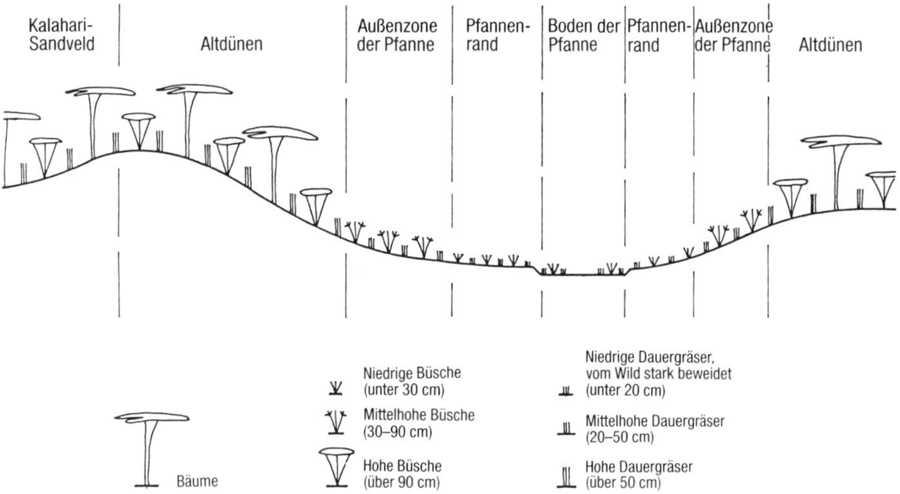

Profil durch eine Pfanne in der Kalahari (Gemsbok-Nationalpark; nach ›Koedoe‹, Research Journal for National Parks, Pretoria 1984)

Landschaftsgliederung der Namib (Entwurf K. Kayser, Kartografie J. Kubelke) ▷

ovale Mulden mit einem Durchmesser von mehreren Metern bis Dekametern. Der flache Boden besteht aus Feinmaterial, das mit Kalk (Kalkpfanne) oder Salz (Salzpfanne) vermischt ist. Die Pfannen werden episodisch durch Niederschlagswasser oder kleine Zuflüsse gefüllt, wobei neues Feinmaterial eingespült wird. Anlaß für die Bildung einer Pfanne sind Windauswehungen, wie etwa in den Kalahari-Sanden. Die Form wird oft vom Wild weiter gestaltet, wenn es zur Tränke kommt oder die Pfanne als Salzlecke nutzt. Nehmen die Salzpfannen erhebliche Ausmaße an, so spricht man von **Salztonebenen.** Sie werden ebenfalls vom Niederschlagswasser und Zuflüssen episodisch oder periodisch gespeist. Während der Regenzeit bilden sie Salzseen oder Salzsümpfe, in der Trockenzeit dagegen vegetationslose Flächen, in deren Salzböden sich Trockenrißmuster bilden. Die riesige Ausdehnung der Etoscha-Pfanne oder der Makgadikgadi-Salzsümpfe ist durch das Zusammenwachsen von Salzpfannen in weiten Senkungsräumen zu erklären.

Die Formen der Wüste, wie sie in der Namib zu sehen sind, gehören zu den faszinierendsten Landschaftsformen in Namibia. In der Namib können drei Großeinheiten unterschieden werden: Die Flächen-Namib, die Wannen-Namib und die Dünen-Namib. Die **Flächen-Namib** besteht aus endlos erscheinenden, sanft vom Hochlandrand gegen die Küste sich abdachenden Flächen. Sie sind meist mit kleinen bis mittelgroßen Kiesgeröllen bedeckt, weswegen man sie dem Typ der saharischen *serir*-Kieswüste zuordnet. Aus dem Binnenhochland wurden in feuchteren Klimaphasen weite Schotterfächer aufgeschüttet, die dem stetigen Einfluß des Windes unterliegen. So weisen die meisten Kiesgerölle, aber auch andere

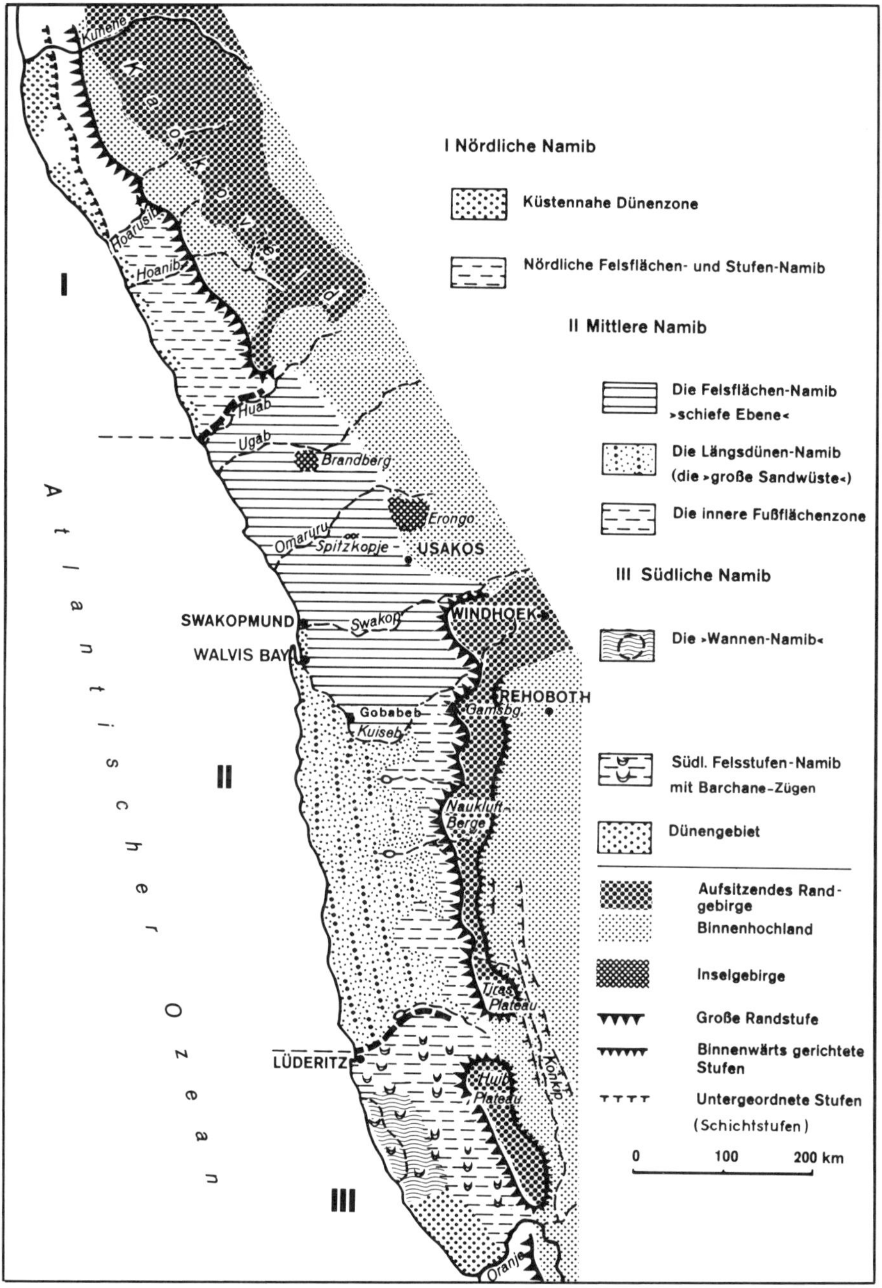

I Nördliche Namib
Küstennahe Dünenzone
Nördliche Felsflächen- und Stufen-Namib
II Mittlere Namib
Die Felsflächen-Namib »schiefe Ebene«
Die Längsdünen-Namib (die »große Sandwüste«)
Die innere Fußflächenzone
III Südliche Namib
Die »Wannen-Namib«
Südl. Felsstufen-Namib mit Barchane-Zügen
Dünengebiet
Aufsitzendes Randgebirge
Binnenhochland
Inselgebirge
Große Randstufe
Binnenwärts gerichtete Stufen
Untergeordnete Stufen (Schichtstufen)
0
100
200 km
Kunene
Kaokoveld
Hoarusib
Hoanib
Huab
Ugab
Brandberg
Erongo
Omaruru
Spitzkopje
USAKOS
SWAKOPMUND
Swakop
WALVIS BAY
WINDHOEK
REHOBOTH
Gamsbg.
Gobabeb
Kuiseb
Naukluft-Berge
Tiras-Plateau
LÜDERITZ
Huib-Plateau
Konkip
Oranje
I
II
III
Atlantischer Ozean

Gesteine in der Namib Windschliff auf, d. h. der mit Sand befrachtete Wind hat wie ein Sandstrahlgebläse die feinen Härteunterschiede im Gestein herausgearbeitet. Der Wind ist auch bei der Formung der Pilzfelsen beteiligt, u. a. durch Auswehung der durch Salzsprengung gelösten Partikel. Andere Steine glänzen durch Windpolitur, nachdem sie vom Feinsand überschliffen worden sind. Wüstenlack überzieht als eine dunkle, fast schwarze Manganschicht manche Gesteine. Hier hat sich im Zusammenwirken von Feuchtigkeit aus Tau, eindringendem und kapillar aufsteigendem Wasser bei hoher Tagestemperatur eine feine Haut gebildet.

Die **Wannen-Namib** südlich von Lüderitz ist ein besonders gutes Beispiel für die modellierende Wirkung des Windes, der in den Wüsten der Erde seine volle Gestaltungskraft erreicht. Härteunterschiede im Gestein wurden durch jahrtausendelang wehende Südwinde so herausgearbeitet, daß im Bereich der weicheren Gesteine langgestreckte Wannen entstanden, die sich über mehrere hundert Kilometer zu ganzen Wannenfeldern vereinigen. Im Bereich der Großen Randstufe und im Umkreis von Inselbergmassiven in der Namib läßt sich die *hamada*-Felstrümmerwüste beobachten. Durch mechanische Verwitterung sind die Gesteine zu Felsschutt zerfallen, der sehr schwer gangbar und befahrbar ist.

Die eindrucksvollsten Gestaltungen des Windes finden sich in der **Dünen-Namib**. Dünen bestimmen insbesondere die ›Große Sandwüste‹ zwischen Lüderitz und Walvis Bay, die auch als Namib-Erg bezeichnet wird (Farbabb. 7, 9). Hier herrschen Längsdünen (Strichdünen) vor. Sie erstrecken sich über mehrere 100 m und folgen in ihrer Kammlinie der Hauptwindrichtung von Süden bzw. Südsüdwesten nach Norden bzw. Nordnordosten. In ihrer Grundform liegen sie fest; nur ihre Kammlinie kann sich bei West- oder Ostwind um einige Meter verlagern. Eingeschlossen in die höchsten Längsdünen, die bis zu 300 m Höhe erreichen, ist das Sossusvlei, eine Senke, in die der Tsauchab-River Wasser aus dem Hochland führen kann (Farbabb. 11). Die Strecke vom Lager bei Sesriem zum Sossusvlei gehört zu den eindrucksvollsten Szenerien in Namibia, doch auch die Dünen zwischen Walvis Bay und Swakopmund, die fast jeder Reisende sieht, lassen etwas von der

Dünenformen in der Namib

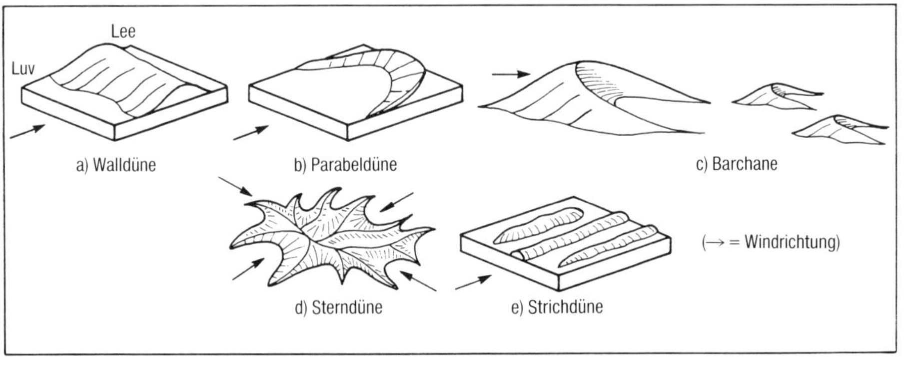

Wanderdünen bei Lüderitz; Gemälde von Ernst Vollbehr, um 1910

Wirkung des Windes in der Wüste ahnen. Es sind meist große Barchane (Sicheldünen), zu denen der Wind die Sandmassen aufgetürmt hat. Bei den ein- und vorgelagerten kleinen Kupstendünen hat sich Sand aus dem Strandbereich mit einigen Vegetationsresten angesammelt. Eindrucksvolle Wanderdünen bis zu 40 m Höhe treten auch im Westen des Skelettküstenparks auf. Im Nordosten Namibias und in der gesamten Kalahari sind große, heute von Trockenbusch bedeckte Längsdünensysteme verbreitet. Wie erwähnt, stammen sie aus trockeneren Klimaphasen des Quartär, als der Wind die Kalahari-Sande zu Dünen umformte. Bei den roten Dünen haben die Sandkörner eine Eisenoxidumhüllung, die entweder bereits beim Ausgangsgestein, roten Sandsteinen, vorhanden war oder sich durch Verwitterung als Häutchen um die Sandkörner bildete.

Die **Canyons** der Randstufenflüsse in der Namib wie die des Kuiseb oder des Hoanib, insbesondere aber der des Fischflusses im Süden Namibias (Farbabb. 12, 13) gehören zu den eindrucksvollsten Naturwundern des südlichen Afrika. Wenn sie auch nicht die Ausmaße zeigen wie die Canyons im Südwesten der USA, so gehören diese Flußabschnitte mit ihren Felswänden, dem im Tagesablauf wechselnden Farbspiel, der Ufer- und Talbodenvegetation, mit ihren Höhlen und Kolken doch zu den Landschaften, die Namibia-Reisende nicht versäumen sollten. Die Canyons entstanden vor allem in feuchteren Klimaphasen durch die einschneidende, in die Tiefe erodierende Kraft des fließenden Wassers bei gleichzeitiger Heraushebung des Landes. Noch heute besitzen die vom Hochland kommenden Flüsse wie der Swakop oder der Kuiseb bei den seltenen Starkregen eine ungewöhnliche Erosionskraft, da sie Gesteinsbrocken mitführen.

Pflanzen- und Tierwelt

Die Pflanzen- und Tierwelt Namibias zeigt eine große Vielfalt der Lebensgemeinschaften oder Biozönosen, wie sich aus der Vielfalt der klimatischen Bedingungen und der Reliefformen ableiten läßt. Eine erste Großgliederung des Landes führt zu einer Unterscheidung der Lebensräume von Savanne, Halbwüste und Wüste.

Die Lebensräume der **Savanne** umfassen etwa zwei Drittel des Landes und sind entsprechend dem Feuchtegrad gegliedert. Im Norden treten lichte Trockensavannenwälder mit dichtem Graswuchs auf, im Nordwesten (z. B. östliches Kaokoveld) stellt der Mopane-Baum *(Colophospermum mopane)* das Leitelement dar. In diesen Wäldern kann sich das Wild während der Trockenzeit vom Laub und von den Früchten der Bäume ernähren. Entlang der nördlichen Grenzflüsse bestehen Reste von Galeriewäldern. In den Savannen des Nordostens herrschen ›tropische‹ Vegetationsszenen der sogenannten sudanosambesichen Florenregion vor. Dort finden sich Palmen wie *Hyphaene ventricosa* oder *Phoenix reclinata* (an feuchten Standorten), mächtige wilde Feigenbäume *(Ficus sycomorus),* auf den sandigen Flächen Kiaat-Bäume *(Pterocarpus angolensis)* und an trockenen Standorten Affenbrotbäume (Baobab oder *Adansonia digitata*) zusammen mit *Acacia albida.* Die nordöstlichen und östlichen Landesteile tragen eintönige Dornakazienwälder (z. B. Kameldorn, *Acacia giraffae*). Da wegen der Kalahari-Sande oberflächennahes Wasser in der Trockenzeit selten ist, sammelt sich das Wild in der Trockenzeit um Wasserlöcher in den Pfannen und den Rivier-Betten.

Die **Etoscha-Pfanne** ist in die Savannenformationen Nord-Namibias eingebettet. Der Etoscha-Nationalpark weist neun Vegetationsgebiete auf, die in Anpassung an Böden und Gestein etwa ringförmig angeordnet sind (vgl. Karte S. 32). Im Zentrum liegt die etwa 5000 km^2 große Salztonebene, von Dezember bis April (Regenzeit) teilweise wassergefüllt, in der Trockenzeit vegetationslos. Am brackigen Rand gedeiht als salzliebendes Gras *Sporobolus salsus,* eine wichtige Trockenzeitweide für das Wild. Kurzstrauchsavanne umgibt große Teile der Salzpfanne. Vor allem nordöstlich davon dehnen sich weite, baumlose

Vegetationsgebiete Namibias
1 Vollwüsten 1a nördliche Namib 1b zentrale Namib 1c südliche Namib 1d sukkulentenreiche Wüste (mit episodischen Winterregen) ▷
2 Halbwüsten 2a Halbwüste im Zug der Großen Randstufe (mit weitständigen Horstgräsern)
2b Halbwüste, im Süden Dornbusch- und Sukkulentensteppe
3 Dornsavannen 3a Baum- und Strauchsavanne der südlichen Kalahari 3b Kameldornsavanne der zentralen Kalahari 3c Baum- und Strauchsavanne des zentralen Hochlands
4 Trockensavannen 4a Trockenwald der nördlichen Kalahari
4b Mopane-Trockenwald (mit oshanas) 4c Bergsavanne des Karstveldes
5 Salztonebene (mit randlicher Strauch- und Gehölzformation)
6 Grenze zwischen der Karroo-Namib- und der Zambezi-Florenregion

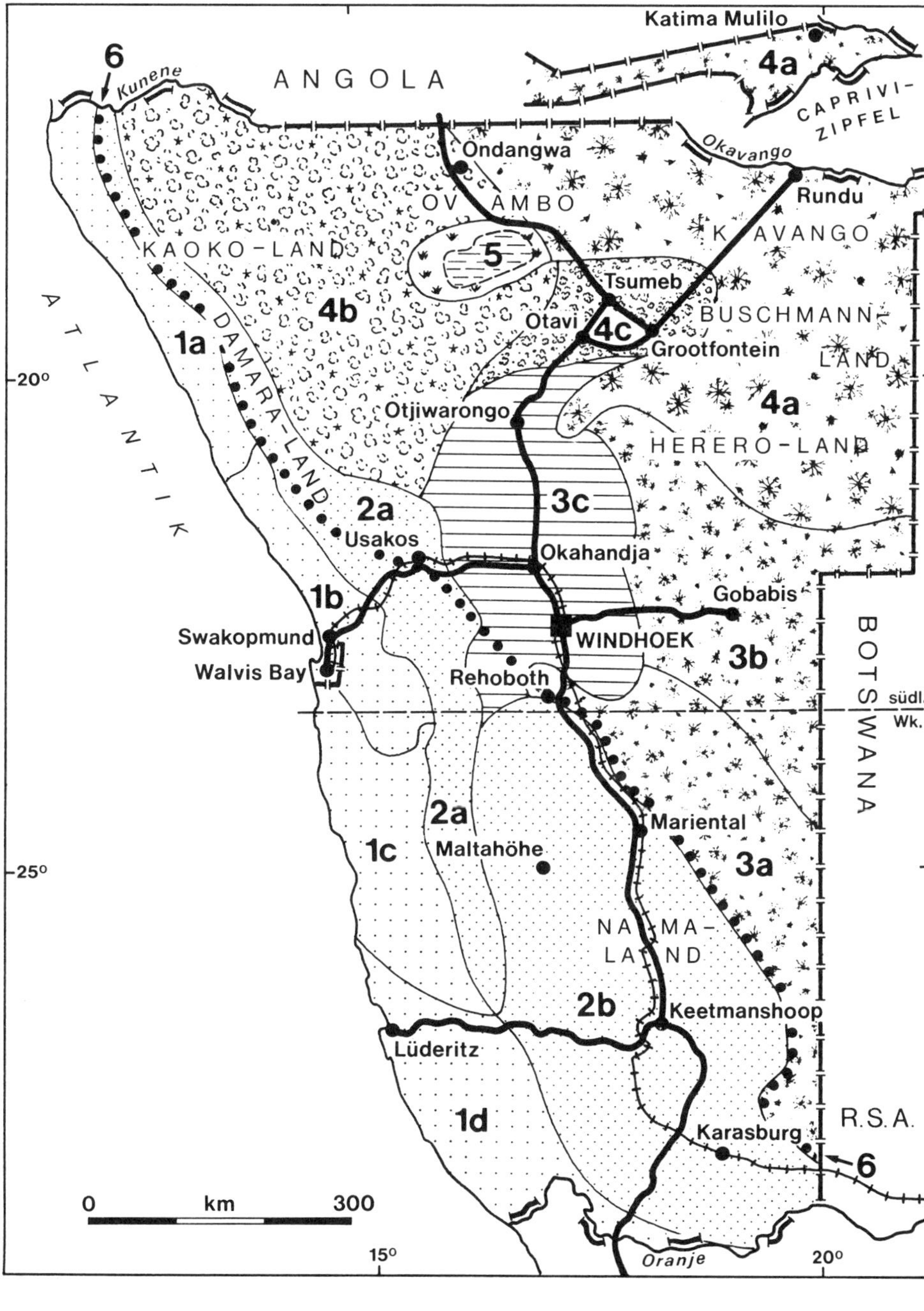
Katima Mulilo
6
Kunene
ANGOLA
4a
CAPRIVI-ZIPFEL
Ondangwa
Okavango
OVAMBO
Rundu
KAVANGO
KAOKO-LAND
5
Tsumeb
4b
Otavi
4c
BUSCHMANN-LAND
Grootfontein
1a
DAMARA-LAND
ATLANTIK
20°
Otjiwarongo
4a
HERERO-LAND
3c
2a
Usakos
Okahandja
Gobabis
1b
Swakopmund
WINDHOEK
BOTSWANA
Walvis Bay
3b
Rehoboth
südl. Wk.
2a
Mariental
1c
Maltahöhe
3a
25°
NAMA-LAND
2b
Keetmanshoop
Lüderitz
1d
R.S.A.
Karasburg
6
0
km
300
15°
Oranje
20°

Akazie im Damara-Land; Darstellung um 1880

Der Kaktus Adenium namaquanum; Darstellung um 1880

Welwitschia mirabilis; Darstellung um 1880

Aloe dichotoma; Darstellung um 1880

Grasflächen aus, wichtige Regenzeit-Sommerweiden für die Tiere. Auf kalkhaltigen Böden wächst eine Dornbuschsavanne. Große Flächen der äußeren Zonen werden von Mopane-Savanne bedeckt, durchsetzt von vereinzelten Lehmpfannen. Auf tiefen, sandigen Böden im Nordosten des Nationalparks gedeiht gemischter Trockenwald. Die Dolomithügel am Südrand des Etoscha-Gebiets tragen eine typische Moringa-Vegetation, wie man sie auch im berühmten ›Märchenwald‹ findet. In Richtung Landesmitte und nach Südosten hin nimmt die Trockenheit auf dem Hochland zu, so daß Dornsavannenformationen mit Acacia-Arten wie *Acacia tortilis* oder *Acacia mellifera* und mit einer schütteren Grasdecke überwiegen.

Die Savannengebiete sind Heimat der afrikanischen Großtier-Lebensgemeinschaften (Farbabb. 18–24). Insbesondere im Etoscha-Nationalpark, aber auch in allen anderen Landesteilen, soweit sie nicht zu stark vom Menschen verändert sind, leben zahlreiche Großtiere wie Elefanten, Nashörner, Giraffen, Zebras, Gnus und Antilopen. Raubtiere wie Löwe, Leopard und Gepard machen Jagd auf das Wild, die Wasserläufe im äußersten Norden sind von Flußpferden und Krokodilen bevölkert.

Mit zunehmender Trockenheit in den südlichen und westlichen Landesteilen verschwindet die typische Tierwelt der Savanne allmählich. In Anpassung an die harten Lebensbedingungen haben sich die Gemeinschaften der **Wüsten und Halbwüsten** herausgebildet. Unter den Pflanzen gelingt es Bäumen wie dem Kameldorn *(Acacia giraffae)*, dem Ana-Baum *(Acacia albida)* oder der Tamariske *(Tamarix usneoides)* nur noch an den Rivieren/Wadis, den Grundwasserstrom zu nutzen und mit dessen geringer Wassermenge auszukommen. In der Halbwüste existieren noch Dornbüsche und Horstgräser. Eine besondere Anpassung an das Wüstenklima haben die Sukkulenten wie Rauhblättrige Aloe *(Aloe asperifolia;* Farbabb. 41) und Euphorbien (z.B. *Euphorbia phylloclada,* Bunte Wolfsmilch) entwickelt, an denen Namibia reich ist: Sie können im Stamm Wasser speichern, um so Dürrezeiten zu überbrükken. Nächtlicher Tau und Nebel liefern zusätzlich Feuchtigkeit. Blütenpflanzen speichern Wasser in Wurzeln, so daß sie die Halbwüste bei geringem Niederschlag von nur 20 mm in ein blühendes Meer verwandeln können. An eßbaren Früchten ist der Nara-Kürbis *(Acanthosicyos horrida)* in Rivier-Betten und an grundwassernahen Standorten auf Sanddünen zu nennen. Die Kerne und der getrocknete Narakuchen waren neben Fisch Hauptnahrungsmittel der Topnaar-›Hottentotten‹.

Eine erstrangige Touristenattraktion in der Namib-Wüste stellt die *Welwitschia mirabilis* dar (Farbabb. 10). Diese eigenartige Pflanze kommt nur hier vor, und zwar in einem bis 120 km breiten und ca. 1000 km langen Abschnitt vom Kuiseb bis Mocamedes in Süd-Angola. Reisende können sie am leichtesten im Hinterland von Swakopmund bewundern (vgl. S. 181). Man kann sich kaum vorstellen, daß die Welwitschia zur Gruppe der zapfentragenden Nacktsamer gehört – wie Kiefern und Baumfarne. Aus dem abgeflachten Stamm entwickeln sich nur zwei gegenständige Blätter, die vom Wüstenwind gespalten werden, so daß man den Eindruck von mehreren Blättern gewinnt. Der Morgennebel liefert die notwendige Feuchtigkeit, die über Blätter und Wurzeln aufgenommen wird. Anhand der Zapfen lassen sich männliche und weibliche Pflanzen unterscheiden. Letztere scheiden eine klebrige Flüssigkeit aus, an denen die vom Wind verfrachteten Pollen hängenbleiben.

Immer wieder fällt auf, wie weit sich Großtiere auch in die Halbwüste vorwagen. Sie folgen kurzen Regenschauern, die Weidegräser wie *Eragrostis cyperiodes* und *Stipagrostis species* sprießen lassen, sie kennen Wasserstellen in abgelegenen Wadis, so daß die Begegnung mit Straußen oder mit der eindrucksvollen Oryx-Antilope in der Namib keine Seltenheit ist.

Spezielle Anpassungsformen an eine extreme Umwelt haben die Tiere der Dünenzone entwickelt: Käfer, Insekten und Nagetiere leben um die Grasstauden am Fuß der Dünen, verkriechen sich vor der Hitze des Tages und tauchen auf am kühlen Abend und in der Kälte der Nacht.

Eine einmalige Pflanzen- und Tierwelt findet sich im Bereich der **Nebelwüste** entlang der Atlantikküste, einem ca. 30 km breiten Streifen der Namib-Wüste, der fast täglich durch die vom Meer hereinziehenden Nebel durchfeuchtet wird. Auf Gesteinsbruchstücken und Felsen breiten sich grün glänzende Flechten aus; in der Kieswüste leben salzwasserverträgliche Kleinpflanzen, dem Auge als ›lebende Steine‹ kaum sichtbar. Der Meeresstrand selbst und die Küste der Namib sind der Lebensraum für eine auf der Welt äußerst seltene Kombination von Tieren: von Robben, den bekanntesten Tieren der Küste (s. ›Kreuzkap‹, S. 207 f.), von Seevögeln, die die natürlichen und künstlichen Inseln während der Brutzeit bevölkern und von Zugvögeln, die während des europäischen Winters oder während der Dürrezeiten im Landesinneren zu den Lagunen kommen. An der Küste der Namib hat sich diese besondere ›Nahrungs- und Lebenskette‹ auf der Grundlage des Benguela-Stromes gebildet: Der Kaltwasserstrom ist überaus reich an Plankton, das als Nahrung für die Seefische dient. Von diesen wiederum ernähren sich die Seevögel und die Robben. Gerade in diesem seltenen und fein abgewogenen Ökosystem hat der Mensch verheerende Schäden angerichtet, zunächst durch Walfischfang, Guano-Abbau und das Schlachten der Robben, heute durch massiertes Auftreten von Touristen in den Nationalparks der Namib. Jeder ökologisch bewußte Reisende sollte deshalb die vom Direktorat für Naturschutz erlassenen Vorschriften zum Schutz dieser einmaligen Pflanzen- und Tierwelt genau einhalten.

Natur- und Umweltschutz

Der Gedanke des Schutzes der Tierwelt, besonderer Naturschönheiten und erhaltenswerter Gesamtlandschaften hat in Namibia eine lange Tradition. Bereits während der Kolonialzeit wurden Teile der Namib (1904) sowie die Etoscha-Pfanne und ihre Umgebung (1907) unter Naturschutz gestellt. Nach dem Zweiten Weltkrieg und verstärkt seit den 50er Jahren, als die Schäden durch den Bergbau, die übermäßige Ausdehnung des Farmlandes und den expandierenden Fremdenverkehr sichtbar wurden, schufen die Behörden weitere Nationalparks, Naturreservate und Wildschutzgebiete, z. B. im Fischfluß-Canyon (1965), an der Skelettküste (1966), in den Naukluft-Bergen (1967) und um den Waterberg (1972). Heute sind ca. 102 000 km^2, das sind etwa 12 % der Gesamtfläche Namibias, geschützt. In diesen

Dramatische Begegnung mit einem Elefanten; Darstellung von 1856

Löwen treffen auf ein Nashorn; Darstellung um 1860

Kudus in der Savanne; Darstellung von 1856

Leopard auf der Jagd; Darstellung um 1860

Gebieten wird der Besucherstrom kanalisiert, hat man Picknick- und Übernachtungsplätze angelegt, um eine allzu große Ausbreitung der Touristenscharen zu verhindern. Trotzdem führt das verstärkte Befahren auch entlegener Gebiete der Namib-Wüste zur Vernichtung seltener Flechten, zur Verscheuchung von Vögeln aus ihrem Brutraum, zur Verschmutzung bislang unberührter Landstriche. Buschmann-Zeichnungen müssen durch starke Eisengitter geschützt werden, falls sie allgemein zugänglich sind, da Besucher ihre Namen hineinritzen.

Mit dem Direktorat für Naturschutz (Department of Nature Conservation and Tourism) verfügt Namibia über eine kompetente Dienststelle zur Planung und Überwachung der Nationalparks und anderer Schutzgebiete. Ihr obliegen Forschung, Naturschutzgesetze und -richtlinien, die Beratung der Farmer, die Sorge für eine angepaßte Nutzung durch den Fremdenverkehr, Auskunft und Reservierung für Touristen, Werbung, Unterricht und Erziehung in Sachen Naturschutz. Ein Büro befindet sich im Zentrum von Windhoek in der Post, Street Mall.

Damara-Paar; idealisierte Darstellung von 1856

Bevölkerung, Kulturen und Geschichte

Namibia zählt mit einer Gesamtbevölkerung von etwa 1,5 Millionen zu den am dünnsten besiedelten Ländern der Welt, ist für völkerkundlich, kulturell und historisch interessierte Reisende aber dennoch überaus attraktiv. Auf seinem Territorium lebt eine Vielzahl von Bevölkerungsgruppen mit unterschiedlichen Gesellschafts- und Wirtschaftsformen, die sich infolge von Missionierung, ›westlicher‹ Erziehung, Expansion der Geldwirtschaft und Demokratisierung zudem in verschiedenen Stadien des Kulturwandels befinden. Für politisch interessierte Reisende stellt sich die Frage nach der Bedeutung dieser ethnischen Vielfalt als Entwicklungsfaktor: Steht sie der Bildung einer namibischen Nation im Wege und gelingt ein wirksamer Minderheitenschutz? Die ethnische Differenzierung war belastet durch ihren Mißbrauch im Rahmen der Apartheidpolitik des ›divide et impera‹ (›teile und herrsche‹). Deren formale Abschaffung in Namibia 1977/79 ebnete den Weg für ein verändertes, nicht von rassistischer Diskriminierung geprägtes Verständnis von Stammes- und Volkszugehörigkeit.

Die San (›Buschmänner‹) als älteste der heutigen Bevölkerungsgruppen Namibias zeigen Reste altafrikanischer Wildbeuterkultur, die jedoch in unaufhaltsamer Auflösung begriffen ist. Afrikanische Bauernvölker wie die Ambo (Ovambo) und die Kavango bewohnen die nördlichen Gebiete, wo sie bis heute zahlreiche Elemente ihrer alten Gesellschafts- und Wirtschaftsformen beibehalten haben. Ehemalige Hirtenvölker wie die Herero sind in den zentralen Landesteilen ansässig; unter dem Einfluß der Europäer haben sie eine erhebliche Wandlung ihrer materiellen und geistigen Kultur erlebt. Die historischen Wanderungsbewegungen der Völker des südlichen Afrika führten von Süden, aus dem Kapland, Nama, Rehobother Baster und Farbige (auch als Mischlinge bezeichnet) ins Land, die heute vorwiegend in den zentralen und südlichen Landesteilen leben. In Sprache (Afrikaans), Religion (evangelische Bekenntnisse) und Lebensweise (Viehfarmer oder Handwerker) stark europäisiert, haben sie eine eigene Kultur entwickelt. Als jüngste Schicht von Einwanderern kamen die Europäer ins Land. Von den ca. 75 000 Weißen, die heute in Namibia leben, sind etwa 20 000 deutschsprachig, die übrigen südafrikanischer (afrikaanser), britischer und portugiesischer Herkunft (die Portugiesen übersiedelten zumeist aus Angola).

Seit der Unabhängigkeit im März 1990 ist die Amtssprache Englisch. Als Verkehrssprache besteht das während der südafrikanischen Verwaltungszeit eingeführte Afrikaans fort, doch zahlreiche Namibier beherrschen auch die deutsche Sprache. In den nördlichen

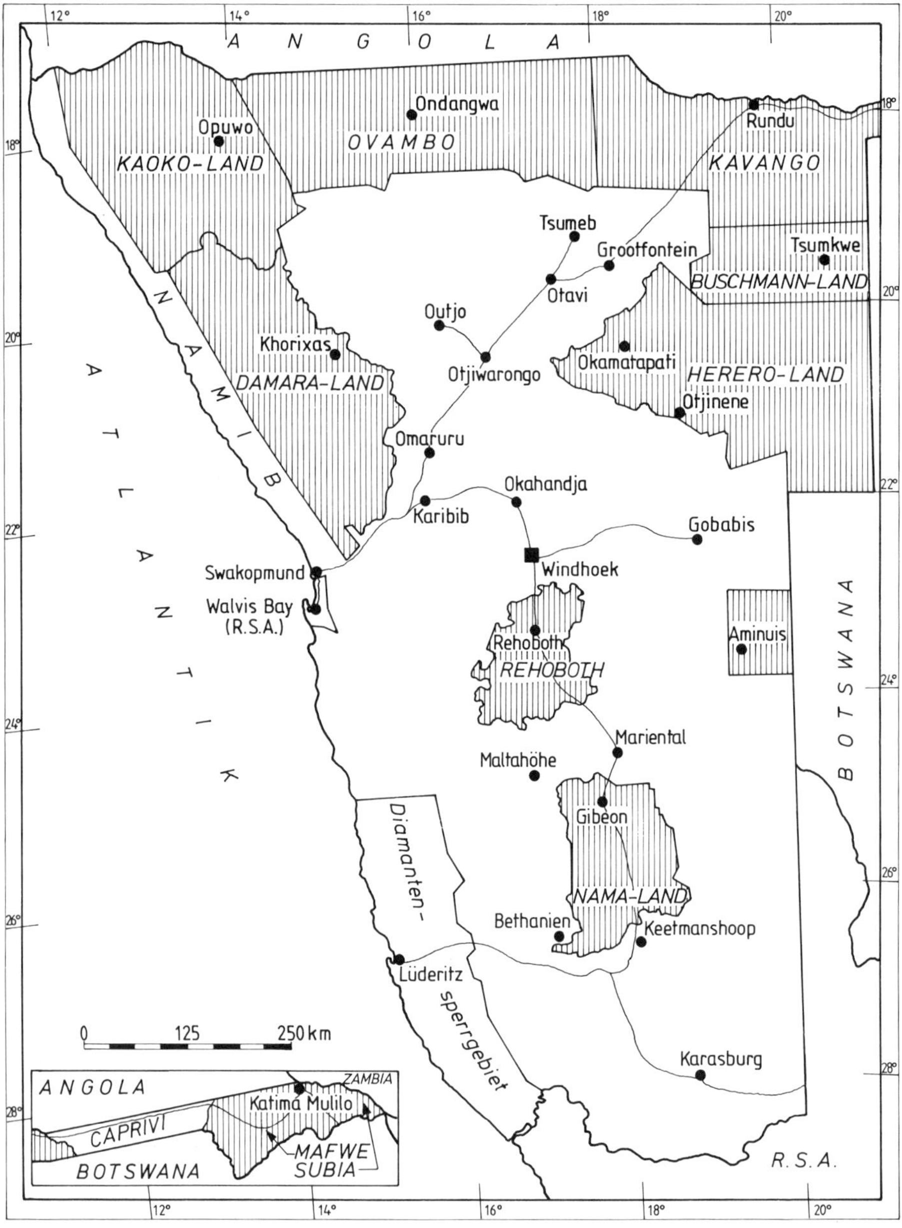

Die amtlichen Siedlungsgebiete in Namibia 1966 (ohne Schraffur: das für Weiße reservierte Land)

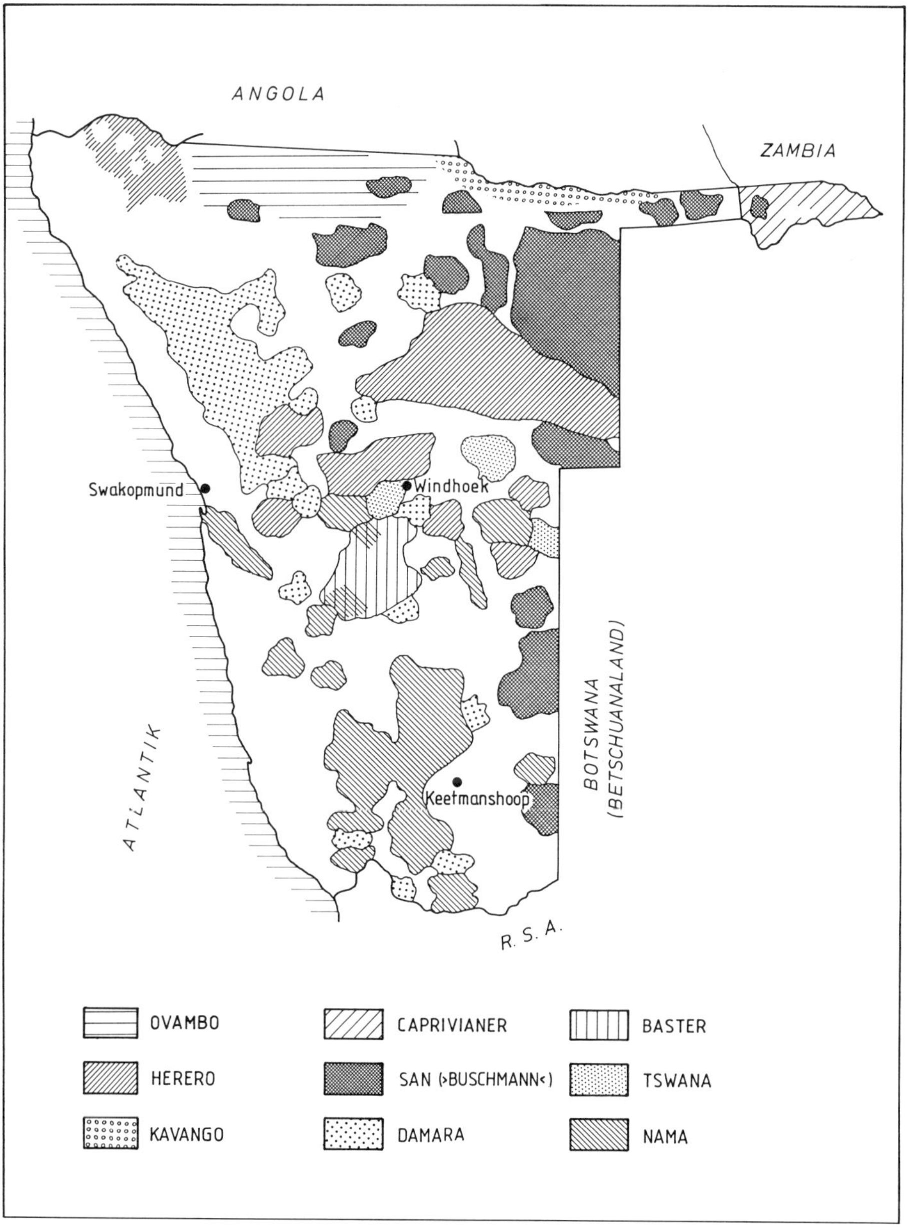

Sprachen und Völker Namibias um 1900 (nach Unterlagen des Staatsmuseums Windhoek)

Bevölkerungsgruppen in Namibia

	1960	1970		1981		1989	
	in %	*in Tausend*	*in %*	*in Tausend*	*in %*	*in Tausend*	*in %*
Ovambo	45,5	346,1	46,7	506,1	49,0	641	49,8
Kavango	5,3	49,8	6,7	95,1	9,2	120	9,3
Herero	6,8	56,8	7,7	76,3	7,4	97	7,5
Damara	8,4	64,7	8,8	76,2	7,4	97	7,5
Weiße	14,0	82,6	11,2	76,4	7,4	82	6,3
Nama	6,6	32,8	4,4	48,5	4,7	62	4,8
Farbige (Mischlinge)	2,4	25,3	3,4	42,3	4,1	52	4,0
Caprivianer	3,0	25,6	3,5	38,6	3,7	48	3,7
San (›Buschmänner‹)	2,2	22,8	3,1	29,4	2,8	37	2,9
Rehobother Baster	2,1	16,0	2,2	25,2	2,4	32	2,5
Tswana }	1,9	3,8	0,5	6,7	0,6	8	0,7
Andere }		13,3	1,8	12,4	1,2	12	0,9
Gesamt		739,6		1033,2		1288	

Zahlen für 1989 nach amtlicher Schätzung, für 1970 und 1981 nach Volkszählungen. Die Klassifikation ist Ergebnis der südafrikanischen Apartheidpolitik, die bis 1977/79 hinsichtlich der Registrierung der Bevölkerung nach ›Rassen‹ und ›Heimatländern‹ (homelands) gültig war.

Gebieten sind die traditionellen afrikanischen Sprachen lebendig, und sie werden im Schulwesen und in den Kirchen gefördert.

Die aktuellen Probleme des Landes lassen sich nur vor dem Hintergrund seiner Bevölkerungsvielfalt und der Kolonialgeschichte verstehen. Zugleich ist eine Kenntnis der Maßnahmen notwendig, die Südafrika als Mandatsmacht von 1919 bis 1990 durchführte. Die verwaltungsmäßige Eingliederung Namibias als quasi ›fünfte Provinz‹ Südafrikas, die Durchsetzung der Apartheidpolitik, die Schaffung wirtschaftlicher Abhängigkeit und die Funktion des Landes ›als Puffer‹ gegen das sozialistische Angola sorgten dafür, daß die Bewohner Namibias so lange auf die ersehnte Unabhängigkeit warten mußten. Der von 1963 bis Ende 1988 andauernde Krieg im Norden des Landes forderte Tausende von Toten.

1 Kriegerdenkmal in Windhoek, um 1910 ▷

2 Buschmann-Kinder beim Spiel, um 1900

3 Ovambo-Frauen mit durch Hanf verlängertem Haar, um 1910

4 Dama-Familie, 1904

5 Ovambo-Familie, 1910

6 Nama bei der Essenszubereitung, um 1900

7 Buschmann-Frauen, um 1900

8 Der Nama-Orlaam-Führer Hendrik Witbooi (Mitte) mit Gefolgsleuten, 1897

9 Ovambo, Herero und Nama beim Proviantempfang, um 1910

10 und 11 Szenen aus dem Herero-Krieg: Deutsche Maschinengewehrabteilung (oben) und Ausmarsch der ›Schutztruppe‹ aus Outjo, 1905

12 Der Nama-Führer Simon Cooper, 1907

13 Der Herero-Führer Samuel Maherero, um 1905

14 Hinrichtung von Aufständischen in Gibeon, 1905

15 Kriegsgefangene Nama, 1907

16 Herero nach der Rückkehr aus dem Omaheke-Sandveld, veröffentlicht 1907

17 und 18 Gefangene Herero während des Aufstands, 1904/05

19 Missionare bei der Taufe, um 1900

20 Nähunterricht in einer deutschen Schule, 1910

21 Turnunterricht, um 1910

22 Weiße Händler im Ovambo-Land, um 1908

23 Kolonisten mit Ochsengespann, um 1900

24 Bohrkolonne beim Brunnenbau in Windhoek, um 1910

25 Arbeiter auf der Otavi-Bahn, um 1910

26 Ovambo-Arbeiter im Hof der Damara-Gesellschaft in Swakopmund, um 1910

27 Der Bahnhof von Swakopmund, kurze Zeit nach Fertigstellung (1901)

28 Blick auf Swakopmund, um 1910

29 Einweihung der Evangelischen Kirche in Lüderitz, 1912

31 Der Nama-Häuptling Banjo (Pollo) mit zwei Untergebenen, 1904 ▷

30 Bahnstation Nonidas, um 1910

Alte afrikanische Kulturen und ihr Wandel

Die San (›Buschmänner‹)

Die San (Farbabb. 31, 32, Abb. 33–35) gehören zu den ältesten Bevölkerungsgruppen auf afrikanischem Boden. Ihre volkstümliche, heute als diskriminierend empfundene Bezeichnung ›Buschmänner‹ (*Boesman*) oder ›Buschleute‹ geht auf die niederländischen Siedler der Kapregion im 17. Jahrhundert zurück, die die kleinwüchsigen Jäger der Region so benannten. Heute hat sich die sprachwissenschaftliche Bezeichnung ›San‹ durchgesetzt, die die Zugehörigkeit der Bevölkerungsgruppe zur Khoisan-Sprachfamilie betont. Diese nicht zum ansonsten vorherrschenden Bantu gehörigen Sprachen des südlichen Afrika werden auch von den Nama und Damara gesprochen. ›Khoi‹ und ›San‹ bedeutet soviel wie ›Mensch‹ und ›Wildbeuter‹, womit die traditionelle Wirtschaftsweise dieser Gruppen treffend gekennzeichnet ist. Sie ernährten sich früher von Früchten und Knollen, die von den Frauen und Kindern gesammelt wurden, während die Männer durch Jagd die Fleischversorgung sicherten. Die San haben im Trockenraum des südlichen Afrika außergewöhnliche Überlebensstrategien entwickelt, die sie zu erstrangigen Wassersuchern, Fährtenlesern und Jägern machen. Sie sind in Familiengruppen organisiert und kennen keine Häuptlings- oder ›Königs‹-herrschaft wie andere Völker des südlichen Afrika. Nur noch wenige Gruppen im namibisch-botswanischen Grenzgebiet sowie in Botswana haben ihre althergebrachte Lebensform bewahrt.

Jeden Abend wird die Sonne geschlachtet

Die Sonne, so sagen die Alten, ist ein Jagdwild. Es läuft seinen Weg am Himmel entlang und verspottet die Jäger, weil sie alle es nicht schießen können. Aber fern im Westen, weit hinter dem Atlantischen Ozean, wohnt ein wunderbares Volk. Die Menschen dort haben nur ein Bein und ein Auge, sie sind jedoch außerordentlich stark. Wenn nun die Sonne abends müde von ihrem Lauf sich im Lande der Einbeinigen niederläßt, kommen diese Leute mit ihren Speeren und erstechen sie, so daß das rote Blut herausströmt. Daher sieht der Abendhimmel immer so rot aus. Sie essen dann die ganze Nacht von ihrer Beute. Vor Tagesanbruch nimmt aber einer von ihnen ein Schulterblatt der Sonne und wirft es im großen Bogen nach Osten. Wer um diese Zeit horcht, kann hören, wie es durch die Luft fliegt und »sobobobobobo« sagt. Im Osten stellt sich dann aus dem Schulterblatt die Sonne wieder her und geht aufs neue ihre alte Bahn am Himmel entlang.

Erzählung der San (aus Sigrid Schmidt, ›Märchen aus Namibia‹, Düsseldorf 1980)

Age‹ zugehörig, können nach C^{14}-Datierungen als die ältesten datierten Kleinkunstwerke Afrikas gelten; sie erlauben allerdings keinen Analogschluß auf das Alter der Felsmalereien und Gravierungen insgesamt. Als Zeugnisse eines sehr frühen Aufkeimens künstlerischen Schaffens verdienen die Funde von ›Apollo-11‹ eine erstrangige Stellung in der Urgeschichtsforschung des südlichen Afrikas, das mit diesen Kleinkunstwerken zeitlich eng an die ältesten steinzeitlichen Darstellungen West- und Mitteleuropas (Aurignacien, 32 000 bis 28 000 v. Chr.) heranrückt. Archäologische Feldforschung gehört noch zu den großen Aufgaben der Kulturwissenschaft im südlichen Afrika, um Hypothesenbildungen und Spekulationen durch wissenschaftliche Datierungen abzulösen.

Die **Damara,** auch als Berg-Damara oder **Dama** bezeichnet, besaßen nach Berichten von Reisenden des 18. Jahrhunderts eine den San ähnliche Wildbeuterkultur. Der Beiname ›Berg‹-Damara geht zurück auf ihre vorwiegende Verbreitung in den Massiven der Auas-Berge, des Erongo und des Brandbergs. Im Kontakt mit den Nama nahmen die Damara deren Sprache und andere Kulturelemente an. Durch Missionierung (seit 1860) und Arbeit auf Farmen der Weißen oder in den Städten haben sie ihre eigene Kultur fast völlig verloren; heute leben sie als Bauern oder Arbeiter in den westlichen Landesteilen (vgl. Abb. 50).

Damara-Gruppe; Darstellung um 1890

Die Hirtenvölker

Im Rahmen der Bantu-Wanderungen ließen sich ab dem 16. Jahrhundert bantusprachige Völker im Gebiet des heutigen Namibia nieder, Rinderhirten, die aus den Savannen Ostafrikas und des südlichen Zentralafrika kamen. Sie hatten die von der Tsetse-Fliege, der Überträgerin der Nagana-Viehkrankheit, verseuchten Buschregionen umgangen und trafen in Namibia auf Tsetse-freie Gebiete, auf denen sie ihre großen Rinderherden weiden konnten. Das bedeutendste dieser Bantu-Völker waren die **Herero,** Nomaden, die die Rinderhaltung durch Jagd und Sammeltätigkeit ergänzten (Abb. 2, 5, 7). Produkte der Viehwirtschaft tauschten sie mit den Ackerbauern weiter im Norden an Kunene, Okavango und Zambezi. Das Wachstum von Bevölkerung und Herden führte dazu, daß die Herero ab der Mitte des 18. Jahrhunderts von Nordost-Namibia allmählich nach Süden wanderten, in die zentralen Landesteile. Hier kam es im 19. Jahrhundert zu Auseinandersetzungen zunächst mit den von Süden vordringenden, ebenfalls halbnomadischen Nama-›Hottentotten‹ (vgl. S. 75), dann mit den weißen Siedlern. Während die Streitigkeiten zwischen den afrikanischen Völkern durch Vermittlung von Missionaren der Rheinischen Mission im Jahre 1870 beigelegt werden konnten (man einigte sich auf die Beibehaltung des status quo im Zentralen Hochland), hatte der Konflikt mit der seit 1884 herrschenden deutschen Kolonialmacht verheerende Folgen. Enttäuschung und Verärgerung über gebrochene Verträge, die Einschränkung ihrer Weidegründe und die Auferlegung von Zwangsmaßnahmen trieben die Herero

Löwe, Hyäne und Schakal

Eines Tages gingen Löwe, Hyäne und Schakal zusammen auf die Jagd. Und sie sahen ein Zebra des Veldes und töteten es. Und der Löwe sagte zur Hyäne: »Jetzt zerteile du dieses Tier für uns!« Und die Hyäne teilte es in drei Teile auf, die zusammen einander gut entsprachen. Als der Löwe sah, daß die Hyäne das Tier (in Portionen) geteilt hatte, die zusammen gleich groß waren, wurde er sehr zornig. Und er nahm einen Stein und traf die Hyäne am Hüftknochen. Deswegen hinken alle Hyänen bis auf diesen Tag. Und der Löwe sagte zum Schakal: »Schakal, jetzt teile uns dieses Fleisch!« Der Schakal sagte: »Nein, Herr, guter Herr Löwe! Jetzt friß du all dieses Fleisch! Diese deine Sklaven mögen nur die Knochen abnagen!« Darauf tat der Löwe also, fraß das Fleisch und vertilgte es. Dann nagten die Hyäne und der Schakal nur die Knochen ab. Und genau so handeln die bösen Herren. Sie essen die guten Speisen bis zu Ende, und so wird es diesen schwachen Wesen gegeben, nur die Knochen abzunagen.

Erzählung der Herero (aus E. Damman, ›Was Herero erzählten und sangen‹, Berlin 1987)

Dornbuschsavanne mit Herero-pontoks

Bei den hererosprachigen **Himba** (auch: Ovahimba) im Kaokoveld Nordwest-Namibias und im angrenzenden Angola haben dagegen bis in die Gegenwart Formen des traditionellen Nomadismus überlebt (Farbabb. 26, 30). Da sie weniger Großvieh besaßen als die Herero und keine großräumigen Wanderungen unternahmen, blieben die Himba in den Trockensavannen und Halbwüsten des Kaokoveldes zurück. Als Wohnstätten dienten Windschirme aus Astwerk, wie sie die Abbildung auf der Umschlagvorderseite zeigt. Kunstvolle Frisuren sowie Schmuck aus Eisen, selten aus Kupfer oder Messing, sind bei den Frauen sehr beliebt.

Das Kaokoveld, ein Teil des Hochlandes, ist außerordentlich schwer zugänglich, nicht nur aufgrund seiner Geländebeschaffenheit und des gewaltigen, gebirgsartigen Abbruchs gegen die nördliche Namib-Wüste, sondern auch, weil es lange Zeit ›Sperrgebiet‹ war. Die koloniale und später die südafrikanische Verwaltung wollten keine ›Störung‹ der afrikanischen Völker der Nordregion durch Farmer und Reisende, so daß nur wenige Missionare eine Aufenthaltse-laubnis erhielten. Der langjährige, bis 1989 dauernde Krieg im Grenzgebiet zwi- ola und SWA/Namibia beeinflußte die Himba-Kultur: Berichte aus den 7 sprechen von Zwangsumsiedlungen der Himba in Dörfer, vorgeblich Schutz. Nach Beendigung des Befreiungskrieges ist die Staatsgrenze Namibia wieder offen, so daß die Himba ihre Herdenwanderung nten. Ihr Lebens- und Wirtschaftsraum wird heute durch den rhalb der Epupa-Fälle gefährdet.

K... mern ... haben bei den Himba eine lange Tradition. Lederarbeiten und Frauen zei... t nur die eigenen Frauen und Männer, sondern werden auch mit 25, 29). Abgele...

Nachbarvölkern in Angola und Namibia gehandelt. Kostbare Himba-Trachten sind heute Schmuckstücke völkerkundlicher Sammlungen. Auch diese Tradition ist durch das Vordringen der ›Zivilisation‹ möglicherweise dem Untergang geweiht.

Zu den traditionellen Hirtenvölkern Namibias zählen auch die **Nama** (Abb. 6, 37). Ihr Siedlungsgebiet ist der halbwüstenhafte Süden des Landes, wo die Ziegen- und Fettschwanzschafhaltung größere Bedeutung hat als die Rinderzucht. Die Nama gehören zu den Khoisan-sprachigen Völkern des südlichen Afrika (vgl. S. 65) und weisen enge sprachliche und verwandtschaftliche Beziehungen zu den Bewohnern der westlichen Kapprovinz auf. Die geringschätzige Bezeichnung ›*Hottentotten*‹, die von den kapholländischen Siedlern des 17. Jahrhunderts stammt und soviel wie ›Stotterer‹ bedeutet, lehnen sie heute ab. Aus dem Kapland wanderten in der Mitte des 19. Jahrhunderts die **Orlaam** ein, was afrikaans für ›smart‹ steht und sich auf das kulturelle und waffentechnische Niveau (u. a. Besitz von Feuerwaffen) dieser Gruppe bezieht. Aus ihrer Mitte stammen die Familien der Afrikaner und der Witbooi, die für die Geschichte Namibias im 19. Jahrhundert von großer Bedeutung waren (Abb. 8). Sie besetzten ab 1835 in Auseinandersetzung mit den Herero ein Territorium, das reich an Weideland und Wasserstellen war. 1840 ließ sich ihr Führer Jonker Afrikaner an den heißen Quellen von Windhoek nieder, womit der Ort erstmals eine ›Hauptstadtfunktion‹ erhielt. Heute leben die Nachkommen der Orlaam vorwiegend als

Hendrik Witbooi, ›Kapitän‹ der Orlaam, Foto um die Jahrhundertwende

Viehhalter im Nama-Land zwischen Mariental, Maltahöhe, Keetmanshoop und Bethanien mit Handelszentren wie Gibeon und Asab sowie Missionszentren wie Berseba und Tses.

Die **Tswana** bilden die kleinste Bevölkerungsgruppe Namibias. Etwa ein Viertel der Tswana wohnt noch im Gebiet um Gobabis (Gebiet von Aminuis und Epukiro), nahe der Grenze zu Botswana, wo die Mehrheit dieses Hirtenvolkes siedelt. Diese kleine Gruppe zog im 19. Jahrhundert aus der damaligen britischen Kapkolonie zu. Die meisten Tswana leben und arbeiten heute in Windhoek und anderen Städten oder auf Farmen von Weißen.

Die Ackerbauern

Während die Kultur und Wirtschaftsform der San und der ehemaligen Nomaden wegen der Ausdehnung des weißen Siedlungsgebietes sowie durch den langen Kulturkontakt und den Modernisierungsdruck der Gegenwart im Untergang begriffen ist, gelang es den Ackerbauern wie den Ovambo oder Kavango in den nördlichen Gebieten, ihre kulturelle Eigenständigkeit zu wahren, obgleich auch sie einem zunehmenden Wandel unterliegen. Tropische Krankheiten wie Schlafkrankheit und Malaria sowie die Randlage in den Grenzgebieten zu Angola und Zambia führten dazu, daß diese Landesteile von Weißen gemieden wurden und weitgehend außerhalb der Kontrolle der deutschen Kolonialmacht blieben. Erst 1917 wurden die Häuptlinge auf die Administration Südafrikas vereidigt.

Die **Ovambo** (oder Ambo) sind heute mit fast 650000 Menschen das größte Volk Namibias (Abb. 3, 22, 40); ihr Siedlungsgebiet setzt sich nördlich des Kunene in Angola fort. Das Ovambo-Land erhält einen mittleren Jahresniederschlag von 500 mm, so daß in normalen Jahren Feldbau auf Regenfallbasis betrieben werden kann. Hirse *(ehangu)* dient als Grundlage der Ernährung und der Bierbereitung. Süßwasserfische aus den Kunene und den in der Regenzeit wassergefüllten *oshana*-Trockenbetten ergänzen die Ernährung (Abb. 43). Heute treten zum Hackbau der Frau und zur Rinderhaltung des Mannes (Abb. 59) Pflugbau und Bewässerungsfeldbau hinzu. Einzelhöfe und kleine Weiler von Familienkraalen bestimmen bis heute das Siedlungsbild. Traditionelle handwerkliche Aktivitäten wie Töpferei und Herstellung von Flecht- und Schnitzarbeiten bestehen in geringem Umfang weiter. Die alte matrilineare Clanorganisation wird hinsichtlich der Erbfolge durch eine patrilineare ersetzt, ein Beispiel für den gewaltigen Kulturwandel, der sich bei den Ovambo vollzieht.

Der Einfluß der Missionierung – seit 1870 ist die Finnische Mission in Ovambo-Land tätig – und des Schulwesens (Abb. 58), vor allem aber der Wanderarbeit hat die sozialen und wirtschaftlichen Strukturen der Region grundlegend verändert. Die Kirche entwickelt sich in Form der unabhängigen Ovambo-Kirche zu einer auch politisch wichtigen Organisation. Das Ovambo-Land wurde seit den 60er Jahren hart getroffen durch den Befreiungskrieg der SWAPO und die Gegenmaßnahmen der südafrikanischen Armee. Seit der Wahl Sam Nujomas zum Staatspräsidenten sind die Ovambo ›the President's People‹ und erhalten eine bevorzugte Förderung. Ausbau der Infrastruktur, Verstädterung, Handwerk und

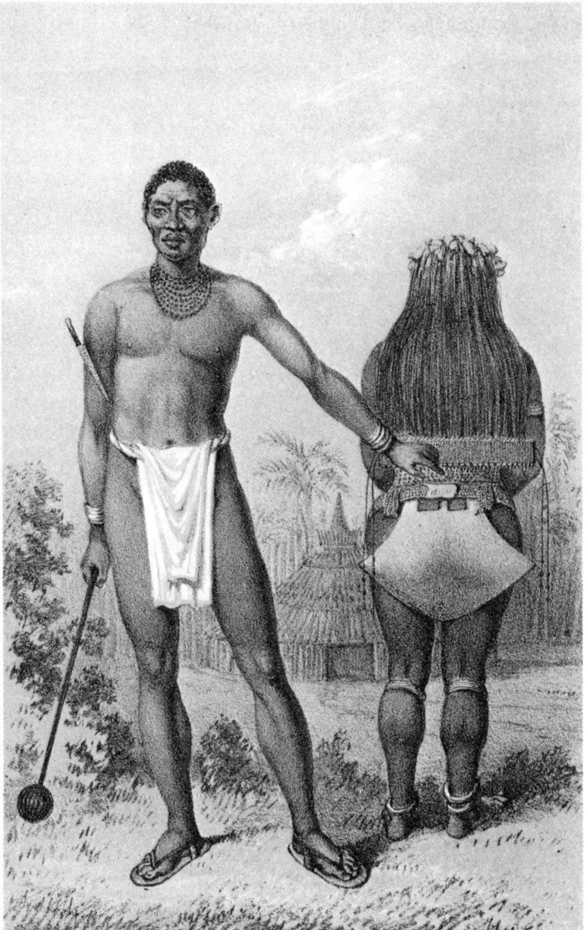

Ovambo-Paar; idealisierte Darstellung von 1856

Handel verändern das Bild des bäuerlichen Ovambolandes. Die Region mit dem Zentrum Oshakati besitzt aufgrund des Bildungsstandes der Bevölkerung und des Agrarpotentials gute Entwicklungschancen, die das unabhängige Namibia trotz der Rand- und Grenzlage des Gebietes nutzen kann.

Östlich an Ovambo-Land schließt das Siedlungsgebiet der **Kavango** an (Farbabb. 34, Abb. 47–49). Sie haben wie die Ovambo enge Beziehungen zu Süd-Angola, und das Anschwellen ihrer Zahl von ca. 50000 im Jahre 1970 auf ca. 120000 im Jahre 1989 ist neben dem hohen natürlichen Wachstum von 2–3% pro Jahr auf erhebliche Zuwanderung von Flüchtlingen aus Angola zurückzuführen. Die Kavango sind wie die Ovambo traditionell

Ovambo auf der Wanderschaft; Gemälde von Ernst Vollbehr, um 1910

Ackerbauern mit ergänzender Rinderhaltung, Fischfang (Abb. 41, 42) und Jagd. Ihr Hauptort Rundu ist zu einem Verwaltungs-, Schul- und Handelszentrum geworden (vgl. Farbabb. 27). Seit dem Beginn des 20. Jahrhunderts (1910, 1929) haben die römisch-katholische bzw. die protestantische finnische Mission durch Schulwesen und Handwerkerausbildung erheblichen Einfluß ausgeübt. Sie fixierten zwei Kavango-Sprachen, Kwangari und Mbukushu, sowie in jüngster Zeit das Gciriku. Trotz Akkulturation haben sich aufgrund der Abgelegenheit des Gebietes und des kulturellen Selbstbewußtseins zahlreiche Traditionen der Kavango erhalten. Hierzu gehören der Ahnenkult und bei den Mbukushu die sakrale Stellung des Häuptlings. Die Kavango-Holzschnitzer (Arbeiten vor allem aus ›dolfwood‹ = *Pterocarpus angolensis*, Kiaat-Holz), die auch moderne Gebrauchsgegenstände wie Möbel und Türen fertigen, stammen vorwiegend aus Angola (Chokwe, Nyemba) und genießen einen hervorragenden Ruf.

In der Statistik der Bevölkerungsgruppen Namibias tauchen die etwa 48 000 **Caprivianer** als eine eigene Gruppe auf. Es handelt sich dabei um eine aus politisch-territorialen Erwägungen künstlich geschaffene Einheit, die die verschiedenen Ethnien des Caprivi-Zipfels umfaßt (als größte sind zu nennen die Subiya, Fwe, Yei und die Mbukushu; Abb. 38, 39). Dieses abgelegene, nur schwer erreichbare Gebiet im äußersten Nordosten des Landes kam erst 1890 unter den deutschen Reichskanzler von Caprivi im Rahmen eines territorialen Tauschgeschäftes zu Südwestafrika. Die Menschen dieser Region haben enge sprachliche und verwandtschaftliche Beziehungen zum benachbarten Barotse-Land in Zambia, so daß

z. B. neben Englisch Lozi als Schul- und Verwaltungssprache dient. Während der trockene West-Caprivi noch zum Schweifgebiet der San gehört, ist der randtropisch-feuchte Ost-Caprivi mit den Flüssen Linyanti, Chobe und Zambezi altes afrikanisches Bauernland. Überschwemmungsfeldbau wird verbunden mit Regenfeldbau, Rinderhaltung in den trokkenen Platten des Fwveldes mit dem Anbau tropischer Früchte wie Papaya und Bananen; hinzu kommen Fischfang und Jagd. Makalani-Palmen *(Hyphaene ventricosa)* und Sykomoren-Feigenbäume kennzeichnen die tropische Vegetation.

Seit den 20er Jahren des 20. Jahrhunderts sind in der Caprivi-Region Missionsgesellschaften tätig, die durch Christianisierung, Schulwesen und handwerkliche Ausbildung kulturelle Veränderungen eingeleitet haben. ›Innovationszentrum‹ ist Katima Mulilo am südlichen Ufer des Zambezi, eine Verwaltungs- und Handelssiedlung. Hier wird deutlich, welchen Einfluß lokal die ›Moderne‹ hat, wie aber bei der Masse der Bevölkerung das ›alte Afrika‹ weiterlebt.

Einwanderer des 19. und 20. Jahrhunderts

Die Rehobother Baster und die Farbigen

Die ca. 32 000 Angehörige zählende Gruppe der **Rehobother Baster** im Süden des Hochlandes um Rehoboth verweist auf die engen Beziehungen dieses Gebietes zur nordwestlichen Kapprovinz Südafrikas. Die Baster gingen aus Ehen zwischen weißen Grenzfarmern oder Handwerkern und Khoi-Khoi-Frauen hervor, wurden afrikaans-sprachig und christlich erzogen und arbeiteten wie ihre Väter als Bauern oder Handwerker. 1868 verließen sie unter dem deutschen Missionar Heidmann und ihrem Führer Hermanus van Wyk die damals britische Kapprovinz. 1870 pachtete van Wyk von den Nama das Gebiet um die verlassene Missionsstation Rehoboth, um es später käuflich zu erwerben. Auf diesem eigenen Territorium schufen sich die Baster eine eigene Gesetzgebung und ein Parlament, eine kleine Republik ihrer *burgers,* die als ›Staat im Staate‹ auch während der deutschen Kolonialzeit fortbestand. Eine begrenzte Selbstregierung wurde den Baster desgleichen unter südafrikanischer Herrschaft zugestanden und so gehören sie heute zu den politisch am weitesten entwickelten Gruppen in Namibia. Sie verfügen zudem über ein gut ausgebautes Schulwesen mit einer eigenen Landwirtschaftsschule und einem Technikum, viele Baster studieren auf südafrikanischen Universitäten. In Sprache, Religion und Kultur den Weißen gleich, haben sie ein ›internes‹ soziales Problem: den Gegensatz zwischen einer politisch und wirtschaftlich dominanten Oberschicht, den Nachkommen der frühen Einwanderer mit afrikaansen und deutschen Namen (wie van Wyk, Beukes, Diergaard, Mouton oder Olivier bzw. Bock,

Engelbrecht, Krüger, Vrey oder Wimmert), und einer wirtschaftlich schwächeren Gruppe, die, auch sozialräumlich getrennt, in den Außenbezirken von Rehoboth oder als Beiwohner auf den Rinder- und Schaffarmen der Wohlhabenden lebt.

Die **Farbigen** (auch als Mischlinge bezeichnet) stehen in Sprache, Kultur und Lebensweise ebenfalls den Weißen nahe. Mit ihnen verbindet sie auch der hohe Verstädterungsgrad, der bedingt ist durch die handwerkliche Qualifikation als Maurer, Tischler, Mechaniker oder als Fischer (in Lüderitz und Walvis Bay). Im Unterschied zu den Rehobother Baster haben die Farbigen keine einende Geschichte oder Verfassung. Manche wanderten aus beruflichen Gründen aus der Kapregion Südafrikas ein, andere stammen aus Verbindungen von Weißen mit Nama- und Herero-Frauen. Wieder andere sind Opfer der südafrikanischen Rassengesetzgebung seit 1955: Wer nicht als ›Weiß‹ oder ›Schwarz‹ zu kategorisieren war, wurde kurzerhand zum ›Farbigen‹ erklärt. Heute steigt die Zahl der Farbigen durch natürliches Wachstum und Zuwanderung. Eine stärkere Teilnahme am Schulbesuch muß für die unteren Einkommensgruppen erreicht werden, bei denen Alkoholmißbrauch und Vernachlässigung der Familie ernste soziale Probleme darstellen.

Die Weißen

Die weißen Bewohner Namibias sind die wirtschaftlich dominierende Gruppe des Landes. Ihre Vormachtstellung gründet sich auf zahlreiche in der Kolonialzeit eingeleitete und durch die südafrikanische Verwaltung verstärkte Privilegien. Diese sind zwar seit der Unabhängigkeit abgeschafft, aber der Vorsprung in Bildungsstandard, Kapitalausstattung und wirtschaftlicher Macht läßt sich nicht kurzfristig ändern; mittel- und langfristig verfolgte die Regierung eine Politik des sozialen Ausgleichs.

Zahlenmäßig stärkste weiße Gruppe sind die **Buren** südafrikanischer Abstammung. Schon in den 70er Jahren des 19. Jahrhunderts hatten sich Trekburen im Norden des heutigen Namibia um Grootfontein als Farmer niedergelassen. Eine zweite Welle von Buren folgte nach 1915, als Deutsch-Südwestafrika als Mandat an die damalige Südafrikanische Union fiel. Soldaten im Ruhestand und pensionierte Beamte konnten billig Land erwerben, so daß es zu einer gewaltigen Ausweitung des weißen Siedlungsgebietes kam. Diese Entwicklung wurde verstärkt durch die Rücksiedlung von Angola-Buren, die sich den religiösen und sprachlichen Behinderungen durch die Portugiesen entziehen wollten und 1928 im damaligen Südwestafrika große Farmen erhielten. Ebensolang wie die Buren sind **britischstämmige Weiße** ansässig.

Ca. 20000 **Deutschstämmige** gibt es heute in Namibia. Sie sind Nachkommen unterschiedlicher Einwanderer: von Soldaten, Beamten und Farmern, die während der deutschen Kolonialzeit (1884 bis 1915) hier lebten, und von Immigranten, die in den Krisenzeiten nach den beiden Weltkriegen kamen. Die jüngste Einwanderungswelle brachte **Portugiesen** aus

›Der weiße Mann zur Schau-gestellt‹ (oben) und ›Auf der Reise‹; Darstellungen um 1860

Angola nach Namibia. Ihre Lebensmittel-Familienunternehmen gehören heute bereits zum Alltagsbild des Landes und sind für die Versorgung übers Wochenende bedeutend.

Die Zahl der Weißen ist heute rückläufig, insbesondere wegen der Rückwanderung von Südafrikanern. Es ist aufschlußreich zu beobachten, wie sich neue Gruppierungen über die alten Rassenschranken hinweg entwickeln. Dies hängt zusammen mit dem wirtschaftlichen und gesellschaftlichen Aufstieg einer schwarzen sowie einer farbigen Ober- und Mittelschicht seit der Unabhängigkeit.

Geschichtlicher Überblick

Faktoren und Elemente europäischer Einflußnahme

Wie das gesamte Afrika, so wurde auch der Südwesten des Kontinents im 19. Jahrhundert in den Wettlauf um die Abgrenzung von Kolonialgebieten einbezogen. Zuvor war das Gebiet im Unterschied zur weiter südlich gelegenen Kapregion außerhalb der Interessensphären der damaligen Großmächte geblieben: Im Süden bilden die Halbwüsten und Wüsten um den unteren Oranje und im Nordwesten der Kapprovinz eine natürliche Schranke vor dem Hochland, im Westen erstrecken sich eine der berüchtigtsten Nebelküsten der Erde und die Namib-Wüste. Die afrikanischen Bauernvölker im Norden des heutigen Namibia und um den Okavango blieben vom Sklavenhandel nicht verschont, wie ihn die Portugiesen seit dem 16. Jahrhundert vom benachbarten Angola aus durchführten. Portugiesische Seefahrer hatten seit dem 15. Jahrhundert die Küste des heutigen Namibia erforscht: 1485 errichtete Diogo Cão ca. 100 km nördlich des heutigen Swakopmund ein Kreuz, Zeichen der Inbesitznahme des Landstrichs durch die portugiesische Krone (vgl. S. 207), 1487 landete Bartholomëu Diaz in Angra Pequena, der späteren Lüderitz-Bucht. Ab dem 17. Jahrhundert nutzten Walfischfänger vieler Nationen die Lagune von Walvis Bay, die Durchquerung der Namib-Wüste gelang jedoch nicht.

Vier Gruppen von Europäern sollten im 19. Jahrhundert der Selbständigkeit der südwestafrikanischen Völker ein Ende machen: Händler, Missionare, Militärs und weiße Siedler. Regelmäßige **Handelskontakte** gab es seit dem 18. Jahrhundert von Westen (Walvis Bay) und Süden aus mit den Nomaden des Hochlandes: Diese tauschten Lebendvieh, Trockenfleisch, Straußenfedern und Elfenbein gegen Alkohol, Waffen, Munition und andere europäische Waren. Da die Schiffsbesatzungen, Walfänger, Robbenschlächter und Guanogräber der Westküste einen wachsenden Bedarf an Rindern und Trockenfleisch hatten, etablierte

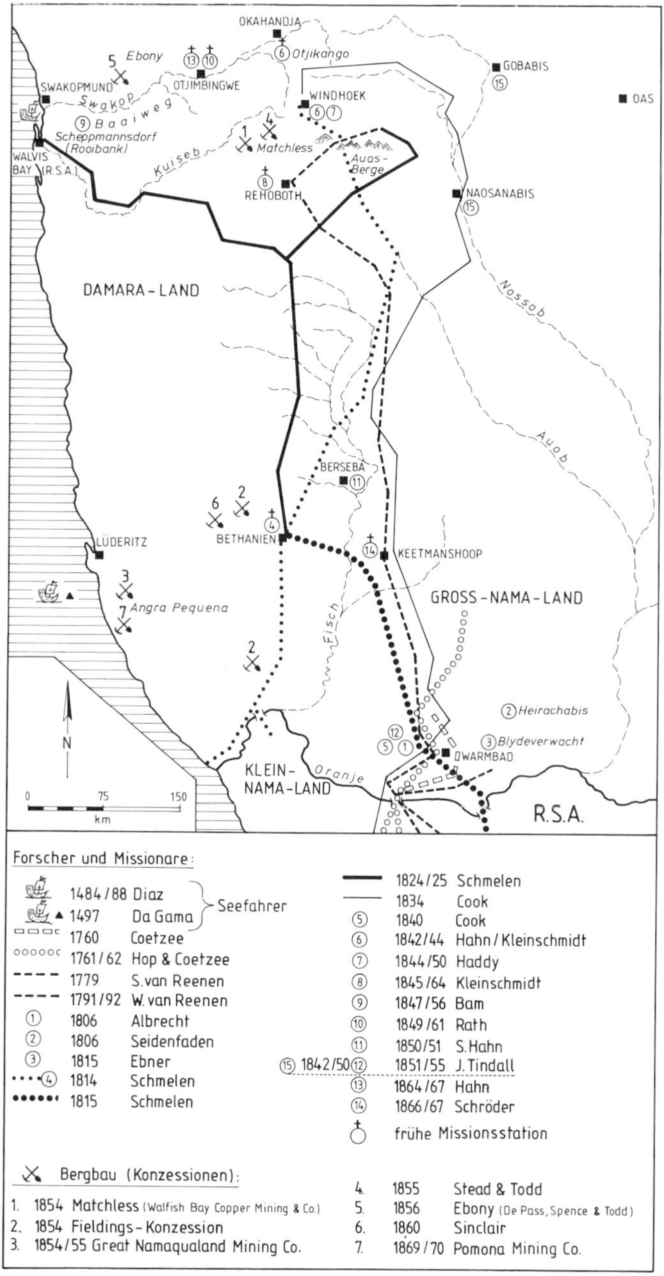

Die Erschließung Südwestafrikas bis zum 19. Jahrhundert

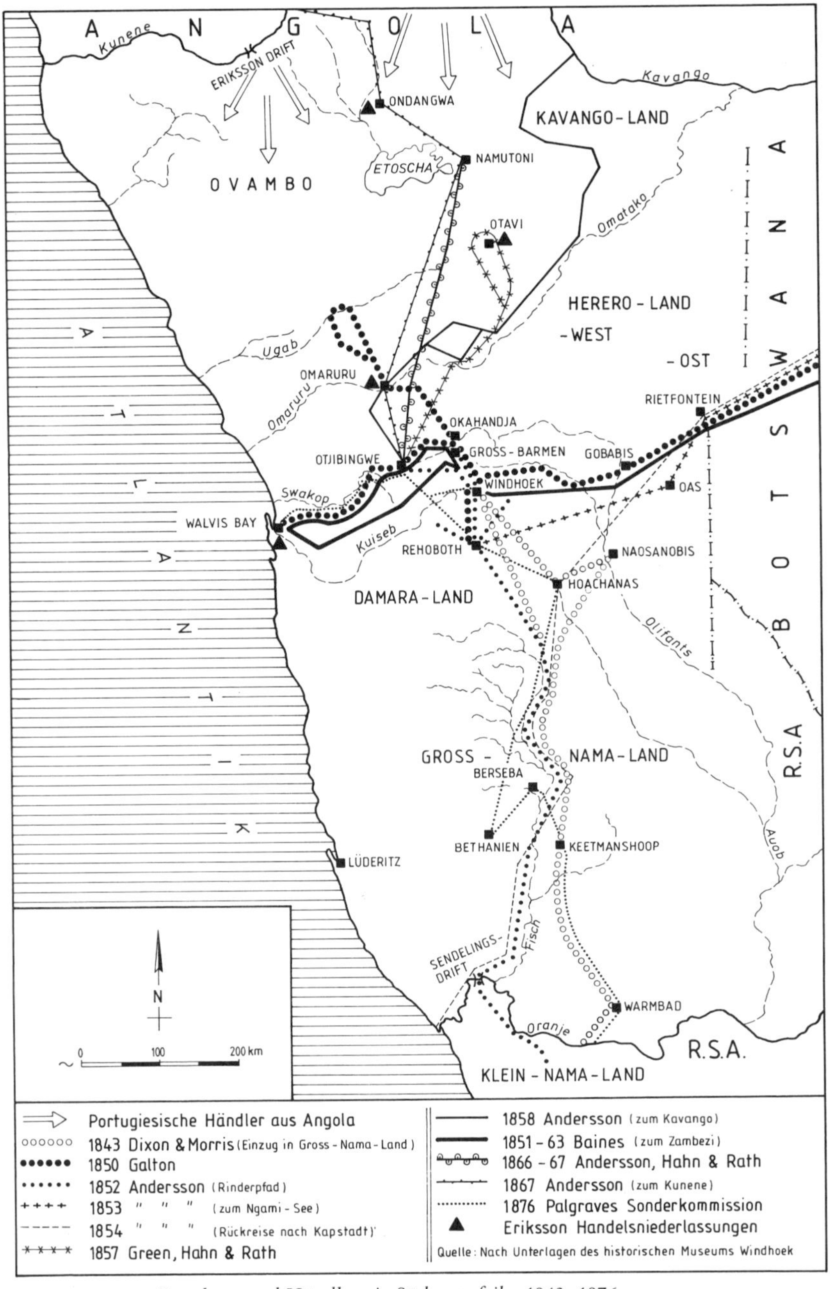

Reiserouten von Forschern und Händlern in Südwestafrika 1843–1876

Auf Elefantenjagd; Darstellung um 1860

sich schließlich eine feste Handelsroute, der Baaiweg (›Weg zur Bucht‹) von Walvis Bay Swakop-aufwärts nach Otjimbingwe, das zum bedeutendsten Handels- und Handwerkszentrum in den zentralen Landesteilen aufstieg. Hoffnungen auf Goldfunde zerschlugen sich, doch erwarben britische Unternehmen bereits Mitte des 19. Jahrhunderts erste Bergbaukonzessionen, da reiche Kupfer- und Bleilagerstätten entdeckt wurden. Damit begann der bis heute dominierende britische, südafrikanische und amerikanische Einfluß im Bergbau Namibias (vgl. S. 140ff.).

Die **Missionstätigkeit** des 19. Jahrhunderts führte eine weitere Interessengruppe ins Land (vgl. Abb. 19). 1805 begann die Londoner Mission von Warmbad im Süden des Landes aus ihre Arbeit unter den Nama. 1814 gründete der Missionar H. Schmelen ebenfalls für die Londoner Mission die Station Bethanien, um Nama und Orlaam zu christianisieren. Ab der Mitte des 19. Jahrhunderts war die Rheinische Missionsgesellschaft aus Wuppertal im Herero-Land aktiv: Mit der Gründung von Otjikango (heute Gross-Barmen) im Jahre 1844, von Scheppmansdorf (heute Rooibank) südlich Walvis Bay 1845 und von Otjimbingwe 1849 (nach Verwüstung Wiedergründung 1864) begann die Missionierung der Herero zum evangelisch-lutherischen Glauben. In Otjimbingwe wurden 1866 eine Katechetenschule und Lehrwerkstätten eingerichtet, im selben Jahr die Missionsstation in Keetmanshoop gegründet. 1870 begann die finnische Mission ihre Arbeit im Ovambo-Land, und 1896 nahm auch die katholische Kirche ihre Missionsarbeit auf. Die religiöse Zersplitterung im heutigen Namibia geht also auf kolonialzeitliche Wurzeln zurück.

Missionsstation der Rheinischen Mission in Otjikango (heute Gross-Barmen)

Die 1863 beginnenden Auseinandersetzungen zwischen Herero und Nama-Orlaam um Wasserstellen und Territorien in den zentralen Landesteilen beeinträchtigten die Tätigkeit der Händler und der Missionare. So stellten die Europäer, die damals nicht mehr als 150 Köpfe zählten, ab 1865/75 ›**Schutzgesuche**‹. Während sich die Händler über die Kapregierung an Großbritannien wandten, die dominierende Kolonialmacht im südlichen Afrika, suchten die deutschen Missionare einen Anschluß an das Deutsche Reich. Da sich dort nur langsam (und unter Bismarck widerwillig) eine Kolonialpolitik entwickelte und London eine Festsetzung Deutschlands in Südwestafrika verhindern wollte, kam es 1878 zur endgültigen britischen Inbesitznahme von Walvis Bay.

Die Gesuche der Missionare fanden im Deutschen Reich in den 70er Jahren kein Gehör, doch gelang es wenig später dem Inspekteur der Missionen, Fabri, die Gunst Kaiser Wilhelms II. für die Missionierung in ›Schutzgebieten‹ zu gewinnen. Gleichzeitig wurde das Reich durch die Aktivitäten des Bremer Kaufmanns Adolf Lüderitz in ›Zugzwang‹ gebracht (vgl. S. 213 f.): Am 1. Mai 1883 erwarb sein Vertreter H. Vogelsang von den Nama das Land »in einer Ausdehnung von 5 Meilen in alle Richtungen um die Bucht von Angra Pequena« (die heutige Lüderitz-Bucht), wenig später erweitert um die ganze Küste von der Oranje-Mündung bis 26 Grad südlicher Breite und von dort 20 geographische Meilen landeinwärts. Mitte 1884 wurden die Erwerbungen von Lüderitz unter den Schutz des Deutschen Reiches

Farm im Hochland von Windhoek; Darstellung um 1900

gestellt, 1885 nahm die ›Deutsche Kolonialgesellschaft für Südwestafrika‹ ihre Tätigkeit auf. Mit Häuptlingen der Nama, der Herero und dem ›Kapitän‹ der Rehobother Baster schloß man ›Schutzverträge‹.

Damit begann ein neuer Abschnitt in der Geschichte des Landes, bestimmt durch Militärs, Kolonialgesellschaften und Siedler. 1885 wurde unter Dr. Heinrich Göhring die **deutsche Verwaltung** mit Sitz in Otjimbingwe etabliert. Sie blieb zunächst auf kleine Teile der Küste und des Hochlandes beschränkt. 1889 sah sie sich angesichts der ständigen Auseinandersetzungen mit Herero und Nama-Orlaam gezwungen, sogenannte ›Schutztruppen‹ anzufordern. Unter Curt von François begann die militärische Unterwerfung der afrikanischen Völker in Süd- und Zentral-Namibia und die Eroberung des Landes zwischen Oranje und Tsumeb-Grootfontein. Im Oktober 1890 legte von François den Grundstein zur ›Alten Feste‹ in Windhoek; er leitete damit die Entwicklung des Ortes zur Landeshauptstadt ein, die im Dezember 1891 zum offiziellen Sitz des deutschen Kommissariates avancierte. Dem militärischen Vordringen kam die Entlassung Bismarcks als Reichskanzler am 20. März 1890 ›zugute‹, da sein Nachfolger, Reichskanzler Leo Graf von Caprivi, eine expansive Kolonialpolitik betrieb. Am 1. Juli 1890 erfolgte die Grenzregelung mit England, wobei im ›Helgoland-Sansibar-Vertrag‹ mit dem Caprivi-Zipfel ein Zugang zum Zambezi erreicht wurde. 1896 einigte man sich mit Portugal auf die Festlegung der Nordgrenze zu Angola.

Vertragsschließung zwischen den Deutschen unter Major Leutwein (4. v. rechts) und einem Herero-Führer; Foto von 1895

Mit der Festigung der Militärbasis in Windhoek seit 1890, der Niederlassung deutscher Siedler in Windhoek und Klein-Windhoek (Landwirtschaftskolonie) und der Ausdehnung der Zivilverwaltung im Hochland ab 1894 (Bezirksämter in Windhoek und Keetmanshoop) verschärfte sich der Konflikt mit den Nama-Orlaam, die seit der Mitte des 19. Jahrhunderts unter Jonker Afrikaner Ansätze für eine Staatsbildung geschaffen hatten (vgl. S. 75). 1894 wurden Hendrik Witbooi (Abb. 8) und seine Truppen durch Major Leutwein in der ›natürlichen Festung‹ der Naukluft geschlagen und die zentralen und südlichen Landesteile für die Besiedlung durch weiße Farmer freigegeben. Ende 1894 lebten etwa 1400 Weiße in Südwestafrika (inklusive der ›Schutztruppe‹).

Ab 1885 war die ›Deutsche Kolonialgesellschaft für Südwestafrika‹ als Handels- und Bergbaugesellschaft tätig, seit 1892 das ›Südwestafrikanische Siedlungssyndikat‹, das deutsche Einwanderer ins Land brachte. Diese ließen sich in den zentralen und nördlichen Landesteilen nieder, während sich burische Siedler im Nama-Land und um Grootfontein behaupteten. Da die Auswandererströme aus Deutschland hauptsächlich nach Amerika gerichtet waren und in Deutsch-Südwestafrika keine tropischen Rohstoffe wie in Togo oder Kamerun zur Verfügung standen, blieb die wirtschaftliche Entwicklung des Schutzgebietes jedoch bescheiden. Die Rinderpest von 1897 bewirkte einen empfindlichen Rückschlag für die Viehzüchter, die fortan verstärkt auf die Haltung von Wollschafen setzten. Einen Hoffnungsschimmer für das Gebiet, das zunächst für das Deutsche Reich mehr Belastung als Nutzen brachte, bedeutete dagegen der Beginn der Bergbautätigkeit in Tsumeb 1901–1903. Gleichzeitig schritt der Aufbau der Infrastruktur voran (1896 Postagenturen, 1899 Kabelverbindung mit Europa, 1902 Fertigstellung der Eisenbahnlinie Swakopmund-Windhoek, 1903 Einweihung der Mole in Swakopmund), eine Zeit wirtschaftlicher Prosperität schien bevorzustehen.

Da brach am 12. Januar 1904 in Okahandja der Herero-Aufstand aus (Abb. 10, 11, 14, 16–18): 123 deutsche Farmer und Händler wurden niedergemacht, Gehöfte und Gebäude in Brand gesteckt. Die Herero wollten die Expansionsabsichten der ›Schutzmacht‹, die Landverluste durch Bergbaugesellschaften und Farmer, die Kontrolle des Waffen- und Munitionshandels durch die Deutschen und die Einschränkung der Rechte der traditionellen Autoritäten nicht länger dulden. Wie zahlreiche andere Völker Afrikas versuchten sie, die

Deutsche Militärs in Pose; Fototafel von 1899

Die deutsche ›Schutztruppe‹ in den Auas-Bergen; Darstellung von 1899

Kolonialmacht mit Gewalt abzuschütteln. Während der amtierende deutsche Gouverneur Leutwein eine versöhnliche Lösung suchte, wurde er durch General Lothar von Trotha abgelöst, der vom Deutschen Reich den Auftrag zur Niederschlagung des Aufstandes erhielt. Am 11. August 1904 kam es zur Entscheidungsschlacht zwischen Herero und Deutschen am Waterberg (vgl. S. 224). Die meisten Herero-Männer fielen im Kampf gegen die weit besser ausgerüstete ›Schutztruppe‹, viele der flüchtenden Frauen und Kinder verdursteten im Omaheke-Sandveld der Kalahari, viele weitere starben in Gefangenschaft. Bis Ende 1904 war die Zahl der Herero von 60000–80000 auf ca. 16000 gesunken – ein Greuel, das mit Recht als ›Genozid‹, als Völkermord, bezeichnet wurde. Ein Überfall der Ovambo auf die Militärstation Namutoni blieb hingegen ohne Folgen (vgl. S. 220).

Von 1904 bis 1907 dauerte der Guerillakrieg der Nama in den südlichen Landesteilen (Abb. 12, 15). 50% der Nama kamen um, die Überlebenden wurden –wie die Herero – entrechtet und in Reservate bzw. in die Farmarbeit gepreßt. Die deutsche Kolonialverwaltung führte 1907 drei Verordnungen ein, die sich katastrophal für die ›Eingeborenen‹ auswirkten: Aufenthaltskontrolle, Paßpflicht, Arbeitspflicht. Bis zur Aufhebung des seit Januar 1904 gültigen Kriegsrechtes am 31. März 1907 waren auf deutscher Seite ca. 2000 Soldaten gefallen. Die militärischen Aktionen hatten Kosten in Höhe von ca. 600 Millionen Reichsmark verursacht – ein mit Recht in Deutschland sehr umstrittener Sieg in dem unprofitablen Schutzgebiet.

Obwohl Südwestafrika nach der Vertreibung der Herero und Nama aus dem Hochland mehr Farmer aufnehmen konnte und 1907 die ersten Karakulschafe eintrafen, blieb das Schutzgebiet im Vergleich mit den tropischen Rohstoffliefergebieten Togo, Kamerun und Deutsch-Ostafrika (Tanganyika) wirtschaftlich von geringer Bedeutung. Dies änderte sich schlagartig im Juni 1908, als bei Lüderitz Diamanten gefunden wurden, die bis heute neben

Der Unternehmer kam herunter. Sie fuhren auf die ersten Felder von Stauch und Nissen und auf die Felder von Kreplin und Schuster. Der Unternehmer sagte: »Schön! Gut! Wenn das englisch wäre oder amerikanisch, wie toll ginge das in solcher Anfangszeit zu? Wir Deutschen sind fast langweilig ordentlich, selbst beim Schätzefinden in der Wüste.« Cornelius Friebott sagte: »So?!« Der Unternehmer sagte: »Nur, wenn das englisch wäre, die großen englischen Geldleute zeigten gleich Mut; aber in England haben die großen Geldleute gelehrt bekommen, daß sie englisch sein müssen, in England haben die großen Geldleute gelernt, daß sie, die am Volke und durch das Volk verdienten, im entscheidenden Augenblicke eines wagen und ihrem Volke dienlich sein müssen. Und sei es nur deshalb, um das Volk bei Laune zu halten und ihm zu zeigen, daß es mit ihnen gut dran sei.«

Über die deutsche Kolonialzeit (aus Hans Grimm, ›Das deutsche Südwester-Buch‹, München 1929)

Uran das wichtigste Bergbauprodukt Namibias geblieben sind. Lüderitz entwickelte sich zur Stadt (Abb. 29), Arbeitskräfte strömten in den Süden, die Einnahmen Südwestafrikas stiegen unerwartet. Das Reichskolonialamt konnte sogar die Verluste aus den Herero- und Nama-Kriegen ausgleichen. Der Ausbau der Infrastruktur schritt voran: 1908 wurde die Eisenbahnstrecke Lüderitz–Keetmanshoop und 1912 die Verbindung Windhoek–Keetmanshoop fertiggestellt; das bis heute bestehende Bahnnetz hatte Gestalt angenommen. 1909 erhielt das Schutzgebiet die Selbstverwaltung, Karibib, Keetmanshoop, Lüderitz, Okahandja, Omaruru, Swakopmund, Warmbad und Windhoek bekamen das Stadtrecht verliehen. 1912 begann der Bau einer eisernen Landungsbrücke in Swakopmund, und im August 1914 nahm die Großfunkstelle Windhoek über Togo die Funkverbindung mit Nauen bei Berlin auf, eine für die damalige Zeit außergewöhnliche technische Leistung. Die weiße Bevölkerung Südwestafrikas belief sich damals auf etwa 15 000 Personen.

Nach Ausbruch des **Ersten Weltkrieges** im Sommer 1914 stießen südafrikanische Truppenverbände von Süden und von See her nach Südwestafrika vor. Mit der Kapitulation

Minenarbeiter; Foto um 1905

Die Lüderitz-Bahn durchquert die Dünen der Namib; Foto um 1910

der ›Schutztruppe‹ am 9. Juli 1915 in Khorab bei Tsumeb endete die deutsche Kolonialherrschaft. Nach den Bestimmungen des Versailler Vertrages von 1919 verlor Deutschland alle Kolonien; etwa die Hälfte der ansässigen Deutschen mußte Südwestafrika verlassen. 1920 erhielt die **Besatzungsmacht Südafrika** das Gebiet vom Völkerbund als sogenanntes C-Mandat, was erlaubte, das neue Territorium als integralen Bestandteil des eigenen Landes zu behandeln. Damit begann eine neue Epoche in der Geschichte des heutigen Namibia, die als Fortsetzung des kolonialen Status bezeichnet werden kann. Bis 1925 hatte der von der südafrikanischen Regierung ernannte Administrator sämtliche legislativen und exekutiven Befugnisse inne; dann erhielt Südwestafrika Verwaltungsautonomie, die aber nur die Weißen betraf. Diese waren seit 1949 durch sechs Abgeordnete im Parlament und durch vier Senatoren im Senat der Republik Südafrika vertreten.

1945 begannen die bis heute anhaltenden Auseinandersetzungen zwischen den Vereinten Nationen, die sich als Nachfolgeorganisation des Völkerbundes verstehen, und Südafrika, das diese Nachfolgefunktion nicht anerkannte. 1960 reichten Äthiopien und Liberia beim internationalen Gerichtshof in Den Haag eine Klage gegen Südafrika ein, um den internationalen Status Südwestafrikas feststellen zu lassen; sie wurde 1966 zurückgewiesen. Am 27. Oktober 1966 erklärte die UNO-Vollversammlung das Mandat Südafrikas über ›Südwest‹ für erloschen, im Juni 1967 setzte sie einen internationalen Verwaltungsrat für Namibia ein, 1968 erhielt das Territorium von der UNO endgültig den offiziellen Namen ›Namibia‹, 1971 erklärte der Internationale Gerichtshof in Den Haag die Präsenz Südafrikas in Namibia für illegal.

›Im Steppenbrande‹; Darstellung um 1860

Die Übernahme Südwestafrikas durch Südafrika hatte folgenschwere Konsequenzen für Bevölkerung, Wirtschaft und Politik: Die Zahl der weißen Farmer stieg durch Zuwanderung von Buren aus Südafrika erheblich, das Farmland drang bis an die Grenzen des ökologisch Vertretbaren vor, was der Bodenerosion bzw. Desertifikation Vorschub leistete. Namibia wurde in die Verwaltungs-, Parteien- und Wirtschaftsstruktur Südafrikas einbezogen und bekam als Lieferant von Rohstoffen und als Markt für südafrikanische Industriegüter eine industrielle Unterentwicklung aufgezwungen. Ab 1948 erfolgte die Übertragung der Apartheidpolitik auf das ehemalige ›Südwest‹, 1956 die Übernahme der ›Bantu-Verwaltung‹ durch Südafrika, 1964 die Inangriffnahme des ersten Fünfjahresplanes (Odendaal-Plan) für die ›Heimatländer‹ (homelands) im Sinne der getrennten Entwicklung. Die Abschaffung der südafrikanischen Rassengesetze in Namibia Ende der 70er Jahre konnte die Spuren dieser menschenunwürdigen Politik nicht auslöschen, schuf aber die Perspektive, aus der Situation ›Rassengesellschaft = Klassengesellschaft‹ allmählich herauszukommen und den Weg in die Selbstbestimmung und Unabhängigkeit freizumachen.

Zeittafel

27 000 bis 25 000 v. Chr. Älteste Kunstwerke (bemalte Steinfragmente von Menschen- und Tierfiguren) auf dem Gebiet des heutigen Namibia. Die Region ist seither ununterbrochen bewohnt; man weiß allerdings nur wenig über die Ur- und Frühgeschichte. Älteste der heutigen Bevölkerungsgruppen, jedoch nicht die ›Urbewohner‹, sind die San und Damara

ca. 5000 v. Chr. Erste Felsmalereien

Ab dem 16. Jahrhundert Einwanderung von bantu-sprachigen Hirten- und Ackerbauern aus dem Norden und Nordosten

1496 Der portugiesische Seefahrer Diogo Cão errichtet ein Steinkreuz am Kreuzkap

1791 Jäger und Händler aus dem Kapland stoßen bis Keetmanshoop und zu den Auas-Bergen vor

Um 1800 Beginn der Orlaam-Einwanderung nach Süd-Namibia

1814 Gründung der Missionsstation Bethanien durch Missionar Schmelen

1840 Rheinische Mission im Nama-Land, Beginn der protestantischen Missionsarbeit

1868 Baster erreichen Rehoboth und lassen sich dort nieder

1878 Großbritannien annektiert das Gebiet um Walvis Bay

1879 Erste Landkarte von Südwestafrika: ›Original Map of Great Namaqualand amd Damaraland‹ von Dr. Theophilus Hahn

1883 Am 12. 5. Hissung der deutschen Flagge in Angra Pequena (Lüderitz-Bucht) durch H. Vogelsang, den Bevollmächtigten des Bremer Kaufmanns A. Lüderitz

1884 Bismarck erklärt Südwestafrika zum Deutschen Schutzgebiet (24. 4.)

1885 Am 30. 4. Gründung der ›Deutschen Kolonialgesellschaft für Südwestafrika‹ (DKG), die Farmland verkauft und verpachtet; deutsches Kommissariat als Amtssitz der deutschen Regierung in Otjimbingwe

1886 Festlegung der Nordgrenze zwischen dem Deutschen Reich und Portugal vom Atlantik bis 21° östlicher Länge

1888 Etablierung einer Bergbaubehörde

1890 Im Juli im ›Helgoland-Sansibar-Vertrag‹ mit England Erweiterung von Südwestafrika um den Caprivi-Zipfel als Korridor zum Zambezi-Fluß

1890 Im Oktober Gründung von Windhoek, seit 1891 anstelle von Otjimbingwe Sitz der Verwaltung

1895 Ansiedlung von Buren bei Grootfontein

1896 Beginn der katholischen Missionsarbeit in Südwestafrika

1897–1898 Rinderpest dezimiert die Herden

1897–1902 Bau der Schmalspurbahn Swakopmund–Windhoek

1899 Direkte Telegrammverbindung Swakopmund–Deutschland

1900 Bau der Militärfestungen Namutoni und Okaukuejo, Gründung von Karibib

1903 Am 12. 2. Einweihung der Mole in Swakopmund, Baubeginn der Otavi-Bahn

1904–1907 Aufstand der Herero und Nama gegen die Deutschen; 1904 Vernichtung der Herero durch die ›Schutzgruppe‹

1905 Im Dezember Inbetriebnahme der Otavi-Bahn Swakopmund–Tsumeb für den Kupferexport

1906 Gründung von Otjiwarongo

1907 Erste Karakulschafe in Südwestafrika
1908 Entdeckung von Diamanten in der Namib bei Lüderitz, Bahnlinie Lüderitz–Keetmanshoop in Betrieb genommen
1909 Selbstverwaltung von Deutsch-Südwestafrika
1911 Marmorwerke Karibib nehmen den Betrieb auf
1912 Bahnlinie Windhoek–Keetmanshoop eröffnet, in Südwestafrika gibt es nun insgesamt 2100 km Eisenbahnstrecke. Gewinnung von ca. 43 000 t Kupfererz in Tsumeb, Ausfuhr von 1 Million Karat Diamanten aus der Namib, 13 Millionen ha Land von ca. 1000 weißen Farmen (davon ca. 900 Deutsche) bewirtschaftet
1914 Am 2. 8. Ausbruch des Ersten Weltkrieges, Mobilmachung der ›Schutztruppe‹
1915 Südafrikanische Streitkräfte besiegen die deutschen Truppen, die am 9. 7. bei Khorab kapitulieren. Deutsch-Südwestafrika wird Protektorat der Union von Südafrika
1919 Im Vertrag von Versailles wird Deutsch-Südwestafrika Mandatsgebiet des Völkerbundes; ca. 6400 Deutsche werden nach Deutschland deportiert, ca. 6700 bleiben im Land. Die Consolidated Diamond Mines (CDM; britisch-südafrikanisch) übernehmen den Diamantenabbau
1921 Das Südafrika vom Völkerbund übertragene Mandat über Südwestafrika tritt in Kraft; das Gebiet wird von einem Generalgouverneur regiert
1922 Aufstand der Bondelswarts (Untergruppe der Nama) gegen Südafrika niedergeschlagen
1925 Aufstand der Rehobother Baster unterdrückt
1931 Bergbaukrise
1934 Das Territorium wird als fünfte Provinz Südafrikas verwaltet
1939 Beginn des Zweiten Weltkrieges; die Deutschen in Südwestafrika werden von Südafrika interniert oder unter Hausarrest gestellt
1946 Südafrika stellt die Berichterstattung über Südwestafrika an die UNO ein
1951 Einwanderungserleichterungen für Deutsche; Einführung der Apartheidgesetze: Rassentrennung in städtischen Wohngebieten
1958 Gründung der OPO (›Ovamboland People's Organization‹)
1960 OPO in SWAPO (›South West Africa People's Organization‹) umgewandelt
1962 Dürre sowie Maul- und Klauenseuche bringen wirtschaftlichen Rückschlag
1963 Überschwemmungen richten schwere Schäden an
1964 Vorschlag der Odendaal-Kommission; ›Heimatländer‹, nach südafrikanischem Vorbild in Südwestafrika, von der UNO aufs schärfste abgelehnt
1966 Am 27. 10. entzieht die UNO Südafrika das Mandat über Südwestafrika. Beginn des Buschkrieges zwischen SWAPO und südafrikanischen Truppen
1967 South West Africa/Namibia Council der UNO eingerichtet für die Verwaltung und Vorbereitung der Unabhängigkeit (geplant für Juni 1968)
1970 Der UNO-Sicherheitsrat erklärt die Besetzung des Territoriums von Namibia durch Südafrika für illegal, Aufruf zu Sanktionen (Resolution 283); in Ovambo beginnt der Bau von Wasserversorgungsanlagen
1971 Bergbau- und Schürfrechte der Diamantenbergbaugesellschaft CDM bis zum Jahr 2020 verlängert; im Dezember Generalstreik der Ovambo-Wanderarbeiter
1972 Erster Bauabschnitt des Kunene-Projektes (Energiegewinnung, Bewässerung) fertig
1973 1973 Eröffnung des French Bank-Einkaufszentrums in Windhoek; SWAPO als »authentische Repräsentation des namibischen Volkes« von der UNO anerkannt, erhält Beobachterstatus der UNO

1975 Am 1. 9. erste Sitzung der ›Turnhallen-Konferenz‹ zur Ausarbeitung einer Verfassung. Am 11. 11. Unabhängigkeit Angolas, etwa 10 000 Flüchtlinge kommen nach Namibia

1976 Eröffnung des Namibia-Instituts der UNO in Lusaka (Zambia); ›Turnhallen-Konferenz‹ kündigt Unabhängigkeit für 1978 an; Beginn des Uranabbaus in Rössing

1977 Vom 27.–29. 4. erste Gespräche zwischen Südafrika und der westlichen ›Fünfergruppe‹ (BR Deutschland, Frankreich, Kanada, England, USA) über die Unabhängigkeit Namibias. Am 21. 10. Ende der ›Influx Control-Gesetze als erster Schritt zur Abschaffung der Apartheid in Namibia. Am 31. 10. schließt die Bundesrepublik Deutschland ihr Konsulat in Windhoek »bis zur Unabhängigkeit«

1978 Am 29. 9. verabschiedet der UNO-Sicherheitsrat die Resolution 435: freie Wahlen in Namibia unter UNO-Aufsicht als Vorbedingung für die Unabhängigkeit. Vom 4.–8. 12. allgemeine Wahlen zur Nationalversammlung; der für die Unabhängigkeitserklärung vorgesehene Termin 31. 12. 1978 verstreicht. Beginn der katastrophalen Dürre

1979 Am 11. 7. Gesetz über die Aufhebung der Rassendiskriminierung

1980 Am 1. 8. Gründung der eigenen Verteidigungsgruppe SWATF (›South West African Territory Force‹)

1981 Namibia-Konferenz der UNO in Genf über die Zukunft des Landes (7.–14. 1.) Ausbau des Hafens von Walvis Bay für Container-Verkehr. Seit dem 1. 6. Fernsehen in Windhoek und Oshakati (Sendungen der ›South African Broadcasting Corporation‹); Eskalation des Krieges mit Angola und der SWAPO auf angolanischem Gebiet. Volkszählung; die Nationalversammlung erhält volle legislative Gewalt außer für Außen-, Staats- und Sicherheitspolitik. Die Fünfergruppe der Westmächte setzt den 1. 1. 1983 als neues Datum für die Unabhängigkeit fest

1982 USA und Südafrika machen die Unabhängigkeit Namibias vom Rückzug der Kubaner aus Angola abhängig (12. 6.). Im Dezember erste Gespräche auf den Kapverden

1983 Die Nationalversammlung wird am 19. 1. aufgelöst, der südafrikanische Generaladministrator wieder zum ›Alleinherrscher‹ (alle Regierungsfunktionen in einer Person!)

1984 Konferenz über die Zukunft Namibias in Lusaka (10.–13. 5.) bleibt ergebnislos. Am 31. 10. Gespräche zwischen Südafrika, Angola und den USA über Truppenrückzug aus Angola und die Zukunft Namibias auf den Kapverdischen Inseln

1985 Der südafrikanische Staatspräsident setzt eine Regierung der Nationalen Einheit als Übergangsregierung ein (17. 6.). Die katastrophale Dürre endet

1986 Eröffnungssitzung des Verfassungsgebenden Rates in Windhoek (13. 1.)

1987 Am 6. 7. wird der Entwurf einer Verfassung vorgelegt

1988 Im Dezember einigen sich Südafrika, Kuba und Angola unter Mitwirkung der USA auf einen Zeitplan für die Unabhängigkeit Namibias auf der Basis der UNO-Resolution 435 von 1978

1989 Wahlen in Namibia unter UNO-Aufsicht

1990 Im Februar Beschluß einer neuen Verfassung: am 21. März wird Namibia unabhängig. Im Mai Antrag auf Beitritt zum Commonwealth sowie zur südafrikanischen Zoll- und Währungsunion

1993 Einführung des namibischen Dollars als eigener Währung

1994 Walvis Bay von Südafrika an Namibia übergeben; zweite demokratische Parlamentswahlen

1995 Sam Nujoma zum zweiten Mal zum Staatspräsidenten gewählt

Die politische Problematik der Gegenwart

Am 21. März 1990 wurde Namibia nach über 100 Jahren ›weißer Herrschaft‹ unabhängig. Die Wahlen, die von allen Beobachtern als ›frei und fair‹ bezeichnet wurden, hatten im November 1989 unter UNO-Aufsicht stattgefunden. Die Wahlbeteiligung betrug 97 % und zeigte den Willen der Bevölkerung, über ihr Schicksal nun selbst zu bestimmen. Als Siegerin ging mit 57,3 % der Stimmen die Befreiungsbewegung SWAPO hervor. Die von ihr erhoffte, von anderen gefürchtete Zweidrittelmehrheit kam nicht zustande, da die Demokratische Turnhallen-Allianz (DTA) mit 28,6 % zweitstärkste Kraft wurde. Die übrigen Sitze verteilen sich auf regionale Parteien. Für die innere Situation in Namibia ist bezeichnend, daß in Ovambo 92 % SWAPO wählten, in Windhoek nur 46 %; für die rechtsliberale DTA stellte sich die Situation umgekehrt dar: in Ovambo 4 %, in Windhoek 36 %.

Welche Probleme stellen sich dem jüngsten Staat in Afrika? Es sind Finanzprobleme, Arbeitslosigkeit, die Frage nach der Zusammenarbeit mit dem ehemaligen Gegner Südafrika sowie Schwierigkeiten in der inneren Organisation, die zu lange von Südafrika beherrscht wurde. Der Aufbau der nationalen Verwaltung und neuer politischer Strukturen vollzieht sich weitgehend nach demokratischen Spielregeln. Der Wahlkampf, insbesondere der SWAPO, weckte jedoch Hoffnungen auf Arbeitsplatz und Wohnung, die sich schnell als überzogen erwiesen. Zwar sind die natürlichen Ressourcen des Landes überaus reich, besteht eine gute Infrastruktur, doch sind die wenigen Arbeitsplätze weitgehend mit Fachkräften besetzt. Als Folge von Unterbeschäftigung und Armut bildet sich vor allem in den Städten, an der Spitze Windhoek, ein breiter ›informeller Sektor‹ aus: Kleinhandel, Handwerk, Dienstleistungsunternehmen und kleine Restaurants entstehen vor allem in den überwiegend von Schwarzen und Mischlingen bewohnten Stadtteilen. Entwicklungspolitisch ist die Frage aktuell, ob sich aus diesen nicht offiziell registrierten Aktivitäten namibische Unternehmerpersönlichkeiten herausbilden oder ob diese Tätigkeiten ein Zeichen sind für die ›Marginalisierung‹ ganzer Bevölkerungsteile.

Nach jahrzehntelanger ›Zwangskooperation‹ mit Südafrika besteht für das unabhängige Namibia die Notwendigkeit einer Fortsetzung der Zusammenarbeit. Das ›Neue Südafrika‹ unter Mandela macht es den ehemaligen Freiheitskämpfern leichter, eine Versöhnungspolitik mit dem ehemaligen Gegner zu akzeptieren. Das Verhältnis zu Südafrika als der dominanten Regionalmacht im südlichen Afrika wird ein ökonomisch-politisches Spannungsmoment der kommenden Jahre bleiben. Der Beitritt Namibias zur Zollunion im südlichen Afrika im Mai 1990 muß mehr als ein von Sachzwängen diktiertes Verhalten denn als ein Zeichen des Vertrauens gewertet werden. Fraglich ist, wie Namibia angesichts der wirtschaftlichen Dominanz Südafrikas seine Industrialisierung vorantreiben kann, um die notwendigen Arbeitsplätze zu schaffen. Neue Perspektiven können sich durch den Beitritt des Landes zur ›Entwicklungskonferenz für das südliche Afrika‹ (SADC) ergeben.

Im Bereich der Landwirtschaft versicherte die neue Regierung, kein Farmland zu enteignen, es sei denn, es liege bereits lange Jahre brach. Doch ist das Thema ›Bodenreform‹ noch nicht vom Tisch, da die ungleiche Verteilung des Landes zwischen weißen Farmern und schwarzen Kleinbauern vorerst ein Problem bleiben wird. Entwicklungspolitisch setzt die Regierung auf eine Förderung der kleinbäuerlichen Landwirtschaft in den nördlichen Gebieten. Dies ist zum einen ökologisch sinnvoll, da hier die landwirtschaftlich besten Bedingungen herrschen, zum anderen ökonomisch notwendig, da die geringe Produktivität der bäuerlichen Betriebe mittel- und langfristig die Ernährungssicherung des Landes in Frage stellt. Mit Recht stellt der Agrarsektor einen wichtigen Förderbereich dar.

Namibia legt besonderen Wert auf eine entwicklungspolitische Zusammenarbeit mit Deutschland, zu dem es von 1884 bis 1915 als ›Deutsch-Südwest‹ gehörte, und da es ca. 20000 Deutsche und Deutschstämmige beheimatet.

Das Bevölkerungswachstum in diesem ›Wüstenland‹ kann sich in Zusammenhang mit der Verstädterung und Arbeitslosigkeit zu einem innenpolitischen Problem entwickeln. Ein Schuldenberg von ca. 300 Mio. DM als Erblast der südafrikanischen Vergangenheit erschwert den Start des jüngsten afrikanischen Staates. Zwar hat eine ›Geber-Konferenz‹ am Sitz der UNO in New York die Bereitschaft zahlreicher westlicher Länder zu finanzieller Unterstützung gezeigt, dennoch besteht die Gefahr, daß auch Namibia in den Strudel von Verschuldung – Armut – Unterentwicklung gezogen wird. Gerade dies sollte die internationale Gemeinschaft im Sinne einer Friedenspolitik im südlichen Afrika zu verhindern helfen.

Kultur und Kunst im heutigen Namibia

Die ethnische Vielfalt in Namibia könnte zu der Erwartung veranlassen, hier ein reiches kulturelles und künstlerisches Leben vorzufinden, jedoch, die Realität zeichnet ein anderes Bild. Die auf S. 68 f. erwähnten Felsmalereien und -gravierungen der San gehören heute der Geschichte an. Kolonialzeit und Einflüsse westlicher Zivilisation, die Sorge ums Überleben in Dürreperioden, in wirtschaftlich und politisch unsicheren Zeiten, die Isolation und der kleine Markt Interessierter haben künstlerisches Schaffen in den Hintergrund treten lassen. Die traditionelle Schnitzkunst der Kavango (vgl. S. 234), stark von Schnitzern aus Angola beeinflußt, ebenso wie das Weben und das Korbflechten im Kaokoland, in Ovambo, Okavango und Ost-Caprivi sind auf einen lukrativen Touristenmarkt orientiert. Die Vielfalt der Stile in Kunsthandwerk und Musik dezimierte sich durch den Einfluß westlicher Kultur. Revolutionäre Kunst von einer Qualität wie in Südafrika existiert bisher nicht in Namibia, dennoch entstand z. B. eine Liedkultur, die sich stark gegen die koloniale Unterdrückung auflehnt. In diesem Zusammenhang wurde erst seit Mitte der 70er Jahre das geschriebene Wort, bis dahin eine ausschließlich weiße Domäne, auch Ausdrucksmittel der afrikanischen Bevölkerung, deren eigentliche, mündlich tradierte Literatur bis jetzt nur in Bruchstücken bekannt ist. Seit der Unabhängigkeit gibt es von staatlicher Seite Bestrebungen, die nationale Kultur zu fördern und verschwundene Kunst- und Musiktraditionen wieder zu beleben.

Wie der Tod unter die Menschen gekommen ist

Der Hase wurde vom Mond (mit folgender Botschaft) fortgeschickt: »Sage den Menschen, daß sie, genau wie ich es tue, sterben und wieder zum Vorschein kommen werden.« So ging der Hase denn fort und verkündete: »Sterbt und ersteht wieder, so wie mein Großvater das auch tut!« Und während er so sprach, wurde er von Jungen gefragt: »Was erzählst du da?« Da sprach der Hase: »Ihr sollt stieräugig sterben, wie auch ich es tue.«*
Darauf ging er nach Hause zurück und wurde, dort angekommen, vom Mond befragt (der wissen wollte, was sich zugetragen hat). Der Hase aber sagte kein Wort, denn er wußte, daß er die Unwahrheit von sich gegeben hatte. Sodann spaltete der Mond ihm (zur Strafe für seine Lüge) den Mund (seit jener Zeit hat der Hase seine ›Hasenscharte‹).
** Hier: ehrenvolle Bezeichnung für den Mond*

Erzählung der Nama (aus Leonard Schultze, ›Aus Namaland und Kalahari‹, Jena 1907, neu übersetzt von Heinz Roberg)

Deutsche Sprache und Literatur

Auf Spuren deutscher Kultur treffen Namibia-Reisende in Sprache und Literatur, in der Architektur, bei Festen und im Vereinsleben. Überraschen mag zunächst, welche Verbreitung die deutsche Sprache nach wie vor hat. Bald aber wird man feststellen, daß sich ca. 15000 km von Deutschland entfernt, in dem Kontakt mit Englisch, Afrikaans und afrikanischen Sprachen, ein eigenes ›**Südwester-Deutsch**‹ entwickelt hat (vgl. S. 300 f.).

Eine Tageszeitung, die ›Allgemeine Zeitung‹, sowie eine Wochenzeitung, die ›Namibia Nachrichten‹, erscheinen in deutscher Sprache, ebenso viele wissenschaftliche Veröffentlichungen, da der Anteil der Deutschen gerade in Wissenschaft und Forschung groß ist. Von 1884 bis 1915 war Deutsch die einzige Amtssprache in Südwestafrika. Die Situation änderte sich mit der Machtübernahme Südafrikas im Jahre 1919, der Ausweisung etwa der Hälfte der ansässigen Deutschen, einer massiven Zuwanderung von Südafrikanern sowie der Einführung von Afrikaans und Englisch als Amtssprachen. Infolge des Zweiten Weltkriegs verstärkte sich die anti-deutsche Sprachpolitik Südafrikas, in den 50er Jahren jedoch entwikkelte sich aufgrund der steigenden Zahl deutschsprachiger Einwanderer eine positivere Einstellung gegenüber der deutschen Volksgruppe. 1958 wurde Deutsch als dritte Nationalsprache neben Afrikaans und Englisch anerkannt: Der Verkehr mit den Behörden konnte nun auch in Deutsch erfolgen, das Amtsblatt wurde ins Deutsche übersetzt, neue Schilder und Anschläge konnten in Deutsch angebracht werden. Auch wenn sich Afrikaans als Gebrauchssprache bei allen Bevölkerungsgruppen durchsetzte, blieb die Zahl der Deutschsprachigen doch recht konstant, da Wechsel in die englische oder afrikaanse Sprachgruppe sehr selten sind; Zweisprachigkeit ist die Regel. Von den Nichtweißen wird gegenwärtig neben den eigenen Bantu- bzw. Khoisan-Sprachen zwar vorwiegend Afrikaans gebraucht, doch macht sich bei ihnen seit den 70er Jahren eine massive Hinwendung zu Englisch bemerkbar, das seit der Unabhängigkeit die einzige Amtssprache ist. Die Zukunft des ›Südwester Deutsch‹ bleibt an die deutsche Bevölkerungsgruppe gebunden, die im Schul- und Vereinswesen, im Gottesdienst und in anderen kulturellen Manifestationen ihre Traditionen pflegt und bewahrt.

Im historischen Kontext der Kolonialzeit muß die **Literatur** zwischen 1884 und 1919 und auch der folgenden Jahre verstanden werden. Ein Bestseller der damaligen Zeit war Gustav Frenssens Roman ›Peter Moors Fahrt nach Südwest‹. Frenssen nutzt spannend die abenteuerliche Situation in einer neuen Kolonie, um junge Leser zu faszinieren. Kontrastreicher ist das Bild, das Hans Grimm in seinen zahlreichen Erzählungen und Romanen von Südwestafrika zeichnet. Bis heute sind seine Bücher beliebt, und die Auflage seiner Werke hat die Millionengrenze überschritten. Der Roman ›Der Gang durch den Sand‹ (1916) schildert Leben und Sterben eines deutschen Soldaten in der Namib. Die koloniale Attitüde spricht aus der Endsituation: Da sich der Soldat weigert, einen hilfsbereiten Schwarzen mit »Mein Herr« anzureden, muß er sterben – ein fataler Vergleich mit der heutigen Situation drängt sich auf. 1929 erscheint von Grimm ›Das deutsche Südwester-Buch‹. Es stellt die Kolonie als das wahre Bewährungsgebiet des Deutschtums dar und nimmt Gedanken seines Buches ›Volk ohne Raum‹ (1932) vorweg, das von den Nazis propagandistisch genutzt wurde. Ein Band von Erzählungen erscheint 1934 unter dem Titel ›Lüderitzland‹. Er schildert die Entbehrungen deutscher Pioniere in Südwestafrika, indem er die privaten Tragödien in einer kolonialen Gesellschaft auf die Spitze treibt. Dieses Buch ist Teil einer Welle von Literatur, die zwischen 1919, dem Jahr des offiziellen Endes der deutschen Kolonialzeit, und dem Ende des Nazi-Regimes über Deutsch-Südwestafrika publiziert wurde. Wut über den Verlust der Kolonien, nostalgische Erinnerung an die ›großen Zeiten‹ und Propaganda verbinden sich in diesen Schriften. Der Roman ›Morenga‹ von Uwe Timm (1978), der die Tragödie des Nama-Aufstandes eindrücklich beschreibt, ist ein Symbol dafür, daß sich das heutige deutschsprachige Publikum von dieser Interpretation von ›Deutsch-Südwest‹ kritisch distanziert. Henno Martin schildert in seinem Buch ›Wenn es Krieg gibt, gehen wir in die Wüste‹ (5. Auflage, 1986) das Überleben zweier Geologen, die sich in den Schluchten des Kuiseb verborgen hielten, um der Internierung im Zweiten Weltkrieg zu entgehen – eine faszinierende Einführung in die Namib.

Baudenkmäler aus der deutschen Kolonialzeit

Baudenkmäler aus der Kolonialzeit prägen bis heute zahlreiche Straßenabschnitte, oft noch ganze Ensembles in Windhoek, Swakopmund und Lüderitz. Deutsche Baukunst in Namibia ist ein Spiegelbild der architektonischen Strömungen im Deutschen Reich zwischen 1884 und 1914, gleichzeitig Ausdruck der im damaligen Südwestafrika lebenden sozialen Gruppen. Historismus, Neubarock und Jugendstil prägen die Architektur der Kirchen, der Villen, der Repräsentationsbauten der Unternehmer, während preußische Strenge und Sparsamkeit die einfachen Häuser der Beamten kennzeichnen.

Windhoek ist trotz vieler städtebaulicher Veränderungen noch immer reich an historischen Bauten. Die ›Feste‹, ein großer, viereckiger Backsteinbau, an den Ecken von Wehrtürmen überragt, wurde 1890 errichtet, 1895 erweitert und 1912 mit pyramidenförmigen Turmdächern sowie im Norden und Westen mit Veranden versehen. Ähnliche Festungen entstanden ab 1894 in Okahandja, Omaruru, Gibeon, Keetmanshoop und Gobabis, dort mit vorgezogenen Sternschanzen. In Namutoni wurde 1897 ein kleines Fort errichtet, das man nach seiner Zerstörung durch die Ovambo im Jahre 1904 durch eine mächtige Festung ersetzte, einen der größten Bauten der Kolonie. Sie hat einen viereckigen Befestigungsplan mit Innenhof und einen erhöhten nordwestlichen Wehrturm, der als Bergfried und Waffenarsenal diente.

Nach dem Ende des Herero-Aufstandes, ab 1906/07, entfaltete sich in Windhoek eine rege Bautätigkeit. Es entstand ein Villenviertel am Nordrand der damaligen Stadt, frei gruppiert, mit Giebeln, Erkern, Türmchen sowie Veranden als typischem Bauelement in tropischer Umwelt. In dieser Zeit erfolgte auch der Ausbau der Sperlingslust zum Vergnügungslokal im Burgtyp. Dieser Stil wurde ab 1914 vom Architekten Sander fortgeführt mit dem Bau der drei Burgen Schwerinsburg, Heynitzburg und Sanderburg, die heute zu den Wahrzeichen Windhoeks gehören.

Die Christuskirche in Windhoek war die erste deutsche evangelische Kirche in Südwestafrika und sollte zugleich ›Friedensdenkmal‹ nach dem Ende des Herero-Krieges sein. Der Architekt Redecker wählte eine neuromanische Grundkonzeption mit gotischen Anklängen. Am 11. August 1907 wurde der Grundstein für das 400 Sitzplätze fassende, in Quarzitsandstein ausgeführte Gotteshaus gelegt, dessen feierliche Einweihung am 16. Oktober 1910 erfolgte. Strebepfeiler, Giebel und der 42 m hohe Turm mit spitzem gotischen Helm geben dem Bau sein Gepräge. Den Chor schmücken drei vom Kaiser gestiftete Buntglasfenster.

Ab 1907 entstand im Zuge des allgemeinen wirtschaftlichen Aufschwungs der sogenannte ›Baukasten‹ von **Swakopmund,** der heute noch fasziniert (Abb. 27, 28). Prägend waren die Baumeister Otto Ertl, Hermann Wille und Friedrich Kramer. Der historisierende Bau des Gefängnisses (entworfen 1906), das Alte Amtsgericht (als Schule geplant, als Bezirksgericht genutzt) mit einer beachtlichen Plastizität des Baukörpers und Formen des Jugendstils (Farbabb. 38), das Krankenhaus für die katholische Mission (Antonius-Haus, 1907/08) und die evangelische Kirche (1910/11) sind markante Bauten Ertls. Die freien Barockformen der Kirche und des angeschlossenen Pfarrhauses (Farbabb. 37) verweisen auf Ertls Heimatstadt Ingolstadt und auf das Wiederaufleben barocker Formen in wilhelminischer Zeit.

Lüderitz bewahrt ebenfalls ein reiches architektonisches Erbe aus der kurzen Blütezeit der Jahre 1908 bis 1914. Das Wohnhaus des Bezirksamtmannes (1908) und das Bezirksgericht mit Richterwohnung (1911) zeigen in Fensterformen, Fachwerk und Walmdach trotz aller Einfachheit deutsche Architektur der wilhelminischen Zeit. Das Wohnhaus Goerke,

Die Christuskirche in Windhoek

erbaut 1909/10, gehört zu den Prachtvillen am Diamantenberg. Klassizismus und Jugendstil verbinden sich im Äußeren wie im Inneren zu einer individuellen Komposition. In der Vorhalle steht der Spruch: »Wer guter Meinung kommt herein, soll lieb hier und willkommen sein.«

Die Felsenkirche, die evangelische Kirche in Lüderitzbucht, ist bis heute das Wahrzeichen der Stadt. Der Grundstein für den neugotischen Bau, dessen Inneres durch die lanzettförmigen Buntglasfenster eine eigene Atmosphäre erhält, wurde 1911 gelegt, die Einweihung erfolgte am 4. August 1912 (Abb. 29).

Das architektonische Erbe aus deutscher Zeit ist heute durch die rege Öffentlichkeitsarbeit der namibischen Behörden, durch Walter Peters wissenschaftliche Veröffentlichung ›Baukunst in Südwestafrika 1884–1914‹ (Windhoek 1981) und durch die Bemühungen einer Arbeitsgruppe von Architekten bekannt. Konservierung und Pflege des Baubestandes werden als eine nationale Aufgabe begriffen – auch im Sinne der Förderung des Fremdenverkehrs.

Die darstellende Kunst

Die Faszination von Weite und Einsamkeit der Wüste, des Hochlandes und der Savannen hat einen nachhaltigen Einfluß auf die Malerei in Namibia ausgeübt. Aus der Kolonialzeit stammen Ölgemälde und Aquarelle von Ernst Vollbehr mit Motiven aus dem frühen Diamantenbergbau und Landschaftsdarstellungen von Carl Ossmann, die als ›romantischer Realismus‹ bezeichnet werden können. Drei Maler werden heute zu den ›Großen‹ von Südwestafrika/Namibia gezählt: Jentsch, Schröder und Krampe. Adolph Jentsch (1888–1976) schuf neben Ölgemälden faszinierende Aquarelle, in denen er die Atmosphäre der Landschaften einfing. Die Wüste und ihre Orte (Swakopmund und Lüderitz) lieferten die wichtigsten Motive für das Schaffen von Otto Schröder (1913–1975), in dessen Bildern Blau- und Grautöne vorherrschen. Wild ist das Hauptmotiv der Gemälde von Fritz Krampe (1913–1966). Seine eindrucksvollen, großformatigen Ölbilder mit Tierszenen werden immer wieder imitiert, da sie einen guten Markt finden.

Erst allmählich entwickelt sich eine eigene moderne Kunst der Afrikaner in Namibia. Zu den bekanntesten Künstlern gehört John Muafangejo (1943–1987) mit seinen ausdrucksvollen Holz- und Linolschnitten. Nach einer Ausbildung im Kunstzentrum von Rorkes Drift in Natal, Südafrika, entwickelte er einen eigenständigen, expressiven Stil, der ihm auf zahlreichen Ausstellungen im südlichen Afrika und in Übersee Ehrungen eintrug.

Linolschnitt von John Muafangejo

Es bleibt abzuwarten, ob das in den 80er Jahren geschaffene Department of Fine Arts der Akademie in Windhoek eine anregende, weiterführende Kunststätte wird, die hilft, die Klischees in Landschaftsmalerei und Tiergemälden zu überwinden.

Wirtschaft und Infrastruktur

Die Wirtschaftsstruktur Namibias wird vom Bergbau, von der Fischerei und der Landwirtschaft bestimmt. Beim Abbau von Diamanten und Uran hat das Land eine führende Stellung in der Welt inne, des weiteren werden Kupfer, Blei, Zinn und neuerdings auch Gold gefördert. Fremdenverkehr und Fischerei werden als Wachstumssektoren betrachtet.

Die Landwirtschaft ist hinsichtlich Wertschöpfung, Zahl der Arbeitskräfte und Bedeutung für den Export (Häute, Felle und Fleisch) dem Bergbau fast ebenbürtig, doch wird sie durch unsichere Niederschläge und Dürregefahr stetig bedroht. Ein großes Entwicklungsproblem für das unabhängige Namibia stellt der agrarwirtschaftliche Dualismus dar, der jedem Reisenden augenfällig wird: Zwischen dem Oranje-Fluß im Süden und der Höhe von Grootfontein/Tsumeb dehnen sich kapitalintensive, marktorientierte Farmen mit mittleren Größen von über 2500 ha und mittleren Maxima von über 10 000 ha aus, in den ehemaligen Reservaten bzw. in den nördlichen Landesteilen trifft man dagegen auf afrikanische Kleinbauernbetriebe mit mittleren Größen von 2 bis 5 ha, die vorwiegend der Selbstversorgung dienen.

Industriell ist Namibia ein Entwicklungsland: Nur Nahrungs- und Genußmittelindustrie gibt es in nennenswertem Umfang, Investitionsgüter- und Grundstoffindustrie fehlen völlig.

Fischfang und Fischindustrie dominieren an der Küste der Namib, an der der planktonreiche kalte Benguela-Strom vorbeizieht. Seit dem drastischen Rückgang der Fänge durch Überfischung in den ausgehenden 70er Jahren stecken diese Wirtschaftszweige in einer tiefen Krise, aus der sie sich allmählich erholen.

Die allgemeine Charakterisierung von Namibia als Entwicklungsland ergibt sich aus dem eklatanten Übergewicht der primären Wirtschaftssektoren Bergbau, Landwirtschaft und Fischerei und aus der Abhängigkeit von südafrikanischen Importen. Lediglich hinsichtlich der Infrastruktur im Verkehrs-, Transport- und Fernmeldewesen übertrifft das Land seine afrikanischen Nachbarn bei weitem. Industrielle und landwirtschaftliche Entwicklung werden gehemmt durch den kleinen Binnenmarkt, der nur knapp 1,5 Millionen Menschen mit überwiegend geringer Kaufkraft umfaßt. Das unabhängige Namibia steht wirtschaftspolitisch vor der Frage, sich aus der Dominanz der Regionalmacht Südafrika zu lösen, mit der es durch eine Währungs- und Zollunion eng verbunden ist, oder sich einer Wirtschaftsgemeinschaft im südlichen Afrika anzuschließen.

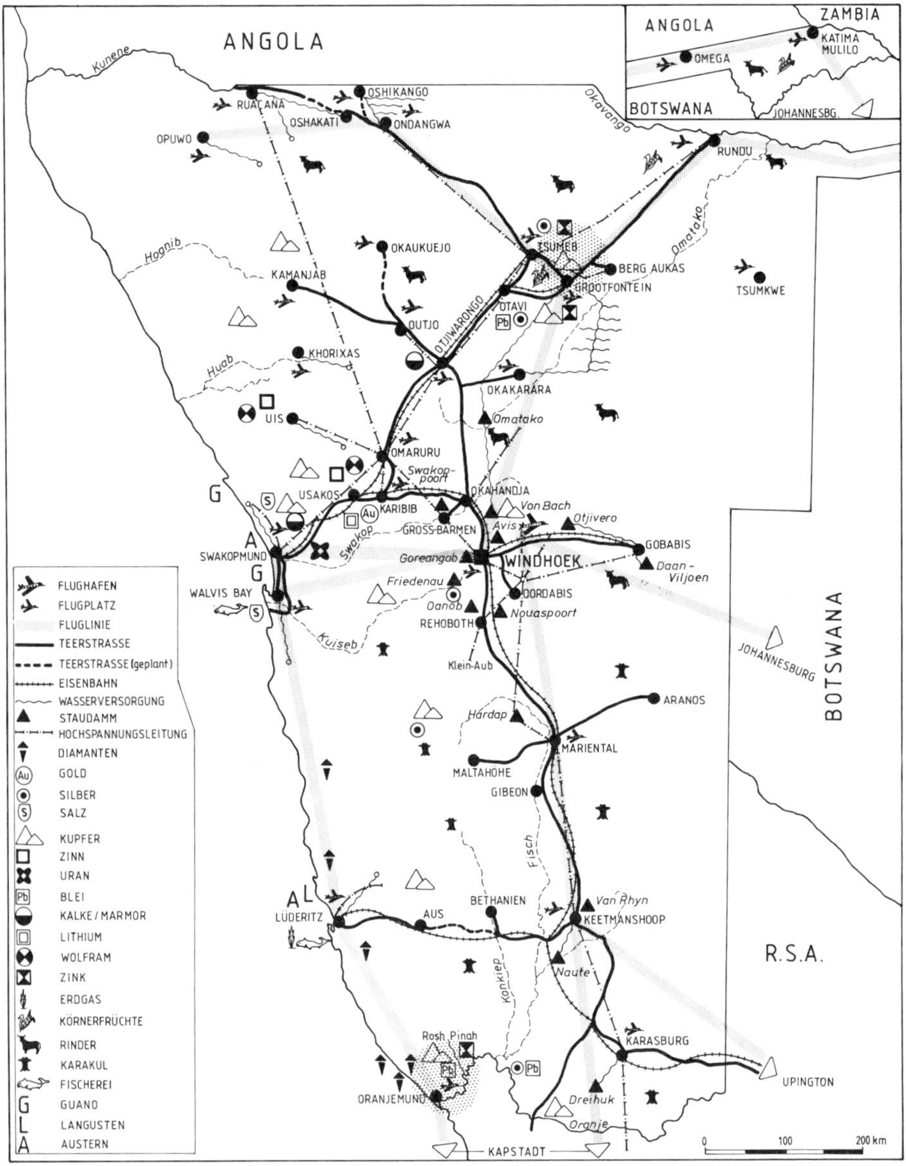

Infrastruktur und Wirtschaft Namibias

Die Landwirtschaft

In den Trockengebieten Namibias herrscht extensive Weidewirtschaft vor. In den feuchteren nördlichen Landesteilen finden Rinder noch ausreichend Nahrung auf der Naturweide und eine regelmäßige Wasserversorgung, während in den halbwüstenartigen südlichen Gebieten und am Rande des Hochlandes gegen die Namib nur noch Karakul-, Fleisch- oder Wollschafe weiden können. Die zentralen Landesteile stellen einen Übergangsraum dar, wo Rinder- und Schafhaltung nebeneinander existieren. Ackerbau wird auf den Farmen nur ergänzend betrieben, da er wegen der geringen Niederschläge und deren unzuverlässiger Verteilung zu risikoreich ist. Bewässerungsfeldbau gibt es nur selten, da es an Wasser und geeigneten Flächen mangelt und die Konkurrenz südafrikanischer Importprodukte übermächtig ist. Namibia kann seinen Nahrungsmittelbedarf nicht aus eigener Kraft decken, sondern bleibt auf Importe (vor allem von Mais) aus Südafrika angewiesen, eine in entwicklungspolitischer Hinsicht schwere Hypothek.

Weitere wichtige Faktoren für die **Gliederung der namibischen Landwirtschaftsgebiete** sind die Besiedlungsgeschichte und die politisch-administrative Einteilung des Landes. Bis

In einem modernen Schlachthof

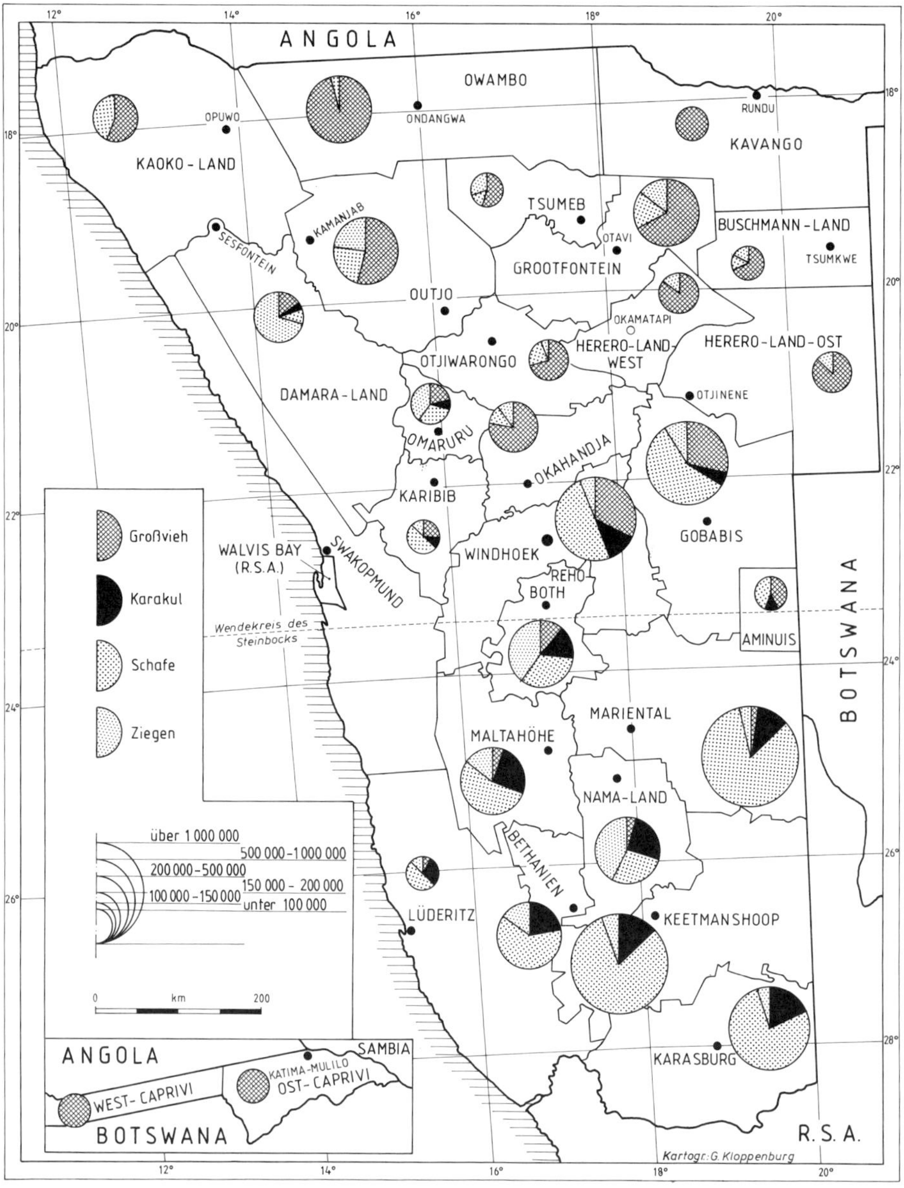

Verbreitung und Zusammensetzung des Viehbestands in Namibia (nach Veterinärdistrikten, 1991)

in die 70er Jahre wurde amtlich unterschieden zwischen der ›Polizeizone‹ und den ›Eingeborenengebieten‹ (vgl. Karte S. 46). Der erstgenannte Bereich deckt sich mit dem Farmland, das weiße Siedler seit der Mitte des 19. Jahrhunderts mit Hilfe der Kolonialmacht Deutschland bzw. der Mandatsmacht Südafrika unter ihre Kontrolle brachten, der zweite mit den sogenannten Reservaten oder Heimatländern (homelands), die der afrikanischen Bevölkerung zugeteilt wurden. Folge davon war eine Zweiteilung des Landes in einen von afrikanischen Kleinbauern besiedelten Norden einerseits und eine Kombination von weißen Agrargebieten und überbevölkerten Reservaten südlich der Linie Grootfontein/Tsumeb – Etoscha-Nationalpark andererseits. In den ehemaligen Reservaten wurde die Unterentwicklung zementiert. Ansätze zur Modernisierung der afrikanischen Landwirtschaft zeigten bislang nur bescheidenen Erfolg (vgl. S. 137 f.).

Es gibt drei **Typen weißer Farmen:** Rinderweidewirtschaft mit ergänzendem Ackerbau im Norden, Rinderweidewirtschaft mit ergänzender Schafhaltung in den mittleren Landesteilen, Karakulschaffarmen im Süden. Hinzu gekommen sind seit den 70er Jahren als ein expansiver Betriebszweig die Wildfarmen, wo einheimische Wildtiere unter Farmbedingungen gehalten werden.

Aufgrund der klimatischen Bedingungen in Namibia erreicht die pro Tier notwendige Weidefläche Dimensionen, die für einen Mitteleuropäer kaum vorstellbar sind. Im Norden

Rinderfarm der Entwicklungsgesellschaft FNDC in Okavango; hier werden ca. 25 000 Rinder auf 250 000 ha gehalten

des Landes benötigt ein Rind 7–10 ha Naturweide, im Süden über 24 ha! Die mittlere Farmgröße nimmt deshalb von ca. 500 ha im Norden auf ca. 2000 ha in der Landesmitte und auf 10000 bis 30000 ha in den südlichen und westlichen Landesteilen zu. Diese Unterschiede lassen sich deutlich anhand des Abstands der Farmgebäude voneinander ablesen. Man versteht, in welcher Einsamkeit die Farmer einmal begannen und z. T. heute noch leben, wie Nachbarschaftshilfe, aber auch Härte und Mut notwendig zu einer solchen Existenz gehören. Zugleich werden die Sicherheitsanlagen verständlich, die abgelegene Farmen im Norden und Westen umgeben.

Das Beispiel der auf S. 112 abgebildeten Farm Krumneck bei Windhoek im zentralen Hochland zeigt eine Rinderfarm mit ergänzendem Maisbau. Erddämme als Wehre und

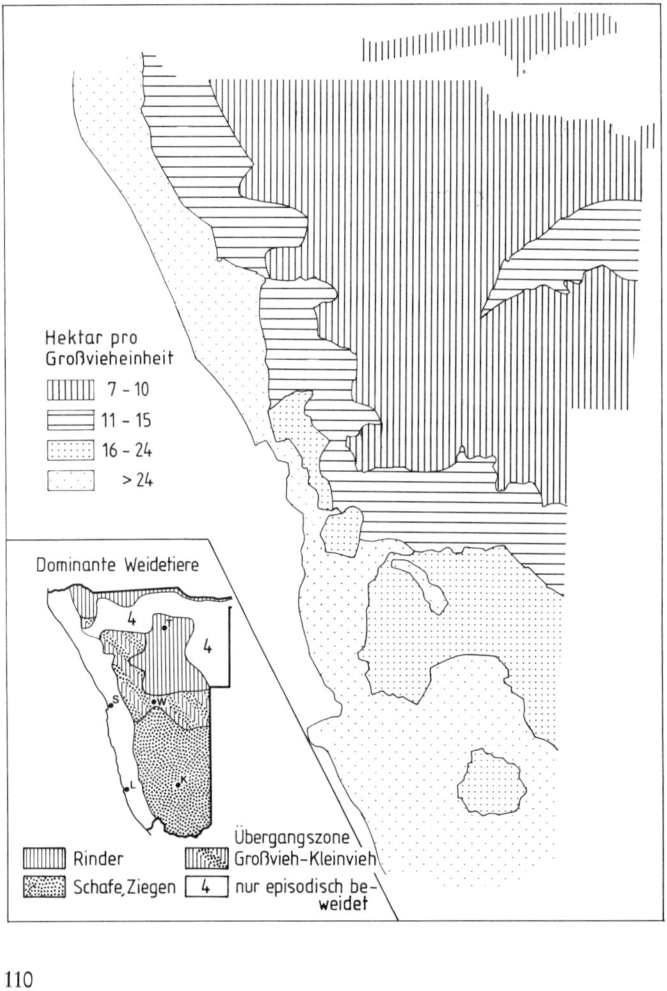

Farm Jena (Judäa); 10105 ha, ca. 4500 Schafe ▷

Potentielle Weidefläche pro Großvieheinheit (ein Rind bzw. fünf Schafe) in ha

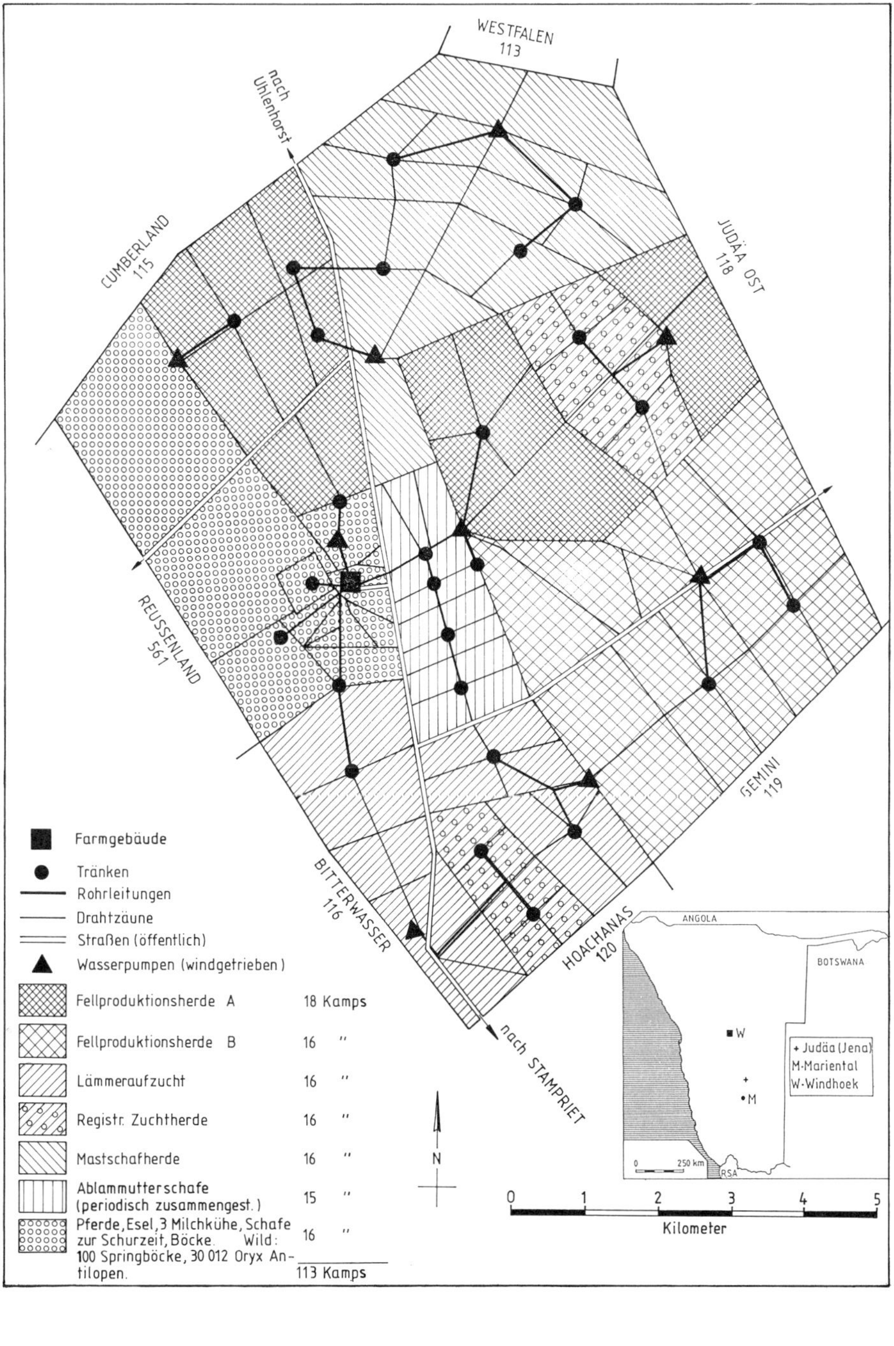
WESTFALEN 113
nach Uhlenhorst
CUMBERLAND 115
JUDÄA OST 118
REUSSENLAND 561
GEMINI 119
BITTERWASSER 116
HOACHANAS 120
nach STAMPRIET
ANGOLA
BOTSWANA
RSA
W
M
0 250 km
+ Judäa (Jena)
M-Mariental
W-Windhoek
N
0 1 2 3 4 5
Kilometer
Farmgebäude
Tränken
Rohrleitungen
Drahtzäune
Straßen (öffentlich)
Wasserpumpen (windgetrieben)
Fellproduktionsherde A 18 Kamps
Fellproduktionsherde B 16 "
Lämmeraufzucht 16 "
Registr. Zuchtherde 16 "
Mastschafherde 16 "
Ablammutterschafe (periodisch zusammengest.) 15 "
Pferde, Esel, 3 Milchkühe, Schafe zur Schurzeit, Böcke. Wild: 100 Springböcke, 30 012 Oryx Antilopen. 16 "
113 Kamps

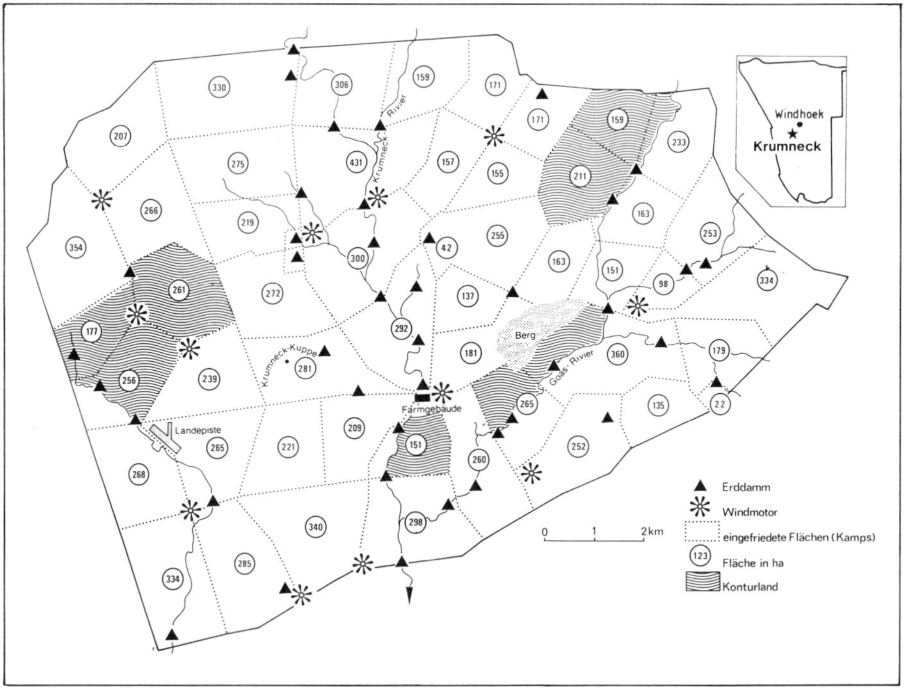

Farm Krumneck

Bohrlöcher dienen einer zuverlässigen Wasserversorgung der Herden. Die Farm ist in eingefriedete Weideflächen (Kamps) eingeteilt, die zum Schutz von Vegetation und Boden nach einem festen Plan abgeweidet bzw. aus der Beweidung herausgenommen werden. Gegen die Bodenabtragung hat der Farmer Konturwälle angelegt. Bedenken Sie einmal, welche Investitionen in Bauten, vor allem aber auch in Zäune vorgenommen wurden! Dies trifft auch zu für die Karakulschaffarm Jena nördlich von Mariental (Karte S. 111). Die agrar- und betriebswissenschaftlich fundierte Führung einer derartigen Farm verlangt ›know-how‹ und Kapital, das beides bei den afrikanischen Kleinbauernbetrieben bis heute fehlt.

Die Rinderweidewirtschaft war einseitig auf die Produktion von Fleisch für den heimischen Markt und für die Schlachthöfe Südafrikas ausgerichtet. Der Beitritt zum Lomé-IV-Abkommen, d. h. eine Assoziierung an die Europäische Union, eröffnete 1990 den Zugang zum europäischen Markt, wie ihn das benachbarte Botswana für seine Fleischprodukte bereits hatte.

Die Ziegenhaltung dient vorwiegend dem Fleischbedarf auf der Farm, z. T. auch dem regionalen Handel. In den letzten Jahren entwickelt sich in zunehmendem Maß die Haltung von Angoraziegen. An Schafen werden ganz überwiegend die berühmten Karakulschafe

1 Köcherbaumwald bei Keetmanshoop

2 Die Spitzkoppe im Morgenlicht ▷

14 Inselberg bei Keetmanshoop

15 Baum, der in der Trockenzeit Laub abgeworfen hat, am Sesriem-Canyon

16 Fingerklippe auf der Farm Bertram bei Khorixas

17 ›Versteinerter Wald‹ bei Khorixas

18 Springböcke im Gemsbok-Nationalpark ▷

20 und 21 Gepard (oben) und Löwin im Chobe-Nationalpark

19 Spitzmaulnashorn im Etoscha-Nationalpark

22 Bergzebras im Daan-Viljoen-Wildpark

23 und 24 Elefantenherde und Giraffen im Etoscha-Nationalpark

25 Herero-Frauen beim alljährlichen Treffen in Okahandja ▷

27 Laden in Rundu (Okavango)
◁ 26 Himba-Familie aus dem Kaokoveld
28 Eselskarren bei Bethanien

29 Herero-Frau

30 Himba-Mann

31 und 32 San (›Buschmänner‹) in der Kalahari

33 und 35 (rechts) Felsgravierungen bei Twyfelfont

34 Kavango-Gehöft südlich von Rundu

36 Die berühmte ›White Lady‹ vom Brandberg

37 Evangelische Kirche und Pfarrhaus in Swakopmund

38 Renoviertes Altes Amtsgericht in Swakopmund

39 Die Innenstadt von Windhoek

40 Blick auf Lüderitz

gezüchtet, die Namibia zum führenden Land für die Produktion von Swakara-Persianerfellen werden ließen; Tiere mit geringer Fellqualität dienen der Fleischproduktion.

Dürre und die Unsicherheit über die Zukunft der Farmwirtschaft haben in den 80er Jahren einen Prozeß der **Abwanderung weißer Farmer** in Gang gesetzt, der manche Beobachter bereits von einem ›Farmsterben‹ sprechen ließ. Insbesondere in den südlichen und südwestlichen Landesteilen brachten die Dürrejahre 1978 bis 1985 und 1992 den wirtschaftlichen Zusammenbruch zahlreicher Betriebe. Manche wurden ganz aufgegeben, die meisten jedoch verpachtet. In der Nähe der ehemaligen ›homelands‹ kauften die Regionalverwaltungen Farmen auf und gaben sie zur Nutzung durch Kleinbauern frei, ein äußerst problematischer Prozeß, der die agrarpolitischen Schwierigkeiten Namibias zeigt: Durch die Aufteilung entstanden Klein- bis Mittelbetriebe von 5 bis 20 ha, die im Trockenraum von Namibia als Lebensgrundlage nicht ausreichen. Die Bauern erhöhten die Zahl des Viehs, um schnell Geld zu erwirtschaften, was zur Überweidung führte und so die aus Westafrika bekannte, aber auch im südlichen Afrika bereits auftretende ›Desertifikation‹, die von Menschen hervorgerufene Ausdehnung der Wüste, förderte. Durch Zupacht trat hingegen eine positive Entwicklung ein: Viele Farmen waren nämlich von Anfang an oder durch Teilung zu klein; Überbesatz mit Vieh und Zerstörung von Boden und Vegetation waren die Folgen. Die Bemühungen der Landwirtschaftsverwaltung zielen auf eine Betriebsflächenvergrößerung und eine ökologisch angepaßte Farmwirtschaft, um eine weitere Zerstörung der Lebensgrundlagen zu vermeiden.

Die umseitige Abbildung aus Ovambo zeigt im dichten Nebeneinander **afrikanischer Kleinbauerngehöfte,** streifenförmiger Dauerparzellen und von ungegliedertem Weideland ein Muster der Agrarlandschaft, das in krassem Gegensatz zur marktorientierten Farmwirtschaft der Weißen steht. Letztere ähnelt derjenigen in den Weidewirtschaftsgebieten Argentiniens oder Australiens, während die afrikanischen Kleinbetriebe typisch für die Entwicklungsländer Tropisch-Afrikas sind: Die Ausstattung mit Kapital und Geräten ist minimal; erst allmählich erfolgte der Übergang vom Hack- zum Pflugbau. Bei den meisten Betrieben überwiegt die Selbstversorgungs- oder Subsistenzwirtschaft mit Hirse- und Maisanbau, lediglich die Überschüsse werden verkauft. Die Geflügel- und Kleintierhaltung dient ebenfalls der Eigenversorgung, Rinder bleiben für wichtige gesellschaftliche Ereignisse wie Hochzeits- oder Beerdigungszeremonien reserviert. Nur wenige Landwirte haben den Weg zu marktorientierten Betrieben mit Erfolg eingeschlagen.

Das Problem der **Unterentwicklung im ländlichen Raum** wird für Besucher der nördlichen Gebiete, aber auch der ehemaligen Reservate innerhalb der Farmzone deutlich sichtbar. In Diskussionen über dieses Thema geht es immer wieder um die Frage, ob diese Unterentwicklung als Folge der Kolonialzeit, von Abhängigkeit und Ausbeutung zu begreifen ist oder als Folge immanenter Gesellschaftsstrukturen, Wertsysteme und Verhaltenswei-

◁ 41 Aloe bei Keetmanshoop

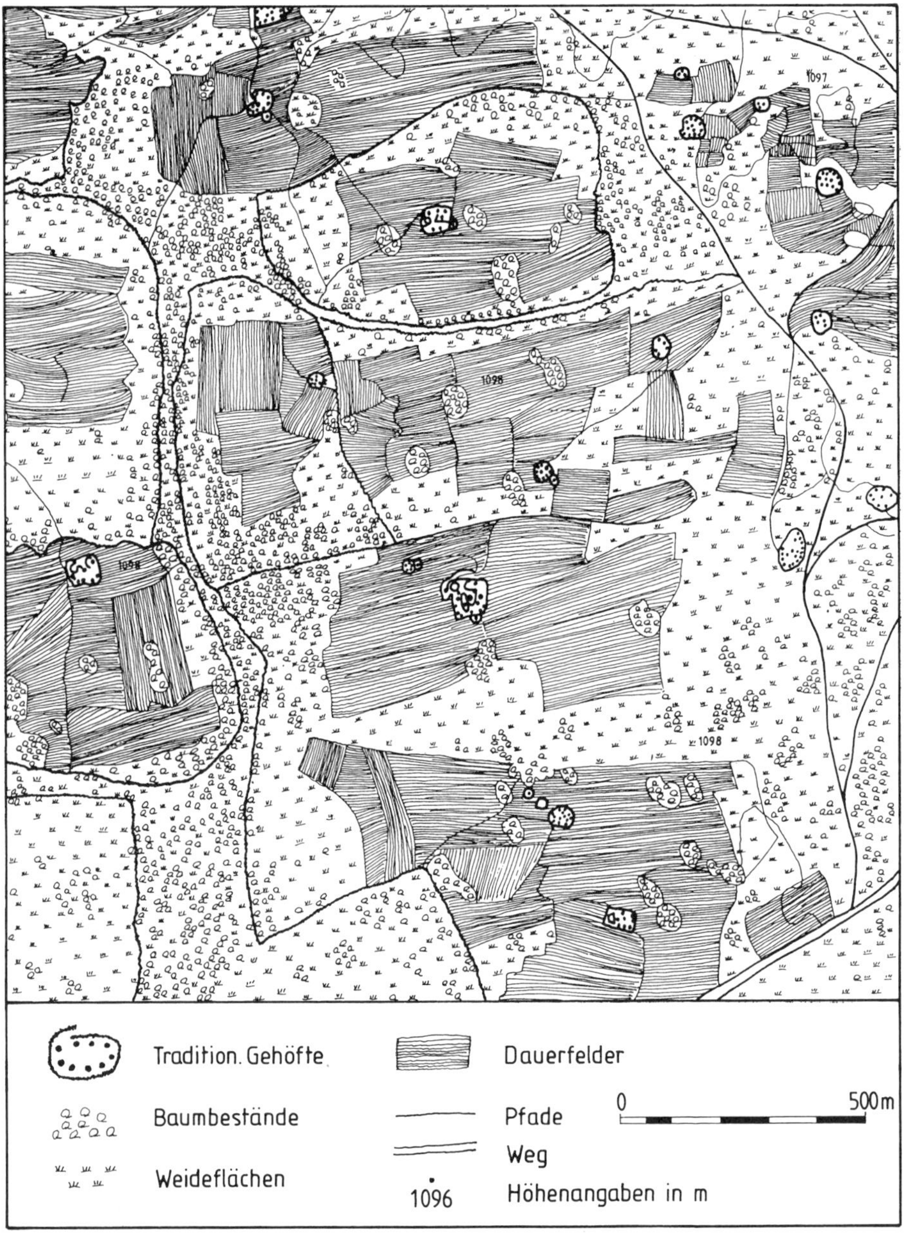

Traditionelle Landnutzung in Ovambo (westlich von Oshakati – Ongwediva)

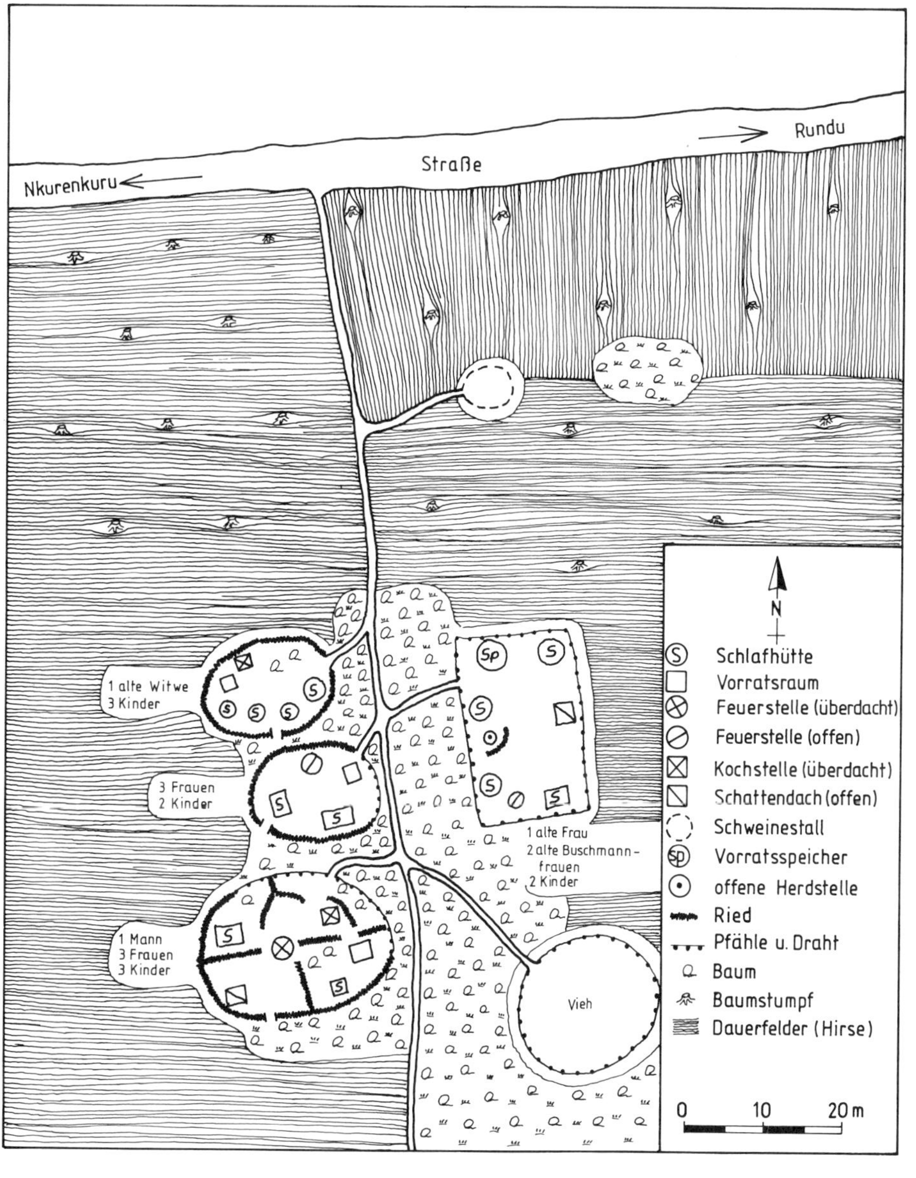

Traditionelles Gehöft bei Nkurenkuru (Siudiva, Kwangali Area, West-Kavango)

sen. Für die Situation in den ehemaligen Reservaten innerhalb der ›Polizeizone‹ trifft zweifellos der erste Ansatz zu: Landmangel und Zwang zur Lohnarbeit auf den weißen Farmen oder in den Städten ließen keine Entwicklungsmöglichkeit für die einheimische Landwirtschaft. Für die großen traditionellen Agrarräume Nord-Namibias ist die Antwort komplexer: Landreserven sind dort vorhanden; jüngere Arbeitskräfte wurden zwar durch die Wanderarbeit entzogen, aber durch ältere Männer und Frauen ersetzt; Innovationen nach dem Vorbild der weißen Farmwirtschaft waren möglich, fanden aber nur zögernd Annahme. Hier wird neben den kolonialen Einflüssen auch der Komplex der ›traditionellen Strukturen‹ wirksam: Das Eingebundensein in die Herrschaftsstruktur von Familie und Stamm machte ein ›Ausbrechen‹ etwa durch moderne Agrartechniken kaum möglich. Ein höheres Einkommen gilt als verdächtig, kann auf Zauberei beruhen, unterminiert das Ansehen des bisher führenden Häuptlings – und wird somit nach Möglichkeit verhindert.

Maßnahmen der Entwicklungshilfe für die Landwirtschaft setzten erst in den 60er Jahren ein, da die nördlichen Gebiete als Arbeitskräftereservoirs zu fungieren hatten. Die Entwicklungshilfe für das unabhängige Namibia steht hier vor einer wichtigen Zukunftsaufgabe.

Der Bergbau

Der Bergbau spielt, wie erwähnt, eine herausragende Rolle für die Wirtschaft Namibias: Er erzeugt bis zu einem Drittel des Bruttoinlandproduktes und etwa 80 % der Exporte, bei guter Metall- und Mineraliennachfrage ist er ein wichtiger Arbeitgeber. Namibia zählt zu den größten Uranproduzenten der Welt, und auch der Abbau von Kupfer, Blei, Zink und Zinn sowie von seltenen Mineralien wie Lithium und Germanium hat internationale Bedeutung. Die Förderung von Schmuckdiamanten und ›Halbedelsteinen‹ wie Amethyst, Aquamarin, Chalzedon, Rosenquarz oder Turmalin ist dagegen mehr für Kapitalanleger und Sammler von Interesse (vgl. S. 298). Die Abhängigkeit vom Bergbausektor wirft Probleme auf: Die Entwicklung von Nachfrage und Preisen auf dem Weltmarkt beeinflußt die Höhe der Einnahmen entscheidend, desgleichen schwankende Wechselkurse des südafrikanischen Rand, an den der namibische Dollar gebunden ist, sowie Förderquoten, wie sie die Central Selling Organisation (London) für Diamanten 1993 aussprach: eine Verminderung der Förderung auf 75 % der Kapazität wegen der schlechten Wirtschaftslage in den USA und in Japan.

Nach der Unabhängigkeit setzte die Regierung einen höheren Steuersatz für die Bergbauunternehmen durch, und im Rahmen von joint ventures eine stärkere Kontrolle der multinationalen Bergbaukonzerne; so wurde 1994 die halbstaatliche Namdeb Diamond

Corp. gegründet, an der neben der südafrikanischen Firma de Beers die namibische Regierung mit 50 % beteiligt ist.

Consolidated Diamond Mines (CDM) ist eine 100 %ige Tochter der südafrikanischen De Beers Consolidated Mines, eines gigantischen Konzerns, der über die Central Selling Organisation den Weltdiamantenmarkt kontrolliert. Die im Großtagebau um Oranjemund (Abb. 56) gewonnenen Rohdiamanten, vor allem wertvolle Schmuckdiamanten, werden nach Kimberley in Südafrika transportiert und von dort aus vermarktet. Seit 1989 werden die von der CDM geförderten Diamanten in Windhoek sortiert und bewertet, ein außergewöhnlicher Erfolg für Namibias Wirtschaftspolitik.

Die **Rössing Uranium Limited** mit Uran-Tagebau 65 km östlich von Swakopmund (Abb. 53–55) ist eines der wirtschaftlich wichtigsten, aber politisch umstrittendsten Unternehmen Namibias. Seine Innovationen in Ausbildung und Gleichstellung seiner Arbeitnehmer gelten als vorbildlich, auf scharfe Kritik stoßen die Produktion, zu der auch reines Uranoxid gehört (U_3O_8), und die Zusammensetzung der Anteilseigner (Rio Tinto-Gruppe 56,5 %, Regierung Namibias 13 %, französische Staatsgesellschaft TOTAL 10 %, südafrikanische GENCOR 7 %, Deutsche Urangesellschaft GmbH 5 %). Um die Situation zu entspannen, weicht die Stimmrechtsverteilung von der Kapitalstruktur ab: Mehr als 50 % der Stimmrechte liegen (Ende 1987) bei der Regierung in Windhoek, Rio Tinto hat nur noch eine Sperrminorität von 26,5 %. Der hochmechanisierte, kapitalintensive Abbau in der Rössing-Mine steht angesichts der Entwicklungen auf dem Uran-Weltmarkt vor einer ungewissen Zukunft: Das Sinken der Nachfrage kann noch durch langfristige Lieferverträge überbrückt werden, aber der sich abzeichnende ›Umstieg‹ der Industrieländer auf alternative Energien bzw. die Aufbereitung von Kernbrennstoffen kann die Situation künftig erheblich verändern.

Unsicher ist auch, was aus der traditionsreichen **Kupferproduktion** der **Tsumeb Corporation** (TCL) wird. Aufbauend auf Förderanlagen aus der deutschen Kolonialzeit wurde die lange Zeit amerikanisch und seit 1983 multinational bestimmte Gesellschaft zum größten Kupfer-, Blei- und Silberproduzenten Namibias. Mit Bergwerken in Tsumeb, Kombat und Otjihase gehört sie nach Beschäftigtenzahl, Produktions- und Exportwert zu den drei führenden Bergbauunternehmen des Landes. Die Hütte in Tsumeb stellt Blisterkupfer, Raffinadeblei, Arsentrioxid, Cadmium und Germaniumdioxid her. Hohe Strompreise und Frachtkosten, schwankende Weltmarktpreise, der Ersatz von Kupfer durch Aluminium und die Erschöpfung der Lagerstätte in Tsumeb machen die Zukunft ungewiß.

Der Abbau von **Zink** durch IMCOR in Rosh Pinah im äußersten Süden des Landes wird trotz des Preisverfalls auf dem Weltmarkt fortgesetzt. Der Abbau von **Zinn** und die Arbeit der Zinnkonzentratanlage in Uis wurden dagegen eingestellt. Seit einigen Jahren ist Namibia auch **Gold**produzent: Die Navachab Goldmine der Erongo Mining and Exploration Company ist mit einer Jahresförderung von ca. 1800 kg (1993) größter Produzent.

Eine enge Bindung an Südafrika gibt es auch bei der Herstellung von **Salz.** Es wird in großen künstlichen Salinen bei Walvis Bay und Swakopmund durch Verdunstung von Meerwasser gewonnen (vgl. S. 177) und vollständig an die chemische Industrie Südafrikas geliefert, und zwar per Bahn zum Witwatersrand oder per Küstenmotorschiff nach Port Elizabeth. Bei einem freien Markt könnten auch Zaire, Zambia und Zimbabwe wichtige Kunden werden. Das Produktionspotential liegt bei ca. 5 Millionen t jährlich.

Industrie und Fischerei

Wie erwähnt, blieb die Industrie Namibias wegen der Dominanz Südafrikas bei der Versorgung mit Konsumgütern, wegen des kleinen Binnenmarktes und wegen mangelnder Exportmöglichkeiten unterentwickelt; ihr Anteil am Bruttosozialprodukt und an den Beschäftigtenzahlen ist sehr gering. Sieht man von etwa 120 Handwerksbetrieben ab, die den lokalen Bedarf in den Zentren der Farmzone decken, so verbleiben im gesamten Land nur etwa 80 Unternehmen, die als Industriebetriebe zu bezeichnen sind. Sie gehören hauptsächlich den Bereichen der Nahrungs- und Genußmittelindustrie (Brauereien, Fleisch- und Fischverarbeitung, Schokoladenherstellung), der Metallverarbeitung (Zäune), der Bekleidungsindustrie sowie der Herstellung von Baumaterialien an. Abgesehen von einigen Familienbetrieben, deren Wurzeln bis in deutsche Zeit zurückreichen, handelt es sich meist um Tochterunternehmen südafrikanischer Firmen. Technisch einfache und arbeitsintensive Produktion herrscht vor angesichts des Überschusses an billigen, nicht ausgebildeten Arbeitskräften.

Fischfang und Fischindustrie leiden seit den 80er Jahren unter den Folgen der Überfischung der Küsten- und Hochseegewässer durch Schiffe aus Südafrika, der UdSSR, Polen und Spanien. Die fischverarbeitenden Betriebe in Walvis Bay mußten z. T. schließen, die Zahl der Beschäftigten an Land und auf See sank drastisch. Eine Ausdehnung der 12-Meilen-Zone auf die inzwischen übliche 200-Meilen-Zone erfolgte 1990. Die Fische aus küstennahen Gewässern werden in Walvis Bay zu Fischmehl verarbeitet, Weißfische zu Konserven und Langusten in Lüderitz zu Tiefkühlprodukten, die vor allem nach Japan und in die USA gehen.

Die namibische Entwicklungsgesellschaft FNDC (First National Development Corporation) bemüht sich um die Förderung privatwirtschaftlicher Unternehmen in den ehemaligen Reservaten und in den nördlichen Gebieten, doch handelt es sich hierbei vorwiegend um Handwerks- und Kleinbetriebe (Schreinereien, Baugewerbe, Kfz-Reparatur u. ä.).

Tourismus und Verkehr

Der Tourismus hat sich seit den 70er Jahren zu einer devisenträchtigen und beschäftigungswirksamen ›Industrie‹ entwickelt: 1992 kamen etwa 280 000 Touristen, davon ca. 90 000 Besucher aus Übersee, was Einnahmen von ca. 500 Millionen namibische Dollar (ca. 200 Millionen DM) brachte. Wie im Reiseteil weiter ausgeführt, bietet Namibia mit seinen Naturlandschaften, den Wildtieren in den Nationalparks und Wildschutzgebieten sowie mit seinen historischen Denkmälern – von prähistorischen Felszeichnungen bis zu deutscher Kolonialarchitektur – ein breites Spektrum an Attraktionen. Fast 100 000 km², das sind ca. 12 % der Landesfläche, werden vom Department of Nature Conservation and Tourism verwaltet. Namibia ist außerhalb der (südafrikanischen) Ferienzeiten nicht überlaufen, obwohl die Zahl der Besucher ständig zunimmt. Der Fremdenverkehr wird von den staatlichen Stellen ›kanalisiert‹. Gebiete wie die Skelettküste oder der Etoscha-Nationalpark dürfen nur von einer beschränkten Zahl von Reisenden besucht werden, angepaßter Tourismus wird gefördert.

Dem Fremdenverkehr kommt eine ausgezeichnete **touristische Infrastruktur** zugute. Hotels, Pensionen, Bungalowdörfer, Zeltplätze, Gästefarmen, vom ›Amt für Naturschutz und Tourismus‹ klassifiziert, und zahlreiche Jagdfarmen stehen den Besuchern zur Verfügung (vgl. S. 289 ff.). Touristikunternehmen bieten Touren an, Einzelreisende können Autos, Ausrüstung und sogar Flugzeuge mieten.

Rückgrat des **Straßennetzes** ist eine vollständig geteerte Nord-Süd-Achse von der Südgrenze am Oranje-Fluß bis zur Nordgrenze am Kunene, über die Fernstraßenverbindungen mit Kapstadt und Johannesburg bestehen. Nach Botswana und Angola führen einfache Pisten, die in Zukunft wohl ausgebaut werden. Über 10 % (fast 5000 km) der insgesamt etwa 42 000 km Straßen sind geteert, die nichtgeteerten Straßen befinden sich im Vergleich mit anderen Ländern Afrikas in ausgezeichnetem Zustand.

Für den **Eisenbahn-Güterverkehr** stehen ca. 2400 km in der Kapspur (1,065 m) zur Verfügung. Die Hauptlinie von Upington in der südafrikanischen Kapprovinz führt über Windhoek nach Walvis Bay, das eine Zweiglinie mit dem Bergbaugebiet von Otavi-Tsumeb-Grootfontein verbindet. Die (wie fast überall auf der Welt) stark defizitäre Eisenbahn ist für den Passagierverkehr fast unbedeutend, da diesbezüglich Pkws und Busse den Vorrang haben.

Der Luftverkehr ist angesichts der großen Entfernungen von wachsender Bedeutung. Über den internationalen Flughafen von Windhoek ist Namibia aus dem Ausland zu erreichen. Air Namibia und private Unternehmen haben ein dichtes und zuverlässiges Binnennetz aufgebaut und bieten auch Verbindungen in die Nachbarländer an.

Die **Stromversorgung** ist dank der Investitionen in Wärme- und Wasserkraftwerke sehr gut; ein Wasserkraftwerk ist an den Epupa-Fällen am Kunene geplant. In Windhoek arbeitet ein 120-MW-Kohlekraftwerk, versorgt per Bahn mit südafrikanischer Steinkohle, an den Ruacana-Fällen gibt es ein 240-MW-Wasserkraftwerk. Mit Südafrika besteht ein Strom-Verbundsystem.

Das **Fernmeldewesen** umfaßt ein dichtes Telefonnetz in den Städten und im weißen Farmland, in den nördlichen Gebieten wird es ausgebaut. Radio und Kurzwelle sichern die Verbindung zu abgelegenen Gebieten.

Städte und Zentren

Die Städte und Zentren Namibias haben einen völlig anderen Charakter als die in Mittel- und Westeuropa: Es sind kolonialzeitliche Gründungen, was an Gebäuden und Grundriß noch deutlich zu erkennen ist. Unter der südafrikanischen Mandatsverwaltung haben sie das Gepräge der ›Apartheidstadt‹ erhalten mit streng nach ›Rassen‹ getrennten Wohnvierteln. Da das Motto »Rassengesellschaft gleich Klassengesellschaft« gilt, kontrastieren die weitläufigen, mit Parks und Grünanlagen versehenen Wohnviertel der weißen Ober- und Mittelschicht mit den regelmäßigen, monotonen Siedlungen für die Nichtweißen. Auch wenn diese ›Wohnsegregation‹ seit 1977 offiziell aufgehoben ist und Wohnmobilität eingesetzt hat, sind die Elemente der ›Apartheidstadt‹ hinsichtlich der infrastrukturellen Ausstattung der Stadtteile klar zu erkennen. Die starke Zuwanderung in die Städte ließ seit 1990 Elendsviertel entstehen, soziale Brennpunkte mit Arbeitslosenraten bis zu 80 %.

In den nördlichen Landesteilen Namibias kam es trotz dichter Besiedlung bis in das 20. Jahrhundert nicht zur Entwicklung von Städten. Die Wohnsitze der Häuptlinge besaßen zwar zentrale Funktionen, ein Marktwesen war in Ansätzen vorhanden, aber Dauersiedlungen mit städtischen Funktionen gab es nicht.

Die heutigen Städte Namibias gehen auf unterschiedliche koloniale Wurzeln zurück: Walvis Bay, Lüderitz und Swakopmund gingen aus Anker- und Handelsplätzen hervor, Missionsstationen waren der Kern von Orten wie Bethanien oder Otjimbingwe, Bergwerkssiedlungen sind Oranjemund oder Tsumeb. Militärposten mit zusätzlichen Verwaltungs- und Handelsfunktionen bildeten, wie in Kolonien üblich, den häufigsten Ausgangstyp der Stadtentwicklung; Eisenbahnhaltepunkte konnten diese Ansätze verstärken wie in Karibib oder Keetmanshoop. So kann der Besucher am Baubestand und an den Funktionen nicht nur die Ausgangssituation, sondern auch das Alter der städtischen Gründung ablesen. Auch wenn die Altersspanne gering ist, lassen sich doch die Ortskerne mit der Kolonialarchitektur der wilhelminischen Zeit (vgl. S. 101 ff.) von den Erweiterungen während der Zeit der südafrikanischen Mandatsverwaltung deutlich unterscheiden. Für den an Stadtplanung Interessierten empfiehlt sich ein Besuch sehr junger Gründungen wie der Bergbaustädte Oranjemund (im Gebiet des Diamantenbergbaus am unteren Oranje; Betreten nur mit Genehmigung der CDM in Windhoek) oder Arandis (Wohn- und Versorgungsstadt in der Nähe des Uran-Tagebaus bei Swakopmund) sowie der jungen Verwaltungs- und Han-

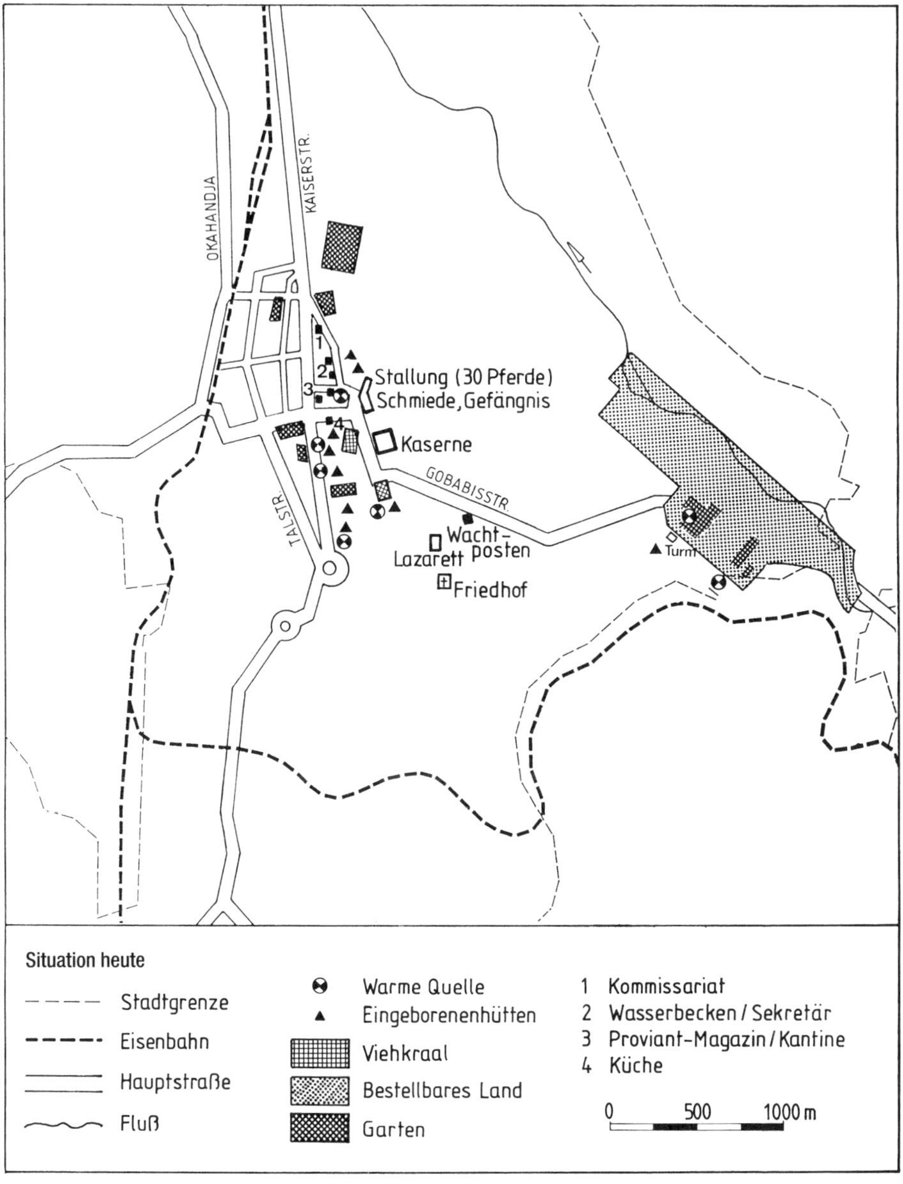

Windhoek 1892

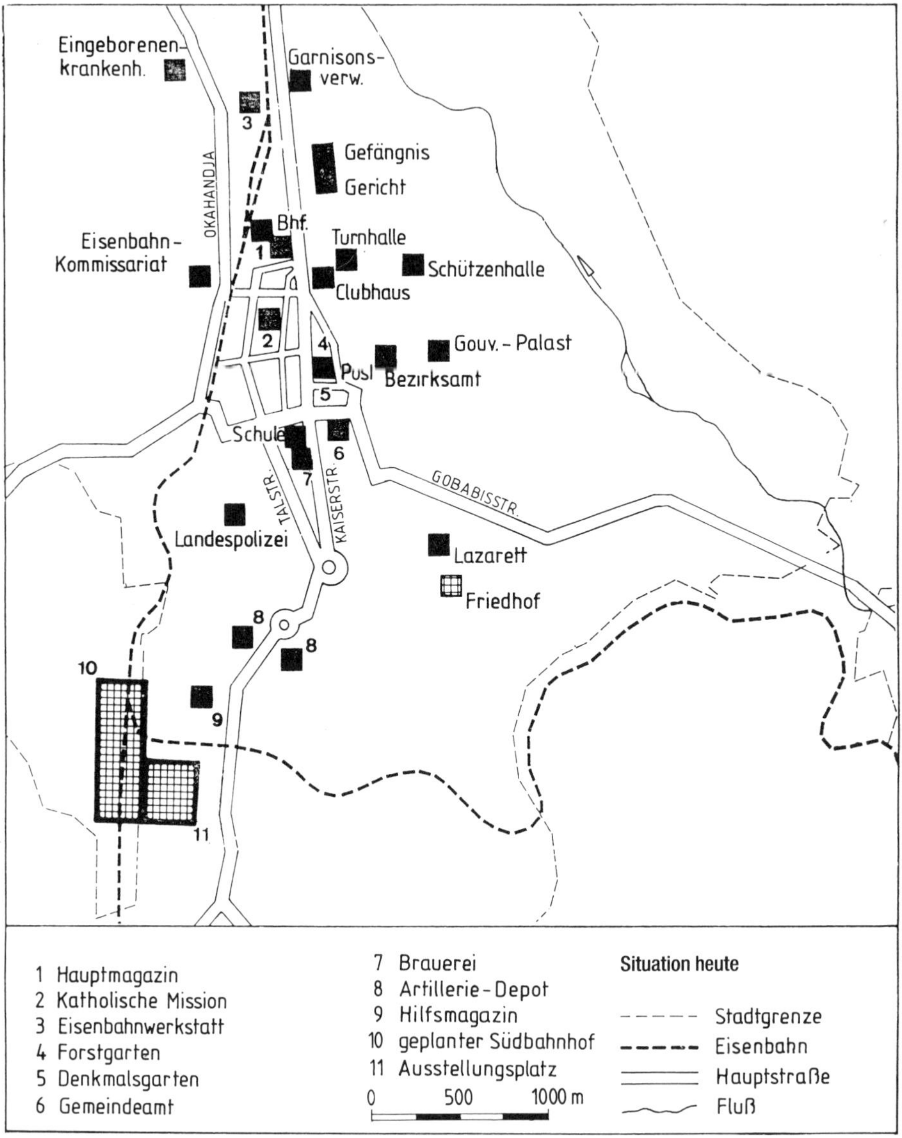

Windhoek 1910

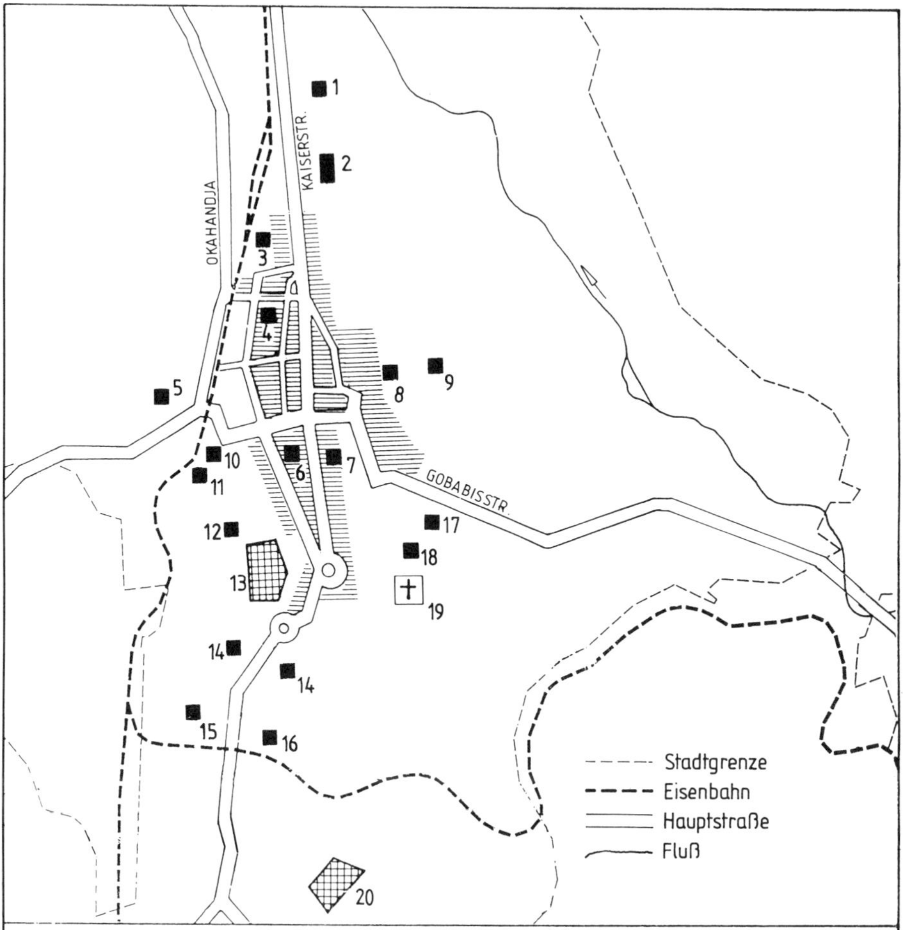

Grundstücke mit Gebäuden

1 Feldtelegrafen u. Kraftfahrer-Abt.
2 Gefängnis / Gericht
3 Bahnhof
4 Meteorologische Station
5 Elisabeth-Heim
6 Gemeindeamt
7 Städt. Wasserwerk
8 Bezirksamt
9 Gouv.-Verwaltungsgeb.
10 Gouv.-Werft
11 Städt. Schlachthaus
12 Landespolizei
13 Ausstellungsplatz
14 Artillerie-Depot
15 Hilfsmagazin
16 Städt. Abfuhrbetrieb
17 Schwerinsburg (Sperlingslust)
18 Lazarett
19 Friedhof
20 Pferdelazarett

0 500 1000 m

Windhoek 1916

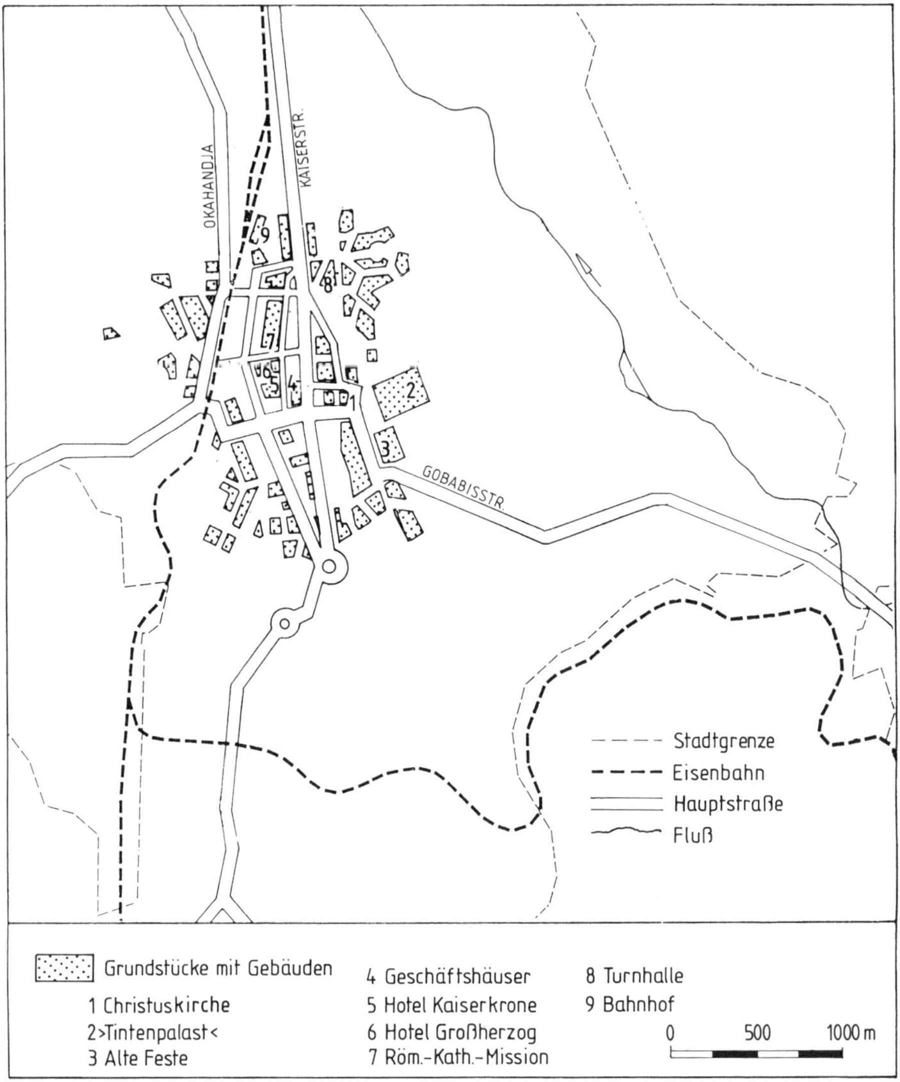

Windhoek 1930

delszentren in den nördlichen Gebieten wie Rundu, Katima Mulilo oder Opuwo (Abb. 61). Städte- und Wohnungsbau haben für Namibia in den kommenden Jahren eine hohe Priorität, da angesichts einer rasanten Verstädterung durch Zuwanderung vor allem in Windhoek Wohnungsmangel besteht, und zwar sowohl im sozialen Wohnungsbau als auch für gehobene Ansprüche.

Die Planungsbehörden Namibias untersuchten gegen Ende der 70er Jahre die Städte und Zentren des Landes hinsichtlich ihrer Ausstattung und ihrer Bedeutung für das Umland. Sie erarbeiteten eine fünfstufige Hierarchie: Windhoek als nationales Verwaltungs- und Handelszentrum nimmt selbstverständlich den ersten Rang ein. Zu den Regionalzentren der zweiten Ebene gehören Rehoboth, Grootfontein, Keetmanshoop, Otjiwarongo, Swakopmund und Tsumeb. Besondes die drei erstgenannten Städte sind voll ausgestattete Zentren mit großem Einzugsbereich. Tsumeb stieg von einer Bergbaustadt zu einem Regionalzentrum auf, während Swakopmund einen Sonderfall darstellt, da es als ›Oasenstadt‹ in der Namib-Wüste kein ›Hinterland‹ besitzt. Seine Austattung dient den Altansässigen und den Familien der bei der Rössing-Uranmine Beschäftigten, die überwiegend in konzerneigenen Wohnvierteln leben. Darüber hinaus profitiert Swakopmund von der Nachfrage von Tausenden von Touristen, die in diesem Ferienzentrum, dem wichtigsten Seebad Namibias, vor allem zwischen November und Februar Erholung suchen. Mariental, Gobabis oder Outjo sind Beispiele der ›dritten Ebene‹ von Zentren. Sie erfüllen als Distriktzentren Aufgaben für die Farmgebiete der Umgebung (Post, Bank, Reparaturwerkstätten, Läden). Die Ausstattung ist bei der ›vierten Ebene‹, den Bezirkszentren, schon wesentlich geringer, wie Orte wie Usakos oder Maltahöhe unschwer erkennen lassen. Besucher Namibias sollten es nicht versäumen, auch eines der ländlichen Handelszentren, in Afrikaans als ›Boerezentrum‹ bezeichnet, zu besuchen, dort einmal zu bummeln und im lokalen Hotel oder im Restaurant einen Drink zu nehmen. Man lernt ein ganz anderes Namibia kennen als in Windhoek oder Swakopmund.

Lüderitz stellt hinsichtlich Bevölkerungszahl, Finanzkraft und Verwaltungssituation den ›Problemfall‹ Namibias dar. Es besitzt zwar eine günstige Verkehrsverbindung (Seehafen, Eisenbahn, Fernstraße), aber seine Abgelegenheit im Staatsgebiet, für hunderte von Kilometern von der unwirtlichen Namib-Wüste umgeben, der Niedergang der Hafen- und Fischereiaktivitäten (außer für Langusten) und der daraus resultierende Fortzug der Bevölkerung ließen Lüderitz fast zu einer Geisterstadt werden. Der Ort ist heute der Zentralregierung unterstellt, da eine eigenständige Verwaltung nicht mehr betrieben werden konnte. Bemühungen, Tourismus und Gewerbeansiedlung zu fördern, hatten Dank dem Einsatz der Lüderitz-Stiftung neuerdings Erfolg.

Namibia: Reiseteil

von Karl-Günther Schneider

Die nebenstehende Karte gibt eine Übersicht über die wichtigsten Sehenswürdigkeiten und Fremdenverkehrsgebiete Namibias. Das Land wird offiziellerseits in die Tourismusregionen ›Landesmitte‹, ›Namib‹, ›Norden‹ und ›Süden‹ gegliedert. Die **zentralen Landesteile** umfassen die Hauptstadt Windhoek, die Tagesausflugsziele Daan-Viljoen-Park, Von-Bach-Stausee und dem Badeort Gross-Barmen sowie, schon eine Wochenendreise wert, die Bergmassive Erongo und Spitzkoppe, letztere für viele das Wahrzeichen des zentralen Hochlands.

Die Route der meisten Besucher führt vom Hochland über den eindrucksvollen Gamsbergpaß in die **Touristenregion ›Namib‹.** Dort bietet Swakopmund interessante historische Denkmäler aus der deutschen Kolonialzeit und der Namib-Naukluft-Park faszinierende Wüstenlandschaften. Im ›Touristenerholungsgebiet Westküste‹ setzt sich die Namib-Wüste fort, wobei an der Küste des Atlantik hervorragende Möglichkeiten für den Angelsport bestehen. Das Kreuzkap (Cape Cross) zählt mit seiner Robbenkolonie zu den Hauptattraktionen der Namib. Für ›Wüstenabenteurer‹ bietet der Skelettküstenpark, weitab von der stark frequentierten zentralen Namib, noch die Einsamkeit von Dünenfeldern, Küstenwüste und Canyons.

Das Hauptzielgebiet in der **Touristenregion ›Norden‹** stellt der Etoscha-Nationalpark dar, eines der letzten großen Naturparadiese in der Savannenlandschaft des südlichen Afrika. Die Nordregion ist auch reich an geologischen Denkmälern, die man auf der Fahrt von der Namib in das nördliche Hochland gut erreichen kann. Zu nennen sind der ›Versteinerte Wald‹, die Felsformationen bei Twyfelfontein und der ›Verbrannte Berg‹. Für Wanderer, Bergsteiger und Freunde von Felszeichnungen ist der Besuch des Brandbergs ein ›Muß‹: In geologisch-ökologischer ebenso wie in kunst- und kulturhistorischer Hinsicht gehört er zu den bedeutendsten Stätten Afrikas. Als historisches Monument hat das Waterbergplateau große Bedeutung, kam es doch hier 1904 zur entscheidenden Schlacht zwischen den Herero und der deutschen ›Schutztruppe‹. Das Plateau ist gut zugänglich und bietet dem Wanderer eine eindrucksvolle Savannenlandschaft. Die Entwicklungsregionen nahe den Grenzflüssen Kunene, Okavango, Sambesi und Linyanti wurden rasch für den Safari-Tourismus interessant.

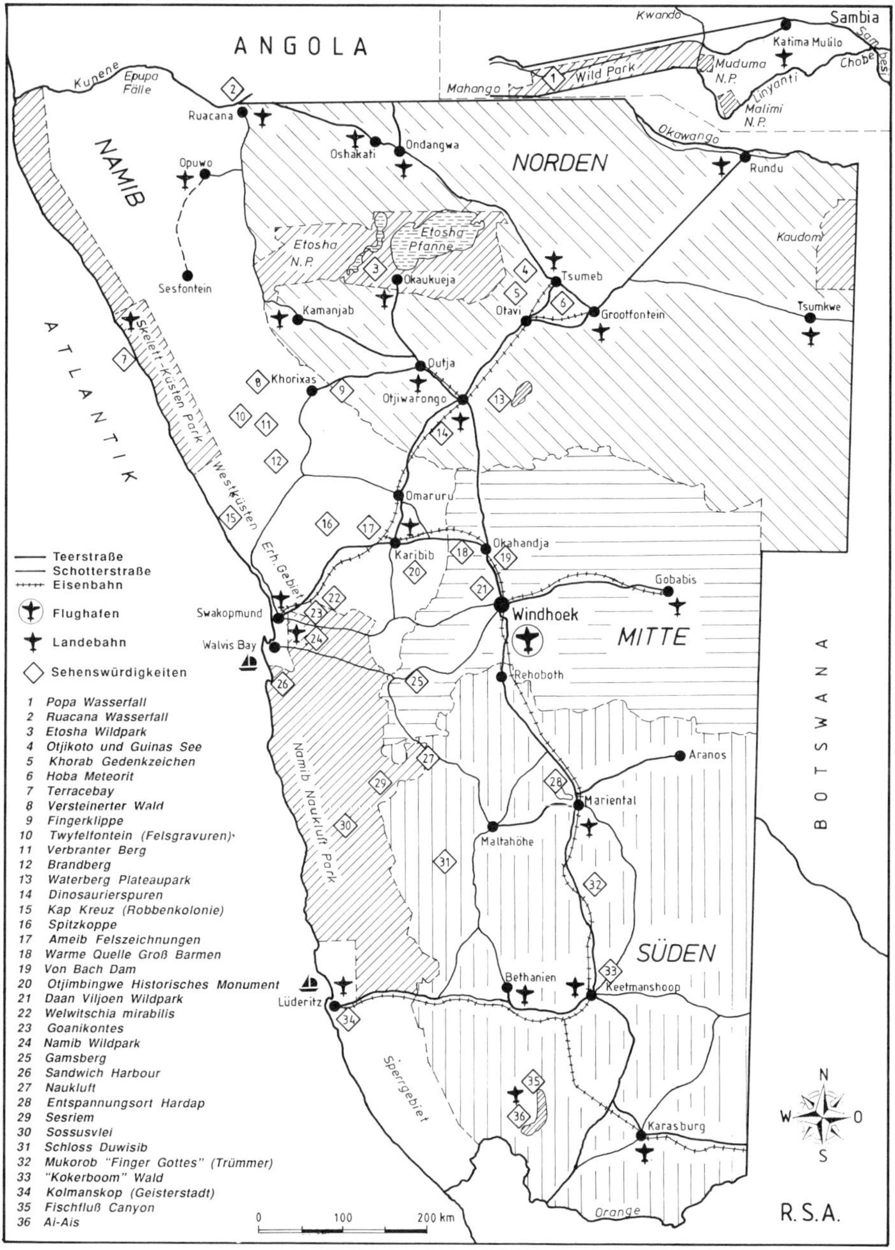

Fremdenverkehrsgebiete und Hauptsehenswürdigkeiten in Namibia.

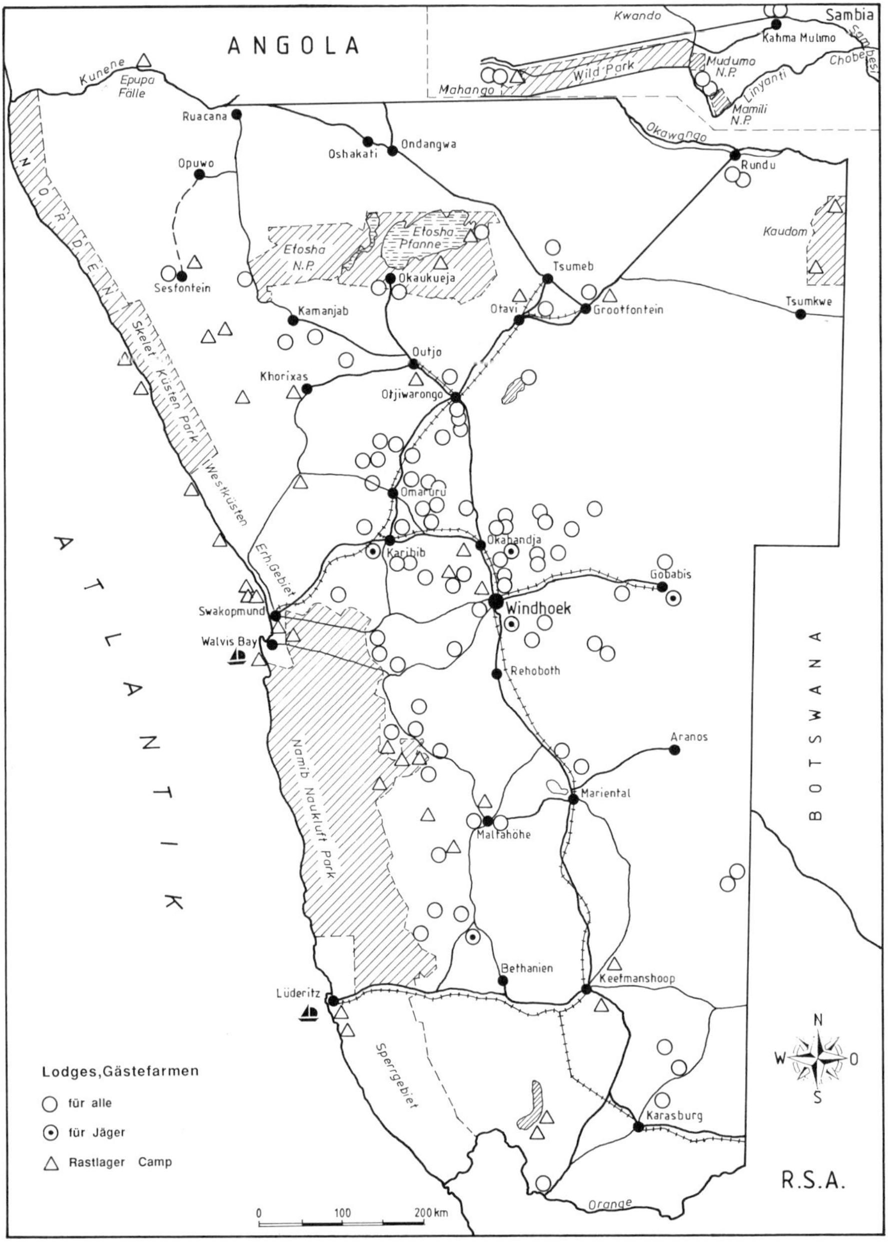

Rastlager und Gästefarmen

Elefanten an der Tränke; Darstellung um 1860

Touristischer Höhepunkt der **Südregion** ist der Fischfluß-Canyon. Er erschließt sich am besten Wanderern, doch kann auch ein Besuch des Thermalbadeorts Ai-Ais einen Eindruck vermitteln. An ›Naturwundern‹ ist im Süden außerdem der sogenannte Krater des Brukkaros zu nennen, lohnend insbesondere für Reisende, die sich für die Entwicklungsgeschichte der Erde interessieren, ferner der Köcherbaumwald, ein einmaliges Monument der Pflanzenwelt in den südlichen Halbwüsten. Kunsthistorisch und kolonialgeschichtlich interessant ist ein Besuch auf Schloß Duwisib. Mit einer Fahrt in die Tourismusregion ›Süden‹ sollte man einen Besuch der südlichen Namib-Region verbinden. Dort stellt Lüderitz mit seinen historischen Bauten und mit der im Dünensand verschwindenden ›Geisterstadt‹ Kolmanskop einen geeigneten Standort dar. Von hier aus läßt sich das zentrale Hochland mit Windhoek über den Sossusvlei und Sesriem erreichen, die Hauptsehenswürdigkeiten in den zentralen und östlichen Teilen des Namib-Naukluft-Parkes.

Der folgende Reiseteil Namibia führt die Fremdenverkehrsgebiete des Landes in der Reihenfolge der üblichen Routen auf: Windhoek und die Landesmitte, Namib und Küste, die Etoscha-Pfanne und der Norden, der Fischfluß-Canyon und der Süden.

Windhoek und die Landesmitte

Windhoek (1650 m), der Ausgangs- und Endpunkt der meisten Namibia-Reisenden, ist mit ca. 200 000 Einwohnern (1995) die mit Abstand größte Stadt des Landes und in politischer, wirtschaftlicher und kultureller Hinsicht dessen unumstrittenes Zentrum, gehört aber zu den kleinsten Hauptstädten des Kontinentes. Kommt man unmittelbar aus Europa oder aus den Millionen-Agglomerationen Johannesburg oder Kapstadt, macht der Ort den Eindruck einer ›Provinzstadt‹, doch besteht gerade darin sein Reiz. Windhoek liegt ziemlich genau im geographischen Zentrum Namibias und im zentralen Teil des Hochlandes. Die Gliederung der Stadt wird durch die Oberflächenformen vorgegeben: Sie folgt in ihrer Nord-Süd-Erstreckung dem Hochtal, im Westen begrenzt durch das Khomas-Hochland, im Osten durch Teile der Auas-Berge. Im Hochtal bildet das heutige Geschäftsviertel den Kern der 1890 gegründeten Militär- und Verwaltungssiedlung. Der Name stammt jedoch höchstwahrscheinlich von dem Nama-Häuptling Jonker Afrikaner (1840), der sich an seine Heimat im Kapland erinnert fühlte. An der Nord-Süd-Achse der Bahn und der Hauptstraßen entwickelten sich kleine Gewerbe- und Industriegebiete südlich und nördlich der Innenstadt (zur Entwicklung der Stadt vgl. die Karten S. 145–148). Die zentrale Zone wird flankiert von großzügig angelegten Wohngebieten, die seit der Mitte der 60er Jahre entstanden. Nordwestlich des Stadtzentrums liegen Khomasdal sowie die Wohnstadt Katutura mit vorwiegend bantu-sprachiger Bevölkerung (Abb. 32, 52). Die Gliederung von Windhoek spiegelt damit auch nach der Aufhebung der Rassengesetze in Namibia im Jahre 1979 die ›raumordnerischen‹ Folgen der südafrikanischen Apartheidpolitik wider (vgl. S. 144).

Das moderne Zentrum

Die **Independence Avenue,** die frühere Kaiserstraße, zwischen Ausspannplatz im Süden und Bahnhofstraße im Norden ist mit ca. 1,5 km Länge die Hauptgeschäftsstraße der Stadt – und des Landes. Ihr fast schnurgerader Verlauf, etwas östlich der Talsohle, verweist auf die planmäßige Anlage von Windhoek. Mehrere Hochhäuser markieren das Stadtzentrum (Farbabb. 39). Sie geben Windhoek optisch wenigstens für die zentralen Quadratkilometer ein ›großstädtisches Gepräge‹. Zahlreiche Geschäfte mit einem hochwertigen Warenangebot deuten darauf hin, daß die Independence Avenue das führende Geschäftszentrum Namibias ist; derartig spezialisierte Einkaufsmöglichkeiten gibt es auf der äußerst dünn bevölkerten Westseite des südlichen Afrika erst wieder in Kapstadt, etwa 2000 km weiter südlich. Deshalb ist Windhoek meist Besuchs- und Einkaufsort für mehrere Tage, wo die ländliche Bevölkerung und die Bewohner der übrigen Zentren Verwandten- und Arztbesuche, Behördengänge und Einkäufe aller Art miteinander verbinden.

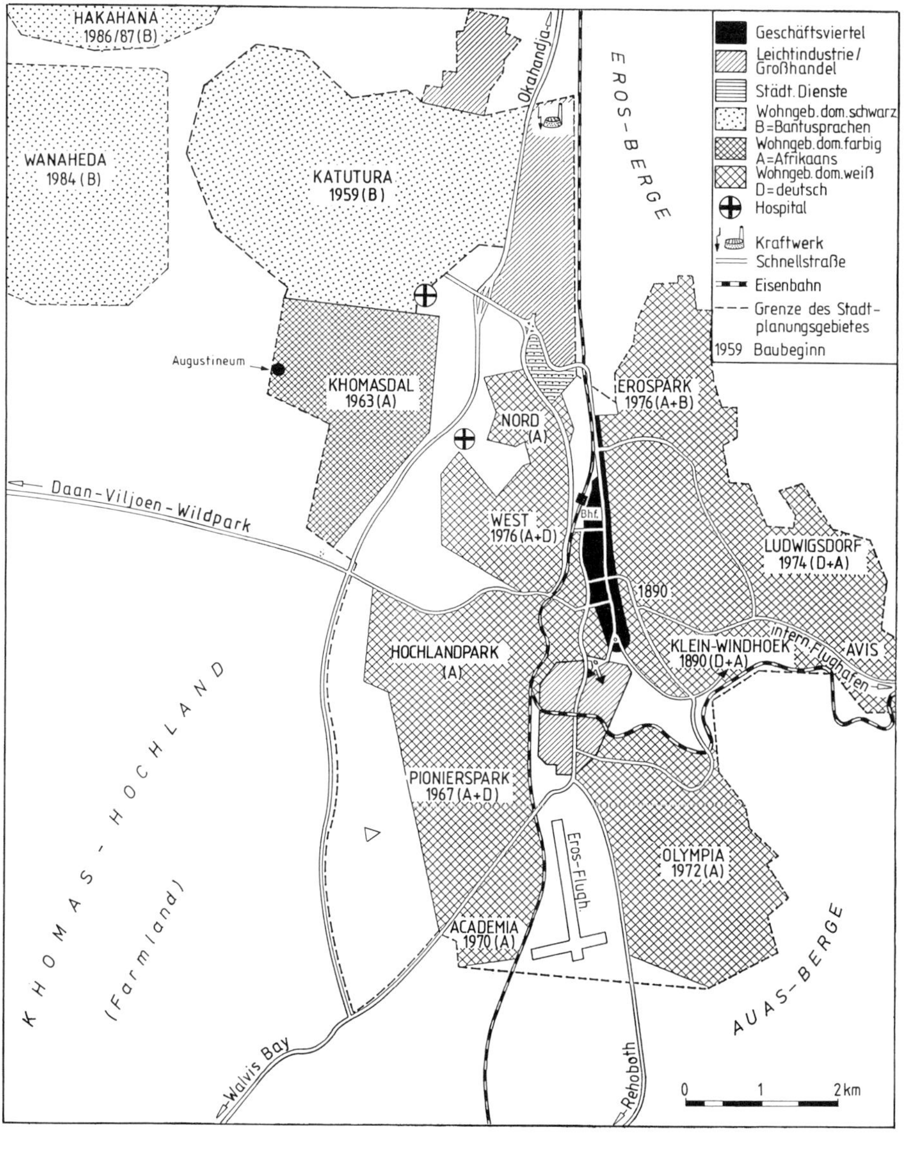

Gliederung des Stadtgebiets von Windhoek 1995

Auffallend für den deutschsprachigen Reisenden ist zunächst, daß viele Namen und Bezeichnungen außer in Afrikaans und Englisch auch in Deutsch erscheinen, obwohl Deutsch als Muttersprache amtlich nur von etwa 2 % der Einwohner Windhoeks gesprochen wird. Einige Kaufhäuser, Einzelhandelsgeschäfte und Handwerksbetriebe können ihren Ursprung bis in die deutsche Kolonialzeit zurückverfolgen und werden heute noch von deutschsprachigen Inhabern geführt. Woermann und Brock sowie Wecke und Voigts sind bekannte Kaufhäuser; letzteres hat einen stark frequentierten Supermarkt im Erdgeschoß. Auch mehrere Metzgereien, Feinkostgeschäfte, Bäckereien und Konditoreien, ferner Fotogeschäfte, Buchläden, Uhren- und Pelzgeschäfte (Swakara) sowie Juweliere tragen noch deutsche Namen.

Die **Levinson-** (früher: Hepworth-)**Passage** gegenüber der Post bildet nicht nur einen Durchgang zur Stübelstraße, sondern bietet auch Gelegenheit zum gemütlichen Verweilen in Cafés und Restaurants, die vor allem in der Mittagspause viel besucht sind. Neu ist die nahegelegene **Mall:** Sie entstand nach der Restaurierung des alten Hotelkomplexes Kaiserkrone (1917) als modernes Ladenzentrum und Treffpunkt. Die Stadtverwaltung tat damit einen weiteren Schritt in Richtung einer fußgängerfreundlichen Innenstadt mit einem Nebeneinander von historischen und modernen Ensembles. Weitere **Großprojekte** – die Old Mutual- und Sanlam-Hochhäuser, das Wernhill Park-Einkaufszentrum – sind Teile der neuen City, der u. a. das historische Hotel Großherzog (1896) weichen mußte. Metje & Ziegler (im gleichnamigen Hochhaus) ist als Ausrüster für Safaris bekannt. Schnellgaststätten, ›Take Aways‹, bieten dem eiligen Passanten eine Stärkung. Gemütlicher ist es in einem Biergarten bei einem Windhoeker Bier, etwa im Thüringer Hof (Ecke Independence Avenue/Bahnhofstraße), dessen Jägerstube vorzügliche Wildspezialitäten serviert.

Im Gegensatz zu den alten Geschäftshäusern im Kolonialstil des 19. Jahrhunderts, wie sie im mittleren Abschnitt der ehemaligen Kaiserstraße noch bestehen (Erkrath-Gebäude von 1910, Gatheman-Haus von 1913), zeigt das **Gustav Voigts Centre** im südlichen Abschnitt der Independence Avenue die übliche ›internationale‹ Architektur derartiger Komplexe. Ein Drei-Sterne-Hotel und exklusive Läden, über Rolltreppen zu erreichen und um einen Innenhof angelegt, bilden den Kern der Anlage, die auch das wichtigste ›Reisezentrum‹ der Stadt ist: Hier befindet sich ein Reisebüro und die von Reisenden häufig frequentierte Schreibwaren- und Zeitschriftenhandlung CNA (Central News Agency), gegenüber liegen ein Taxistand und der Air Terminal, die Ankunfts- und Abfahrtsstelle der Busse zum internationalen Flughafen sowie der Fernbusse nach Kapstadt, Johannesburg und Swakopmund. Im Eingang der Passage sitzen häufig im wilhelminischen Missionsstil gekleidete Herero-Frauen, die handgemachte Körbe und Puppen in alter Tracht verkaufen. Neu ist hier das Tourist Rendezvous Information Office.

Am ersten Samstag im Monat findet in der ›Mall‹ in der Nähe des **Meteoriten-Brunnens** ein beliebter **Straßenmarkt** (bis 13 Uhr geöffnet) statt, auf dem auch Souvenirs aufzustö-

Innenstadt von Windhoek ▷

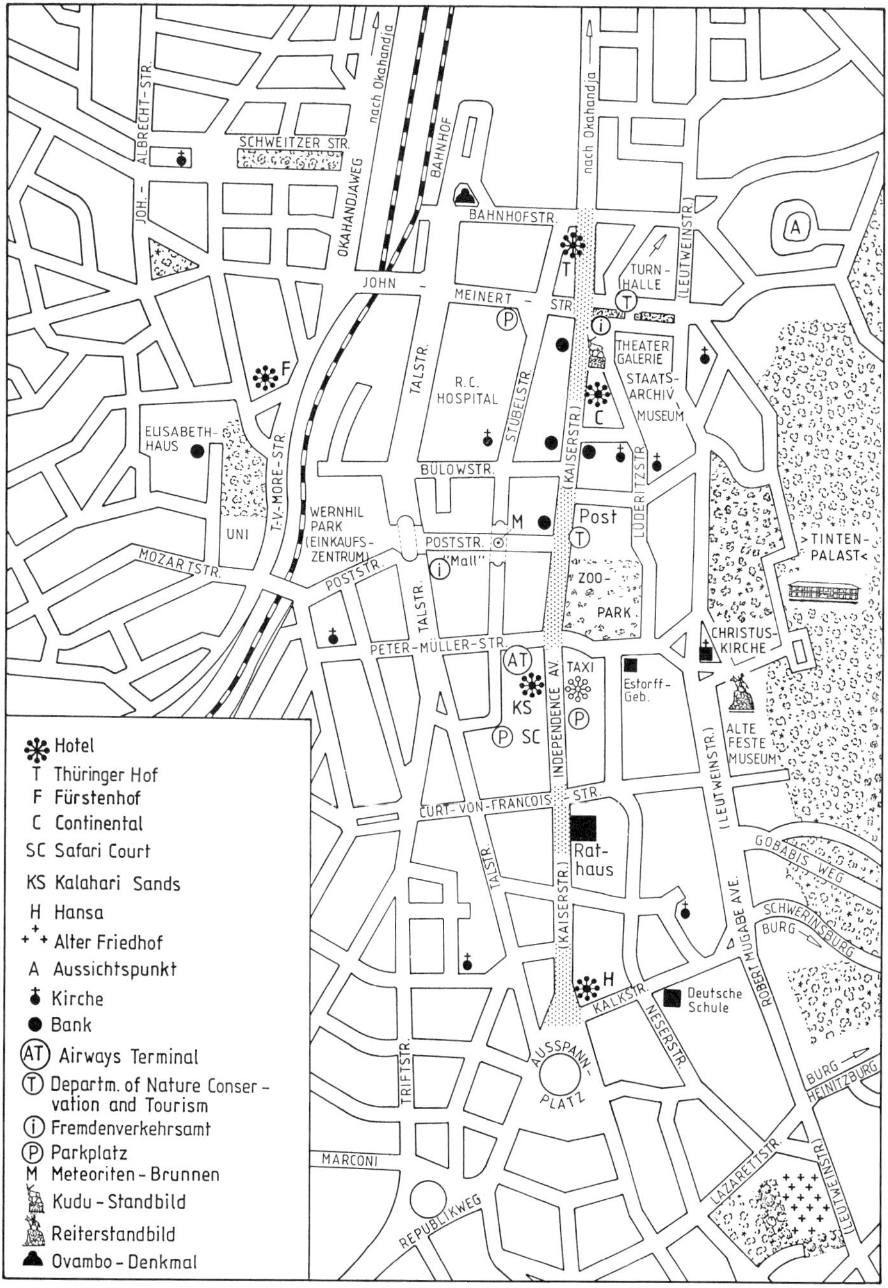

nach Okahandja
nach Okahandja
JOH.-ALBRECHT-STR.
SCHWEITZER STR.
OKAHANDJAWEG
BAHNHOF
BAHNHOFSTR.
(LEUTWEINSTR.)
A
T
TURN-
HALLE
JOHN - MEINERT - STR.
P
i
THEATER
GALERIE
STAATS-
ARCHIV
MUSEUM
C
F
TALSTR.
R.C.
HOSPITAL
STÜBELSTR.
(KAISERSTR.)
LÜDERITZSTR.
ELISABETH-
HAUS
T.-V.-MORE-STR.
BÜLOWSTR.
WERNHIL
PARK
(EINKAUFS-
ZENTRUM)
M
Post
T
POSTSTR.
"Mall"
i
UNI
MOZARTSTR.
POSTSTR.
>TINTEN-
PALAST<
ZOO-
PARK
TALSTR.
CHRISTUS-
KIRCHE
PETER-MÜLLER-STR.
AT
TAXI
Estorff-
Geb.
KS
INDEPENDENCE AV.
P
P
SC
ALTE
FESTE
MUSEUM
(LEUTWEINSTR.)
CURT-VON-FRANCOIS - STR.
Rat-
haus
TALSTR.
GOBABIS WEG
(KAISERSTR.)
ROBERT MUGABE AVE.
SCHWERINSBURG
BURG
H
KALKSTR.
Deutsche
Schule
NESERSTR.
TRIFTSTR.
AUSSPANN-
PLATZ
BURG
HEINITZBURG
MARCONI
LAZARETTSTR.
(LEUTWEINSTR.)
REPUBLIKWEG
Hotel
T Thüringer Hof
F Fürstenhof
C Continental
SC Safari Court
KS Kalahari Sands
H Hansa
Alter Friedhof
A Aussichtspunkt
Kirche
Bank
AT Airways Terminal
T Departm. of Nature Conser-
vation and Tourism
i Fremdenverkehrsamt
P Parkplatz
M Meteoriten-Brunnen
Kudu-Standbild
Reiterstandbild
Ovambo-Denkmal

bern sind. Dekorativ sind hier die 33 Meteoriten aus dem Raum Gibeon aufgestellt. Ihr Alter wird auf 600 Millionen Jahre geschätzt. Nähere Auskünfte erhält man im Informationsbüro/Verkehrsamt, Ground Floor Continental Building, Independence Avenue 272 (Öffnungszeiten: 8.30–16 Uhr). Schnitzarbeiten aus dem bekannten Kiaat-Holz *(Pterocarpus angolensis)* sowie Repliken von Jagd- und Gebrauchsgegenständen der San und der Bauernvölker des Nordens findet man in den zahlreichen Souvenirläden. Schnitzereien und andere Handwerksarbeiten aus den nördlichen Gebieten werden täglich auch in der Nähe des Taxistandes am Air Terminal und an weiteren belebten Stellen (u. a. Neues Rathaus, Craft Centre in der Talstreet, Bushman Art in der 187 Independence Avenue) offeriert. Besichtigung von Großbetrieben (Brauerei, Fleischwarenfabrik Hartlief) in der nördlichen Industriezone sind möglich.

Katutura – das andere Windhoek

Verläßt man Windhoek in nördlicher Richtung, so erreicht man am nordwestlichen Stadtrand den Vorort Katutura. Dieses dicht bebaute Viertel ist Ergebnis der Rassentrennungspolitik, die bis Ende der 70er Jahre Windhoek zu einer ›Apartheidstadt‹ werden ließ. Während die südlichen und zentralen Gebiete den Weißen vorbehalten waren, wurden nordwestlich vom Stadtkern in **Khomasdal** die Mischlinge, in Katutura die Schwarzen angesiedelt. Heute ist Katutura mit etwa 120000 Einwohnern der bevölkerungsreichste Stadtteil von Windhoek. Die Wohnsituation wird geprägt von den kleinen Standard-Einfamilienhäusern, wie sie die meisten ›Nicht-Weißen-Stadtteile‹ auch Südafrikas kennzeichnen. Inzwischen haben sie durch Anbauten für Zuzügler streckenweise den Charakter von Spontansiedlungen aus Holz, Wellblech und Pappe angenommen. Die Wohnsituation von Katutura wird bestimmt durch die Familiengrößen von durchschnittlich 8 Personen, in Extremfällen werden Belegungsstärken bis zu 30 Personen pro Haus festgestellt, so daß hier die Wohnsituation als Entwicklungsproblem sichtbar wird.

Eine ›Dritte Welt-Situation‹ besteht auch auf dem Arbeitsmarkt: da über Jahrzehnte davon ausgegangen wurde, daß die nichtweiße Bevölkerung im benachbarten Industriegebiet bzw. im Zentrum von Windhoek arbeitet, werden in dieser Vorstadt offiziell keine Arbeitsplätze geschaffen. Aufgrund der Nachfrage und der weitverbreiteten Armut kam es verstärkt in den letzten Jahren zur Entwicklung eines umfangreichen ›informellen Sektors‹. Straßenhandel, spontane Märkte, kleine Dienstleistungsbetriebe, Handel und Handwerk entwickelten sich außerhalb der gesetzlichen Kontrolle. Sie versorgen heute diese Wohnvorstadt, und es gibt Versuche, sie in die offiziellen Verwaltungs- und Förderstrukturen zu integrieren.

Wie weit die Armut in Katutura verbreitet ist, zeigt folgender Vergleich: das Jahreseinkommen der Haushalte im ›weißen‹ Windhoek lag Ende der 80er Jahre bei ca. 20000 Rand.

In Khomasdal bei ca. 11 000 Rand und in Katutura bei ca. 5000 Rand. Diese Armut ist sowohl das Ergebnis einer vorenthaltenen Ausbildung als auch fehlender formeller Arbeitsplätze. Verschärft wird sie durch das hohe natürliche Bevölkerungswachstum und die seit der Unabhängigkeit verstärkte Zuwanderung in die Stadt.

Neben dem ›informellen Sektor‹ nehmen daher Diebstahl, Prostitution und Korruption erschreckende Ausmaße an. Hier wird das Problem des Aufeinandertreffens von ›Erster Welt‹ und ›Dritter Welt‹ in den Städten des südlichen Afrika sichtbar, und es stellt sich die Frage, wie weit Windhoek mittelfristig zu einer ›Dritte Welt-Stadt‹ wird.

Seit Mitte der 80er Jahre entstand westlich Katutura ein Erweiterungsviertel **Wanaheda.** Doch reichte diese Stadterweiterung nicht aus, die starke Zuwanderung nach Windhoek abzufangen. **Hakahana** ist seit 1986/87 eine ›Dritte Welt-Siedlung‹ in Windhoek. Der Staat bemüht sich, diese Situation mit internationaler Hilfe und den städtischen Behörden zu verbessern.

Das historische Windhoek

Besucher, die ein Interesse an Stadtgeschichte und an historischen Bauten haben, können auf einem kleinen Rundgang (2–4 km) das Wichtigste besichtigen. Rundgang oder -fahrt lassen sich auch auf einen halben Tag (8–10 km) ausdehnen.

Ausgangspunkt für die Besichtigung des historischen Windhoek ist der Air Terminal in der südlichen Independence Avenue (gegenüber dem Gustav Voigts Centre). Der Weg führt Peter-Müller-Straße am restaurierten Estorff-Haus (1891) vorbei zur höher gelegenen Christuskirche und weiter zum benachbarten Regierungsgebäude (›Tintenpalast‹). Das **Ludwig-von-Estorff-Haus,** ein typisches Beispiel für ein Wohnhaus eines hohen Offiziers und Kolonialbeamten, ist mit seiner National-Bibliothek und Africana-Sammlung eine Fundgrube für Historiker (Öffnungszeiten: montags bis freitags 8–13 und 14–17 Uhr). Die evangelisch-lutherische **Christuskirche** gehört zu den bekanntesten Wahrzeichen von Windhoek (näheres vgl. S. 102). Schlüssel für Besichtigung und Turmbesteigung erhält man im Haus Peter-Müller-Straße 12 (✆ 22 42 94). Wenige Schritte oberhalb der Christuskirche liegen die alten und ein Teil der neuen Regierungsgebäude. Der ›**Tintenpalast**‹, der 1913 fertiggestellte Sitz der Kolonialverwaltung, ist ein weiteres Wahrzeichen von Windhoek. Durch den hübschen Garten erreicht man die **modernen Verwaltungsgebäude** der 60er Jahre mit beachtenswerten Wandmalereien sowie Reliefs aus Marmor, Holz, Kupfer und Halbedelsteinen (Voranmeldung erforderlich, ✆ 3 08 91 11). Diese Gebäude dienen als Regierungssitz und Tagungsstätte des Parlaments.

Unmittelbar südlich der Regierungsgebäude thront die ›**Alte Feste**‹. Sie wurde 1890 bis 1892 unter Hauptmann Curt von François angelegt und diente der deutschen ›Schutztruppe‹ als Kaserne und Kommandantur. Heute beherbergt sie das Historische Museum

(Öffnungszeiten montags bis freitags 9–18, samstags 10–12.45 und 15–18, sonn- und feiertags 11–12.30 und 15–18 Uhr). Das vor der Feste gelegene **Reiterdenkmal** (1910) mit dem ›Reiter von Südwest‹ erinnert auch an den Herero-Krieg (vgl. S. 89 ff.).

Die drei (bewohnten) ›Burgen‹ aus deutscher Zeit sind einen Umweg wert: Die **Schwerinsburg** (1910), die **Heynitzburg** (1914) und die **Sanderburg** (1917). Vorbilder für diese Adelssitze im ehemaligen Deutsch-Südwest waren Burgen am Mittelrhein, mit denen sich bis heute ›Deutschland-Romantik‹ verbindet. Von der Sanderburg, die sich der bekannte Architekt Sander erbaute, hat man einen guten Überblick über das Stadtzentrum und die südlichen Vororte (Besuch auf Anfrage). Der Weg läßt sich über die Robert Mugabe Ave. (Leutweinstr.) nach Süden fortsetzen zum alten **deutschen Friedhof.** Vorbei an historischen Wohnhäusern mit ihren Veranden und Gärten gelangt man zu einer Erinnerungsstätte an die deutsche Kolonialzeit, deren Grabstätten und -inschriften nachdenklich stimmen.

Über die Gartenstraße führt der Weg zurück Richtung Innenstadt zum **neuen Rathaus** mit seinen Springbrunnenanlagen und dem Denkmal des Stadtgründers Curt von François. Interessierte seien des weiteren auf das **Landesmuseum** (sehenswerte ethnographische und naturwissenschaftliche Sammlungen) und die **Bibliothek** der Südwestafrikanischen Wis-

Windhoek und Umgebung

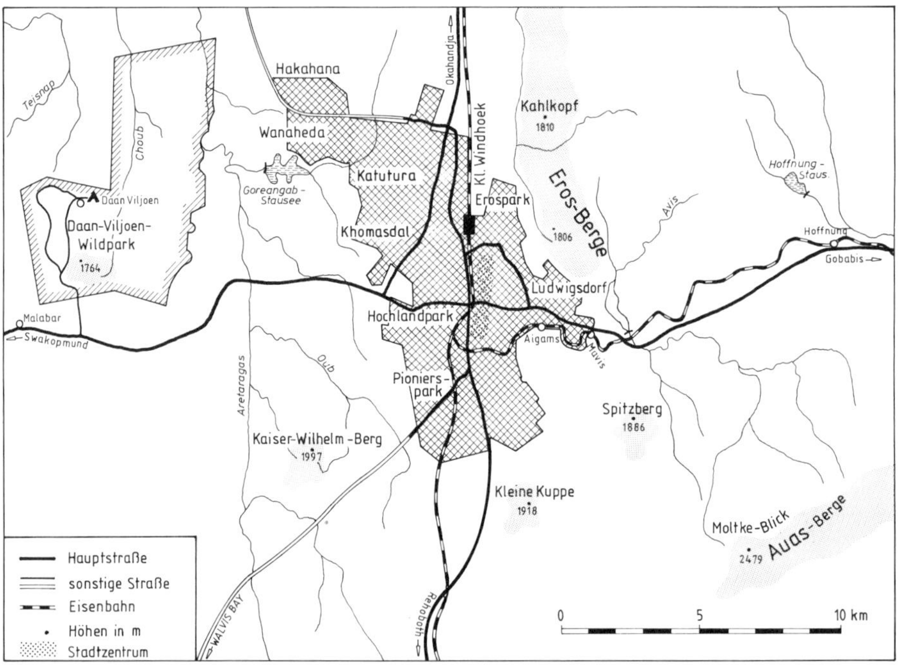

senschaftlichen Gesellschaft hingewiesen (mit vielen seltenen Büchern und Dokumenten über Südwestafrika/Namibia; montags bis samstags am Vormittag geöffnet). In unmittelbarer Nachbarschaft befindet sich das **National Theatre of Namibia** (Kartenvorverkauf ✆ 37966). Wenige Schritte von diesem entfernt, gleich um die Ecke in der Bahnhofstraße, liegt die alte **Turnhalle** von 1913 (Abb. 62), heute Sitzungssaal und Verwaltungsgebäude. Das **Alte Brauerei/Warehouse Theater** in der Talstraße bietet Kleinkunst. Musikveranstaltungen und Ausstellungen werden von zahlreichen Vereinigungen in der Main Gallery, wo bekannte Steinskulpturen von Dörte Berner und Töpfereien von Helen Sappala ausgestellt sind, angeboten (Veranstaltungsübersicht bei der Touristeninformation).

Einen hervorragenden **Blick über die Innenstadt** hat man von der Orban-Anderson-Straße oberhalb des ›Tintenpalasts‹. Sie ist vom Stadtzentrum aus in wenigen Autominuten zu erreichen. Der anschließende Fußweg (Hofmeyer Walk) dauert etwa 30 Minuten. Er lohnt sich für Fotografen insbesondere am späten Nachmittag, wenn die Silhouette der Innenstadt nach einem Regen klar gegen die Abendsonne absticht, oder am Morgen, wenn die Sonne von Osten her die Stadt beleuchtet.

Tages- und Wochenendfahrten ab Windhoek

Ausflugsfahrten im Nahbereich von Windhoek können zum **Goreangab-Stausee** im Nordwesten oder zum **Von-Bach-Stausee** unternommen werden (Angeln, Bootsfahrten, Wandern, Vogelbeobachtung; Grillplätze für Picknick). Reservierungen: Sand Rose African Explorer. P. O. Box 40263, ✆ 0 61/24 91 06, Fax 0 61/24 91 05.

Der Daan-Viljoen-Wildpark

Ein lohnender Tagesausflug ab Windhoek führt zum Daan-Viljoen-Wildpark, der 24 km westlich der Stadt im zerschnittenen Khomas-Hochland liegt, erreichbar auf einer guten Teerstraße. Er wurde 1962 auf Veranlassung des damaligen Administrators Viljoen zum Wildreservat erklärt und bietet die Möglichkeit, Pflanzen- und Tierwelt der Trockensavanne des Windhoeker Hochlandes in 1800 bis 2000 m Höhe kennenzulernen. Da hier keine gefährlichen Raubtiere vorkommen, kann man (auch auf einer ausgewiesenen Strecke von 5 km) auf Fußwegen die Standplätze von Antilopen wie Eland, Kudu, Gemsbock, Impala und Springbock ausmachen; auch Gnus, Zebras (Farbabb. 22), Strauße und Paviane leben hier. Der Park ist außerdem die Heimat von ca. 200 Vogelarten. Am Augeigas-Stausee, den schattige Trauerweiden säumen, liegt ein Touristenlager mit Rasthäusern, Campingplatz, Restaurant und Schwimmbad. Angelscheine, Informationsbroschüren über Vogel- und Pflanzenwelt sowie Hinweise über Tagesexkursionen der Wissenschaftlichen

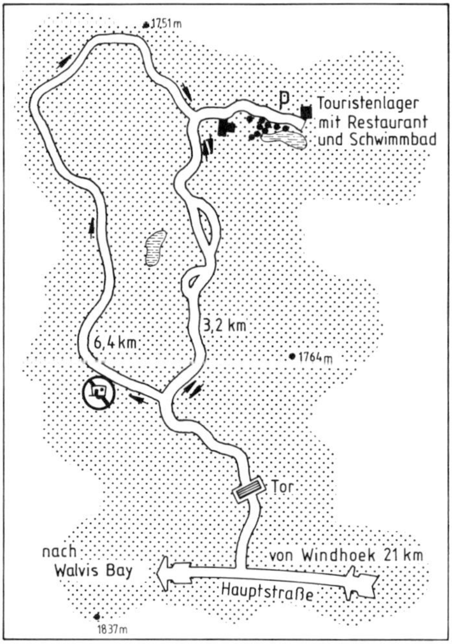

Daan-Viljoen-Wildpark

Gesellschaft ab Windhoek sind im Verwaltungsbüro erhältlich. Der Daan-Viljoen-Wildpark ist das ganze Jahr geöffnet; über Einlaßgebühren und Übernachtungsbuchungen informiert das Reservierungsbüro, ✆ 0 61/2 26 80 06, Windhoek.

Das Thermalbad Gross-Barmen

Das Thermalbad Gross-Barmen knapp 100 km nördlich von Windhoek wurde in den 70er Jahren großzügig zum Naherholungsort der Hauptstadt ausgebaut. Es eignet sich für einen Wochenendausflug oder für einige erholsame Tage vor oder nach der Reise durch Namibia. Der Ort, in der frühen Kolonialzeit als Otjikango bekannt, wurde 1844 durch Carl Hugo Hahn als eine der ersten Stationen der Rheinischen Mission gegründet. Zu welcher Bedeutung er gelangte, zeigen die häufigen Gespräche zwischen den Missionaren und dem Herero-Häuptling Maherero sowie den Nama-Führern Jonker Afrikaner und Hendrik Witbooi während der Krisenjahre der deutschen Kolonialherrschaft. Auch Besuche von Entdeckungsreisenden wie Francis Galton und Charles John Andersson sind bezeugt. Die Ruinen des Missionshauses, der Kirche (von 1871) und der alte Friedhof erinnern an diese Zeit.

Gross-Barmen ist heute Naherholungsort und Mineral-Thermalbad. Die bis 65° C heiße Thermalquelle hat einen hohen Gehalt an Fluoriden und Sulfiden, was sie geeignet macht für Kuren gegen Rheuma und ähnliche Leiden. Im überdachten Thermalbad hat das Wasser eine Temperatur von 40° C. Das Freibad ist ganzjährig, auch in der kühlen Trockenzeit, benutzbar. Massage- und Liegeeinrichtungen sind vorhanden; Privatbäder (sechs an der Zahl) können gegen Zusatzgebühr gebucht werden. Schwimmbad und überdachtes Thermalbad bilden den Kern der Freizeitanlage. Fußwege am Stausee mit seinen Palmen und Aloen sowie zu den Flußbetten von Swakop und Nebenflüssen dienen der Erholung.

Das Thermalbad ist ganzjährig geöffnet, jedoch nur für Übernachtungsgäste zugänglich. (Vorausbuchung beim Reservierungsbüro in Windhoek wird dringend empfohlen!)

Thermalbad Gross-Barmen ▷

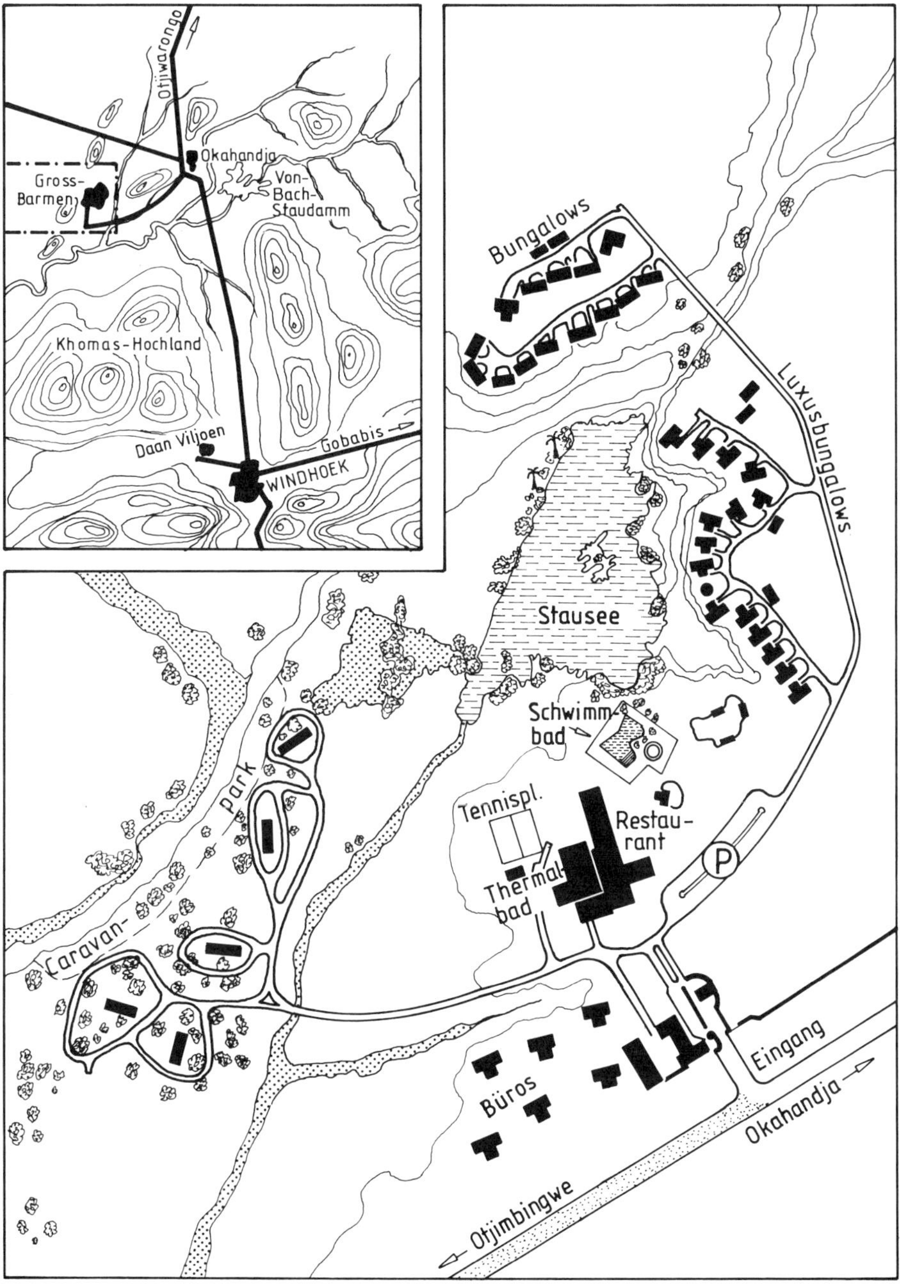
Otjiwarongo
Okahandja
Gross-Barmen
Von-Bach-Staudamm
Khomas-Hochland
Daan Viljoen
Gobabis
WINDHOEK
Bungalows
Luxusbungalows
Stausee
Schwimmbad
Tennispl.
Restaurant
P
Thermalbad
Caravan-park
Eingang
Büros
Okahandja
Otjimbingwe

Das Khomas-Hochland

Die Hochebene von Windhoek wird im Westen begrenzt durch das Khomas-Hochland. Es erstreckt sich mit nach Westen zunehmend zerschnittenen Hochflächen von durchschnittlich 2000 m Höhe bis an die Große Randstufe und fällt dort mit einem gewaltigen Gebirgsrand gegen die Namib-Wüste ab. Das uralte, gefaltete Grundgebirge des afrikanischen Sockels, das zu den ältesten Gesteinen der Erde zählt, tritt im Khomas-Hochland mit dunklen Glimmerschiefern sowie mit hellen Quarziten an die Oberfläche. Das Hochland ist ein bedeutender Quellknoten, wenn man diesen Ausdruck im trockenen Namibia überhaupt verwenden kann: In alle Richtungen haben sich Trockenflüsse tief eingeschnitten, u. a. der Swakop und der Kuiseb. Sie sammeln die seltenen, aber meist sehr starken und wirksamen Regenfälle des Hochlandes und ›kommen dann ab‹ (so charakterisiert man die episodische Wasserführung in Namibia), um mit gewaltigen Wassermassen nach Westen, Richtung Namib, zu strömen. Dort vertiefen sie die Canyons des östlichen Namib-Randes. Sehr selten gelangt sogar Wasser aus dem Khomas-Hochland bis an die Küste – ›Jahrhundert-Hochwasser‹, wie zuletzt 1986, als der Swakop ›abkam‹.

Das Khomas-Hochland mit seinem schütteren Graswuchs, seinen Dornenbüschen und lichtem Baumbestand in den Talungen ist eine typische Savannenlandschaft des zentralen Namibia, allerdings durch die Farmwirtschaft z. T. stark verändert. Mit zunehmender Zertalung Richtung Westen wird die Szenerie eindrucksvoller, können Fotografen und Landschaftsmaler Motive finden. Aufgrund der Höhenlage ist das Khomas-Hochland bioklimatisch gesünder als die Namib und auch die Windhoeker Hochebene. Neuzeitliche Farmwirtschaft setzte erst in den 30er Jahren ein, als die südwestafrikanische Administration den ca. 550 000 ha großen Block der ›Liebig-Gesellschaft‹ erwarb und aufteilte. Heute ist das Khomas-Hochland meist Durchgangsstrecke auf der Fahrt in die westliche Fremdenverkehrsregion, die Namib.

Erongo und Spitzkoppe

Eine Fahrt über ein ›langes Wochenende‹ führt zu den Gebirgsmassiven des Erongo und der Spitzkoppe. Zunächst folgt man der ›großen Straße‹ nach Norden bis **Okahandja,** einer etwa 70 km nördlich von Windhoek gelegenen Mittelstadt mit ca. 11 000 Einwohnern. Sie bildet das Handels- und Verwaltungszentrum einer alten Farm- und Weidewirtschaftszone und hat Teile ihres ›deutschen Erscheinungsbildes‹ bewahrt. Die Rheinische Missionsgesellschaft (vgl. S. 85) errichtete 1872 ein Steingebäude und 1876 eine Kirche in dem bereits lange Zeit vom Hirtenvolk der Herero besiedelten Gebiet. Neben dem ehemaligen Häuptlingskraal befinden sich die Gräber bedeutender Herero-Häuptlinge wie Maharero († 1890) und Clemens Kapuwo († 1978); auch der Nama-Führer Jonker Afrikaner († 1861) ist hier bestattet. Jedes Jahr am 26. August versammeln sich Tausende von Herero in Okahandja, um ihrer verstorbenen Führer zu gedenken. Die Frauen tragen dann ihre viktorianischen, auf die Missionszeit zurückgehenden Trachten (Farbabb. 25, 29), die Männer häufig traditionelle Uniformen, um ihren Status als Krieger zu betonen. Am Rande des Okahandja-Flusses laden schattenspendende alte Eukalypten zur Rast ein. Nahe Okahandja gibt es drei Gästefarmen: Bergquell, Okaturu und Okomitundu, Farmhaus im deutschen Kolonialstil, ideales Gelände für Mineraliensammler. ✆ 0 62 28/64 03, Fax 0 61/4 11 86. Das Von-Bach-Damm-Erholungsgebiet liegt ebenfalls in der Nähe (72 km nördlich von Windhoek und 3,5 km südlich von Okahandja). Es ist ein vorzüglicher Freizeitort für Wassersportler und Angler. Übernachtungsmöglichkeiten sind vorhanden.

Die Fahrt zum Erongo-Gebirge führt weiter nach Westen durch die Orte Karibib und Usakos. **Karibib,** ursprünglich ein Haltepunkt an der Bahnlinie Swakopmund-Windhoek, entwickelte sich zu einem kleinen Zentrum mit ca. 2000 Einwohnern. Von historischem Interesse sind der Bahnhof (1900), das Roesemann-Haus (1900) und die Christuskirche (1910). In letzterer sieht man Beispiele des bekannten ›Karibib-Marmors‹, der in den Marmor-Aragonit-Betrieben der Stadt verarbeitet wird. In der Umgebung finden sich auch Turmaline und andere Halbedelsteine, die in zahlreiche Länder exportiert werden; die Henckert Enterprises in Karibib bieten auf 500 m² Souvenirs und Produkte der Webschule in großer Auswahl an (P. O. Box 85, Karibib, ✆ 06 22 52/28, Fax 2 30).

In **Usakos** (ca. 3000 Einwohner) können vor der Fahrt zum Erongo-Gebirge Vorräte aufgefüllt werden. Die hier aufgestellte Lokomotive der alten Schmalspurbahn der Otavi-Minengesellschaft ist ein interessantes technisches Denkmal. Nach ca. 30 km auf einer

Das Fort von Okahandja vor dem Kaiser-Wilhelm-Berg; Gemälde von Ernst Vollbehr, um 1910

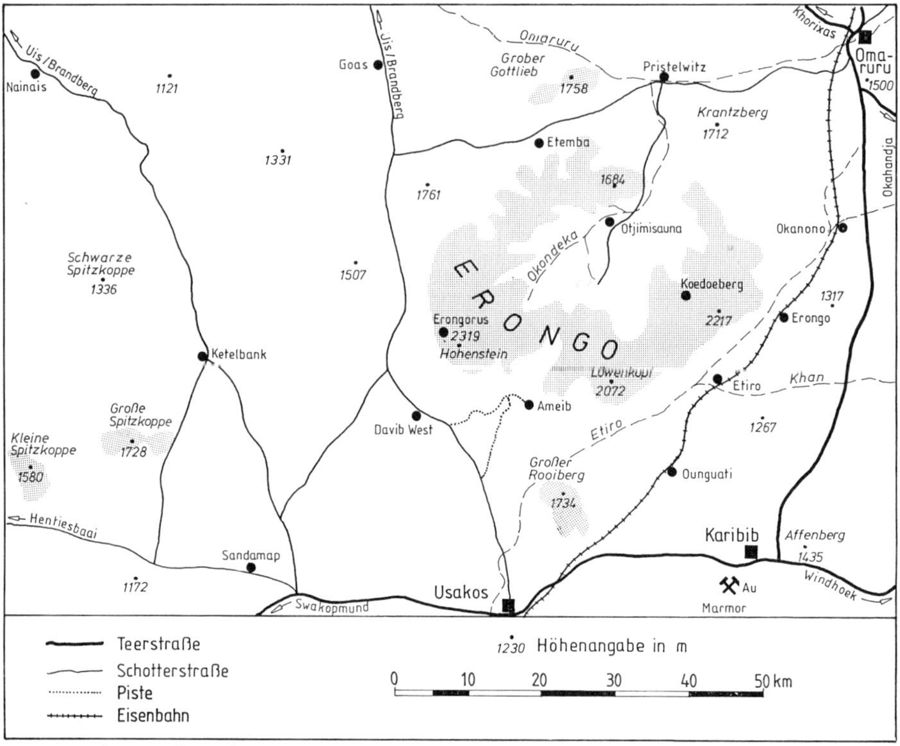

Erongo-Gebirge und Spitzkoppe

guten Schotterstraße erreicht man die Gästefarm **Ameib Ranch** am Südwestrand des Erongo. Auf ihrem Gelände sind die ersten der berühmten Erongo-Felsbilder zu besichtigen, so in der Philipps-Grotte (›Weißer Elefant‹), die durch den Prähistoriker Abbé Breuil weltbekannt wurde. Man erreicht sie nach einem Fußweg von etwa 45 Minuten. Der inmitten von Felsen gelegene Picknick-Platz ›Bull's Party‹ bietet etwas Schatten (Besuchszeiten täglich von 7.30 bis 17 Uhr).

Das **Erongo-Gebirge** wurde im Jahre 1911 durch den deutschen Geologen Hans Cloos und seine Schüler Hermann Korn und Henno Martin erforscht. Das isolierte Felsmassiv inmitten einer fast ebenen Umgebung faszinierte die Wissenschaftler sehr. Sie stellten fest, daß das Erongo Rest einer Ringintrusion ist, eines nicht bis an die Oberfläche vorgedrungenen ›Vulkanergusses‹ der Jura-Kreide-Zeit (vor ca. 140 bis 190 Millionen Jahren). Die Abtragung legte die Strukturen frei, eine elliptische Lavaschüssel (u. a. mit Basalten). Das Massiv ist ähnlich wie der Brandberg (vgl. S. 229 ff.) berühmt wegen seiner Felsmalereien. Sie werden durch die Straße von Tubussis nach Omaruru erschlossen. Auf den Farmen Etemba und Ekuta kann man bei einer Fußwanderung zahlreiche Felsüberhänge mit hervorragenden Zeichnungen bewundern (Philipp's Cave); ratsam ist die Leitung durch einen Führer von einer der Gästefarmen, besonders bei (sehr lohnenden!) mehrtägigen Aufenthalten.

Omaruru ist ein kleines regionales Zentrum (Bahnanschluß und kleiner Flugplatz) am Nordrand des Erongo-Massivs und Ausgangsort für Besuchsfahrten. Aus diesem ›Wasserknoten‹ wird das Omaruru-Rivier gespeist, das in der halbwüstenhaften Umgebung große Bedeutung für die Wasserversorgung hat. Im Herero-Krieg war Omaruru einer der wichtigsten Schauplätze. Der Franke-Turm und die römisch-katholische Missionsstation wurden 1907 erbaut; auch ein Museum erinnert an diese Zeit. In Omaruru stehen zwei Hotels, ein Camping-Caravan-Platz und drei Gästefarmen (in der Umgebung) zur Verfügung. Bekannt ist die Omaruru Game Lodge mit eigener Flugverbindung nach Windhoek, 15 km östlich von Omaruru.

Die Fahrt zur **Spitzkoppe** (1728 m, Farbabb. 2) führt von Usakos aus Richtung Nordwesten. Die bizarren Formen der Großen und der Kleinen Spitzkoppe, des ›Matterhorns von Südwest‹, lassen sich schon von weitem ausmachen. Als ›Inselgebirge‹ ragen sie markant aus den Randflächen der Namib bzw. des Hochlandes heraus. Wie das Erongo-Massiv sind sie durch eine Intrusion, durch das Eindringen quasi-vulkanischer Gesteine in den alten Sockel Afrikas, entstanden und wurden durch die Abtragung freigelegt zu einem

Felsbilder aus dem Erongo-Gebirge; oben aus Ameib, unten aus der Strey-Grotte

›Gebirge‹. Die klimaökologisch günstige Lage als Feuchtinsel im Trockenraum hat wie beim Brandberg-Massiv zu einer frühen Besiedlung geführt, von der zahlreiche Steinwerkzeuge und Felszeichnungen wie an der ›Nashornwand‹ oder im ›Buschmannparadies‹ Zeugnis ablegen. Die Tankstelle in Usakos gibt Informationen über den Zustand der Pisten und die Zugänglichkeit der prähistorischen Stätten. Die Kuiseb-Safaris (P. O. Box 372 Omaruru, ✆ 06 22 32, Fax 3 39) bieten Reit- und Fahrmöglichkeiten an!

Rehoboth – von der Missionsstation zur Mittelstadt

Etwa 90 km südlich von Windhoek an der Fernstraße nach Kapstadt liegt Rehoboth (ca. 25 000 E.), Zentrum des Siedlungsgebietes der Rehobother Baster (vgl. S. 79). Die 1811 von der Rheinischen Mission (s. Abb. S. 86) gegründete Station zur Christianisierung der Nama wurde nach kurzer Zeit wieder aufgegeben. 1870 erwarben Baster aus der Kapprovinz unter ihrem Leiter Johannes Hermanus van Wyk die Station und das umliegende Gebiet von den Swartbooi-Nama. Die weitläufige Stadt ist heute wirtschaftlicher und kultureller Mittelpunkt des Siedlungsgebietes dieser eigenständigen, traditionsbewußten Gruppe. Das **Rehoboth Museum** (neben der Post) gibt einen Überblick über die Kulturgeschichte und die Naturlandschaften der Region (Eintritt frei, geöffnet montags bis donnerstags 10–12, 14–16.30 Uhr, freitags 10–12, 14–16 Uhr, samstags 10–12 Uhr, sonntags geschlossen).

Gobabis – an den Rand der Kalahari

Die Fahrt von Windhoek nach **Gobabis** (ca. 220 km Teerstraße) führt in die größte Stadt des zentralen Ostens von Namibia (10 000 E.). Demnächst ist sie Ausgangsort für eine Fahrt auf dem Trans-Kalahari-Highway, der Namibia mit Botswana verbinden soll. Sie ist Zentrum eines bedeutenden Rinder- und Schafzuchtgebietes. Die Route bietet mehrere interessante ›Anlaufstellen‹: Bei km 20 zweigt bei **Kapp's Farm** eine Schotterstraße ab, die über Ekuja (120 km) nach Steinhausen führt, einem kleinen Farmzentrum. Die Fahrt lohnt sich besonders am Ende der Regenzeit im Februar/März, wenn die Akazien blühen. Bei km 36 liegt die **Landwirtschaftsschule Neudamm** mit einem Versuchsgut. Bei Omitara geht eine Piste nach Süden ab, auf der man, nach Überquerung der Eisenbahn zur **Farm Dorka** gelangt. Dort befindet sich eine der bekanntesten Karakul-Teppichwebereien des Landes. Sie steht an Wochentagen für Besucher offen; Aufträge nach Deutschland können geordert werden. Nur wenige Kilometer östlich von Dorbabis liegt die **Farm Ibenstein.** Auch sie betreibt eine Karakul-Teppichweberei, in der Besucher willkommen sind. In Kapp's Farm, Omitara und Witvlei gibt es kleine Hotels. Mehrere Gästefarmen können von der Hauptstraße aus erreicht werden. Interessant ist die Enungu-Clay-House-Lodge aus 80 000 Lehmziegeln, ✆ (06 28) 14 02, Fax (0 61) 22 41 84.

Der Westen: Küste und Namib Region

Verläßt man das Binnenhochland in Richtung Westen und hat man das Khomas-Hochland durchquert, so eröffnet sich von der Höhe des Gamsbergpasses (vgl. S. 172) ein faszinierendes Panorama: In der Mittagssonne liegt gleißend die vegetationslose, grau-weiße Fläche der Namib, die sich scheinbar endlos bis zum Atlantik fortsetzt. Erreicht man den Paß oder den Wüstenrand im Morgengrauen, so zeigt ein schwacher blau-grauer Schleier die Ausdehnung des Küstennebels an, dem das Leben an der Wüstenküste seine Existenz verdankt. Man kann morgens in Lüderitz oder Walvis Bay bei Kühle und triefender Nebelnässe erwachen, alle Sachen klamm, und sich gegen Mittag gegen eine sengende Sonne schützen müssen.

Der Wüstencharakter der Namib ist bedingt durch die Lage in der passatischen Trockenzone der Südhalbkugel und wird verstärkt durch die Wirkung des kalten Benguela-Stromes und des Auftriebwassers vor der Küste, was zur Verdunstung und zum Abregnen der feuchten Luftmassen bereits über See führt. Die Namib gehört zu den faszinierendsten Wüsten der Erde, sie bietet Szenerien, die zu den eindrucksvollsten in Afrika gehören: die z. T. gewaltigen, bis zu 300 m hohen Dünen der Erg-Landschaften insbesondere der mittleren Namib (›Längsdünen-Namib‹, die ›große Sandwüste‹), die ausgedehnten weiß-grauen Geröllflächen vom Serir-Typ in der nördlichen und der mittleren Namib, die eigenartige Landschaft der ›Wannen-Namib‹ – diese und weitere Attraktionen (Sandwich Harbour, 40 km südlich Walvis Bay) lassen sich im Namib Naukluft-Park, dem Touristenerholungsgebiet Westküste oder im Skelettküstenpark bewundern. Seltene Pflanzen haben sich durch ›Überlebensstrategien‹ der Wüste angepaßt: durch lederartige Blätter wie bei der *Welwitschia mirabilis* (vgl. S. 181), durch Temperatur- und Wasserschutzeinrichtungen, die gegen die Hitze des Tages abschirmen und die Feuchte der Nacht oder den morgendlichen Küstennebel nutzen. Außer einer Fülle von Kleintieren wie Sandgeckos, Sandeidechsen und der gefährlichen Sandviper gibt es in der nördlichen Namib auch Großtiere wie Elefanten, Nashörner und Giraffen. Sie wissen wie die Antilopen (Springböcke, Gemsböcke) oder die Strauße um die wenigen Wasserstellen und die nach episodischen Niederschlägen wachsenden nährreichen Gräser.

Der Mensch hat die Namib im zentralen Teil umgestaltet, punktuell mit verheerenden Folgen und mittlerweile auch flächenhaft bedrohlich. Häfen wie Walvis Bay, Lüderitz und vor 1915 auch Swakopmund, Bergwerke für Diamanten, Zinn oder Uran, Freizeiteinrichtungen und Pisten, erlebnishungrige ›Wüstentouristen‹ mit Allradfahrzeugen haben die Wüste ›erobert‹. Deshalb bemüht sich die Verwaltung von Wildparks und Erholungsstätten um Landschafts- und Naturschutz, zu dem jeder Reisende beitragen muß.

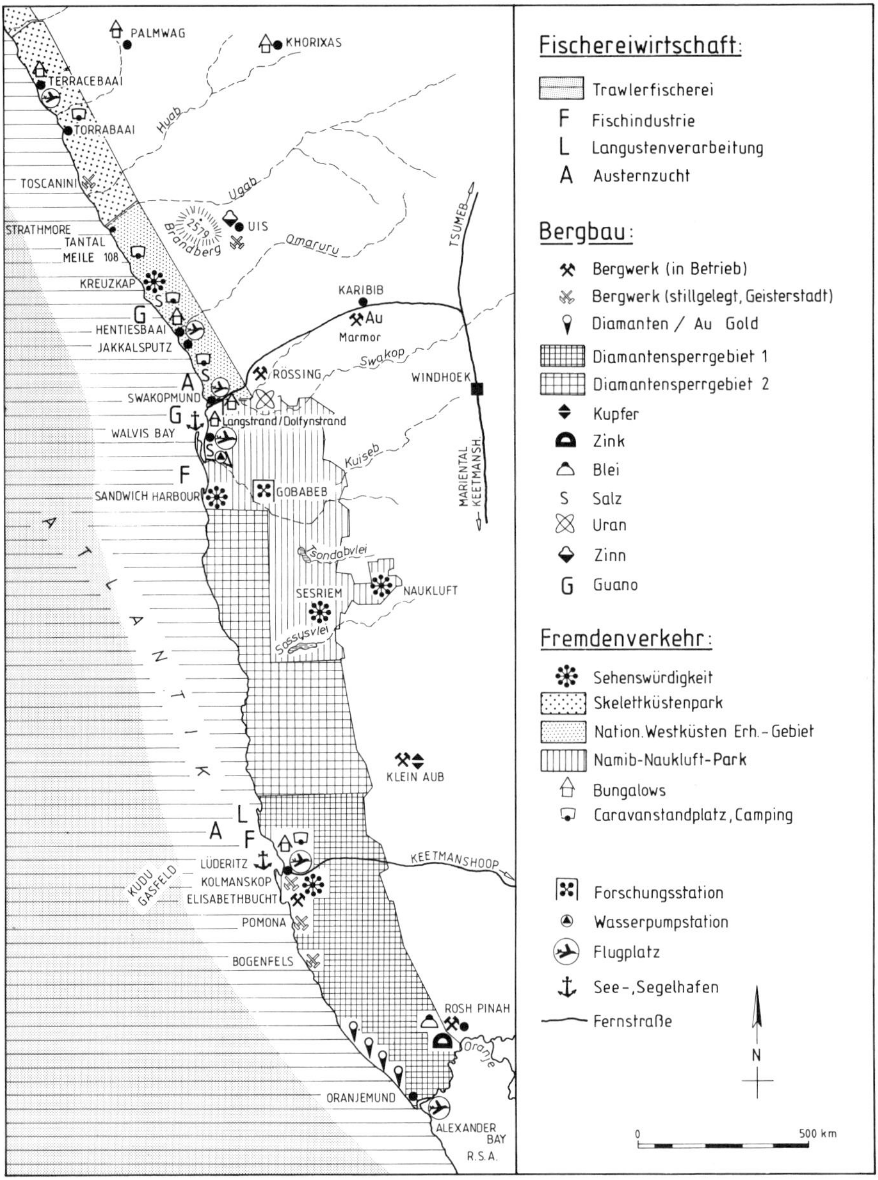

Wirtschaftliche Aktivitäten in der Namib

Brackwasserquelle in der Namib; Darstellung um 1890

Lüderitz im Süden der Namib erinnert an die deutsche Kolonialzeit, das Diamantenbergbaufieber, die Langustenfischerei, die bis heute neben dem Fremdenverkehr Wirtschaftsgrundlage der Stadt ist. Swakopmund in der mittleren Namib besitzt ebenfalls zahlreiche gut restaurierte Denkmäler der deutschen Kolonialzeit. Heute fungiert es als Seebad und als Wohn- und Versorgungszentrum für den Uranbergbau bei Rössing. Walvis Bay ist der wichtigste Hafen Namibias.

Routen von Windhoek zur Küste

Windhoek ist durch vier Routen (eine Teerstraße, drei Schotterstraßen) mit der Namib und der Küste des Atlantischen Ozeans verbunden. Die Nationalstraße, die schnellste Verbindung, führt über Okahandja, Karibib und Usakos nach Swakopmund. Die drei Schotterstraßen durchqueren westlich von Windhoek das Khomas-Hochland und dann den Namib-Naukluft-Park nach Swakopmund bzw. Walvis Bay (vgl. Karte S. 179).

Die Gamsberg-Route wird oft befahren. Sie ist mit normalen Fahrzeugen in beiden Richtungen gut zu bewältigen. Vom Zentrum Windhoeks aus durchquert man die südlichen Vororte und gelangt durch das immer stärker zerschnittene Farmhochland nach etwa 165 km zum **Gamsbergpaß**. Er ist der längste und höchste Paß Namibias. Hier bietet sich ein faszinierender Blick auf das Gamsberg-Massiv (2542 m), eine eindrucksvolle Hochplatte über der Großen Randstufe, und den Ostrand der Namib mit seinen Flächen, Canyons und Inselgebirgen. Weiter westlich, nach einem Abstieg von ca. 600 m, kommt man in den **Kuiseb-Canyon.** An der Kreuzung der Piste mit dem Canyon liegt ein schattiger Picknick- und Campingplatz. Einige Kilometer weiter folgt der Hinweis auf eine Aussichtsstelle, die einen Blick über den Canyon mit den schwarzen Schiefern des uralten afrikanischen Sockels und den jüngeren Kalktafeln freigibt. Die Straße führt durch öde Serir-Geröllflächen weiter nach Swakopmund. Interessierte können etwas abseits vom Wege bemerkenswerte Formen der Gesteinsverwitterung und des Flechtenlebens in der Wüste beobachten.

Die nördliche Route Windhoek – Namib – Swakopmund führt im Khomas-Hochland durch ein Gebiet von Viehfarmen, deren Ursprünge bis in die Kolonialzeit zurückreichen. **Neu-Heusis** mit einem Farmhaus aus dem Jahre 1908 wurde für den damaligen Direktor der Deutsch-Englischen Liebig-Gesellschaft erbaut. An der Piste liegt die François-Feste, die den Weg nach Windhoek sicherte. Die Piste verläuft auf der Wasserscheide zwischen Swakop und Kuiseb, in der Halbwüste des Hochlandrandes, durch ein Karakulschaf-Farmgebiet. Bei km 135 zweigt eine Straße ab nach **Otjimbingwe** im alten Herero-Land, einer der ältesten Stationen der Rheinischen Mission, gegründet 1849. Otjimbingwe entwickelte sich zur Missions- und Handelsstation am ›Baaiweg‹, der Route der Ochsengespanne von Walvis Bay ins Landesinnere. Mit dem wirtschaftlichen Aufstieg von Windhoek und dem Bau der Eisenbahn (1902) versank diese alte Transportachse in Bedeutungslosigkeit. In Otjimbingwe erinnern der Pulverturm (1872), die alte Kirche (1867) und einige Gräber an die deutsche Zeit. Von der Nordroute aus ist bei der Farm ›Anschluß‹ ein Abstecher zu den Farmen um Tsaobis im Swakop-Tal möglich. Sie verläuft dann weiter durch den Namib-Naukluft-Park und gibt einen Eindruck von den Kies- und Geröllflächen der mittleren Namib. Abzweige zu den ehemaligen Farmen Palmhorst und Goanikontes sind gut zu befahren.

Die dritte, wenig befahrene Route führt von Windhoek über den **Us-Paß** in die Namib und zur Küste. Der Abzweig Richtung Us-Paß erfolgt von der Gamsberg-Route bei km 38 ab Windhoek. Starke Steigungen und fehlende Unterhaltung der Piste machen die Fahrt beschwerlich, vor allem in West-Ost-Richtung.

Auf den obengenannten Pisten gibt es keine Tankstellen (letzte Tankstelle an der Naukluft-Route in Solitaire). Benzin, Speisen und Getränke müssen mitgenommen werden! Der Aufbruch in der Kühle des Morgens erleichtert die Anstrengung der jeweils etwa siebenstündigen Fahrt.

Swakopmund

Swakopmund (ca. 23000 Einwohner) ist das beliebteste Seebad Namibias, eine gepflegte Stadt zwischen Atlantik und Namib-Wüste, die jährlich von etwa 60000 Gästen besucht wird. Die kolonialzeitliche Gründung von 1892, einst ein kleiner Hafenort, stieg nach Abzug der Deutschen und Verlagerung der Hafenfunktion nach Walvis Bay zu einem Schul-, Rentner- und Fremdenverkehrsort auf. Ursache ist das gemäßigte Klima am kühlen Benguela-Strom, das insbesondere in den Sommermonaten November bis März (Saisonhöhepunkt: Dezember-Januar) als angenehm empfunden wird: Tagsüber bleibt es mild, die Nächte sind kühl-erfrischend. Die Temperatur des Meeres erreicht allerdings selten 22° C, zwischen April und September, im Winter der Südhalbkugel, beträgt sie im Mittel nur 13° C, so daß ein Hallenbad notwendig wurde; es hat olympische Maße.

Neben der Lage am Meer und den hübschen Parkanlagen machen die historischen Gebäude aus der deutschen Kolonialzeit den Reiz von Swakopmund aus (Abb. 28). Im Stadtkern zwischen der See, dem Trockental des Swakop und der Eisenbahn sind zahlreiche, meist gut restaurierte Gebäude des ausgehenden 19. und beginnenden 20. Jahrhunderts zu finden, die an eine deutsche Kleinstadt erinnern. Die rege Bautätigkeit dieser Zeit verdankt Swakopmund seiner ehemaligen Hafenfunktion. Da Walvis Bay, der einzige Naturhafen an der mittleren Küste, unter der Verwaltung der Kapprovinz und damit von Großbritannien stand, konnte es ab 1890 nicht mehr als Nachschubbasis für die deutschen Truppen benutzt werden. Für die wachsenden Exporte an Erz, für die erwarteten Siedler und für militärische Zwecke wurde deshalb 1903 in Swakopmund eine Mole in Betrieb genommen, die ein kleines, künstliches Hafenbecken schützte. Dieses nutzte einen kleinen Landeplatz, den von François 1892 an der Mündung des Swakop hatte anlegen lassen. Die Seeschiffe mußten auf offener Reede vor Anker gehen; Passagiere und Fracht wurden mit Brandungsbooten an Land gebracht, was wegen häufiger Stürme und Nebel oft schwierig war und zu vielen Schäden und Verlusten führte. Kurz vor Ausbruch des Ersten Weltkrieges wurde die eiserne

Straße in Swakopmund; Foto um 1910

Swakopmund 1992 ▷

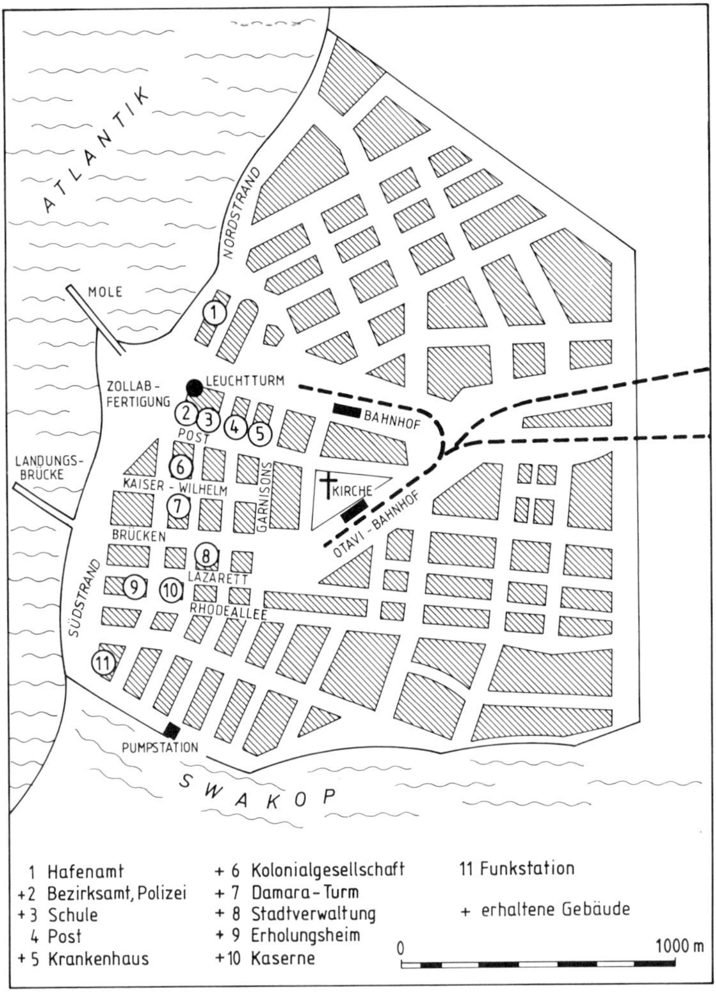

Swakopmund 1911

Landungsbrücke fertiggestellt (April 1914), bis heute ein Wahrzeichen von Swakopmund; sie verfügte über einen Schienenanschluß zur Schmalspurbahn nach Windhoek und in den Norden. Heute ist die renovierte ›Brücke‹ eine beliebte Promenade und ein Standort von Anglern.

Der **Leuchtturm** (1903/1911) gegenüber der alten Mole ist noch immer in Betrieb, obwohl der alte Hafen versandete. Die Bucht dient heute als Badeplatz, und die gesamten Hafenaktivitäten haben sich seit 1916 nach Walvis Bay verlagert. Nahe dem Leuchtturm steht das Gebäude des **alten Bezirksgerichts** (1905), das seit seinem Umbau (1920) als

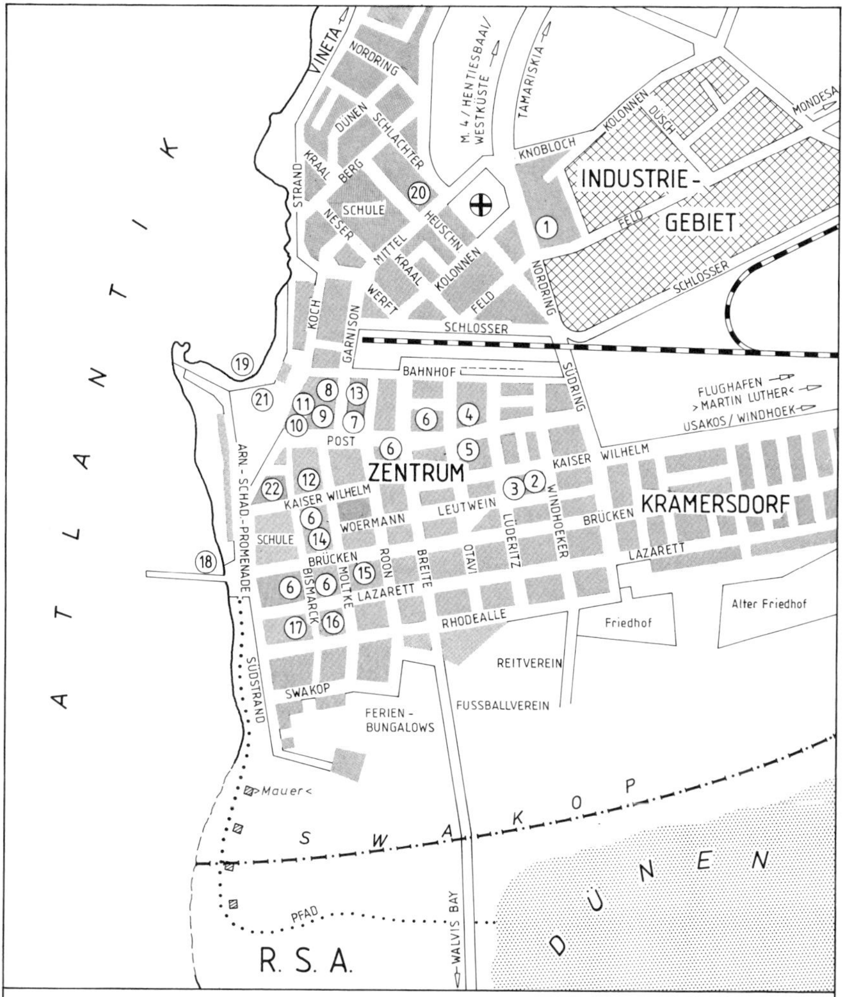

(1) Gefängnis
(2) O.M.E.G.-Haus
(3) Bahnhof (alte Staatsbahn)
(4) Deutsche Schule
(5) Deutsche ev. luth. Kirche
(6) Altes Wohnhaus
(7) Altes Postgebäude/Stadtverw.
(8) Altes Amtsgericht
(9) Marinedenkmal
(10) Kaiserliches Bezirksamt
(11) Leuchtturm
(12) Adlerapotheke
(13) Polizei
(14) Woermannhaus, (i)
(15) Hohenzollernhaus
(16) Alte Kaserne
(17) Prinzessin-Rupprecht-Heim
(18) Alte Landungsbrücke
(19) Mole
(20) Rhein. Missionsstation
(21) Museum, Hallenbad
(22) Naturschutzbehörde
⊕ Neues Staatshospital

0 — 1000 m

Sommerresidenz des Staatspräsidenten fungiert. Östlich des Gebäudes befindet sich im Park das **Marinedenkmal.** Es erinnert an die Gefallenen des Marine-Expeditionskorps während der Herero- und Nama-Kriege 1904–1907.

Entlang der Poststraße bis zur **Evangelisch-Lutherischen-Kirche** (1911; Farbabb. 37) und bis zum **Bahnhof** (1901; Abb. 27, seit 1994 modernes Hotel und Spielcasino) reihen sich mehrere historische Bauten wie die Schule, die Post und das Krankenhaus. Aus der Innenstadt ragt der Damara-Turm des **Woermann-Hauses** auf (1908, Besteigung zur Rundsicht über Swakopmund möglich; Schlüssel in der Bibliothek des Woermann-Hauses). Dieses repräsentative, 1903 bis 1904 errichtete Gebäude beherbergt die von Woermann gegründete Damara- und Namaqua-Handelsgesellschaft mit Sitz in Hamburg. Sie war seinerzeit die bedeutendste Import-Export-Gesellschaft in Südwestafrika (Abb. 26) und unterhielt seit 1903 mit der ›Woermann-Schiffahrts-Linie‹ einen Liniendienst zwischen Swakopmund/Lüderitz und Deutschland. Die Fahrt dauerte damals 30 Tage, während heute ein modernes Schiff den Ärmelkanal von Walvis Bay aus in zehn Tagen erreicht. Die Wohnung des Geschäftsführers und die Gästezimmer im restaurierten Woermann-Haus zeugen von Stil und Luxus. Außerdem befinden sich hier eine öffentliche Bibliothek und die Touristeninformation sowie im Obergeschoß die Galerie der Swakopmunder Kunstvereinigung und eine Malschule.

Weitere historische Gebäude im südlichen Stadtkern wie das Hohenzollernhaus (1905/06), das Prinzessin Rupprecht Heim (ehemaliges Hospital, heute Pension), die alte Kaserne (Pionierregiment, verantwortlich für den Eisenbahnbau und Landungsbrücke) oder Geschäftsgebäude (Apotheke) erinnern ebenso wie die breiten Straßen an den alten Plan, Swakopmund zu einem bedeutenden Seehafen und Handelsplatz auszubauen. Als altansässige Industriebetriebe blieben die Brauerei und die Gerberei erhalten. Der Uran-Tagebau in der Rössing-Mine, ca. 70 km östlich von Swakopmund, brachte in den 70er Jahren einen starken Bevölkerungszuzug, so daß neue, ansprechende Wohngebiete entstanden und neue Kaufkraft nach Swakopmund kam. Der Niedergang des Uranbergbaus 1990 ließ die Wirtschaftskraft jedoch wieder sinken. Neue Entwicklungsprojekte sind geplant.

Ein Stadtbummel sollte auch einen Besuch im erweiterten Swakopmunder **Museum** einschließen. Es steht an der Stelle des ehemaligen Zollschuppens, nahe bei Strand und Mole. Die Privatsammlung des Zahnarztes Dr. A. Weber bildet seinen Kern. Das Museum unterrichtet über die Ortsgeschichte sowie in großen Panoramen und Dioramen über Pflanzen- und Tierwelt der Küste und der Namib-Wüste. Sein Emil-Jensen-Herbarium umfaßt eine umfangreiche Sammlung von Pflanzen der Namib. Als Bildungs- und Lehrstätte wird das Museum jährlich von etwa 20 000 Personen besucht (Auskunft: Sekretariat, ✆ 26 95).

Die **Sam-Cohen-Bibliothek** neben dem historischen OMEG-Haus der Otavi-Minen- und Eisenbahngesellschaft in der Leutweinstraße (östlicher Teil des Stadtzentrums) ist eine wissenschaftliche Bibliothek mit über 6000 Bänden und einer großen Africana-Sammlung, auch alte Zeitungen ab 1898 und Dokumente über Swakopmund stehen zur Verfügung. Die Galerie des Kunstvereins im Woermann-Haus zeigt wechselnde Ausstellungen, die kleine Galerie ›Die Muschel‹ bietet Kunst aus Namibia zum Verkauf, ›Peter's Antiques‹

vermittelt mit seinen Antiquitäten etwas vom früheren Lebensstil der Stadt- und Farmbevölkerung. Bücher über Südwestafrika/Namibia und Postkarten findet man in der Swakopmunder Buchhandlung (Kaiser-Wilhelm-Straße), die Geschäfte im Stadtzentrum bieten ein reiches Angebot an Reiseausrüstung, Strandutensilien, Foto- und Filmmaterial sowie Andenken (Halbedelsteine, Schmuck). Besichtigungen der Hansabrauerei werden regelmäßig durchgeführt. In der Gerberei kann man die Herstellung der bekannten Schuhe aus Kudu-Leder (›Swakopmunder‹) und weiterer Lederwaren beobachten (beide Betriebe im Süden des Stadtzentrums). In der Knoblauchstraße, nahe dem alten Gefängnis, fertigt seit kurzem die Karakulla-Werkstatt Teppiche und Wandbehänge aus Karakul-Wolle. Ein Besuch der African Jewellers Goldschmiede Galerie in der Roonstraße (Hansa Hotel) ist ebenfalls empfehlenswert.

Die Parkanlagen des Stadtgartens und die Strandpromenade laden zum Entspannen ein. Palmen, Zypressen und Blumenbeete werden mit aufbereitetem Brauchwasser ganzjährig bewässert. Ein **Spaziergang am Strand** entlang bis zur Mündung des Swakop kann in Richtung Süden zu einer kleinen Wanderung von etwa zwei Stunden Dauer verlängert werden. Bis zur Vierkantklippe sind mehrere Stellen für Muschel- und Strandgutsammler interessant, kleine Tümpel mit Jungfischen locken Kinder zum Spielen an. Zwischen der Brandung des Atlantik und den Dünen der Namib kann man bis zur ›Mauer‹ weitergehen, den Pfeilern der 1931 weggespülten Eisenbahnbrücke. Ein Aufstieg auf eine der Dünen südlich des Swakop, an der Hauptstraße nach Walvis Bay, vermittelt ein schönes Panorama der Stadt zwischen Meer und Wüste. Vor der Wanderung sollte Auskunft bei der Touristeninformation eingeholt werden.

Verläßt man Swakopmund in nördlicher Richtung, so tauchen nach dem Vorort Vineta zunächst die Campingplätze bei Meile 4 und Meile 14 auf. In der Ferne sind schon die weißen Salzhalden auszumachen: In den **Salzpfannen** nördlich der Stadt werden bis zu 160 000 t Salz pro Jahr gewonnen und vorwiegend an die chemische Industrie Südafrikas verkauft. Die Gewinnung geht folgendermaßen vonstatten: In die künstlich angelegten, flachen Pfannen, die eine Fläche von 400 ha einnehmen, werden pro Tag etwa 18 Millionen Liter Seewasser gepumpt, die allmählich verdunsten. Ist ein Salzgehalt von 17 % erreicht, setzt sich Kalziumsulfat ab. Bei 25 % pumpt man die Lösung in die endgültige Verdunstungspfanne, wo Natriumchlorid auskristallisiert. Das Salz wird vom Boden der Pfanne gelöst, gewaschen und gereinigt; das Endprodukt hat einen Salzgehalt von 99,6 %.

Nach Spaziergang oder Wanderung steht ein reiches Angebot an Gaststätten zur Verfügung. Die Cafés, etwa an der Strandpromenade, bieten deutsche Kuchen, die zahlreichen Restaurants je nach Jahreszeit unterschiedliche Fischgerichte. Ein Hansa-Bier löscht den Durst. Vereine und Firmen führen (vor allem in der Saison) ein reiches Veranstaltungsprogramm durch: Reiterverein, Tennisverein, Yachtclub, Kunstvereinigung, Tagesausflüge in die Wüste, Fallschirmspringen, Hochseefischerei. Auf Anfrage kann die Stadtverwaltung Auskunft geben über Kurse in Töpferei, Batik und Zubereitung von Meeresfrüchten. Auf Wunsch werden Führungen zur Pflanzen- und Tierwelt veranstaltet. Nähere Auskünfte bei der Namib I(nformation) im Woermann Haus.

Der Namib-Naukluft-Park

Mit fast 50000 km² Fläche ist der Namib-Naukluft-Park das größte Naturschutzgebiet Namibias und eines der größten der Welt. Er besteht aus vier Teilen: dem Namib-Teil zwischen dem Kuiseb- und dem Swakop-Rivier; dem Naukluft-Park; dem Gebiet Sesriem und Sossusvlei; dem Gebiet um Sandwich Harbour. Ausgangsorte für einen Besuch sind die ›Küstenoasen‹ Swakopmund und Walvis Bay.

Für den Namib-Teil ist bei einer Durchreise auf den Hauptstraßen kein Erlaubnisschein (Permit) notwendig. Will man allerdings die beschilderten Touristenwege befahren oder auf einem der Campingplätze übernachten, muß man bei der Naturschutzbehörde in Windhoek oder in Swakopmund ein Permit für den Eintritt erwerben und eine Lagergebühr bezahlen. Für die Naukluft besteht eine Anmelde- und Reservierungspflicht in Windhoek, da die Zahl der Besucher beschränkt ist, dasselbe gilt für Übernachtungen in Sesriem. Tagesausflüge nach Sesriem und Sossusvlei sind hingegen zwischen Sonnenauf- und Sonnenuntergang ohne weitere Formalitäten möglich. Sandwich Harbour kann nur tagsüber an Wochentagen mit einem Zugangsschein, erhältlich bei Tankstellen in Walvis Bay oder Swakopmund, besucht werden (nähere Auskünfte bei der Touristeninformation).

Der Namib-Naukluft-Park bietet faszinierende Halbwüsten- und Wüstenlandschaften. Südlich des Kuiseb bis über das Sossusvlei hinaus hat er Anteil an der Dünen-Namib, einem der größten Sanddünengebiete der Erde mit über 300 m hohen Längsdünen. Nach Osten zu, gegen die Große Randstufe, liegen die gleißenden Kies-Geröllflächen der Flächen-Namib. Aus ihr ragen inselartig Gebirgsstöcke auf, die ein herrliches, je nach Einfall des Sonnenlichtes wechselndes Farbenspektrum zeigen. Nach den seltenen Regen im Randstufenbereich ist die ›Wüste‹ von einem Flor weitständiger Büschelgräser bedeckt, die Wild von weither anlocken. Blumen erscheinen dann innerhalb weniger Stunden. Das bis zu 2000 m aufragende Naukluft-Massiv thront wie eine Gebirgsfestung vor dem Hochlandrand; seine grandiose Wüsten- und Halbwüsten-Gebirgslandschaft ist durch einen Rundwanderweg erschlossen. Der Küstensaum gehört mit seiner an die Nebelfeuchte angepaßten Pflanzenwelt zu den einzigartigen Küstenzonen der Erde.

Der Namib-Teil des Namib-Naukluft-Parks

Der Namib-Teil des Namib-Naukluft-Parks zwischen dem Atlantik im Westen und der Großen Randstufe, dem Anstieg zum Hochland im Osten, zwischen dem Kuiseb bzw. der Grenze des Diamantensperrgebietes im Süden und dem Swakop im Norden sollte von keinem Namibia-Reisenden versäumt werden. Schon bei der Anfahrt von Windhoek aus (vgl. S. 171 f.), die meist über den Gamsbergpaß erfolgt, bietet sich ein überwältigendes

Namib-Teil des Namib-Naukluft-Parks ▷

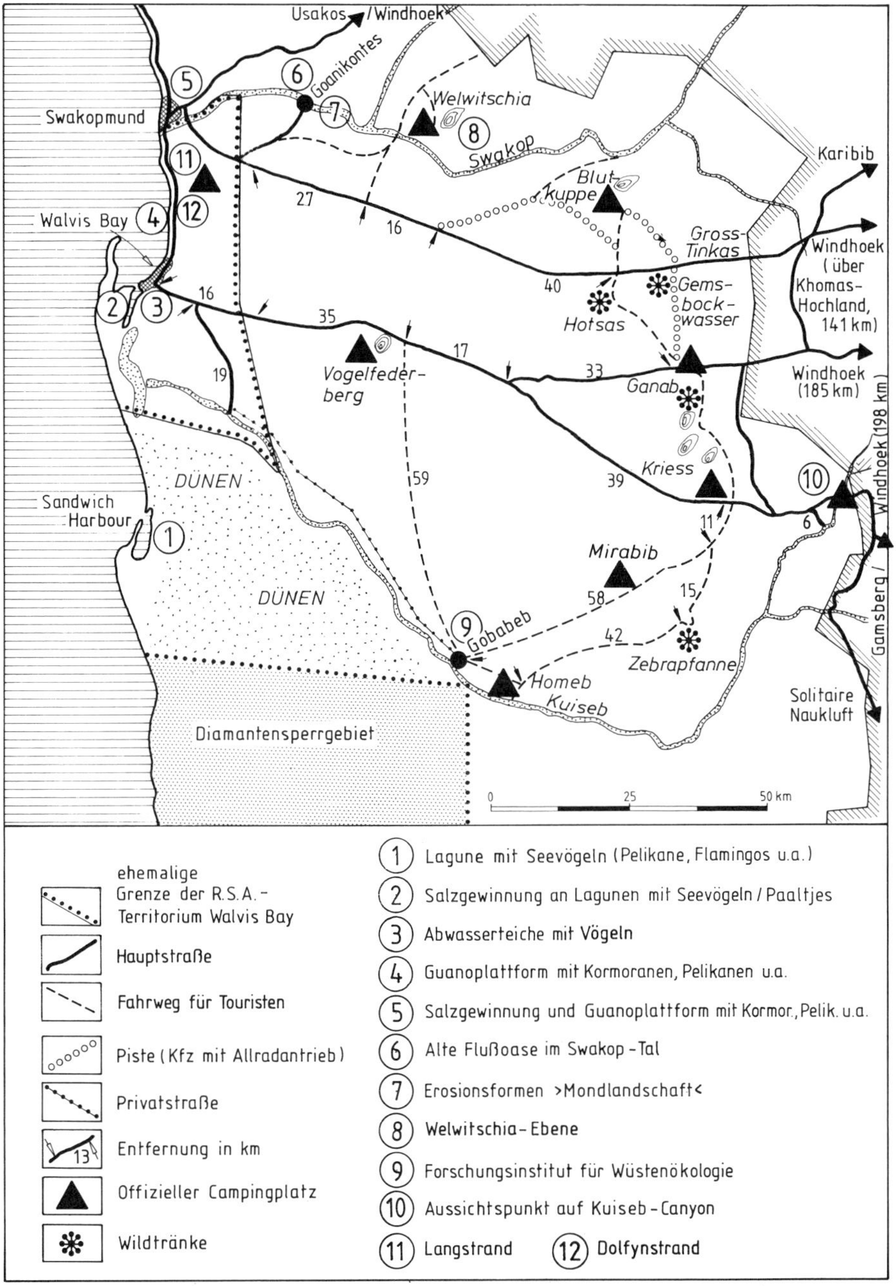
Usakos
Windhoek
Goanikontes
Welwitschia
Swakopmund
Swakop
Karibib
Blutkuppe
27
16
Walvis Bay
Gross-Tinkas
Windhoek (über Khomas-Hochland, 141 km)
16
40
Gemsbockwasser
Hotsas
35
17
Vogelfederberg
33
Ganab
Windhoek (185 km)
19
Windhoek (198 km)
DÜNEN
59
Kriess
39
Sandwich Harbour
11
6
Mirabib
DÜNEN
58
15
Gamsberg
Gobabeb
42
Zebrapfanne
Homeb
Kuiseb
Solitaire Naukluft
Diamantensperrgebiet
0
25
50 km
ehemalige Grenze der R.S.A. - Territorium Walvis Bay
Hauptstraße
Fahrweg für Touristen
Piste (Kfz mit Allradantrieb)
Privatstraße
Entfernung in km
13
Offizieller Campingplatz
Wildtränke
1 Lagune mit Seevögeln (Pelikane, Flamingos u.a.)
2 Salzgewinnung an Lagunen mit Seevögeln / Paaltjes
3 Abwasserteiche mit Vögeln
4 Guanoplattform mit Kormoranen, Pelikanen u.a.
5 Salzgewinnung und Guanoplattform mit Kormor., Pelik. u.a.
6 Alte Flußoase im Swakop-Tal
7 Erosionsformen >Mondlandschaft<
8 Welwitschia-Ebene
9 Forschungsinstitut für Wüstenökologie
10 Aussichtspunkt auf Kuiseb-Canyon
11 Langstrand
12 Dolfynstrand

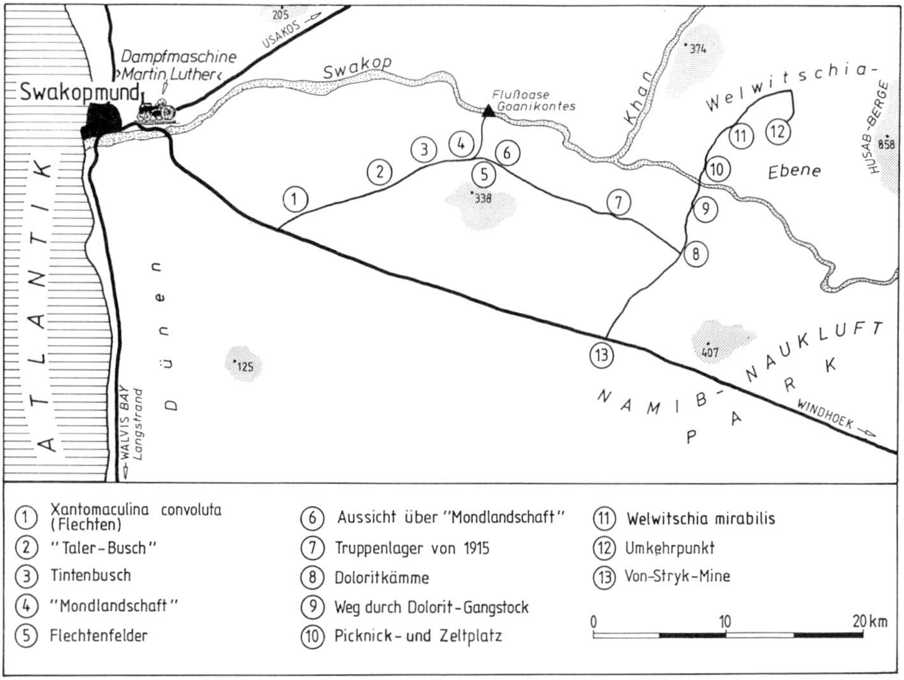

Umgebung von Swakopmund

Panorama der Wüstenflächen und ihrer Inselgebirge. Der Aussichtspunkt über dem Kuiseb-Canyon, der einen Einblick in die Erd- und Landschaftsgeschichte Namibias gewährt, liegt nur 6 km von der Hauptstraße entfernt (vgl. S. 172). Auf der Strecke nach Walvis Bay oder Swakopmund ›erfährt‹ man unterschiedliche Wüstentypen. Die beiden Küstenstädte, insbesondere Swakopmund, eignen sich für ein- und mehrtägige Entdeckungsfahrten in die Wüste.

Eine Halbtagestour von Swakopmund folgt der geteerten Hauptstraße Richtung Usakos-Windhoek. Schon nach wenigen Kilometern steht am Stadtrand ›**Martin Luther**‹: ein Dampftraktor der Maschinenfabrik Dehne/Halberstadt aus dem Jahre 1896. Er sollte Frachtwagen der ›Schutztruppe‹ auf Sandpisten befördern, doch blieb das 14 t schwere Fahrzeug bereits nach wenigen Fahrten in der Nähe des heutigen Standorts stecken. Seinen Namen trägt er wegen der Assoziation an Luthers Wort »Hier stehe ich, ich kann nicht anders«.

Wenige Kilometer östlich zweigen von der Teerstraße Fahrwege ab zu den **Milchfarmen am Swakop,** die die Stadt mit Frischmilch und Molkereiprodukten versorgen. Sie nutzen den Grundwasserstrom des Swakop für Futtermittelanbau und kaufen zudem Futter aus

Südafrika zu. Eine Farm bietet Kamelritte am Nachmittag an (Auskunft: ✆ 0 61 41/3 63, Swakopmund). Wenige Kilometer weiter liegt hoch über dem Trockenbett des Swakop die **Burg Nonidas**, eine ehemalige Kaiserliche Zollstation (12 km von Swakopmund). Es war ein Burghotel sowie Café-Restaurant mit einer gemütlichen Kneipe. In der Nähe die gleichnamige Bahnstation (Abb. 30).

Auf der Südseite des Swakop lassen sich über gute Schotterstraßen und Touristenwege eindrucksvolle Sehenswürdigkeiten der Namib-Wüste erreichen, wie die alte Flußoase Goanikontes im canyonartigen Tal des Swakop (vgl. S. 182). Bereits auf der Fahrt dorthin kann man die ›Mondlandschaft‹ an den Talseiten des Swakop bewundern. Die Weltwitschia-Ebene gehört zu den wichtigsten Touristenattraktionen der mittleren Namib, da hier die weltbekannten *Weltwitschia mirabilis*-Pflanzen für Touristen am besten zugänglich sind. Diese Ziele um die Blutkuppe können mit normalem Pkw (und etwas Fahrgeschick) erreicht werden. Fahrten nach Groß-Tinkas sollten nur mit einem allradbetriebenen Fahrzeug unternommen werden. Wer diese Wüstentouren nicht alleine durchführen möchte, kann sich einer Gruppe anschließen (Reiseunternehmen in Swakopmund und Walvis Bay).

Die Pflanzenwelt der Namib hat sich den extremen Lebensbedingungen durch äußerst kleinen Wuchs wie bei den ›Lebenden Steinen‹ (*Lithops*-Arten), durch Wasserspeicherung im Stamm wie bei den Wolfsmilchgewächsen oder durch spezielle Organe zur Nutzung der nächtlichen Nebelfeuchte und des Tauwassers angepaßt. Eine einzigartige Wüstenpflanze ist die *Welwitschia mirabilis,* die ›wundersame Welwitschia‹ (Farbabb. 10; vgl. S. 40). Diese Pflanze findet sich weltweit nur in einem 40 bis 120 km breiten Küstenstreifen der Namib-Wüste zwischen Walvis Bay und Mocamedes in Süd-Angola. Ihren Namen trägt sie nach dem österreichischen Botaniker Welwitsch, der sie 1859 beschrieb und klassifizierte. Lange Zeit verursachten die ›Überlebensstrategie‹ dieser Pflanzen und das Alter der Exemplare Aufsehen. Sie werden als ›lebende Fossilien‹ bezeichnet, weil sie 500–600 Jahre, in Einzelfällen sogar bis 2000 Jahre alt werden können. Die Frage der Wasserversorgung in der extremen Wüste konnte der südwestafrikanische Botaniker Giess klären: Es sind nicht unendlich lange, bis ins Grundwasser reichende Pfahlwurzeln, die die Pflanze versorgen. Sie deckt ihren Feuchtigkeitsbedarf vielmehr über ihre langen, olivgrünen, lederartigen Blätter, deren Enden vom Wüstenwind meist zerfranst sind. An ihnen kondensiert in der Nacht Feuchtigkeit, die über ein feines, nur ca. 1 m in den Boden reichendes Wurzelsystem aufgenommen

Beachten Sie, daß alle Pflanzen und Tiere in der Namib unter Naturschutz stehen! Die Ökosysteme der Wüste sind sehr empfindlich, und Fahrten außerhalb der beschilderten Touristenwege werden streng bestraft, da schon die Verdichtung des Bodens durch Autoreifen Pflanzen und Kleintierwelt in ihrem natürlichen Haushalt schädigt!

wird. Bei Vernichtung der Blätter gehen die Pflanzen rasch ein. Nach Regenfällen nutzt die Welwitschia natürlich oberflächennahes Wasser.

Der spärliche Pflanzenwuchs, meist weitständige Horstgräser, läßt bei Dürre im Hochland oder bei plötzlichen Regenfällen in der Wüste auch Großtiere wie Oryx-Antilopen, Zebras, Strauße und Springböcke in die Namib kommen. Die Naturschutzbehörden haben Wildtränken eingerichtet, an denen man das Wild in Ruhe beobachten kann. Wer die Wüste, die Tierwelt und den Sternenhimmel intensiv erleben will, sollte unbedingt auf einem der offiziellen Campingplätze im Park übernachten; man muß dafür eine Reservierung vornehmen sowie Feuerholz und Wasser mitnehmen. Die Fels- und Gebirgswüste läßt sich eindrucksvoll an der **Blutkuppe** erleben: Sie trägt ihren Namen aufgrund von Felsformationen, die je nach Lichteinfall blutenden Wunden gleichen. Auf dieser ›Abenteuerroute‹ im Nordosten des Parks sieht man bei **Klein-Tinkas** die Ruinen eines deutschen Polizeipostens und nahebei zwei Gräber aus der Kolonialzeit. Die ›Mondlandschaft‹ mit den Glimmerschiefern, Graniten und hellen Deckschichten des Swakop-Tales, vegetationslosen, steilen Felspartien, Kuppen und Rücken ist durch die zerschneidende Kraft der seltenen Starkregen in der Wüste entstanden. Eine Fahrt in die Oase **Goanikontes** im canyonartigen Tal des Swakop ist zu empfehlen (44 km von Swakopmund auf guter Schotterstraße). Abenteuerlich ist die Atmosphäre auf dieser ehemaligen Farm, einem alten Polizeiposten am Baaiweg nach Windhoek (freies Zelten, Grillplätze; Trinkwasser und Feuerholz mitbringen!). Ein Erlebnis ist der Besuch des Uran-Tagebaus in **Rössing** (Abb. 53–55). Freitags finden von Swakopmund aus Halbtagsfahrten zum 70 km östlich der Stadt gelegenen Bergbauzentrum statt. Unter sachkundiger Führung werden der Tagebau sowie die Bergbausiedlung Arandis besichtigt.

Walvis Bay und Sandwich Harbour

Walvis Bay und Sandwich Harbour sind weitere Besuchsziele an der Küste der mittleren Namib. Walvis Bay ist von Swakopmund aus auf einer 35 km langen Teerstraße, die zwischen Küste und Dünen verläuft, schnell zu erreichen. Eine ca. 700 m lange Autobrücke überspannt den Lauf des Swakop, der selten fließt, dann aber verheerend stark ›abkommen‹ kann. Südlich der Brücke betritt man das Gebiet der ehemaligen südafrikanischen Enklave Walvis Bay. An der Landstraße sind Halteplätze ausgewiesen, von denen aus man zum Angeln an die Küste oder zu einer kurzen Dünenwanderung aufbrechen kann. Etwa 10 km vor Walvis Bay liegt eine künstliche Insel im Atlantik, eine 1500 m^2 große **Guanoplattform**, die zwischen 1932 und 1939 errichtet wurde. Sie bietet Ruhe- und Nistplätze für Zehntausende von Seevögeln wie Kormorane und Pelikane. Hier werden jährlich ca. 900 t Vogelkot gewonnen und als Guano-Naturdünger exportiert (eine ähnliche Anlage besteht nördlich von Swakopmund). Am Langstrand zwischen Swakopmund und Walvis Bay ist ein Ausflugszentrum mit Meerwasser-Hallenbad, Grillplätzen und Badestrand entstanden;

Walvis Bay ▷

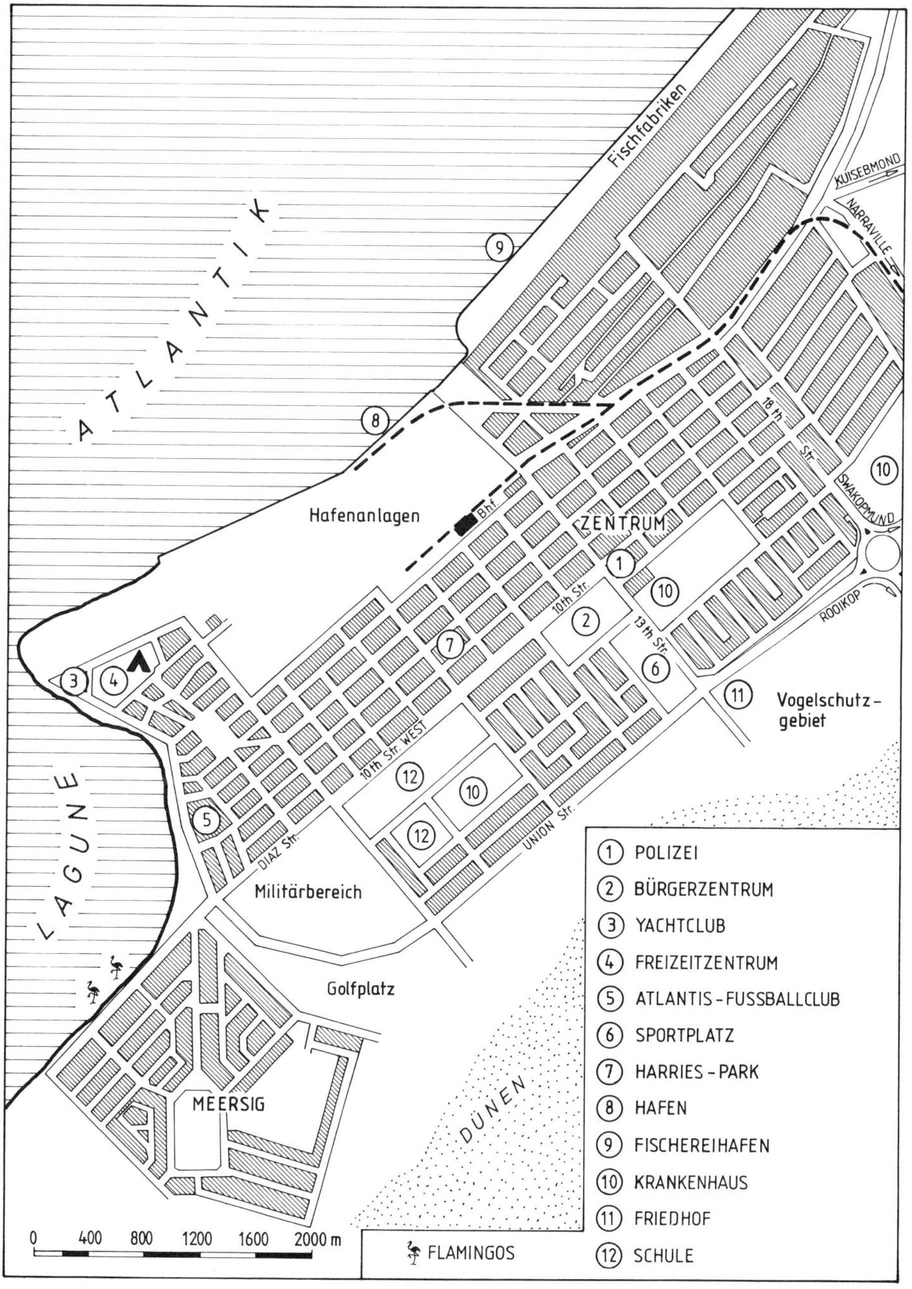

ATLANTIK
LAGUNE
Fischfabriken
KUISEBMOND
NARRAVILLE
SWAKOPMUND
ROOIKOP
Hafenanlagen
Bhf.
ZENTRUM
18 th Str.
10th Str.
13 th Str.
10 th Str. WEST
DIAZ Str.
UNION Str.
Vogelschutz-
gebiet
Militärbereich
Golfplatz
MEERSIG
DÜNEN
0
400
800
1200
1600
2000 m
FLAMINGOS
1 POLIZEI
2 BÜRGERZENTRUM
3 YACHTCLUB
4 FREIZEITZENTRUM
5 ATLANTIS-FUSSBALLCLUB
6 SPORTPLATZ
7 HARRIES-PARK
8 HAFEN
9 FISCHEREIHAFEN
10 KRANKENHAUS
11 FRIEDHOF
12 SCHULE

Walvis Bay um 1890

auch ein Wohnwagenpark sowie eine Ferienhauskolonie sind vorhanden (Dolphin Recreation Park).

Der Naturhafen der Walvis Bay (Walvisbaai, Walfischbucht) wurde 1487 vom portugiesischen Seefahrer Bartholomëu Diaz auf seiner Reise um Afrika ›entdeckt‹ und diente später als Anlegeplatz für Fischerei- und Walfangschiffe. 1878 besetzten die Engländer von der Kapkolonie aus die Bucht und statteten sie mit einer kleinen Station aus. 1910 wurde die Enklave Teil der Südafrikanischen Union; nach dem Ersten Weltkrieg verwaltete man sie aus praktischen Gründen von Windhoek aus als Teil des Mandatsgebietes. Erst 1977 wurden die Hafenstadt und ihr Umland wieder Teil der Kapprovinz. Am 1. März 1994 wurde die gesamte Exklave wieder von Windhoek aus regiert. Die RSA verzichtete nach langen Verhandlungen auf ihre Rechte.

Heute ist der **Hafen** von Walvis Bay infolge des schnellen Umschlags der Container- und der Roll on/Roll off-Schiffe meist leer. Die Stagnation des Warenverkehrs zeigt die wirtschaftliche Situation Namibias. Kupferbarren und andere Erze sowie einige wenige Importgüter sind am Pier zu sehen. Im Fischereihafen herrscht nach dem spektakulären Rückgang der Fänge in den 80er Jahren wieder Betrieb (vgl. S. 142). Die Fischindustrie (Konserven, Fischmehl, Fischöl) ist unübersehbar – und vor allem auch zu riechen. In der Fangsaison (März bis August) sind hier bis zu 6000 Wanderarbeiter aus Nord-Namibia beschäftigt. Ein Permit zur Besichtigung des Hafens erhält man gegen Vorlage des Personalausweises bei der Bahnpolizei am Hafeneingang (13th Street).

33–35 San (›Buschmänner‹) aus der Kalahari

36 Himba-Frauen aus dem Kaokoveld ▷

◁ 32 Essenstand auf dem Markt von Katutura, der schwarzen Wohnstadt von Windhoek

37 Nama-Frau aus Tses mit Felldecke

38 Mbukushu-Medizinmann aus Ost-Caprivi

39 Fwe-Mann aus Ost-Caprivi

40 Kwambi-Frau aus dem Ovambo-Land

41 Mbunza-Mädchen (Okavango) mit Fischreusen

42 Kwangali-Frau (Okavango) bei der Herstellung einer Reuse

43 Netzfischerei im Ovambo-Land nach einer guten Regenzeit

44 Im Kavango-Land

45 Buschmann-Mutter mit Kind

46 Buschmann-Gruppe, vom Hunger gezeichnet

47 und 48 Kavango-Land: Das Herdfeuer ist das soziale Zentrum der Gemeinschaft

49 Nyemba-Töpferin (Kavango)

50 Damara-Mutter und Kind aus Tses

51 Frauen auf der Farm Hurisib bei Grootfontein

52 Essenstand auf dem Markt von Katutura

53 und 54 Uran-Tagebau der Rössing-Mine östlich von Swakopmund

55 Rössing-Mine, Teil der metallurgischen Anlage

56 Diamantenabbau der DeBeers Consolidated Mines bei Oranjemund

57 Rinderfarm am Rand der Namib

58 Schule im Ovambo-Land

59 Kleinbäuerliche Rinderhaltung im Ovambo-Land

60 Beratung in der Rössing-Stiftung

61 Opuwo im Kaokoveld

63 Luftaufnahme von Windhoek (Blick von Westen; in der Mitte rechts das Stadtzentrum) ▷

62 Die ›Turnhalle‹ in Windhoek

64 Auf dem Markt von Katutura

Wie schon die Straßennumerierung zeigt, handelt es sich bei Walvis Bay um eine einheitlich geplante Stadt, eine Industrieoase in der Wüste. Entsprechend den alten südafrikanischen Gesetzen ist sie noch ›nach Rassen‹ gegliedert: Im Stadtkern und in den südlichen Wohngebieten leben die Weißen, im Norden im Vorort Naraville die ›Farbigen‹ oder Mischlinge, im Vorort Kuisebmond, am Rand der Namib-Dünen, die ›Schwarzen‹ – Bild einer ›Apartheidstadt‹, wenn auch inzwischen eine gewisse Mobilität eingesetzt hat.

Im Stadtzentrum gibt es hübsche Parkanlagen und einen gut ausgebauten Campingplatz in der Nähe der **Lagune**. Diese ist die Hauptattraktion von Walvis Bay, da sich von der Uferpromenade aus ausgezeichnete Möglichkeiten für die Beobachtung von Flamingos und Pelikanen ergeben. In Trockenjahren leben hier bis zu 20000 Flamingos! Im Bereich der Lagune wurden ca. 50 weitere Vogelarten nachgewiesen, darunter ornithologische Raritäten wie die Küsten- und die Damara-Seeschwalbe. Ein Teil der Lagune ist dem Wassersport vorbehalten; vom Lokal des Yachtclubs aus bietet sich ein exzellenter Blick. Am östlichen Stadtrand (Hinweisschilder) liegt an den Abwasserteichen ein weiteres Vogelparadies. Hier versickert aufbereitetes Nutzwasser in den Dünen; kleine Teiche mit einer dichten Ufervegetation sind Standorte von See- und Süßwasservögeln.

Am Flughafen Rooikop und Düne 7 (16 km) vorbei führt eine Sandpiste nach **Rooibank** am Kuiseb-Rivier (19 km), heute Standort einer modernen Wassergewinnungsanlage. Eine Gedenktafel und mächtige Palmen erinnern an die 1845 von der Rheinischen Mission (Missionar Scheppmann) gegründete Station. Auf alten Karten findet man noch die Bezeichnung Scheppmannsdorf, ergänzt durch den Zusatz »Freundliche Niederlassung und Tor zum Hererolande«. Handelsschiffe und Fischereifahrzeuge suchten im 19. Jahrhundert die Walfischbucht auf und nutzten die Brunnen des Kuiseb-Wadi zur Auffrischung ihrer Trinkwasservorräte. Heute wird aus dem Grundwasserstrom des Kuiseb an einer Granitschwelle (Rooibank = rote Bank) Wasser gewonnen zur Versorgung der Städte Walvis Bay und Swakopmund sowie des Rössing-Uranbergwerkes – ein ökologisch riskantes Unternehmen, das bereits heftige Diskussionen über die Auswirkungen der Wasserstandsschwankungen auf die Ufervegetation des Kuiseb zur Folge hatte. Nara-Kürbisse (vgl. S. 40) werden alljährlich im Dezember von den Nachkommen der Topnaar-Nama gesammelt und zu Trockenobst verarbeitet. So wie die Kultur der letzten Topnaar um Rooibank durch ›Zivilisation‹ untergeht, so sind auch die vom Grundwasser abhängigen Nara-Pflanzen durch den Eingriff der Technik bedroht. Eine Fahrt zum unteren Kuiseb am Nachmittag oder frühen Abend läßt die Dünen des großen Namib-Erg, der südlich des Kuiseb beginnt, in rötlichem Licht erscheinen – ein reizvolles Bild, wenn davor das lichte Grün im Trockenbett des Kuiseb sichtbar ist.

Von Walvis Bay aus läßt sich **Sandwich Harbour** mit einem allradgetriebenen Fahrzeug gut erreichen (keine Übernachtung möglich; sonntags geschlossen; Zugangsscheine bei Tankstellen in Walvis Bay und Swakopmund). Diesen herrlichen Ausflug für Angler (vom 25. 1.–15. 4. Angelverbot) und Naturfreunde beginnt man am besten schon frühmorgens. Man muß auf den Fahrspuren bleiben und darf nicht in die Salzfelder fahren! Während der Laichzeit des Kabeljaus (Januar/Februar) ist Angeln verboten. Wer Sandwich Harbour nicht besuchen möchte, kann nahe den Salzgewinnungsanlagen 3 km weit zur Küste nach Paaltjies (Navigationszeichen von Berufsfischern) fahren, einer weiteren beliebten Anglerstelle (Zufahrt ohne Permit auf guter Sandpiste). Drei weitere ›Paaltjies‹ liegen weiter südlich und sind nur mit einem Allrad-Fahrzeug zu erreichen.

Sesriem und Sossusvlei

Am Ostrand des mittleren Parkabschnittes liegen zwei bedeutende Natursehenswürdigkeiten der mittleren Namib: die Schlucht von Sesriem (Farbabb. 15) und die abflußlose Pfanne des Sossusvlei inmitten der höchsten Namib-Dünen (Farbabb. 11). Abseits der Haupttouristenroute gelegen und nur mit begrenzten Übernachtungsmöglichkeiten versehen (Zeltplatz in Sesriem mit beschränkter Besucherzahl; vgl. S. 292) bleibt diese Gegend ein ›Geheimtip‹ für Reisende, die Zeit haben.

Von Windhoek aus erfolgt die Anfahrt durch das Khomas-Hochland Richtung Gamsbergpaß. Nach 120 km erreicht man die kleine Ortschaft Nauchas südlich des Passes. Die Fahrt geht weiter über den Remhoogte-Paß (90 km), bis man auf eine gute Schotterstraße trifft. Nach 13 km in Richtung Nordwesten folgt Solitaire (Tankstelle), von wo ein Weg nach Süden in Richtung Maltahöhe führt. Nach 75 km ist ein Abzweig nach Westen, Richtung Sesriem, gekennzeichnet. In Sesriem gibt es einen Zeltplatz, von dem aus man auch als Tagestour den Sesriem-Canyon bzw. das Sossusvlei erreichen kann. Die 63 km lange Piste vom Sesriem-Camp bis zum Anfang des Vlei ist mit normalen Pkws befahrbar, das letzte Stück (4 km) bis zur Pfanne aber nur für allradgetriebene Fahrzeuge zugelassen. Vom Pkw-Parkplatz aus lassen sich die hohen Sanddünen jedoch zu Fuß leicht erreichen. Auch der etwa einstündige Fußmarsch zum Sossusvlei ist äußerst eindrucksvoll, muß aber sehr früh unternommen werden, da der Rückweg in der gleißenden Sonne und der Hitze des späten Vormittags eine Strapaze bedeutet.

Die vom Naukluft-Gebirge in die Namib entwässernden Flüsse entwickeln während der episodischen Starkregen eine gewaltige Erosionskraft. So hat das Bett des Tsauchab bei Sesriem eine anfangs nur 2 m, später etwa 5 m breite Klamm von ca. 30 m Tiefe in die Sand-, Kies- und Konglomeratschichten des Namib-Randes gegraben, den **Sesriem-Canyon.** Der Name ›Sesriem‹ ergab sich daraus, daß frühe Reisende ›sechs Riemen‹ ihrer Ochsengespanne aneinanderknoten mußten, um das Wasser vom Klammboden emporholen zu können. Der Schutz der Schlucht und die Feuchte des Flußbetts lassen etwas Vegetation aufkommen, die Vögel und Wild anlockt. So ist dieses kleine Ökotop ein wichtiger Gunstraum in der kargen Halbwüste des Namib-Randes.

Der bei Sesriem aus der Gebirgsfußzone kommende Tsauchab hat ein Bett weiter westlich vorangetrieben, in die Dünen des Namib-Erg hinein. Nur sehr selten aber erreicht er das **Sossusvlei,** die abflußlose Pfanne inmitten der höchsten, bis über 300 m aufragenden Namib-Dünen. Diese umschließen die Senke fast vollständig, und es ist äußerst eindrucks-

Naukluft und Umgebung ▷

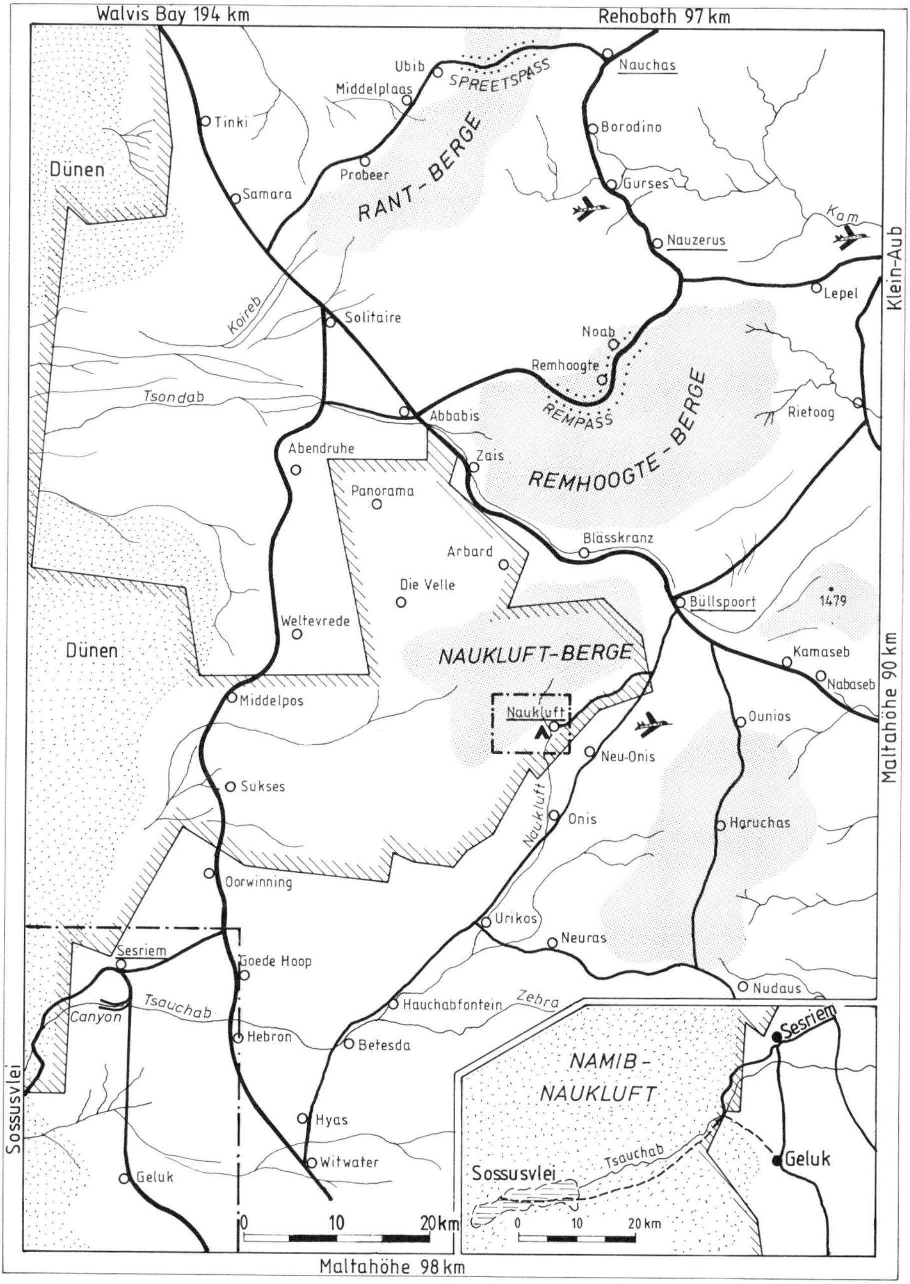

Walvis Bay 194 km
Rehoboth 97 km
Maltahöhe 98 km
Maltahöhe 90 km
Klein-Aub
Sossusvlei
Dünen
Dünen
Tinki
Samara
Ubib
Middelplaas
SPREETSPASS
Probeer
RANT-BERGE
Nauchas
Borodino
Gurses
Nauzerus
Kam
Lepel
Koireb
Solitaire
Noab
Remhoogte
REMPASS
REMHOOGTE-BERGE
Tsondab
Abbabis
Rietoog
Abendruhe
Zais
Panorama
Arbard
Blässkranz
Die Velle
Büllspoort
1479
Weltevrede
NAUKLUFT-BERGE
Kamaseb
Nabaseb
Middelpos
Naukluft
Ounios
Neu-Onis
Sukses
Naukluft
Onis
Haruchas
Oorwinning
Urikos
Neuras
Sesriem
Goede Hoop
Nudaus
Canyon
Tsauchab
Hauchabfontein
Zebra
Hebron
Betesda
Hyas
Witwater
Geluk
0
10
20 km
NAMIB-NAUKLUFT
Sesriem
Tsauchab
Sossusvlei
Geluk
0
10
20 km

voll, dann, wenn der Tsauchab Wasser führt, inmitten der ›Sandsee‹ an einer kleinen Wasserfläche in der Wüste zu rasten. Aber auch trockengefallen fasziniert das Wadi-Bett zwischen den mächtigen Dünen. Feine Ton- und Lehmpartikel dichten den Boden des Sossusvlei ab, so daß sich der Grundwasserspiegel bei Niederschlag anreichert und einer spärlichen Vegetation Feuchte bietet. Falls die Fluten das Vlei füllen, findet sich schnell Wild ein. Springböcke, Oryx-Antilopen und Flamingos können dann auftauchen – ein Naturschauspiel in der Wüste, das allerdings nur selten vorkommt. In der Nähe des Sossusvlei entstand in den letzten Jahren das private Namib Rand Naturschutzgebiet (140 000 ha). Eine Vielfalt von Wüstenpflanzen und -tieren ist zu beobachten. Eine Attraktion ist der Flug in einem Heißluftballon. Reservierungen: Namib Rand Nature Reserve P. O. Box 5048, Windhoek, ✆ 0 61/23 06 16, Fax 22 01 02. Neue Lodges und bekannte Gästefarmen bieten ihnen Unterkünfte an, u. a. das Sossusvlei Karos Lodge (Ecotourismus-Bau), Reservierung: ✆ 0 61/24 83 38.

Die Naukluft

Die Naukluft, Schutzgebiet der Hartmann Bergzebras, ist ein mächtiger Gebirgsstock am Ostrand der Namib-Wüste gegen das Binnenhochland. Wie eine natürliche Festung erhebt sich das Massiv bis zu 2000 m Höhe. Das Dolomitgestein nimmt die seltenen Niederschläge auf und gibt sie an Quellhorizonten wieder ab. Diese Orte und Teile der Täler haben eine dichte Vegetation, die das Wild anzieht. Die Felspartien der Naukluft und die eindrucksvolle Naturlandschaft des Gebirges lassen sich am besten auf einer Rundwanderung erleben. Die Parkverwaltung hat eine Campingstelle (4 Plätze für 8 Personen) eingerichtet, von der aus der Waterkloof Trail (17 km) und der Olive Trail (10 km) beginnt. Gruppen von 3 bis 12 geübten Wanderern sind nur zugelassen, keine Tagesbesucher. Nähere Informationen in Windhoek, Tourist Office. Weitere Unterkünfte: Die Namib Naukluft Lodge, Reservierungen bei African Extravaganza, P. O. Box 22028 Windhoek, ✆ 0 61/26 30 86/7/8, Fax 21 53 56. Das Restcamp Weltevrede liegt südöstlich von Solitaire an der Piste 36 nahe der Parkgrenze, ✆ 0 66 32 ask for 32 21. In der Nähe der Naukluft befindet sich auch die Gästefarm Haruchas, P. O. Box 113, Maltahöhe, ✆ 0 66 32/42 02.

Die Naukluft ist am günstigsten von Büllspoort (Farm mit Tankstelle) zu erreichen. Man gelangt dorthin von Windhoek aus durch das Khomas-Hochland (Gamsberg-Route) und die kleinen Zentren Nauchas und Nauzerus; eine Zufahrt besteht auch von Maltahöhe. Die Pisten werden zwar unterhalten, sind jedoch nach (seltenen) Regenfällen schwierig zu befahren. Besondere Vorsicht gilt dann an den Pässen (vorher an Tankstellen, beim Automobilclub oder bei der Polizei nach dem Straßenzustand erkundigen).

Zu Beginn der deutschen Kolonialzeit befand sich in der ›natürlichen Festung‹ der Naukluft ein wichtiger Stützpunkt der Nama unter Hendrik Witbooi (vgl. Abb. 8). An die Kämpfe mit den deutschen Truppen unter Leutwein erinnern zahlreiche Gräber aus dem Jahre 1894.

Das Touristenerholungsgebiet Westküste

Der ca. 200 km lange Küstenstreifen nördlich von Swakopmund bis zum Ugab-Rivier wird vor allem wegen seiner Angelplätze aufgesucht, nicht etwa wegen Naturschönheiten – diese fehlen in der recht öden Flächen-Namib. Deshalb ist dieser Bereich der Westküste ohne Zulassungsschein (Permit) zugänglich. Unterkünfte der Verwaltung der Wildparks und Erholungsstätten stehen zur Verfügung bei Meile 14, Meile 72, Meile 108 und in Schackalspütz/Jakkalsputs (Buchungen über die Naturschutzbehörde in Windhoek). Bei Meile 4 befindet sich ein privater und häufig benutzter Campingplatz, auf dem Angler sich gerne aufhalten.

Wlotzkas Baken, 34 km nördlich von Swakopmund auf einer felsigen Meeresterrasse gelegen, entwickelte sich aus einem kleinen Angelplatz (Schwarzfisch, Weißfisch und Kabeljau) zu einer Feriensiedlung mit etwa 80 Wohnhütten. Die einfachen Unterkünfte verfügen über einen Wassertank und sanitäre Einrichtungen, es gibt jedoch keine Elektrizität, keinen Laden, kein Restaurant. Das ›urige, einfache Leben‹ am Meer ist vor allem bei Einheimischen beliebt, nur wenige Ausländer kommen hierher.

Hentiesbaai, 80 km nördlich von Swakopmund an der Mündung des Omaruru-Riviers gelegen, ist eine weitere Feriensiedlung an der Westküste. Einige hundert Bewohner leben hier ständig, so daß der Ort über Hotel, Restaurant, Supermarkt, Golfplatz (9-Loch) und Tankstelle verfügt. Fahrten nach Palmwag und zum Sossusvlei können im städtischen Informationsamt gebucht werden.

Ein Besuch des **Kreuzkaps** (Cape Cross, Kaap Kruis), 50 km nördlich von Hentiesbaai, gehört zum Programm zahlreicher Reiseveranstalter. An diesem flachen, unwirtlichen Küstenabschnitt ging 1486 der portugiesische Seefahrer Diogo Cão an Land und errichtete ein Kreuz, einen *padrão*, wie dies als Beweis für die Inbesitznahme durch die portugiesische Krone weltweit üblich war. Das Originalkreuz wurde 1895 nach Berlin gebracht; vor Ort steht eine Kopie aus rotem Granit. Als die deutsche Verwaltung 1892 einen geeigneten Platz für eine Hafenanlage suchte, zog sie auch diesen Ort in Erwägung, doch scheiterten die Pläne, weil es hier kein Trinkwasser gibt. Die Attraktion des Kreuzkaps stellt die **Robbenkolonie,** eine von 23 Kolonien am Südatlantik, dar. Das Robbenreservat ist täglich zwischen 8 und 17 Uhr geöffnet, außer freitags. Unterkünfte stehen nicht zur Verfügung, wohl aber Trinkwasser. Die Robbenkolonie wird von ca. 80 000 bis 100 000, nach anderen Angaben sogar von bis zu 200 000 Zwergpelzrobben *(Arctocephalus pusillus)* bevölkert. Der Reichtum des Benguela-Stromes an Garnelen, Langusten und Weißfisch bewirkt, daß die Tiere ortsansässig bleiben und ihre Zahl kaum durch Wanderungen schwankt. Die Robbenkolonie und die umgebenden Guano-Lagerstätten wurden 1894 von dem Engländer Matthews entdeckt. Er erhielt von der Deutschen Kolonialgesellschaft eine zehnjährige Nutzungskonzession. Bereits 1903 hatte die Zahl der Robben, deren Felle damals in Mode waren, drastisch abgenommen; eine neue Konzession wurde nicht mehr erteilt. Schutzgesetze der folgenden Jahre ließen die Robbenpopulation an der namibischen Küste ständig

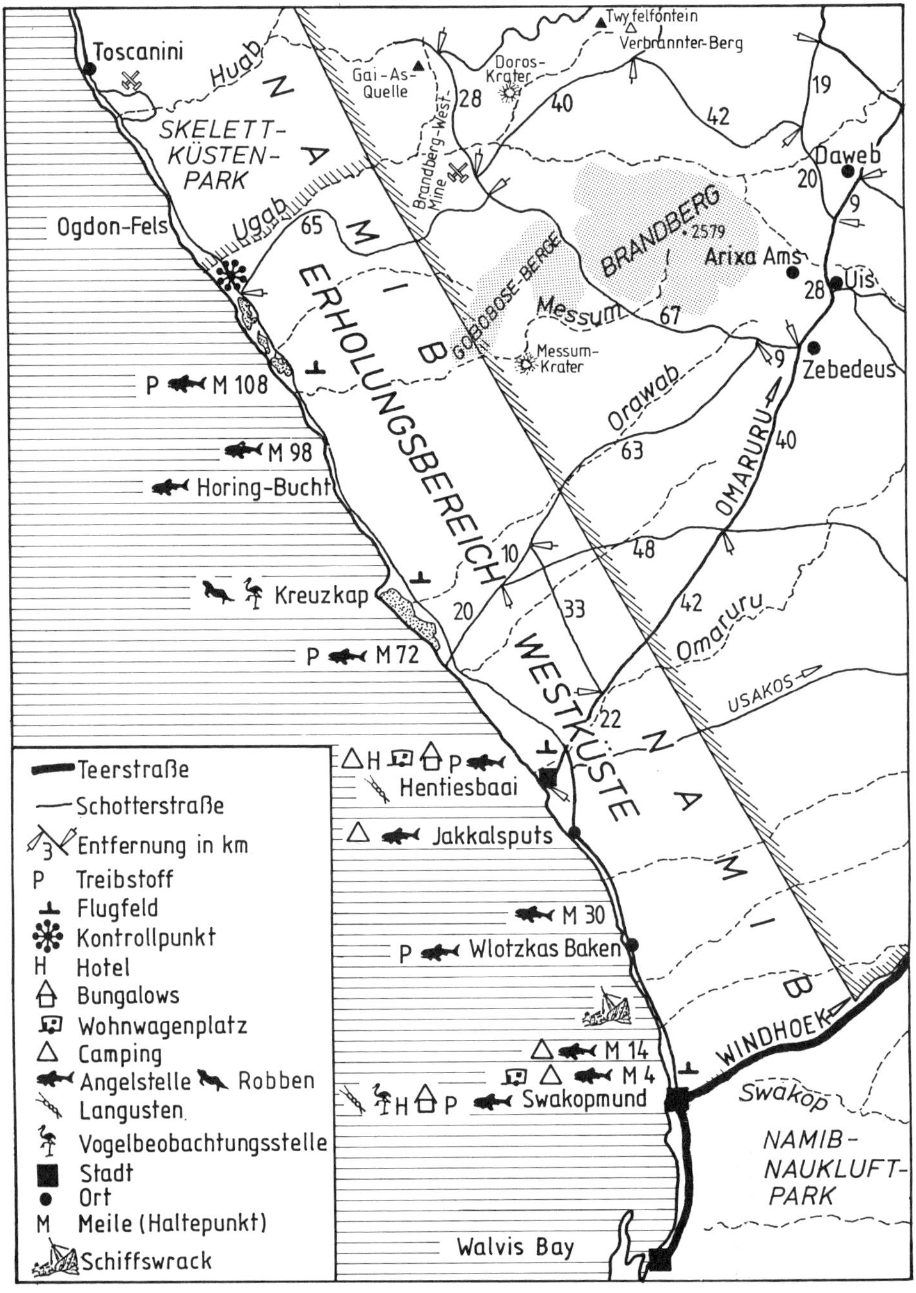

Toscanini
Huab
SKELETT-
KÜSTEN-
PARK
Ogdon-Fels
Ugab
NAMIB ERHOLUNGSBEREICH WESTKÜSTE
NAMIB
Gai-As-Quelle
Doros-Krater
Twyfelfontein
Verbrannter-Berg
Brandberg-West-Mine
BRANDBERG
2579
GOBOBOSE-BERGE
Messum
Messum-Krater
Arixa Ams
Uis
Daweb
Zebedeus
Orawab
OMARURU
Omaruru
USAKOS
P M 108
M 98
Horing-Bucht
Kreuzkap
P M 72
Hentiesbaai
Jakkalsputs
M 30
P Wlotzkas Baken
M 14
M 4
Swakopmund
WINDHOEK
Swakop
NAMIB-
NAUKLUFT-
PARK
Walvis Bay
Teerstraße
Schotterstraße
Entfernung in km
P Treibstoff
Flugfeld
Kontrollpunkt
H Hotel
Bungalows
Wohnwagenplatz
Camping
Angelstelle
Robben
Langusten
Vogelbeobachtungsstelle
Stadt
Ort
M Meile (Haltepunkt)
Schiffswrack

zunehmen. Zwischen 1893 und 1987 stieg die Zahl der Tiere von ca. 700 000 auf fast 1 Million, neue Robbenkolonien entstanden in der Wolfsbucht und der Atlas-Bucht südlich von Lüderitz. Bis 1984 wurde die Zahl der Meeressäuger durch Fangquoten geregelt. Dies verhinderte eine ›Überbevölkerung‹, die eine Gefahr für den Fischreichtum der Küstengewässer bedeutet: Die Robbenkontrollstelle in Lüderitz errechnete, daß die Robben an der Küste Namibias bis zu 1,6 Millionen Tonnen Fisch pro Jahr verzehren – eine Bedrohung für die Fischereiindustrie, deren Quoten sich auf etwa ein Zehntel dieser Menge belaufen. Inzwischen befürchten die Naturschutzbehörden, daß durch eine unkontrollierte Vermehrung der Robben auch eine Kolonie bei Sandwich Harbour entsteht, einem der wichtigsten Fischbrutplätze der Küste: Dort werden bereits jetzt Fische, die zum Laichen kommen, von Robben gefressen, ehe der Nachwuchs gesichert ist. Die Fangquoten für 1993: 21 500 Jungtiere, 12 000 Bullen bei Cape Cross und 26 500 Jungtiere und 16 500 Bullen bei Lüderitz. Nähere Informationen über die Robben enthält ein Faltblatt, das im Büro der Naturschutzverwaltung am Kreuzkap erhältlich ist.

Der Skelettküstenpark (Skeleton Coast Park)

Der 1963 geschaffene Skelettküstenpark erstreckt sich in der nördlichen Namib-Wüste über etwa 500 km vom unteren Ugab bis zum Kunene an der Landesgrenze zu Angola. Seine Breite beträgt 30 bis 40 km, seine Fläche etwa 15 000 km^2. In dieser Küstenwüste spielt Naturschutz eine besonders große Rolle, da die mittlere Namib mit ihren zahlreichen Sehenswürdigkeiten im Namib-Naukluft-Park und der stark befahrenen Rundreiseroute bereits erste ›Überlastungsfolgen‹ aufweist. Der Nordteil des Skelettküstenparks ist für den Touristenstrom gesperrt; man kann nur mit einer Flugsafari dorthin gelangen. Der Name des Parks leitet sich ab von einem der größten ›Schiffsfriedhöfe‹ der Welt: Nebel und tückische Meeresströmungen ließen über 400 Schiffe an der Küste der nördlichen Namib zerschellen. Die Suche nach Harpunen, Ketten, Tranfässern und Planken von Walfangschiffen und der Besuch von nahe am Strand gelegenen Wracks gehören neben dem Angelsport zu den Attraktionen des Parks.

Das Gebiet wird offiziellerseits in einen nördlichen und einen südlichen Bereich gegliedert. Der **Süden** zwischen Ugab und Hoanib ist für Reisende auf dem Landweg zu erreichen. Übernachtungsmöglichkeiten bestehen in **Terrace Bay** (Terracebaai) und **Torra Bay** (Torrabaai); Zugangsscheine (Permits) und Buchungen im Reservierungsbüro der Natur-

◁ *Touristenerholungsgebiet Westküste*

schutzbehörde in Windhoek. Neuerdings erhalten Besucher auch die Erlaubnis, durch den Skelettküstenpark zu fahren, was hauptsächlich für die Strecke von Swakopmund über Springbokwater zur Etoscha-Pfanne in Frage kommt (weitere Einzelheiten bei Herrn C. Verwey, Windhoek, ✆ 6 31 31). Ohne Permit sind die Kontrollpunkte am Ugab-Rivier oder bei Springbokwater nicht zu passieren. Auf dem Weg nach Terrace Bay darf niemand den Kontrollpunkt am Ugab-Rivier nach 15 Uhr und den am Springbokwater nach 17 Uhr passieren, damit die Ankunft vor Einbruch der Dunkelheit gesichert ist. Die Unterkünfte in Terrace Bay sind ganzjährig geöffnet; es gibt auch einen Laden, ein Restaurant, eine Landepiste und eine Tankstelle. In Torra Bay dagegen werden Unterkünfte, Laden und Tankstelle nur im Dezember und Januar während der Schulferien betrieben. Eine Zufahrt über die Küstenstraße von Swakopmund oder von Khorixas im Landesinneren aus ist nur mit Buchungsbestätigung von Windhoek möglich. Auskünfte auch in Swakopmund (Reisebüros) und im Etosha-Rastlager.

Alle Fahrzeuge im Park müssen sich an die vorgeschriebenen Routen und Öffnungszeiten halten – die Kontrollen sind streng. Zum einen besteht die Gefahr, sich in den abgelegenen und unübersichtlichen Gebieten zu verirren, zum anderen will man das fragile Ökosystem der Küstenwüste schützen. Deshalb ist Terrace Bay nur für Übernachtungsgäste zugelassen, die sich zudem auf das Angelgebiet zu beschränken haben. An der Küste ist es stets windig und vor allem in den Monaten April bis September kühl, so daß sich warme Kleidung für die Abendstunden empfiehlt.

Der **Nordteil des Skelettküstenparks** zwischen Hoanib und Kunene trägt auch die Bezeichnung ›Wilderness‹, ›Wildnis‹, was die Unzugänglichkeit und die ›Natürlichkeit‹ dieses Gebietes betont. Besucher können ihn lediglich im Rahmen einer Flugsafari von Windhoek aus erreichen. Eine solche Reise dauert drei bis fünf Tage. Man unternimmt per Geländewagen Ausflüge nach Rocky Point und Kap Frio an der Küste. Fahrten ins Innere führen in den eindrucksvollen Hoarusib-Canyon. Jeder Teilnehmer bringt nur Kleidung und persönliche Gegenstände mit; Verpflegung wird gestellt. Der Gedanke eines Eco-Tourismus wird hier verwirklicht. Geologisch interessante Gesteinsformationen, seltene Wüstenflora und Wüstentiere, wie Elefanten und Rhinos sowie Schiffswracks entlang der Küste stehen auf dem Programm. Drei Basisquartiere, das erste am unteren Huab-Trockenfluß im Damaland, das zweite unter Kameldornstämmen im Hoarusib-Tal im Kaokoland und das dritte am perennierenden Kunene. Veranstalter: Skeleton Coast Fly-In Safaris, P. O. Box 2195 Windhoek, ✆ 0 61/22 42 48, Fax 22 57 13. Olympia-Reisen (Bonn), Zweigstelle in Namibia: P. O. Box 5017 Windhoek, ✆ 0 61/6 23 95, Fax 21 70 26. Dieses Unternehmen führt Exklusiv-Safaris zur Skeleton Coast durch.

Skelettküstenpark (Südteil) ▷

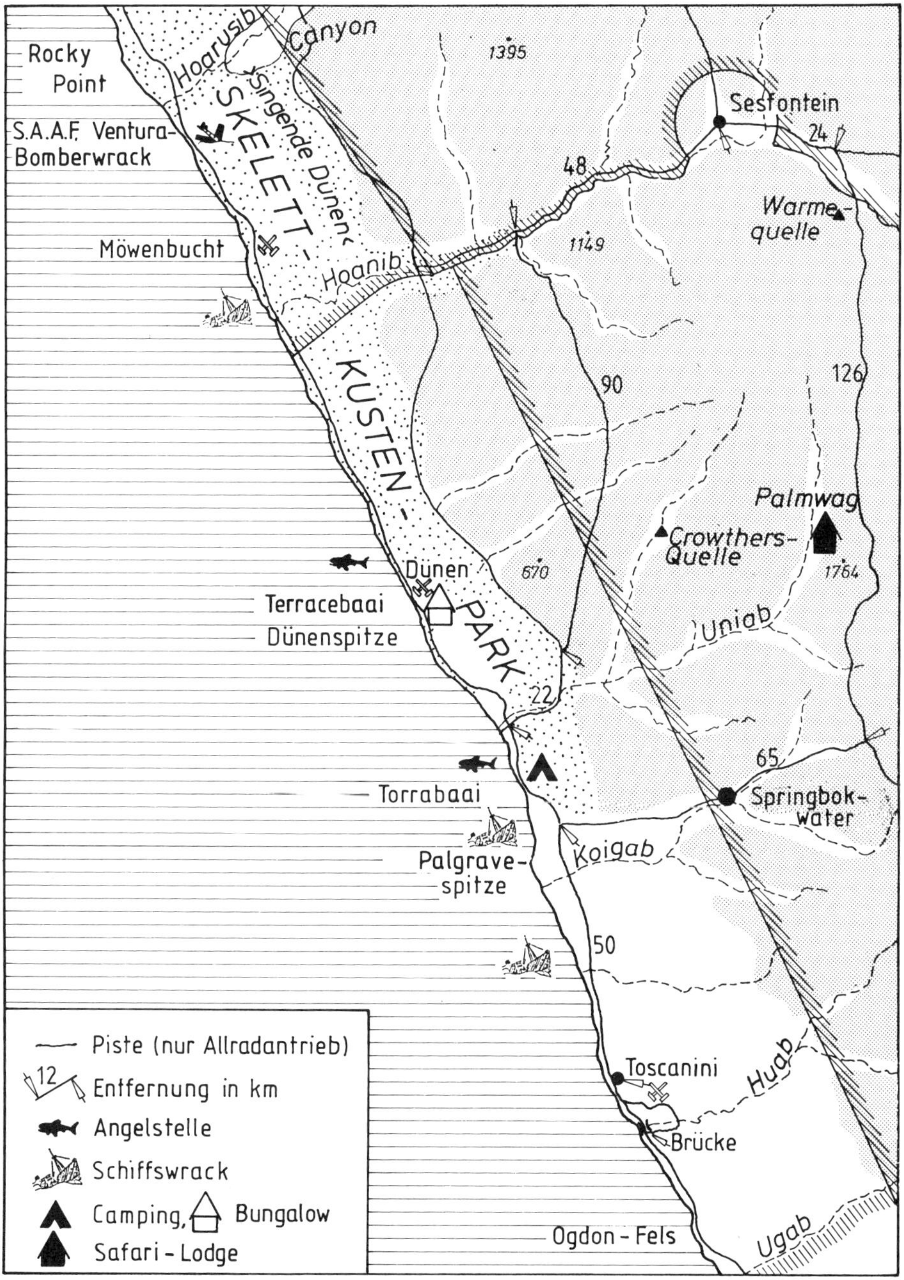
Rocky Point
S.A.A.F. Ventura-Bomberwrack
Möwenbucht
Hoarusib
Canyon
Singende Dünen
SKELETT-KÜSTEN-PARK
1395
Sesfontein
24
48
Warmequelle
1149
Hoanib
90
126
Palmwag
Crowthers-Quelle
670
1764
Dünen
Terracebaai
Dünenspitze
Uniab
22
65
Torrabaai
Springbok-water
Koigab
Palgrave-spitze
50
Toscanini
Brücke
Huab
Ugab
Ogdon-Fels
Piste (nur Allradantrieb)
12
Entfernung in km
Angelstelle
Schiffswrack
Camping, Bungalow
Safari-Lodge

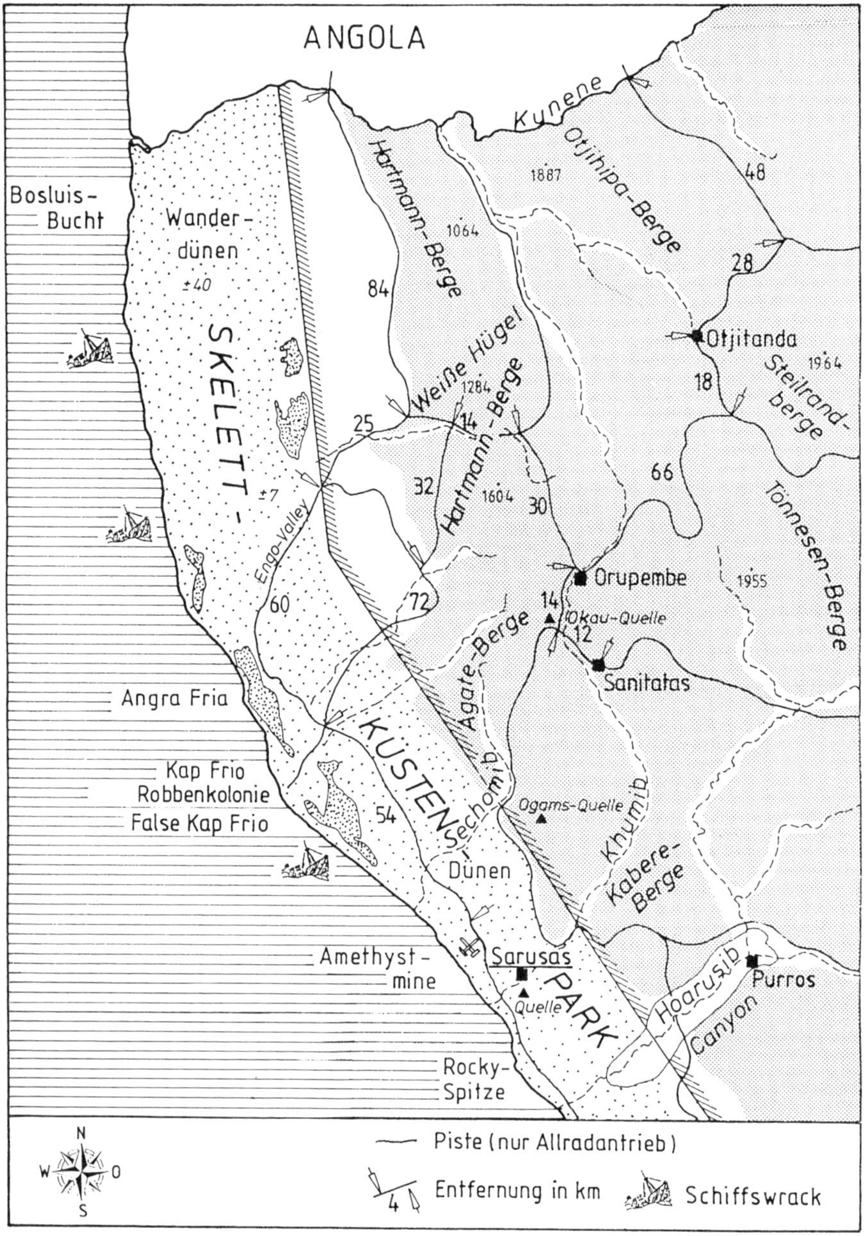

Skelettküstenpark (Nordteil)

Lüderitz und Umgebung

Lüderitz (ca. 16 000 E.), die älteste deutsche Stadtgründung im heutigen Namibia (1883), liegt eindrucksvoll am Südende der Lüderitz-Bucht, eines natürlichen Hafens, umgeben von blanken Felsen und kahler Dünenwüste. Vom südlichen Hochland kommend, beginnt kurz hinter der Bahnstation mit dem treffenden Namen Aus die Stein- und Geröllwüste der Namib. Kurz vor Lüderitz tauchen die ersten Dünen auf; Sandverwehungen können bei starken Südwinden auch die Straße erreichen, daher vorsichtig fahren. Da Lüderitz vom Diamantensperrgebiet umgeben ist, darf man den Korridor für Bahn und Straße nicht verlassen. Ein Flug von Windhoek über Walvis Bay oder von Kapstadt über Alexander Bay gewährt bei guter Sicht einen guten Überblick über die verschiedenen Typen der Wüste.

Erreicht man Lüderitz, scheint zunächst schwer verständlich, warum in dieser Abgeschiedenheit, weit entfernt von allen anderen Städten und sogar von Farmsiedlungen, ein Ort auf nacktem Fels gegründet wurde. Grund dafür war allein, daß die hiesige Bucht den einzigen Naturhafen an der südlichen Namib-Küste darstellt. Die Stadt erlebte seit ihrer Gründung zahlreiche Höhen und Tiefen. Die Wirtschaftskrise und der Bevölkerungsrückgang der 70er und 80er Jahre scheint überwunden zu sein: Die Zahl der Einwohner (inklusive Wanderarbeiter) belief sich 1991 auf ca. 9000. Sie arbeiten vorwiegend in der küstenorientierten Industrie, der Verarbeitung von Langusten, Seetang und Seegras mit Exportziel Japan und USA. Die Wiederaufnahme des Diamantenabbaus und die Erschließung des Kudu-Gasfeldes vor der Küste könnten die Wirtschaft weiter beleben, deren Wasserversorgung aus den Grundwasservorkommen der Koichab-Pfanne gesichert ist.

Die Zahl der Touristen stieg von 4800 (1977) auf 30000 (1992). Ob die Hoffnungen auf einen Ausbau des Seehafens realistisch sind, bleibt fraglich, auch wenn eine Bahnverbindung mit Botswana vorgesehen ist.

Ein **Panorama** von Lüderitz (Farbabb. 40), der Hafenbucht und der zahlreichen Inseln eröffnet sich von der Kuppe des Diamantbergs oberhalb der deutschen Kirche, die auch ›Felsenkirche‹ genannt wird (Abb. 29). Es zeigt den unregelmäßigen Ortsgrundriß, der bereits vor dem amtlichen Bebauungsplan entstand. Ein weiterer Aussichtspunkt liegt am **alten Leuchtturm** auf der Haifischinsel, auf der sich auch der Campingplatz und ein Gedenkstein für den Ortsgründer Adolf Lüderitz befinden.

Die **Diaz-Spitze** erinnert an den portugiesischen Seefahrer Bartholomëu Diaz, der im Juli 1488 die hiesige Bucht erreichte und ein Kreuz aufstellte. Die Reste des Kreuzes sind im Museum von Windhoek zu sehen; eine Nachbildung und ein Denkmal für den großen portugiesischen Seefahrer stehen am Diaz-Felsen. Die Angra Pequena genannte Bucht, lange Zeit ein Schlupfwinkel für Fischer und Walfänger, kaufte der Bremer Großkaufmann Adolf Lüderitz Anfang 1883 von den Nama (vgl. S. 86). Er wollte Handelshäuser errichten und hoffte auf Erzvorkommen im Hinterland. Auf seine Initiative und sein Drängen hin erklärte das Deutsche Reich im April 1884 die deutsche Souveränität über das Lüderitz-Gebiet. Ende 1884 wurde dann der erste Schutz- und Freundschaftsvertrag zwischen Vertre-

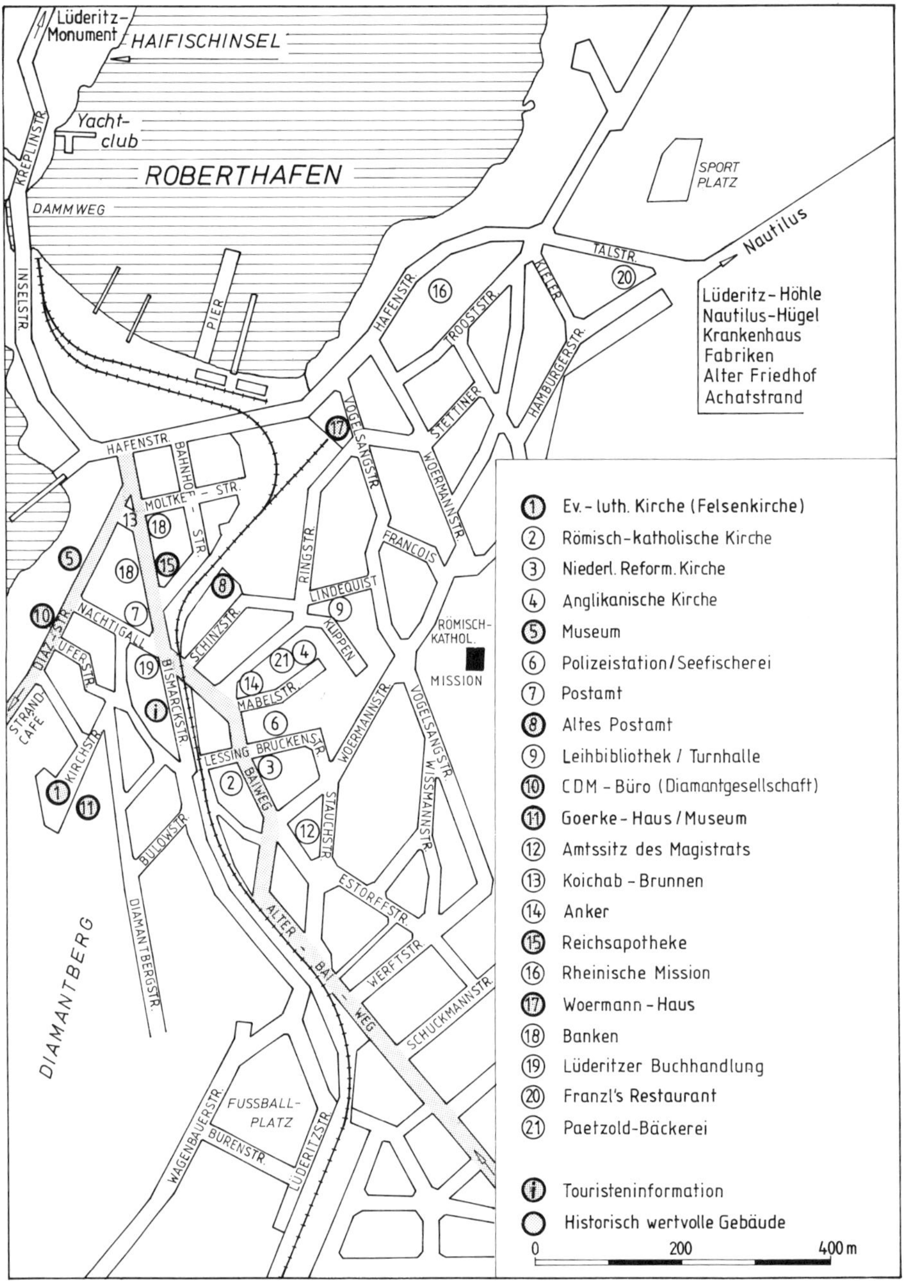
Lüderitz-Monument
HAIFISCHINSEL
Yacht-club
ROBERTHAFEN
KREPLINSTR.
DAMMWEG
INSELSTR.
PIER
SPORT PLATZ
Nautilus
TALSTR.
KIELER
Lüderitz-Höhle
Nautilus-Hügel
Krankenhaus
Fabriken
Alter Friedhof
Achatstrand
HAFENSTR.
TROOSTSTR.
HAMBURGERSTR.
STETTINER
WOERMANNSTR.
VOGELSANGSTR.
BAHNHOF-STR.
MOLTKE-STR.
RINGSTR.
FRANCOIS
LINDEQUIST
KLIPPEN
SCHINZSTR.
NACHTIGALL
DIAZ-STR.
UFERSTR.
STRAND-CAFE
KIRCHSTR.
BISMARCKSTR.
MABELSTR.
LESSING
BRÜCKENSTR.
BAIWEG
STAUCHSTR.
WISSMANNSTR.
RÖMISCH-KATHOL. MISSION
BÜLOWSTR.
DIAMANTBERGSTR.
DIAMANTBERG
ESTORFFSTR.
WERFTSTR.
ALTER-BAI-WEG
SCHUCKMANNSTR.
FUSSBALL-PLATZ
WAGENBAUERSTR.
BURENSTR.
LÜDERITZSTR.
1 Ev.-luth. Kirche (Felsenkirche)
2 Römisch-katholische Kirche
3 Niederl. Reform. Kirche
4 Anglikanische Kirche
5 Museum
6 Polizeistation/Seefischerei
7 Postamt
8 Altes Postamt
9 Leihbibliothek / Turnhalle
10 CDM-Büro (Diamantgesellschaft)
11 Goerke-Haus/Museum
12 Amtssitz des Magistrats
13 Koichab-Brunnen
14 Anker
15 Reichsapotheke
16 Rheinische Mission
17 Woermann-Haus
18 Banken
19 Lüderitzer Buchhandlung
20 Franzl's Restaurant
21 Paetzold-Bäckerei
i Touristeninformation
Historisch wertvolle Gebäude
0
200
400 m

Das Geld saß den neuen und alten Lüderitzbuchtern keineswegs so locker, wie der Unternehmer in Keetmanshoop meinte, und wie man sich weit und breit weismachte. Als Cornelius Friebott ankam und sich umsah und umfragte, fand er allerdings so viel Menschen am Orte, daß die Gasthäuser überfüllt waren, und daß die Miete auch nur eines Zimmers in einem Wohnhause Schwierigkeiten bot. Aber die Zugereisten wollten sämtlich erst Geld verdienen, ja sie suchten fast jeder Leihbeträge, um verdienen zu können; sie sahen schnell genug, daß es sich mit der Diamantengräberei ganz anders verhalte, als sie erhofft hatten, und als der Kolonialsekretär Dernburg noch im Januar 1910 dem deutschen Reichstag in Berlin vorerzählte. Es genügte nicht, in Swakopmund einen oder mehrere Schürfscheine der Kolonialgesellschaft für je sechzig Mark zu lösen durch telegraphische Bestellung oder durch Hinreise; es genügte nicht, in der Folge ein Hafersieb zu kaufen und einen Spaten und einen Wassersack und Proviant und in die undurchdringliche Sandwüste zu ziehen und zu suchen und zu graben und den Sand zu sieben und sich ein bißchen zu quälen und Sonne und Sandsturm und Hunger und Durst in geduldiger, aber glücklicher Erwartung zu tragen; es genügten auch die sich mehrenden Funde und der eingerammte Schürfpfahl mit dem Namen des Finders nicht, daß dieser zu etwelchem namhaftem raschem Gewinne kam. Sondern nach der mit harten Mühen und unter nicht geringen Kosten und bei Glück entdeckten unsicheren Fundstelle, unsicher, denn die Steine lagen lose im Sande, und die wirkliche Ergiebigkeit war schwer vorauszuschätzen, mußte erst die Anmeldung der Fundstelle und Verleihung von Abbaurechten am Fundorte geschehen. Und wenn die Ausgaben hierfür und für die Wartezeit und für die Expeditionen zur Erhaltung der Pfähle und zur Vermessung während der Wartezeit bestritten waren, dann konnte einer, der inzwischen einen Geldgeber gefunden hatte, abbauen, das heißt graben, und den Sand auswaschen, wo nirgends Wasser war, und, solange es erlaubt blieb, auch seine Diamanten verkaufen, oder natürlich er konnte, wann Käufer auftraten, seine Abbaurechte an Kapitalkräftigere abtreten gegen Entschädigung oder Beteiligung. Anfangs fehlten die Käufer vollständig, anfangs waren nur Leute da, die bereit waren, Leben und Gesundheit und ihr kleines Spargeld einzusetzen, um auf ungewöhnlichem Wege zu einer kleinen Wohlhabenheit zu gelangen. Aber eine rechte runde Summe als Einsatz, wer hatte die zu wagen? Die paar eingesessenen Lüderitzbuchter fast so wenig wie die Zugereisten; und von der Ferne aus schien das Märchen von den losen Diamanten im losen Sande, an denen die Menschen und Jahre unachtsam vorübergelaufen sein sollten, allzu unglaublich und schien den Geldfürsten, die sich Arbeit, Mut und Leben anderer dingen, wenn großer ungefährdeter Gewinn sicher ist, keinen Einsatz wert.

Lüderitz vor 1914 (aus Hans Grimm, ›Das deutsche Südwester-Buch‹, München 1929)

◁ *Lüderitz*

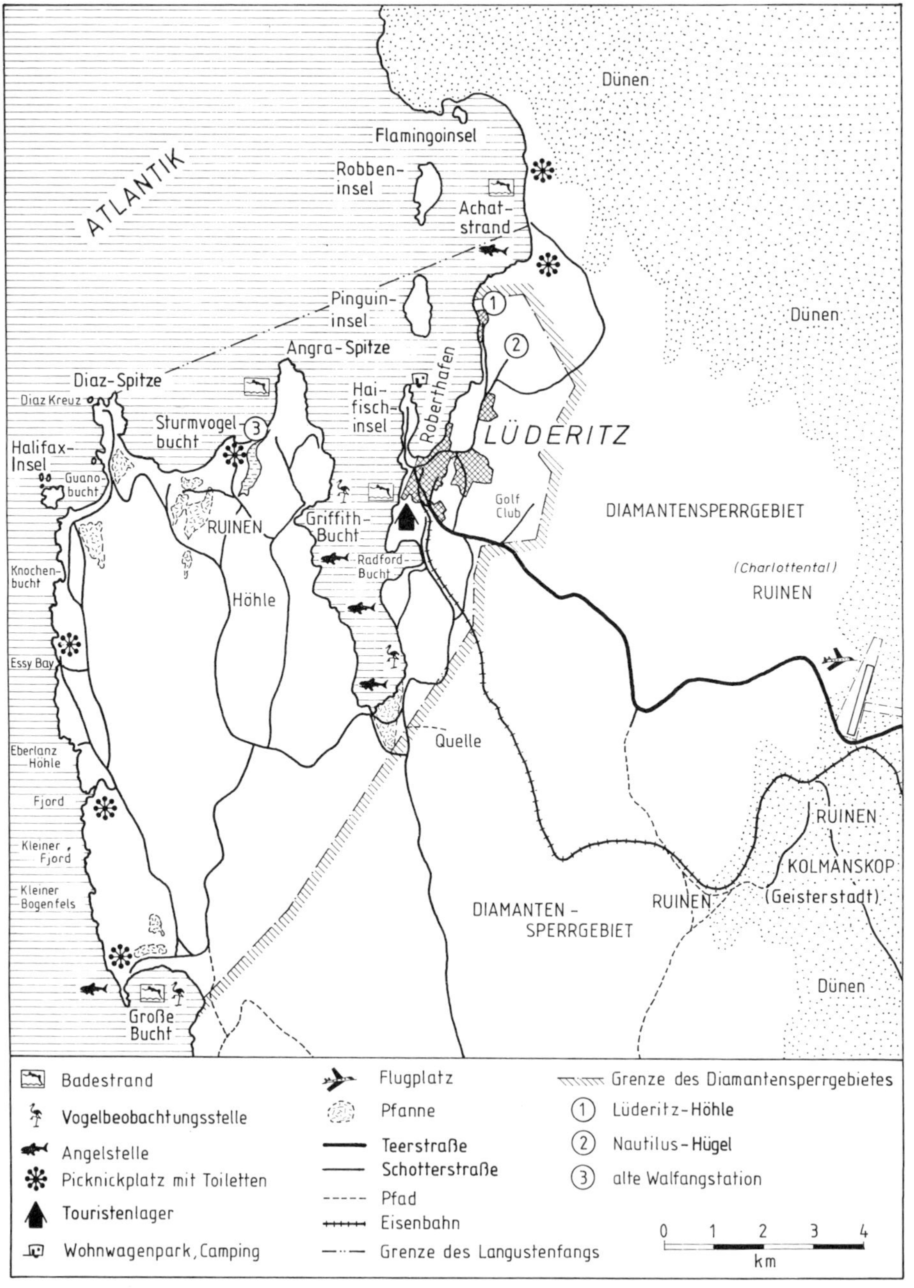
Dünen
Flamingoinsel
ATLANTIK
Robben-insel
Achat-strand
Pinguin-insel
Dünen
Angra-Spitze
Diaz-Spitze
Diaz Kreuz
Hai-fisch-insel
Roberthafen
LÜDERITZ
Sturmvogel-bucht
Halifax-Insel
Guano-bucht
RUINEN
Griffith-Bucht
Golf Club
DIAMANTENSPERRGEBIET
Radford-Bucht
(Charlottental)
RUINEN
Knochen-bucht
Höhle
Essy Bay
Quelle
Eberlanz Höhle
Fjord
RUINEN
Kleiner Fjord
KOLMANSKOP
Kleiner Bogenfels
RUINEN
(Geisterstadt)
DIAMANTEN-SPERRGEBIET
Dünen
Große Bucht
Badestrand
Vogelbeobachtungsstelle
Angelstelle
Picknickplatz mit Toiletten
Touristenlager
Wohnwagenpark, Camping
Flugplatz
Pfanne
Teerstraße
Schotterstraße
Pfad
Eisenbahn
Grenze des Langustenfangs
Grenze des Diamantensperrgebietes
1 Lüderitz-Höhle
2 Nautilus-Hügel
3 alte Walfangstation
0 1 2 3 4
km

tern des Deutschen Reiches und den Nama geschlossen, womit die ›amtliche‹ Geschichte von Deutsch-Südwestafrika begann. Lüderitz-Bucht blieb, da ihm ein Hinterland fehlte, ein unbedeutender Hafenplatz mit einer kleinen deutschen Verwaltung. Ab Anfang 1904 landeten hier Verstärkungstruppen für den Kampf gegen die Nama. Das Problem der Versorgung mit Trinkwasser, das anfangs per Schiff aus Kapstadt kam, wurde 1905 durch die Inbetriebnahme eines Dampfkondensators gelöst. Der Bau der Bahnlinie Lüderitz–Aus, die die Namib-Wüste überwand, eröffnete weitere Geschäftsaussichten für die Stadt.

Der trostlose, scheinbar wertlose Wüstenlandstrich gewann mit einem Schlag wirtschaftliche Bedeutung, als im Mai 1908 die ersten Diamanten gefunden wurden. Der neue Wohlstand schlug sich in einer lebhaften Bautätigkeit nieder, die Holz-Wellblech-Bauten wurden durch massive Gebäude ersetzt. Aus dieser Zeit stammt der bedeutende **historische Baubestand** von Lüderitz, der mit dem von Swakopmund vergleichbar ist. Die Bauten aus der Zeit vor dem Ersten Weltkrieg wurden zur 100-Jahr-Feier der Stadt (1983) z. T. hervorragend restauriert. Jugendstilelemente und wilhelminischer Stil prägen die Erker, Fachwerkgiebel, Treppen, Türme, Bogenfenster und Interieurs zahlreicher Gebäude. Typische Beispiele sind das Postamt (1908), das auch Goerke-Haus genannte Magistratsgebäude (1909), das Rathaus und die Turnhalle (1912) sowie der Bahnhof (1913). Der Niedergang der Stadt, die am 1. November 1909 die Selbstverwaltung erhielt, begann 1920 mit dem Abzug der nunmehr südafrikanischen Diamantengesellschaft nach Süden. Der Hafenumschlag sank in der ›Stadt ohne Hinterland‹ auf ein Minimum, die Fischfabriken zogen nach Walvis Bay um, da die Fischereifahrzeuge ihren Standort verlegten und die notwendige Vertiefung der Hafenzufahrt zu teuer war. Die Lüderitz-Stiftung ist bemüht, das historische Erbe stärker zu betonen, das Seeklima ganzjährig zu vermarkten, die Eigenart der ›Wüstenstadt‹ für Touristen attraktiv zu machen. Angel- und Bademöglichkeiten, ein Besuch des Achatstrandes, Kutterfahrten zu den Buchten und zu einer Robbenkolonie werden angeboten. Das Haus des Deutschen Schulvereins steht für Gruppen zur Verfügung (Anmeldung beim Rotary Club, Postfach 146, Lüderitz). Ein Besuch im **Museum** informiert über die Geschichte des Ortes und des Diamantenbergbaus (geöffnet montags, mittwochs und freitags 15–17 Uhr und nach Vereinbarung, ✆ 2628). Langustenfang durch Privatpersonen unterliegt strengen Bestimmungen; nähere Auskünfte beim Büro für Naturschutz in der Stadtmitte (✆ 2752).

Zum Besuchsprogramm von Lüderitz gehört ein Ausflug zur ›Geisterstadt‹ **Kolmanskop** oder Kolmanskuppe (Anmeldung bei der Lüderitz-Stiftung, ✆ und Fax 0 63 31/24 45 erforderlich). 1956 verließ der letzte Einwohner diese Siedlung mit ihren ansehnlichen Wohn- und Geschäftshäusern und mit einem zweigeschossigen Casino, dessen Theatervorstellungen weithin bekannt waren. Heute versinkt der Ort im Wüstensand, der vom Südwind hereingetragen wird; ein Konservierungsprogramm sieht den Erhalt einiger Gebäude vor. Auch ein Besuch der ›Geisterstadt‹ Elizabeth Bucht, 30 km von Lüderitz und Pomana sowie des legendären Märchentals läßt sich arrangieren (Anmeldung und Paßvorlage ebenfalls bei der Lüderitz-Stiftung).

◁ *Lüderitz-Bucht und Umgebung*

Der Norden

Die Fremdenverkehrsregion ›Norden‹ umfaßt das nördliche Drittel Namibias, wo über 55 % der Gesamtbevölkerung (1996: 1,5 Mio E.) leben. Der Etoscha-Nationalpark ist die bedeutendste Touristenattraktion des Landes. Weitere lohnende Ziele sind die Massive des Brandbergs und der Spitzkoppe, die Feldzeichnungen und -ritzungen von Twyfelfontein, der ›Versteinerte Wald‹ und der ›Verbrannte Berg‹. Inzwischen besteht auch die Möglichkeit, den gesamten Norden einschließlich der Grenzflußregionen zu bereisen. Hierzu gehören das nördliche Damaland, Kaokoland (Verwaltungseinheit Kunene) und die Ovambo-Region. In Okavango und Caprivi sind kleinere Wildreservate wie Khaudum und Mahango nahe dem Rastlager an den Popa-Fällen entstanden. Von dort kann die Route

Gehöft in der Ovambo-Region; Darstellung um 1890

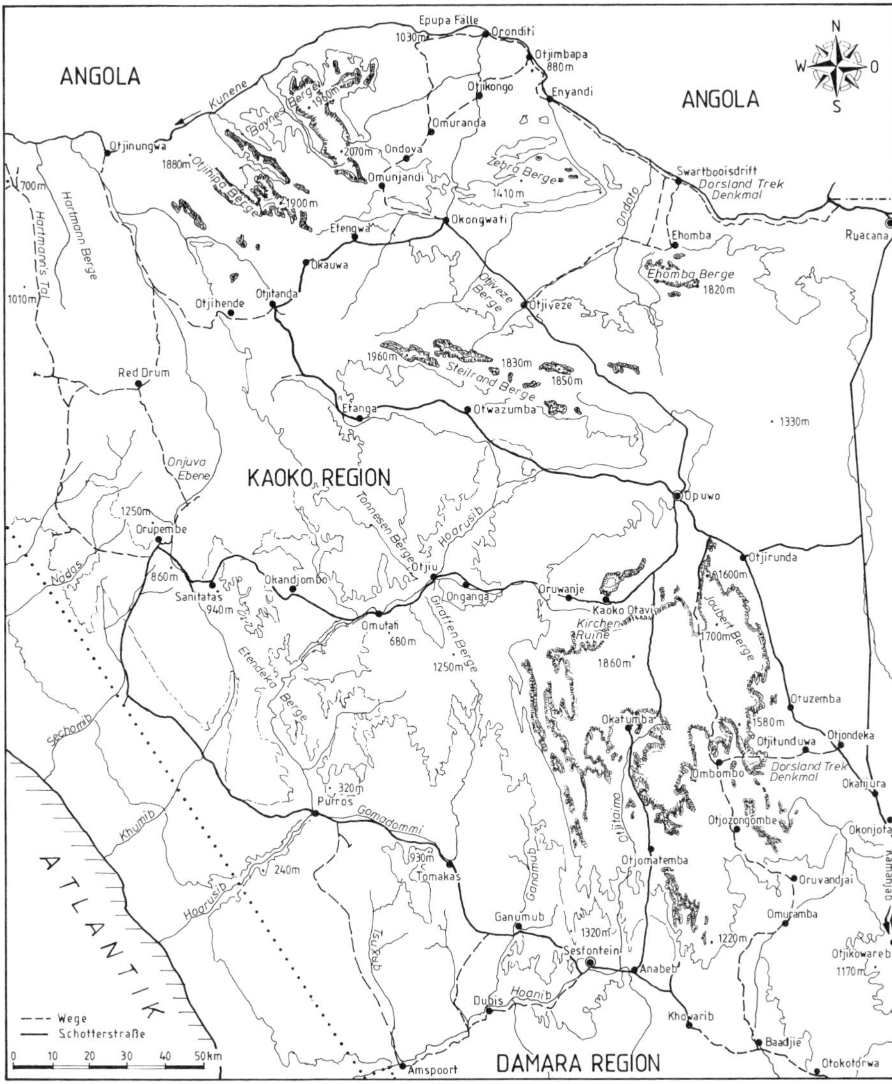

Kaokoland, Kunene-Region

nach Botswana (Chobe-Nationalpark, Okavango-Delta) oder nach Zimbabwe (Viktoria-Fälle) verlängert werden. Die Ovambo-Region war wegen der Spannungen an der Grenze zwischen Namibia und Angola sowie wegen Bombenanschlägen bis 1990 für den Tourismus gesperrt, ein gewisser Mangel an Unterkünften besteht weiterhin. In Ostcaprivi dagegen konnten 1990 der Mudumu- und der Mamili-Nationalpark sowie neue Übernachtungsmöglichkeiten eröffnet werden.

Im landeskundlichen Teil wurde bereits darauf hingewiesen, daß die nördlichen Landesteile mit höheren Niederschlägen als die Halbwüsten im Süden zu den Trocken- und Feuchtsavannen Afrikas überleiten. Die Gebiete entlang der Grenzflüsse Kunene, Okavango und Zambezi sind zugleich alter Siedlungsraum afrikanischer Bauernvölker; nördlich des Etoscha-Nationalparks gelangt man also von der Region der Farmwirtschaft in die afrikanischen Kleinbauern. Die Grundprobleme des Entwicklungslandes Namibia werden sichtbar: Hohes Bevölkerungswachstum (ca. 3 % p. a.), hohe Arbeitslosigkeit, Subsistenzwirtschaft, Sicherung der Grundnahrungsmittel und die Unterschiedlichkeit der Entwicklungsprojekte. Aufgrund eines ›White Papers‹ von 1994 wird der Tourismus als ein wichtiger Entwicklungs- und Wirtschaftsfaktor (zweite Stelle im BIP) in Namibia anerkannt. Umweltschutz und ein neuer Eco-Tourismus erhielten in diesem Regierungsprogramm einen erhöhten Stellenwert. Der Massentourismus wird weiterhin abgelehnt. Der Ausbau der touristischen Angebote vor allem in ländlichen und kleinbäuerlichen Regionen auf der einen und Einschränkungen bei den Besucherzahlen und Anfahrtsmöglichkeiten in den Trockengebieten auf der anderen Seite werden dagegen gefördert. In diesem Zusammenhang müssen auch die ›Community Based Centres‹, u. a. für das Kunsthandwerk mit den zahlreichen Verkaufsstellen in den größeren Städten und auf den lokalen Märkten genannt werden. Das jüngste Beispiel hierfür ist die neue eco-touristische Erschließung der von Windhoek abgelegenen nordwestlichen Kunene-Region, des ehemaligen nördlichen Damalandes und des Kaokoveldes sowie der Ovambo-Region. Ferner sind zu nennen: der kleine Campingplatz Aba-Huab nahe Twyfelfontein, die Rasthütten im traditionellen Stil bei der Khowarib-Gore (Fließwasser) zwischen Palmwag und Sesfontein sowie der Ongongo Campingplatz nahe Warmquelle, 21 km von Sesfontein gelegen. Nahe den heißen Quellen, die ein natürliches Schwimmbad bilden, befinden sich drei traditionelle Rasthütten und der kleine Campingplatz. Ähnliche Projekte befinden sich bei Purros, Spitzkoppe und außerdem in Caprivi. Gefördert werden diese Einrichtungen von privaten Organisationen, wie z. B. dem Save the Rhino-Trust.

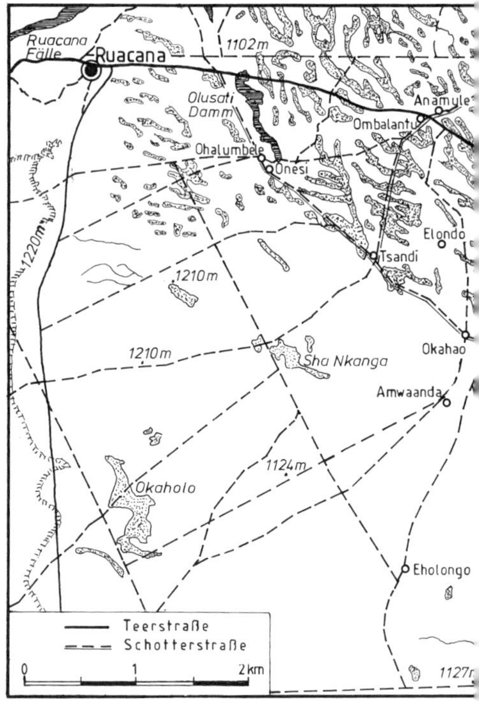

Ovambo-Region

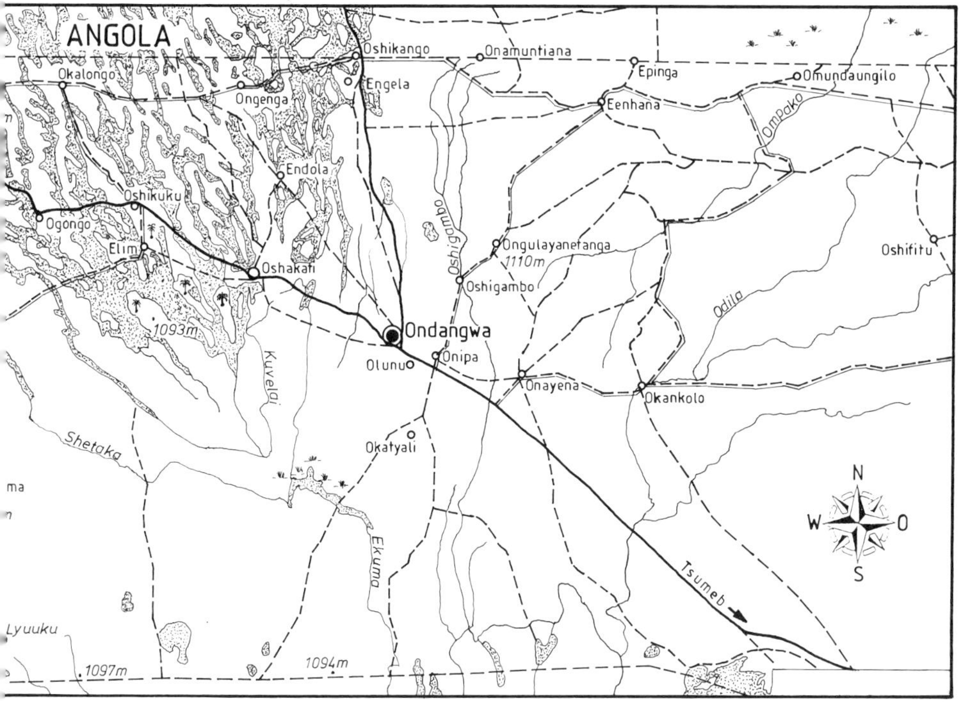

Neben einer neuen Möglichkeit zu übernachten bietet man im renovierten alten Fort in Sesfontein auch Fahrten ins Umland an. Buchungen sind über Windhoek möglich (✆ und Fax 0 61/22 09 38, P. O. Box 40291).

Die Desert Adventure Safaris (DAS) in Swakopmund haben sich spezialisiert auf Fahrten durch das Kaokoland zum Kunene (Serra Cafera Camp), P. O. Box 339, ✆ 06 41/ 44 59/27 50, Fax 46 64. Die Kaokohimba-Fly-in-Safaris (P. O. Box 11580, Windhoek, ✆ und Fax 0 61/22 23 78) unternehmen Flugreisen in den Norden. Als eine Oase in Ovambo bezeichnet sich das Santorini Inn, P. O. Box 767, Grootfontein, ✆ 0 67 51/ 2 04 57/2 05 06 Oshakati.

Ein Abstecher von Ondangwa über die Teerstraße nach Ruacana und u. U. weiter zu den Epupa-Wasserfällen am Kunene ist empfehlenswert. Die Distanz von ca. 200 km und die Fahrt durch das flache und sandige, nur von mehreren Trockenrinnen (Oshanas) durchzogene Ovambo-Gebiet bilden keine Schwierigkeit nach Ruacana zu gelangen. Einen größeren Entwicklungsschub erwartet man von dem Bau des Epupa Staudammes am Kunene, er würde die Fälle mit seinen Wassermassen verschlucken und eine ökologisch interessante Region damit vernichten. Der Staat versucht die Probleme der Ökologie und Ökonomie hierbei in einen Einklang zu bringen. Die gewonnene elektrische Energie würde Namibia von Importen aus der Republik Südafrika unabhängig machen.

Die Schotterstraße C 45 von Nordovambo nach Okavango entlang der Grenze zu Angola ist ebenfalls ohne Allradantrieb zu befahren. Die neuen Städte Ondangwa und Oshakati in Ovambo, Rundu in Okavango und Katima Mulilo in Ostcaprivi zeigen weiterhin ein hohes Wachstum (Marginalsiedlungen) und sind zu Regionalzentren herangewachsen. Unterkünfte und touristische Versorgungseinrichtungen sind hier vorhanden.

Dank der Entwicklungshilfe ist die Trinkwasserversorgung überall gesichert. Es gilt aber weiterhin, dem ständig wachsenden Bevölkerungsdruck zu begegnen und einen Mangel an Grundnahrungsmitteln zu beheben. Der Besucher wird verschiedene Entwicklungsprojekte besichtigen können. Die traditionelle Landnutzung, Hirse- und Maisanbau auf Trokkenland in Gehöftnähe, extensive Viehhaltung in möglichst geringer Entfernung von Wasserstellen (Flüsse, Bohrbrunnen), will man wie in den übrigen Teilen Afrikas verbessern.

Die Oshanas Wilderness Tours haben sich spezialisiert auf Fahrten nach Ovamboland, Kunene, Kaokoveld und Buschmannland. ✆ 0 62 21/50 30 22, Fax 23 16 00 Okahandja.

Der Etoscha-Nationalpark

Die Anreise zum weltberühmten Etoscha-Nationalpark erfolgt meist von Windhoek aus. Die Strecke über die gut ausgebaute Nationalstraße Richtung Norden beträgt bis zum Rastlager Namutoni 537 km. Man kann sie an einem Tag zurücklegen, doch empfiehlt sich eine Übernachtung, um die an der Route gelegenen, mit dem Auto leicht erreichbaren Sehenswürdigkeiten nicht zu versäumen. Zu bedenken ist auch, daß sommerliche Hitze die großen Entfernungen anstrengend macht. Es besteht weiter die Möglichkeit, von der Küstenregion aus über das Brandberg-Massiv und die Sehenswürdigkeiten um Khorixas zum Etoscha-Nationalpark zu fahren und diesen so in eine Rundreise einzugliedern. Außerdem lassen sich die drei Rastlager im Etoscha-Nationalpark oder die Lodges in seiner Nähe mit dem Charterflugzeug von Windhoek aus in wenigen Stunden erreichen.

Der Name ›Etoscha‹ leitet sich her von der San-Sprache und wird folgendermaßen gedeutet: *E* = »groß«, *totha* = »wegen des heißen Bodens von einem Fuß auf den anderen hüpfen«. Dies weist auf die vegetationslose Salzpfanne hin, in der die Oberflächentemperaturen während der sommerlichen Hitze auf 50–60 °C steigen können. Der Etoscha-Nationalpark, mit einer Fläche von 22270 km^2 etwas größer als das Bundesland Hessen, gehört zu den bekanntesten Wildparks in Afrika, auch wenn nur ca. 50% des Gebietes für Touristen geöffnet sind (Farbabb. 19, 23, 24). Trotz der hohen Besucherzahlen (etwa 80000 pro Jahr) hat man dank des ausgedehnten Straßennetzes nie den Eindruck der ›Menschenfülle‹ und kann die Naturlandschaften der Savanne und ihre Tierwelt noch ungestört erleben.

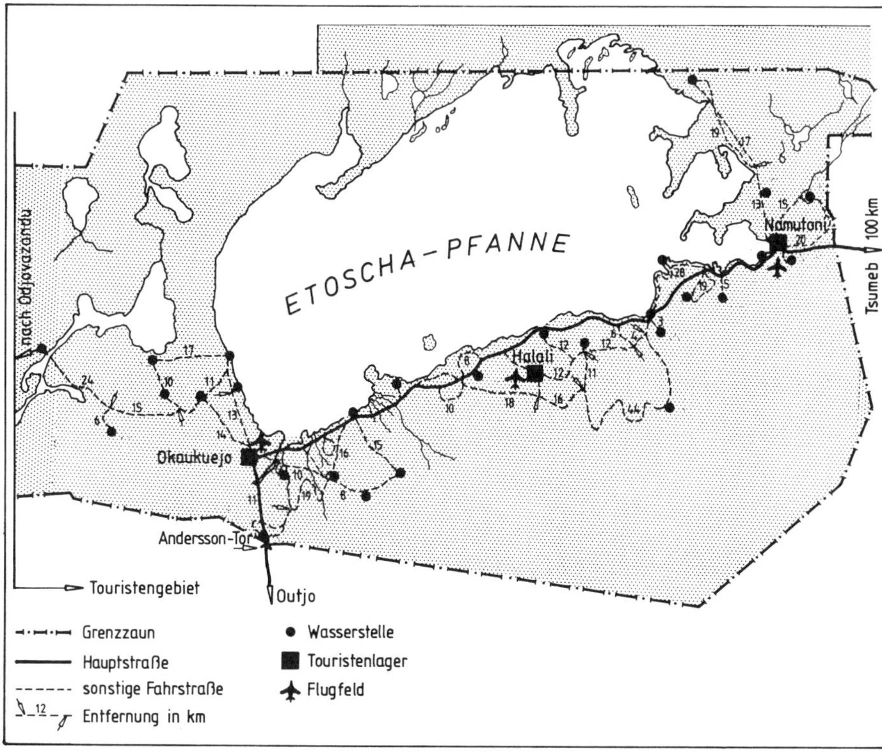

Etoscha-Nationalpark

Geschwindigkeitsbeschränkungen sowie begrenzte Öffnungszeiten für Fahrwege und Rastlager gelten dem Umweltschutz.

Die Geschichte des heutigen Nationalparks begann im März 1907, als der erste Zivilgouverneur der deutschen Kolonialverwaltung, von Lindequist, die von Berufsjägern und Einheimischen frequentierten Savannen der Nordregion zum Wildschutzgebiet erklärte. Der Wildbestand schien von der Ausrottung bedroht, da nach der Einführung von Feuerwaffen die Abschüsse dramatisch angestiegen waren. Das geschützte Gebiet reichte damals vom Kunene-Fluß im Norden bis zum Hoarusib-Rivier im Süden, umfaßte das Gebiet der Etoscha-Pfanne im weiteren Sinne und das Kaoko-Land, insgesamt 93 240 km^2. Die Rinderpest von 1896/97 führte zur Gründung von Kontrollposten in Namutoni und Okaukuejo, um die Ausbreitung der Seuche nach Norden zu verhindern. Namutoni, zugleich Polizeistation, wurde zu Beginn des Herero-Krieges 1904 angegriffen, doch gelang vier Schutztrupplern und drei Farmern die Abwehr von mehreren hundert Ovambo und die Flucht in der Nacht. 1906 wurde Namutoni in seiner heutigen eindrucksvollen Größe neu errichtet als Polizeistation an der Grenze zwischen dem weißen Farmland und den nördlichen Gebieten der afrikanischen Bevölkerung. Der kleinen Truppe oblag zugleich die Überwachung und Verwaltung des Wildreservates.

Am Osterwochenende 1946 begann der Tourismus im Etoscha-Nationalpark: Damals besuchte die erste, von der südafrikanischen Eisenbahnverwaltung organisierte Reisegruppe den Park mit Lastwagen. Der Bau von ganzjährig befahrbaren Pisten erschloß die Region für den Autoverkehr, Brandschutzstreifen gewährleisteten eine systematische Vegetationskontrolle, der Brunnenbau für Wildtränken sicherte die Wasserversorgung der Tiere. Ein wildsicherer Zaun unterband den Wildwechsel zwischen Nationalpark und Farmland, so daß fortan weniger Löwen oder Streifengnus abgeschossen wurden. Die Zahl der Löwen stieg auf ca. 400 bis 500, die der Streifengnus auf etwa 1500 (Mitte der 80er Jahre). Die Errichtung eines ›elefantensicheren‹ Zaunes ist bis heute nicht gelungen, da Elefantenbullen sogar aus Eisenbahnschienen und Drahtseilen errichtete Wälle niederreißen können.

Das Klima im Gebiet des Nationalparks kann als Klima der Trockensavannen bezeichnet werden. Die mittleren Jahresniederschläge liegen um 500 mm, doch treten von Jahr zu Jahr erhebliche Schwankungen auf. Die heiße Jahreszeit zwischen Dezember und April mit Tagestemperaturen von 35 °C und mehr ist zugleich die Regenzeit. In der kühlen Jahreszeit zwischen Mai und September mit Temperaturen von 25 bis 30 °C fällt kein Niederschlag; die Savanne wirkt dann kahl wie ein deutscher Winterwald, das Wild konzentriert sich an Wasserstellen und ist gut sichtbar. Höhe und Verteilung der Niederschläge sowie die Böden

Savannenlandschaft; Darstellung von 1856

bestimmen die Vegetation des Nationalparks: Das Zentrum wird von der riesigen, vegetationslosen Salzpfanne gebildet. Um sie ordnen sich unterschiedliche Savannenformationen an, wobei im Osten Baumsavanne und im trockeneren Westen Busch- und Dornsavanne vorherrschen (vgl. S. 36ff.). Unter den Bäumen dominiert Mopane *(Colophospermum mopane)*. Der ›Märchenwald‹ 32 km westlich von Okaukuejo besteht aus *Moringa ovalifolia*-Beständen, einer Art ›Nationalbaum‹ Namibias. Im feuchteren östlichen Teil des Parkes treten große Tambuti-Bäume *(Spirostachys africana)* und Makalani-Palmen *(Hyphaenae ventricosa)* auf. In den baumlosen Grasländern, einer Sonderform der Savanne, verhindern Staunässe im Boden sowie der Salz- und Mineralienhaushalt das Wachstum von Bäumen.

Die Vegetationsformationen und ihr jahreszeitlicher Zustand beeinflussen das Verhalten der Tiere: Kurz nach der Regenzeit sind die Herden mit ihren Jungtieren angesichts ausreichender Futterressourcen noch groß. Bei fortschreitender Trockenheit, die die Weidemöglichkeiten einschränkt, vereinzeln sich die Tiergruppen. Sie lassen sich dann allerdings besser beobachten, insbesondere an den über 50 Wildtränken, weil die Vegetation nach dem Laubfall lichter ist. Während der Mittagshitze hält sich das Wild im Schatten von Bäumen oder im Buschwerk auf. Beste Zeiten für die Wildbeobachtung sind deshalb die kühlen Morgenstunden und der frühe Abend. Routenbezeichnungen wie ›Blaubock-Rundstrecke‹ oder Ortsbezeichnungen wie ›Löwenbrunnen‹ (Leeubron) weisen darauf hin, wo welche Tiere besonders häufig anzutreffen sind.

Die Abgrenzung des Wildes von Ausweichgebieten in der Farmzone hat in Dürrejahren verheerende Folgen: So mußten nach dem frühen Austrocknen der Etoscha-Pfanne in den Jahren 1969 und 1971 über 20000 Flamingoküken per Hand gefangen und in die noch wasserführende Fischpfanne bei Namutoni umgesetzt werden. Auch bei Großwild wie Spitzmaulnashorn, Bergzebra, Schwarznasenimpala, bei Eland-Antilopen und Elefanten trat bereits in den 50er Jahren ein Überbesatz ein. 1956 wurde deshalb der Nationalpark nach Westen erweitert: Zwischen Hoanib und Ugab fügte man einen breiten Streifen ehemaligen Staatslandes hinzu, so daß ein Zugang zum Meer geschaffen wurde und die Fläche des Parks auf 99526 km^2 anwuchs. 1964 jedoch mußte der damals größte Nationalpark der Welt auf die heutigen 22270 km^2 verkleinert werden. Die südafrikanische Odendaal-Kommission (vgl. S. 94) verlangte die Abtretung von großen Flächen an die Bewohner von Ovambo, des Kaokoveldes und des Damara-Landes, um den sich dort abzeichnenden Landmangel zu verhindern. Die Nationalparkverwaltung reagierte mit einem verstärkten Hegebewußtsein und einem wissenschaftlichen, ökologisch angepaßten Management. Das 1974 eröffnete Institut für Ökologie hat in der Forschung über Wildbestand, Wanderungsverhalten, Tierkrankheiten und Tragfähigkeit der unterschiedlichen Vegetationsformationen wichtiges geleistet. Heute hat der Park drei Rastlager: Namutoni, Halali und Okaukuejo.

Ökologisch angepaßte Planung und Verwaltung sind um so notwendiger, als Tourismus, Straßenbau und andere Infrastrukturmaßnahmen den Nationalpark bedrohen. Erfolg hatte die Parkverwaltung, als sie durchsetzen konnte, daß die Fernstraße nach Norden (Ovambo, Ruacana) den Nationalpark umgeht. Die Starkstromleitung von Ruacana in die Landesmitte dagegen mußte akzeptiert werden.

Eine Etoscha-Touristenkarte ist beim Fremdenverkehrsamt in Windhoek zu bekommen. Auf der Rückseite der Karte finden sich Informationen zu den wichtigsten Tieren (114 Säugetierarten und 340 Vogelspezies, davon ein Drittel Zugvögel) sowie zu Klima, Vegetation und Wasservorkommen.

Die Route Windhoek – Otjiwarongo – Waterberg – Otavi – Tsumeb – Etoscha

Die Kleinstadt **Otjiwarongo** (9500 Einwohner) ist Etappenort auf der Fahrt von Windhoek Richtung Norden und bekannt durch ihre Krokodilfarm. »Der Platz, wo fettes Vieh weidet« war einst ein zeitweise bewohnter Platz der Herero. Mehrere Gästefarmen sind in der Nähe, etwa 40 km südlich des Ortes liegt die Wildfarm Otjiwa, seit 1989 eine Zwischenstation auf dem Weg nach Norden (Anmeldung bei Namib Sun Game Ranches, Windhoek). Etwa 70 km östlich von Otjiwarongo liegt der **Waterbergplateau-Park**. Mit ca. 300 m relativer Höhe überragt das an Quellen reiche Plateau (daher der Name ›Wasserberg‹) die umgebenden Flächen. Die ›natürliche Festung‹ von 48 km Länge bei 8 bis 16 km Breite spielte eine wichtige Rolle im Herero-Krieg: In der Schlacht am Waterberg wurden die Herero-Krieger von der deutschen ›Schutztruppe‹ am 11. August 1904 entscheidend geschlagen. Der Friedhof ist Zeugnis dieser furchtbaren Auseinandersetzung.

Für Touristen ist das Waterbergplateau wegen seiner Felsformationen, seiner Vegetation und Tierwelt interessant. Steile Routen führen durch die Felstürme auf das Plateau, wo man bei Fußwanderungen Gesteine, Böden, Wasserhaushalt, Vegetation und Tierwelt in Ruhe studieren kann. Das eigentliche Plateau mit seinen steilen Felsabbrüchen von 70 bis 75 m Höhe wird gebildet von den obertriassischen, d. h. aus dem Erdmittelalter stammenden, etwa 180 bis 200 Millionen Jahre alten Etjo-Sandsteinen. Diese harten, braunen Sandsteine sind wasserundurchlässig, so daß sich Wasser über den tonhaltigen Sandsteinen und Konglomeraten der Omingondo-Schichten, die an der Basis des Plateaus auftreten, staut. Im Kontaktbereich der beiden Gesteinsarten treten zahlreiche Quellen aus, insbesondere an den Hängen im Südosten des Plateaus. Feuchte Hanglagen und der Gebirgsfuß tragen eine Saumvegetation aus dem Kudu-Busch, der Dreidornakazie und der Fischbohne. In der Nähe der Quellen können Würgerfeigenbäume stehen. Auf dem sandigen, trockenen Plateau findet sich Baumsavanne, sofern nicht durch Holzeinschlag und Viehverbiß eine Buschvegetation entstanden ist. Bis 1972 weidete Vieh von Farmen der Umgebung auf dem Plateau. Mit der Proklamierung des Wildschutzgebietes wurde seit 1972/73 wieder Wild angesiedelt, um den natürlichen Lebensraum wiederherzustellen. Heute bevölkern Eland-Antilopen, Oryx, Kudus, Leoparden und Geparde das Plateau. Aus dem südafrikanischen Natal wurde das weiße Nashorn, aus dem Okavango die Pferdeantilope eingeführt. Zahlreiche seltene Vögel bezogen wieder ihre Nistplätze am Waterberg; nur hier kommen

Fahlschnäpper, Bradfieldtoko und Alpensegler vor. Für die Besucher gibt es einen Campingplatz und ein ganzjährig geöffnetes komfortables Rastlager. 1994 wurde der Okarakuvisa-Wanderweg eröffnet. Auf einer Viertagestour in der Zeit von April–November werden die Wanderer von einem Führer begleitet, der näher auf Flora und Fauna sowie auf die geologischen Verhältnisse eingeht. Eine Voranmeldung zum Park ist ratsam: ✆ 06 51/31 91, Auskünfte über die Straßenverhältnisse sind einzuholen.

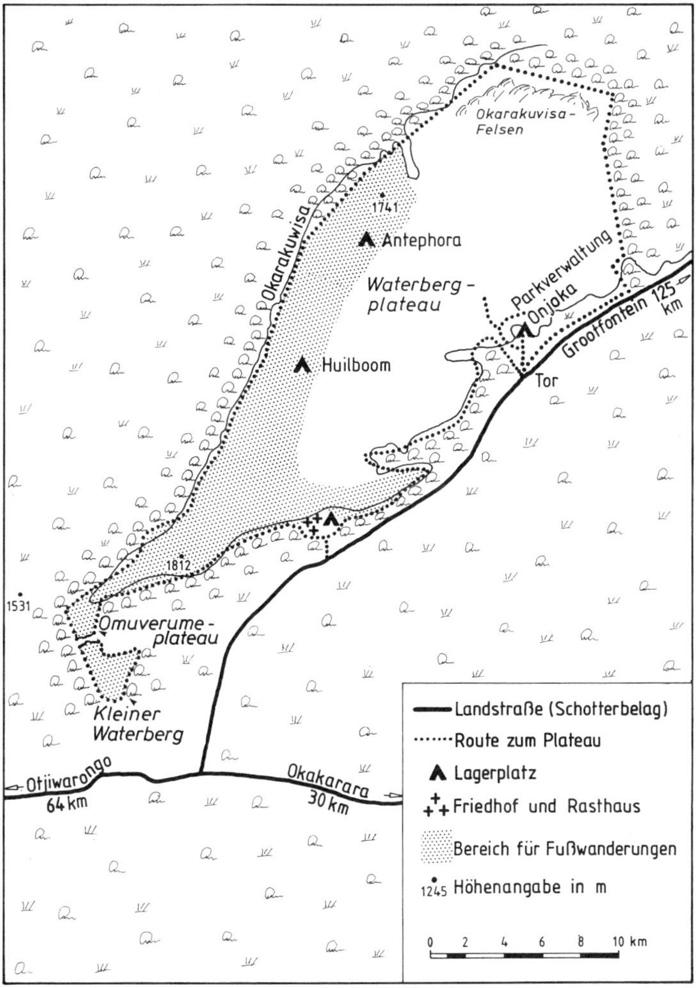

Waterbergplateau-Park

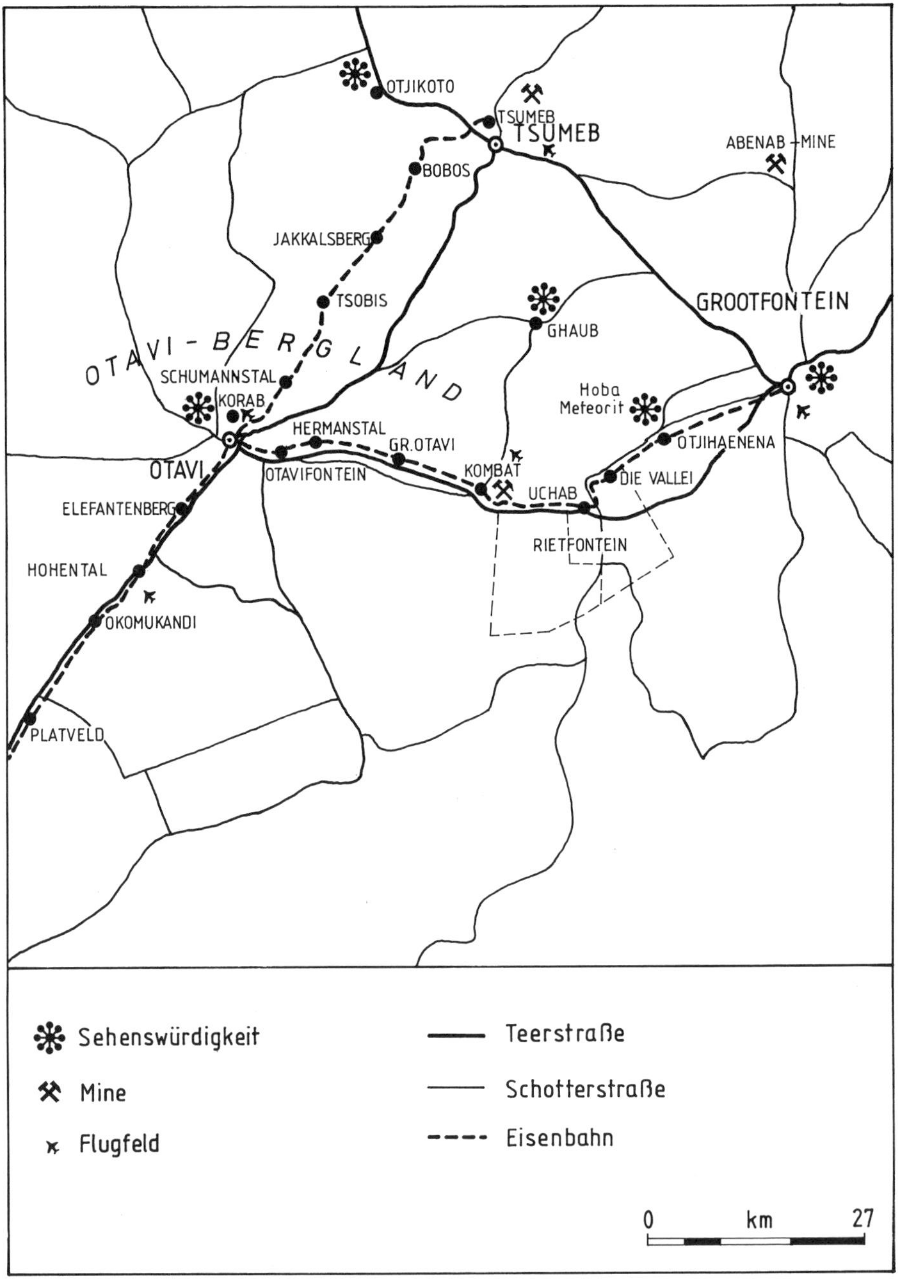

Städtedreieck Tsumeb – Grootfontein – Otavi

Auf dem Weg zum Etoscha-Nationalpark gelangt man 365 km nördlich von Windhoek nach **Otavi,** Teil des Städtedreiecks Otavi-Tsumeb-Grootfontein. Die im Karstgebiet von Otavi fließende wasserreiche Quelle war schon den San und den Herero bekannt. Um die Jahrhundertwende ließen sich hier weiße Siedler nieder, und die ›Schutztruppe‹ gründete einen Stützpunkt. Mit dem Bau der Erzbahn vom Bergbauort Tsumeb zum Seehafen Swakopmund wurde Otavi ein wichtiger Eisenbahnhaltepunkt, wo die Lokomotiven Wasser aufnahmen (1906). Heute ist der Ort mit 2000 Einwohnern Zentrum eines Farmgebietes, steht aber im Schatten von Tsumeb. Weizenanbau mit künstlicher Bewässerung (30–40 ha) versorgt die lokale Mühle; die Brauerei hat ebenfalls lokale Bedeutung.

Eine Schotterstraße führt zu einer Gedenkstätte bei **Khorab,** 2 km nördlich von Otavi: Hier schloß die deutsche ›Schutztruppe‹ am 9. Juli 1915 den Waffenstillstand mit den südafrikanischen Streitkräften, womit das Ende der deutschen Schutzherrschaft über Südwestafrika eingeleitet wurde.

Für Höhlenkundler sind die **Höhlen bei Ghaub** von Interesse, wo sich auch Felsgravierungen finden. Ein historisch-technisches Denkmal stellen die stillgelegten Bergwerke aus deutscher Zeit dar. Für den Besuch der Höhlen muß man sich bei der Stadtverwaltung von Otavi anmelden, da die Zahl der Besucher beschränkt ist. 26 km nördlich von Otavi liegt die **Jagd- und Gästefarm Kupferberg.** Von hier werden Touren zu den alten Bergwerken arrangiert.

Die Teerstraße nach Grootfontein führt östlich von Otavi am ehemaligen **Kupferbergwerk Kombat** vorbei, einem der größten Bergwerke der Region. Auf der nahen Farm Rietfontein finden sich ergiebige Karstquellen.

Kurz vor Grootfontein führt eine Schotterstraße (Hinweisschilder) zum 1920 gefundenen **Hoba-Meteoriten,** mit einem Gewicht von 54 t einer der größten Meteoriten der Welt. Er besteht zu 80 % aus Eisen, zu 16 % aus Nickel, des weiteren aus Kobalt, Kupfer und Chrom. Seit 1955 ist er in die Liste der nationalen Denkmäler aufgenommen und seit 1987 als staatliche Besichtigungsstätte freigegeben (Grillstelle, Toilette).

Tsumeb ist mit 17 000 Einwohnern (1988) die größte und zugleich die älteste Bergbaustadt Namibias. Besonders zur Zeit der Jakaranda-, der Flamboyant- und der Bougainvillea-Blüte (Monate Oktober–Februar) verdient der Ort die Bezeichnung ›Gartenstadt‹. Er wird oft auch ›Tor zum Etoscha-Nationalpark‹ genannt, da von hier nur noch 100 km bis Namutoni zurückzulegen sind. Ein ›Erzschlauch‹, d. h. eine über 1700 m tiefe, schlauchförmig geformte Sammellagerstätte, gab den Anlaß zur Gründung der Bergbaustadt im Jahre 1905. Schon lange zuvor hatten afrikanische Völker die oberflächennahen Kupfervorkommen genutzt. Geologische und mineralogische Untersuchungen ergaben 1893, daß der ›Erzschlauch‹ neben Kupfer auch Blei, Zink, Kadmium, Silber, Germanium und Arsen in abbauwürdiger Konzentration enthielt. Insgesamt konnten 184 Mineralien nachgewiesen werden, darunter zehn, die nur in Tsumeb vorkommen. Die beste Kollektion dieser Mineralien findet sich im Smithonian Museum in Washington, da nach dem ersten Weltkrieg eine amerikanische Bergbaufirma die Mine übernahm. Eine kleine Auswahl zeigt aber auch das Museum von Tsumeb in der alten deutschen Schule an der Main Street (geöffnet montags bis

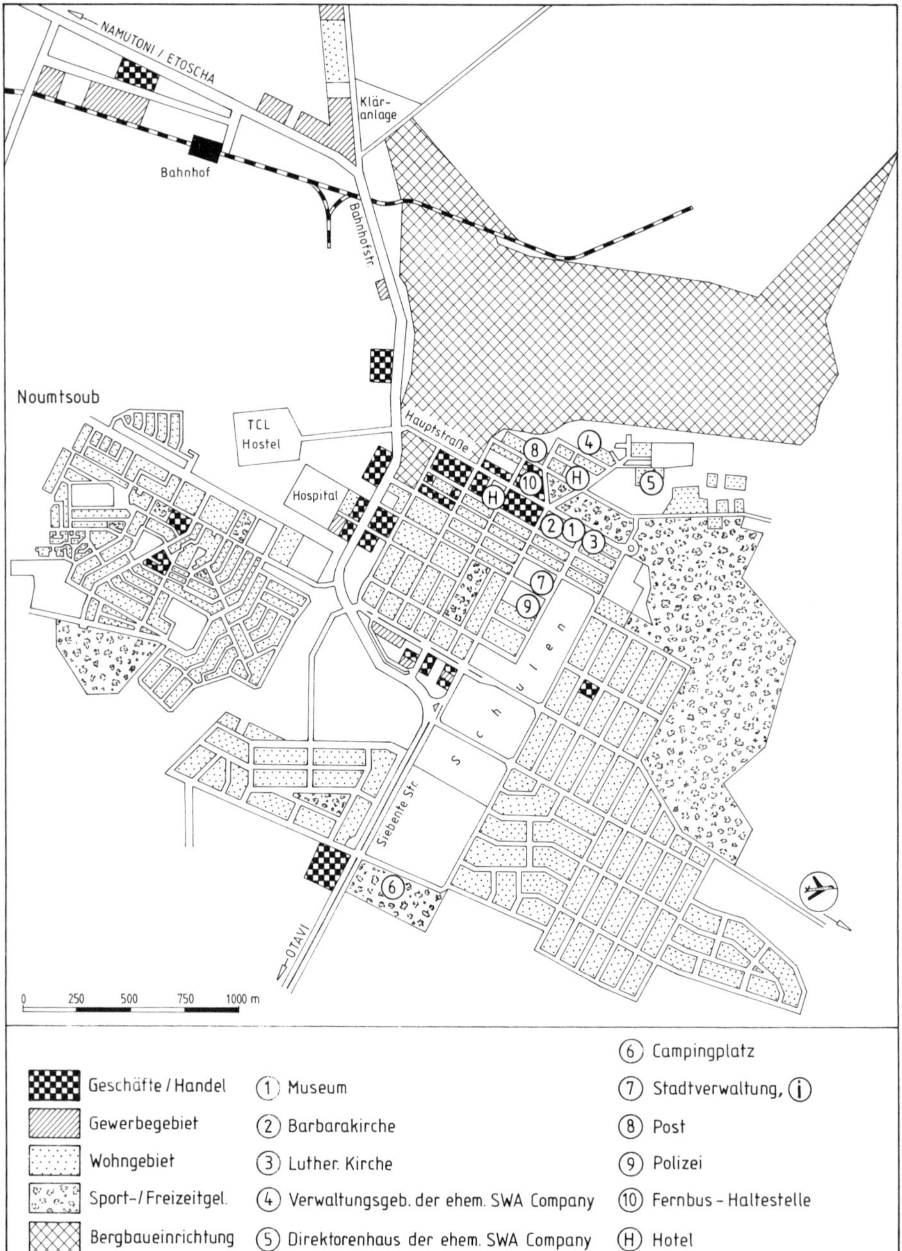
NAMUTONI / ETOSCHA
Klär-anlage
Bahnhof
Bahnhofstr.
Noumtsoub
TCL Hostel
Hospital
Hauptstraße
Schulen
Siebente Str.
OTAVI
0 250 500 750 1000 m
Geschäfte / Handel
Gewerbegebiet
Wohngebiet
Sport- / Freizeitgel.
Bergbaueinrichtung
1 Museum
2 Barbarakirche
3 Luther. Kirche
4 Verwaltungsgeb. der ehem. SWA Company
5 Direktorenhaus der ehem. SWA Company
6 Campingplatz
7 Stadtverwaltung, i
8 Post
9 Polizei
10 Fernbus - Haltestelle
H Hotel

samstags 9 bis 12 und 15 bis 18 Uhr, ✆ 24 47, P.O. Box 884). An historischen Bauten sind außerdem das Verwaltungsgebäude der Otavi-Minengesellschaft zu nennen (1910) sowie die 1913 fertiggestellte, nach der Schutzpatronin der Bergleute benannte Barbarakirche mit Fresken von Walter Fleming. 1994 wurde das Ende des traditionsreichen Bergbaus erwartet. Bereits 1991 setzte die Abwanderung von Fachkräften ein. Die Prospektion nach neuen Lagerstätten begann. Die alte Minenstadt soll nicht sterben. Das Kunsthandwerkszentrum in der 18, Mainstreet und der Tagesmarkt am Stadtrand mit seinem umfangreichen Angebot sind sehenswert.

In der Karstlandschaft im Raum von Otavi und Tsumeb gibt es zwei bekannte Seen, den **Otjikoto-See** und den **Guinas-See.** Es handelt sich dabei um wassergefüllte Einsturzdolinen: Die Decken unterirdischer Höhlen stürzten ein, und die so entstandenen Schlote füllten sich mit Wasser aus dem Karstsystem. Der Otjikoto-See liegt unmittelbar an der Straße nach Namutoni, 22 km von Tsumeb entfernt. Ihm wird Wasser für die Bewässerungsanlagen der Bergbaugesellschaft entnommen, die Obst- und Gemüseanbau sowie Milch- und Fleischrinderhaltung für den Eigenverbrauch betreibt. 1915 versenkten die deutschen ›Schutztruppen‹ bei ihrem Rückzug vor den südafrikanischen Streitkräften ihre Waffen im See. Geschütze und andere Waffen wurden später aus ca. 70 m Tiefe geborgen und im Museum von Tsumeb ausgestellt. Der 20 km westlich gelegene Guinas-See wird ebenfalls zur städtischen Wasserversorgung und für Bewässerungszwecke genutzt. Versierte Taucher können in dem ca. 80 000 Jahre alten und 130 m tiefen Otjikoto-See ihren Sport ausüben. Nähere Informationen ✆ 0 61/3 83 20 Windhoek bei Herrn Theo Schoeman.

Die Route Swakopmund – Brandberg – Uis – Khorixas – Etoscha

Eine beliebte Reiseroute führt von der Namib-Küstenwüste in nordöstlicher Richtung über das Brandberg-Massiv und Khorixas mit seinen zahlreichen Sehenswürdigkeiten zum Etoscha-Nationalpark. Der Brandberg ist aber auch von Omaruru aus über gut unterhaltene Schotterstraßen zu erreichen.

Das **Brandberg-Massiv** gehört zu den eindrucksvollsten Gebirgslandschaften Namibias. Es erhebt sich als mächtiges Felsengebirge bis 2000 m Höhe; im Königstein wird mit 2573 m die höchste Erhebung des Landes erreicht. Die Lage des Massivs über der Halbwüste der inneren Namib gibt ihm eine klimaökologische Sonderstellung, da insbesondere die hohen Teile Feuchte erhalten. Dies zieht Wildtiere an, denen bis in die jüngste Vergangenheit jagende San-›Buschleute‹ folgten. So ist das Brandberg-Massiv nicht nur eine eindrucksvolle Landschaft für Wanderer und Bergsteiger, sondern auch ein Eldorado für Reisende, die an afrikanischer Vor- und Frühgeschichte und an Felsmalereien interessiert sind.

◁ *Tsumeb*

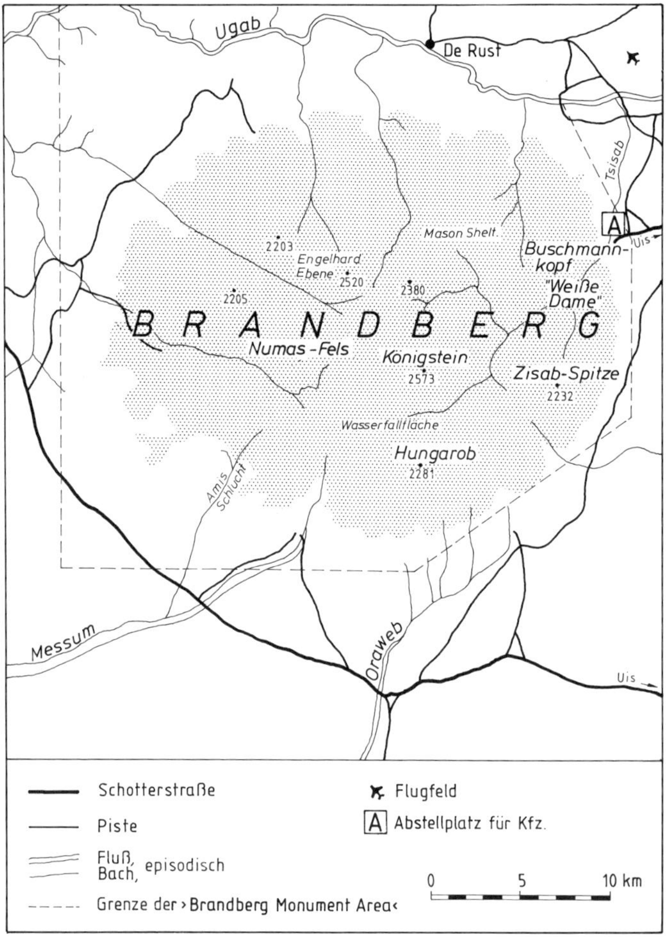

Brandberg

Der Einstieg in das Massiv erfolgt meist über die Tsisab-Schlucht, die auf guter Schotterstraße von Uis aus zu erreichen ist. Die Halbwüstenvegetation umfaßt Euphorbien und Köcherbäume. Am Eingang zur Schlucht gibt es einen Abstellplatz für Fahrzeuge. Der Weg in das fast vegetationslose Gebirge, vorbei an Felstrümmern, ist beschwerlich, und die Temperaturen steigen bereits am Vormittag auf 30° C an. Der Aufstieg bis zur Maack-Grotte mit der berühmten Felsmalerei der ›Weißen Dame‹ kann ein bis zwei Stunden dauern. Festes Schuhwerk und die Mitnahme von mindestens 1 l Wasser pro Person sind dringend notwendig. Wer eine Brandberg-Wanderung machen will, sollte die Hilfe eines erfahrenen Führers schon in Windhoek oder Swakopmund sicherstellen und die Wanderung gut vorbereiten: Man ist ›am Ende der Welt‹, auf sich allein gestellt!

Felsmalereien sind die bedeutendste Attraktion des Brandberges. Der deutsche Landvermesser Reinhard Maack entdeckte 1918 unter einem Felsüberhang eine Gruppe von Felszeichnungen, darunter eine, die bis heute ihr Geheimnis nicht preisgegeben hat und zu den meistdiskutierten Funden Afrikas gehört: Die **›Weiße Dame‹**, eine ca. 40 cm hohe Figur, die Pfeil und Bogen in der Hand hält (Farbabb. 36). Die hell-weiße untere Körperhälfte kontrastiert mit dem rötlich-braunen Oberkörper. Der weltberühmte französische Prähistoriker Abbé Breuil, bekannt durch die Dokumentation und Deutung der Felsbilder der Sahara, besuchte die Zeichnungen am Brandberg und prägte 1948 den Begriff der ›White Lady‹. Nach seiner Deutung handelt es sich um eine Frau von kretischer oder ägyptischer Herkunft, da er in Haartracht, Körperfarbe und Stil Bezüge zum Mittelmeerraum sah. (Böse Zungen behaupten, der Abbé verstehe nichts von Damen.) Nach der heute allgemein akzeptierten Interpretation stellt das Bild einen jungen Mann dar, dessen Körper aus rituellem oder zeremoniellem Anlaß mit weißem Ton bemalt ist, wie als Jagdzauber bei den Himba

Felsmalerei aus der Numas-Schlucht, Brandberg-Massiv

und Herero üblich. Die Attraktivität der vermeintlichen Dame ist so groß, daß ein wahrer ›Massentourismus‹ zu schweren Beschädigungen an den Felsbildern führte und diese durch ein massives Eisengitter geschützt werden mußten.

Harald Pager (1923–1985) verdanken wir die Erkundung und Dokumentation der Felsmalereien und -gravierungen im Brandberg-Massiv. Der ehemalige Grafiker aus Franken, der sich als Autodidakt bis zu seinem Tod am Brandberg der Erforschung der Felsbilder verschrieb, legte von fast 900 Aufnahmestellen etwa 6000 Folien an, die am Institut für Ur- und Frühgeschichte der Universität zu Köln ausgewertet werden (vgl. auch S. 69).

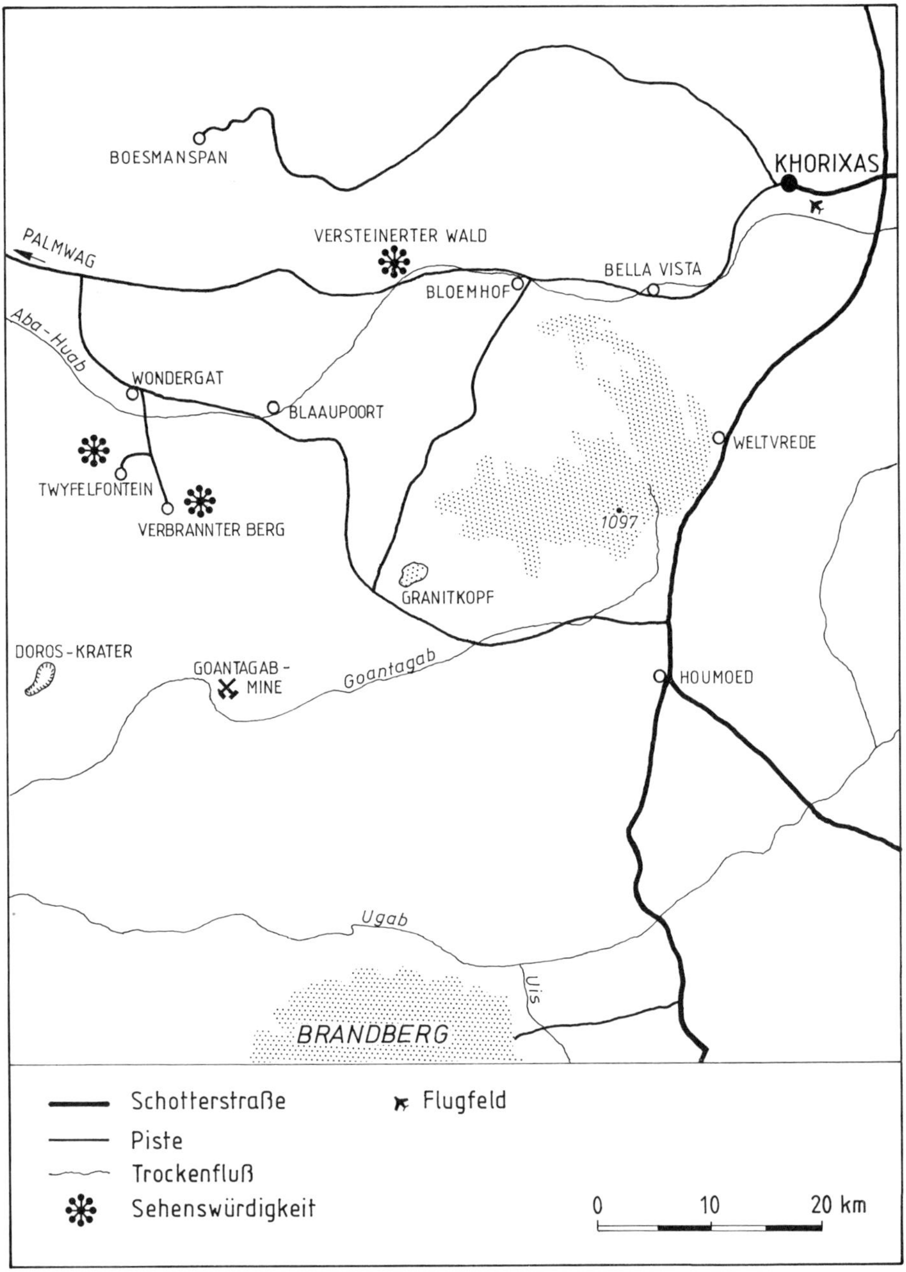
BOESMANSPAN
KHORIXAS
PALMWAG
VERSTEINERTER WALD
BELLA VISTA
BLOEMHOF
Aba-Huab
WONDERGAT
BLAAUPOORT
WELTVREDE
TWYFELFONTEIN
VERBRANNTER BERG
1097
GRANITKOPF
DOROS-KRATER
GOANTAGAB-MINE
Goantagab
HOUMOED
Ugab
Uis
BRANDBERG
Schotterstraße
Flugfeld
Piste
Trockenfluß
Sehenswürdigkeit
0
10
20 km

Als Etappe auf der Fahrt vom Brandberg zum Etoscha-Nationalpark empfiehlt sich der Ort **Khorixas** (früher Welwitschia), das ehemalige Verwaltungszentrum des Damara-Landes. 3 km außerhalb richtete die Entwicklungsgesellschaft FNDC ein Rastlager ein mit Bungalows, Wohnwagenplatz, Restaurant und Schwimmbad. Das heutige Hotel Khorixas und die 225 km westlich gelegene Palmwag Lodge wurden zu Ausgangsorten für die Erkundung der geologischen und archäologischen Sehenswürdigkeiten im Damara-Land und im Kaokoveld. Das Farmzentrum Outjo ist ebenfalls ein möglicher Etappenort. Ein Museumsbesuch (Lokalhistorie, Mineralien) lohnt sich.

Der ›**Versteinerte Wald**‹ ist die wichtigste Attraktion in der Umgebung von Khorixas (Farbabb. 17). Auf einem ca. 65 ha großen Gelände findet sich ein Gewirr von versteinerten Baumstämmen, grauen Überbleibseln aus der Vorzeit. Der größte von ihnen hat eine Länge von über 30 m und einen Umfang von 6 m. Die Bäume wirken mit ihren Jahresringen und ihrer ›Rinde‹ so, als seien sie gerade erst umgestürzt, doch zeigen ihre Härte, das hohe spezifische Gewicht und der Glanz mancher Oberflächen, daß es sich um einen durch die Einwirkung von Kieselsäure ›versteinerten‹, uralten Wald handelt. Nach geologischen Untersuchungen ist er der Rest eines von Wassermassen zerstörten und fortgespülten Waldes aus dem Erdaltertum, der Karbonzeit; die Bäume sind also etwa 300 Millionen Jahre alt. Decksande verhinderten die Luftzufuhr und damit eine Vermoderung, und der Prozeß der ›Verkieselung‹ setzte ein, indem Wasser mit Kieselsäureanteilen die organischen Stoffe verdrängte. So wurden die Formen der Bäume bis ins Detail konserviert. Jüngere Abtragungsvorgänge führten zur Freilegung des ›Versteinerten Waldes‹, den wir heute inmitten der Dornsavanne des Damara-Landes als ein einmaliges Zeugnis des Klimas der Vorzeit und als ein großartiges Dokument der Erdgeschichte bewundern können. Wissenschaftler wiesen nach, daß es sich um Reste von Nadelbäumen *(Gymnospermen)* handelt, wie sie etwa für Deutschland während der Karbon-Steinkohlenzeit belegt sind.

Auf der Farm **Twyfelfontein** befindet sich einer der reichsten Fundorte von Felsgravierungen in Namibia (Farbabb. 33, 35). Den Namen trägt die Farm zu Recht, da es ›zweifelhaft‹ ist, ob die hiesige Quelle jedes Jahr Wasser führt. 1964 wurde die Rinderfarm aufgegeben und dem Land der Damara angegliedert. Die Felsgravierungen waren schon in der Kolonialzeit bekannt, gerieten aber wieder in Vergessenheit. Die Verwaltung des Damara-Landes machte sie als ein bedeutendes Erbe afrikanischer Kunst und Frühgeschichte zugänglich. Die Gravuren stellen Tiere und abstrakte Figuren dar. Die Tierdarstellungen zeigen Giraffen, Antilopen, den Löwen »mit dem eingeknickten Schwanz und der großen Tatze«. Die abstrakten Darstellungen sind kaum zu deuten, da man über die Urheber nichts weiß.

Die Gravuren sind mit harten Quarzsteinen in einer Tiefe von 1–3, maximal 5 mm in die weicheren Sandsteinplatten eingeritzt. Die harte Patina, die Oxidationsschicht des Sandsteins, könnte bei ihrer Datierung helfen, aber Boden- und Luftfeuchtigkeit sowie Gesteinszusammensetzung beeinflussen den Oxidationsprozeß zu sehr, als daß man eine zuverlässige

◁ *Naturwunder um Khorixas*

Datierung vornehmen könnte (vgl. S. 69). Schöpfer der Darstellungen waren Jäger, seien es San oder Berg-Damara, die an Wasserstellen wie Twyfelfontein dem Wild auflauerten und als magischen Jagdzauber (oder zum Zeitvertreib?) die Kunstwerke anfertigten.

Eine für erdgeschichtlich interessierte Reisende wie für Fotografen faszinierende Erscheinung ist der ›**Verbrannte Berg**‹, 12 km von Twyfelfontein entfernt. Besonders in der Abendsonne zeigen seine rötlichen und violetten Gesteinsschichten ein herrliches Farbspiel, das durch das kontrastierende Schwarz der schlackenartigen Gesteine noch verstärkt wird und den Eindruck erweckt, der Berg habe gebrannt. Grau-violette Mergel und Sandsteine des Erdmittelalters, von der Abtragung freigelegt und von der Verwitterung überformt, sind Ursache für diese Erscheinung. Zu ›Orgelpfeifen‹ geformte quarzitreiche Sandsteinsäulen wurden ebenfalls von der Erosion freigelegt. Bekannt ist auch der ›Vingerklip‹ (Fingerfelsen) ein kleiner Inselberg aus Konglomeratgestein im Ugab-Tal zwischen Khorixas und Outjo. Er ist bis zu seinem Fuß leicht zu besteigen und bietet eine herrliche Aussicht. Eine neue gleichnamige Lodge befindet sich in der Nähe, ✆ 0 61/22 03 24, Fax 22 14 32 Windhoek.

Etwa 110 km nördlich von Khorixas erreicht man das Kleinzentrum **Kamanjab.** Von hier aus läßt sich der Westteil des Etoscha-Nationalparks gut erreichen. Auf der Farm Kamanjab (10 km östlich an der Teerstraße nach Outjo) befindet sich eine beachtliche Zahl von Felsgravierungen (an Peet Alberts Koppie). Von Kamanjab aus kann man auf einer etwa 170 km langen Rundfahrt in Richtung Grootberg (westlich) eine eindrucksvolle ›Urlandschaft‹ erleben (einsame Piste, Vorräte an Proviant und Benzin mitnehmen!).

Okavango und Caprivi

Seit der Mitte der 80er Jahre werden die nördlichen Grenzgebiete Namibias an Okavango und Zambezi immer häufiger von Touristen besucht. Hier besteht die Möglichkeit, das ›alte Afrika‹ außerhalb der Farmzone zu erleben. Die Völker und Kulturen dieser nordöstlichen Gebiete verweisen schon auf Zentralafrika, zu dem enge historische und kulturelle Beziehungen bestehen (Abb. 38, 39, 41, 42, 44–49).

Ausgangsort für eine Fahrt in den Nordosten ist das Mittelzentrum **Grootfontein** (1988 etwa 7000 Einwohner), benannt nach einer nahegelegenen Quelle. Der Ort entwickelte sich seit 1905 um das Fort, das heute als Museum fungiert. In dem Park, einer Art botanischer Garten der Bergwerksgesellschaft, gedeiht ein breites Spektrum tropischer Bäume, auf dem alten Friedhof (an der Straße nach Rundu) finden sich die Gräber von Soldaten der deutschen ›Schutztruppe‹ und von frühen Siedlern. Zu letzteren gehörten die ›Dorstlandtrekker‹, Buren aus Transvaal, die durch die Durststrecken der Kalahari nach Angola gezogen waren.

Grootfontein ▷

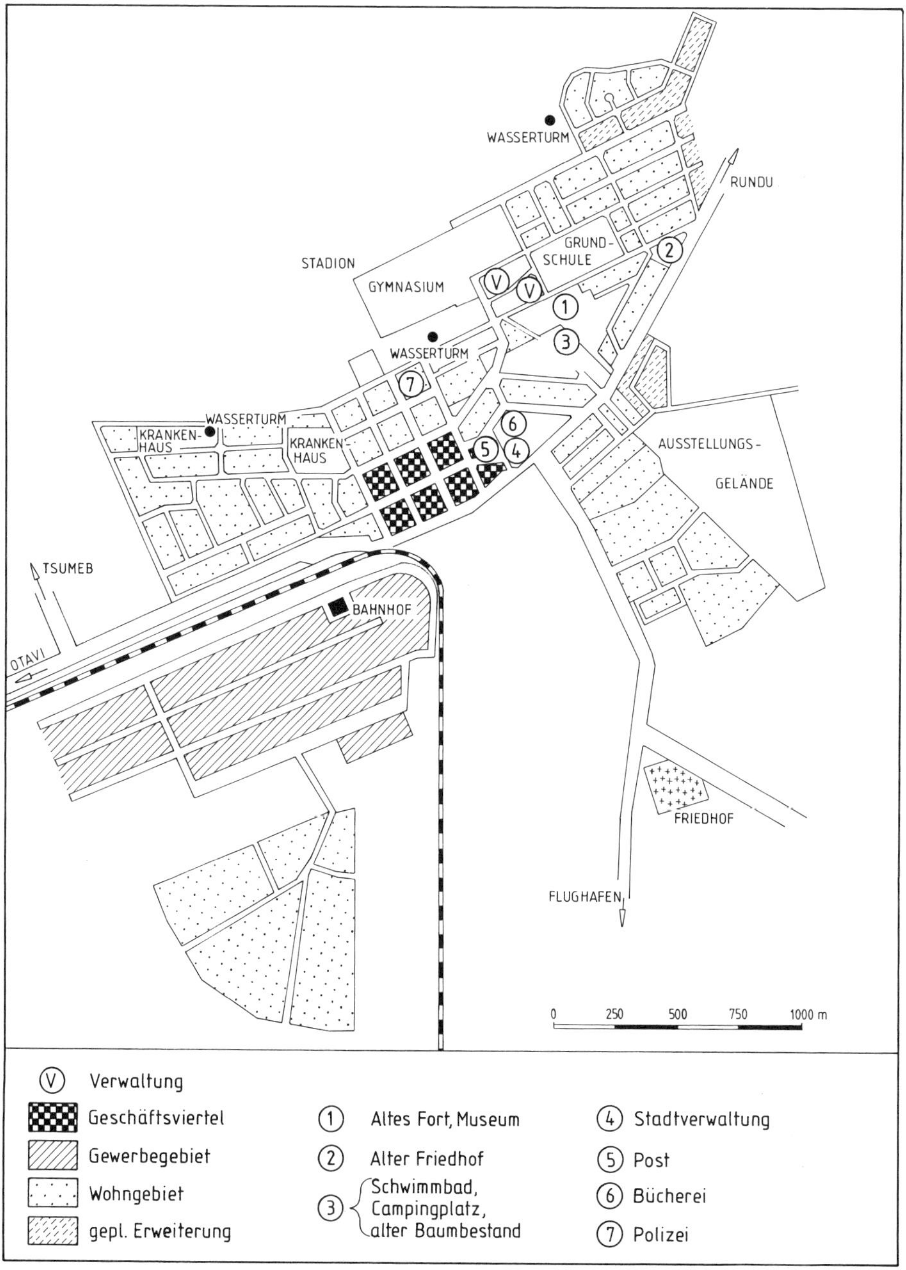
WASSERTURM
RUNDU
GRUND-
SCHULE
STADION
GYMNASIUM
WASSERTURM
WASSERTURM
KRANKEN-
HAUS
KRANKEN-
HAUS
AUSSTELLUNGS-
GELÄNDE
TSUMEB
BAHNHOF
OTAVI
FRIEDHOF
FLUGHAFEN
0
250
500
750
1000 m
Verwaltung
Geschäftsviertel
Gewerbegebiet
Wohngebiet
gepl. Erweiterung
1 Altes Fort, Museum
2 Alter Friedhof
3 Schwimmbad, Campingplatz, alter Baumbestand
4 Stadtverwaltung
5 Post
6 Bücherei
7 Polizei

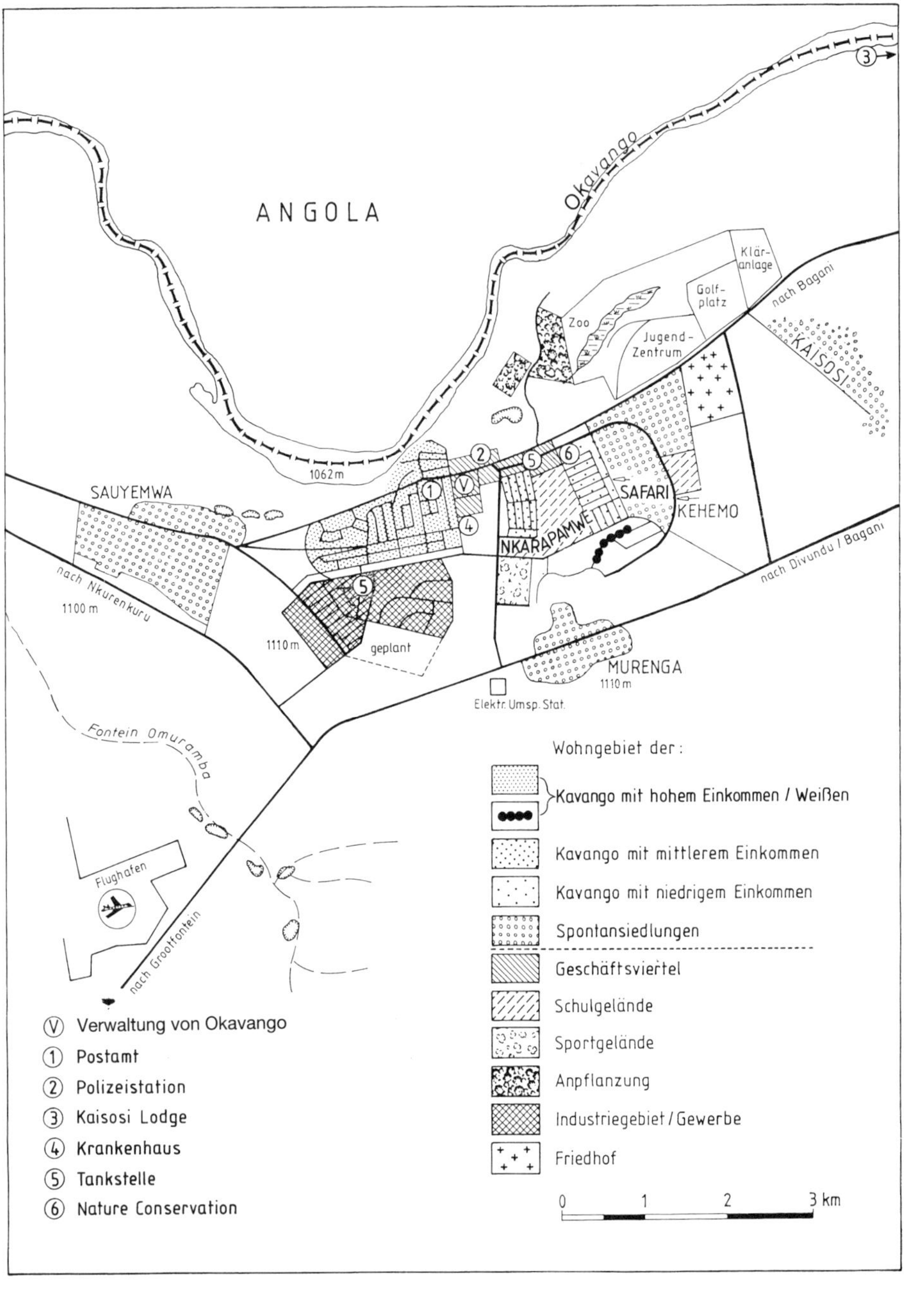
ANGOLA
Okavango
3
Klär-
anlage
Golf-
platz
nach Bagani
Zoo
Jugend-
Zentrum
KAISOSI
1062 m
2
5
6
1
V
4
SAUYEMWA
SAFARI
KEHEMO
NKARAPAMWE
nach Divundu / Bagani
nach Nkurenkuru
1100 m
5
1110 m
geplant
MURENGA
1110 m
Elektr. Umsp. Stat.
Fontein Omuramba
Flughafen
nach Grootfontein
Wohngebiet der:
Kavango mit hohem Einkommen / Weißen
Kavango mit mittlerem Einkommen
Kavango mit niedrigem Einkommen
Spontansiedlungen
Geschäftsviertel
Schulgelände
Sportgelände
Anpflanzung
Industriegebiet / Gewerbe
Friedhof
0
1
2
3 km
V Verwaltung von Okavango
1 Postamt
2 Polizeistation
3 Kaisosi Lodge
4 Krankenhaus
5 Tankstelle
6 Nature Conservation

Der Okavango

Nachdem auf der Berliner Kongo-Konferenz (1884–85) das Gebiet des heutigen Angola endgültig Portugal zugeteilt worden war, zogen sie sich aus religiös-politischen Gründen Richtung Süden zurück und ließen sich im Raum des heutigen Grootfontein nieder. Dort gründeten sie die Republik Upingtonia. Diese wurde zwei Jahre später in das deutsche Schutzgebiet eingegliedert. Tagesfahrten zu den Herero-Viehhaltern (ca. 200 km) oder ins Buschmannland (Tsumkwe 260 km) mit Allradfahrzeugen und Ausrüstung sind möglich.

Die Anfahrt nach Rundu am Okavango erfolgt über eine gut ausgebaute Teerstraße, die durch lichte Baumsavanne führt. Etwa 90 km vor Rundu bieten Kavango-Schnitzer ihre Masken, Stühle und Truhen aus Kiaat-Holz zum Verkauf an. Auch in Rundu kann man solche Handwerksprodukte, zu denen auch Flechtarbeiten und Töpfereiwaren gehören, erwerben. Die FNDC fördert die kunsthandwerkliche Ausbildung, hat damit allerdings mehr eine ›Touristenkunst‹ als eine Rückbesinnung auf afrikanische Traditionen initiiert – ein Problem in zahlreichen afrikanischen Ländern. Bekannt wurde in Rundu die Mbungura Woodcraft Co-operative.

Das Verwaltungs- und Handelszentrum **Rundu** (ca. 15000 E.), die einzige Stadt im Kavango-Land, hat sich seit Mitte der 30er Jahre aus einem kleinen Camp entwickelt. Im Gegensatz zum Zentrum und den Wohngebieten der Mittel- und Oberschicht stehen die ›Spontansiedlungen‹ am Stadtrand, selbstgebaute Hütten der Zuwanderer aus Flüchtlings-

◁ *Rundu*

und Armutsgebieten der Grenzregion. Hier werden Probleme des Entwicklungslandes Namibia deutlich, die der Besucher in Windhoek oder in der Farmzone kaum erleben kann.

Die **christlichen Missionen,** die man an den Routen südlich des Okavango sieht, trugen durch ihre Schulen, Handwerkszentren, sozialen und medizinischen Dienste wesentlich zum Wandel der traditionellen afrikanischen Gesellschaften bei. Die römisch-katholischen Missionsstationen Andara (Farbabb. 3) und Sambiu im Osten von Rundu oder die Missionsstation Tondoro im Westen können (nach Voranmeldung) auf Tagesfahrten besucht werden. Da viele Missionsangehörige seit Jahren in Nord-Namibia leben, sind sie berufene Informanten. Der Besuch eines Gehöfts oder Bauernbetriebs ist empfehlenswert (vgl. Farbabb. 34). Dabei ist es angebracht, mit Takt und Höflichkeit den Zugang zu erbitten.

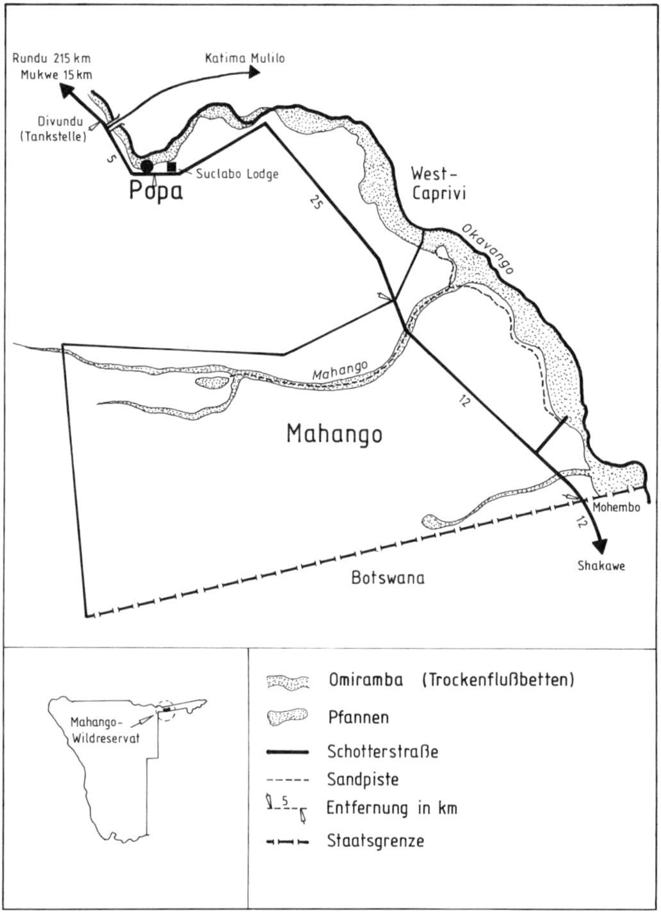

Mahango-Wildreservat

Um die touristische Anziehungskraft des Nordostens zu stärken, wurden in den 80er Jahren zwei Wildschutzgebiete eingerichtet. Im Südosten von Okavango besteht seit 1987 das **Khaudum-Wildreservat** (3842 km^2 Fläche), das einzige Rastlager Namibias im Kalahari-Sandveld. Ein Besuch ist wegen der sehr schwierigen Piste (Allrad-Antrieb!) und dem geringen Wildbestand weniger zu empfehlen. Zwei Rastlager, Sikerete im Süden und Khaudum im Norden bieten eine einfache Unterkunft, es ist ein echter Aufenthalt in der Wildnis. Das **Mahango-Wildreservat** (244 km^2) liegt im Nordosten von Okavango an der Grenze zu Botswana. Durch seine Lage am Okavango-Fluß hat es einen dichten Bestand von Galeriewald. Flußpferde, Krokodile, Wasserkudu, Lechwe und Schirrantilope sind häufig anzutreffen, mehr als 280 Vogelarten wurden gezählt. Da in Mahango keine Übernachtungsmöglichkeit besteht, besucht man es am besten als Tagesausflug vom Rastlager an den **Popa-Fällen** aus. Dieses liegt nur 25 km von Mahango entfernt und ist durch eine gute Schotterstraße mit dem Wildreservat verbunden (Geländefahrzeug!). Im Rastlagerbereich kann man zelten (zehn Standplätze) oder in Hütten übernachten (zehn Hütten mit je vier Betten, fließendes Wasser vorhanden; Lebensmittel und Benzin mitbringen). Voranmeldung bei der Naturschutzbehörde in Windhoek. In der Nähe liegt die private Suclabo Lodge. Reservierung: Rundu, P.O. Box 294, ✆ 06 73 72/62 22 oder 7 96.

Das Rastlager an den Popa-Fällen wird gern als Zwischenstation auf dem Weg in den Ost-Caprivi oder zum Okavango-Delta in West-Botswana genutzt. Die neue Brücke südlich von Andara (5 km von den Popa-Fällen entfernt) führt zu einer Schotterstraße, die den Westen des Caprivi-Zipfels durchquert. Die folgenden 200 km sind Wildparkgelände. Nach Passieren des West-Caprivi-Streifens und des Kwando erreicht man die Region Ost-Caprivi. 1990 wurden hier zwei neue Nationalparks eingerichtet. Der Mamili-Park (319 km^2) umfaßt die Inseln Nkala und Lupala im äußersten Südwesten, im Überschwemmungsgebiet von Kwando (Mashi) und Linyanti gelegen. Der Mudumu-Park (1009 km^2) liegt 30 km weiter nördlich im Überflutungsgebiet des Kwando. Im Trockenbereich befindet sich dic Lianshulu Lodge (Auskünfte: Lianshulu Lodge, Afro Ventures Safaris, P.O. Box 11176 Windhoek, Fax 0 61/8 86-23 49). Tiere und Pflanzen paßten sich wie im Okavango-Delta diesem Rückzugsraum an. Die einzige Unterkunft im Muduma Nationalpark ist z. Z. eine Hütte für acht Personen direkt am Kwando. Offene Campingmöglichkeiten sind im Mamili-Nationalpark bei Mzalu und Lyadura im Osten und Südosten des Parkes.

Der 600 km^2 große Caprivi-Wildpark kann nur durchfahren werden. Touristen werden gebeten, während der Durchfahrt auf der Hauptstraße zu bleiben. Bootsfahrten und geführte Tagesexkursionen sind aber möglich. Reservierungen: Namib Travel Shop P. O. Box 5850, Windhoek, ✆ 0 61/22 61 74, Fax 23 94 55.

Im April 1994 eröffnete das Namushasha-Lodge, auf dem westlichen Hochufer des Kwando gelegen, neue Möglichkeiten, den Westcaprivi-Wildpark zu besuchen. Leicht erreichbar sind von hier aus die beiden erwähnten National-Parks Mudumu und Mamili, das Regionalzentrum Katima Mulilo sowie grenznahe Sehenswürdigkeiten in den Nachbarländern Angola und Sambia (Viktoria Falls des Zambesi, 380 km). Die Lodge hat eine eigene Landepiste und ist auch von Windhoek aus in einem Drei-Stunden-Flug leicht zu erreichen. Reservierungen: Namushasha-Lodge P. O. Box 5810, Windhoek, ✆/Fax 0 61/24 03 75.

Eine 124 km lange Teerstraße führt von Kongola zu dem Verwaltungszentrum **Katima Mulilo** (über 8000 E.) am Zambesi. Für Einzelreisende und kleine Gruppen kann Unterkunft in der Zambesi-Lodge oder in der Hippo-Lodge gebucht werden. Ein Besuch des Kunstzentrums nahe dem Hospital, wo auch kunsthandwerkliche Erzeugnisse aus den Nachbarländern zum Verkauf angeboten werden, ist empfehlenswert. Das im traditionellen Stil gehaltene Besuchsdorf Lizauli nahe dem Modumu-Nationalpark ist ebenfalls bekannt für seine kunsthandwerklichen Erzeugnisse sowie für die traditionellen Musik- und Tanzveranstaltungen. Von Katima Mulilo aus lassen sich Ausflüge auf dem Zambezi-Fluß, zum Chobe-Nationalpark in Botswana sowie zu den Viktoria-Fällen in Zimbabwe unternehmen (Visa für Botswana und Zimbabwe werden für Deutsche kostenlos an den Grenzstationen ausgestellt. Paß und Fahrzeugpapiere bereithalten). Trophäenjäger dürfen seit 1987 in Ost-Caprivi jagen (Genehmigung in Windhoek einholen).

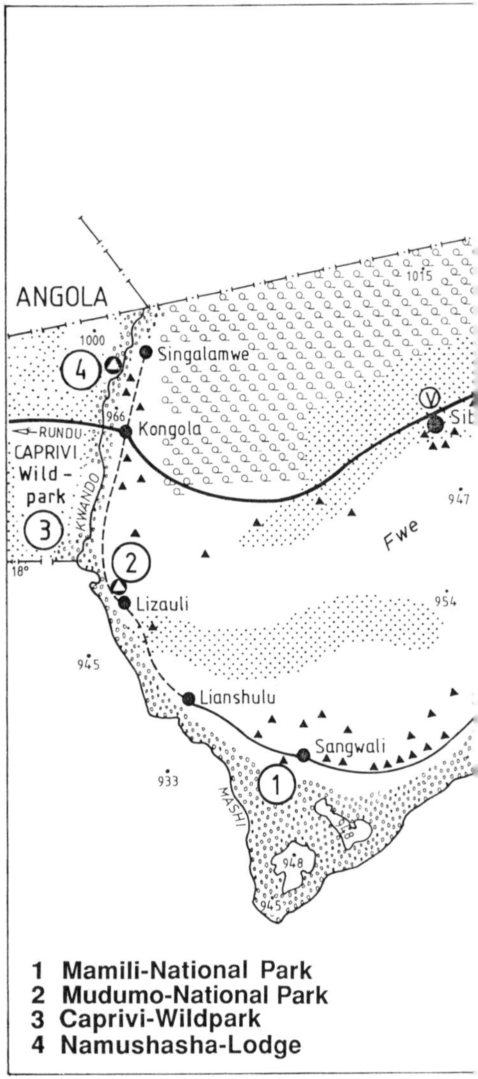

Ost-Caprivi: Bevölkerungsverteilung (1981) und ländliche Entwicklungsprojekte (1992)

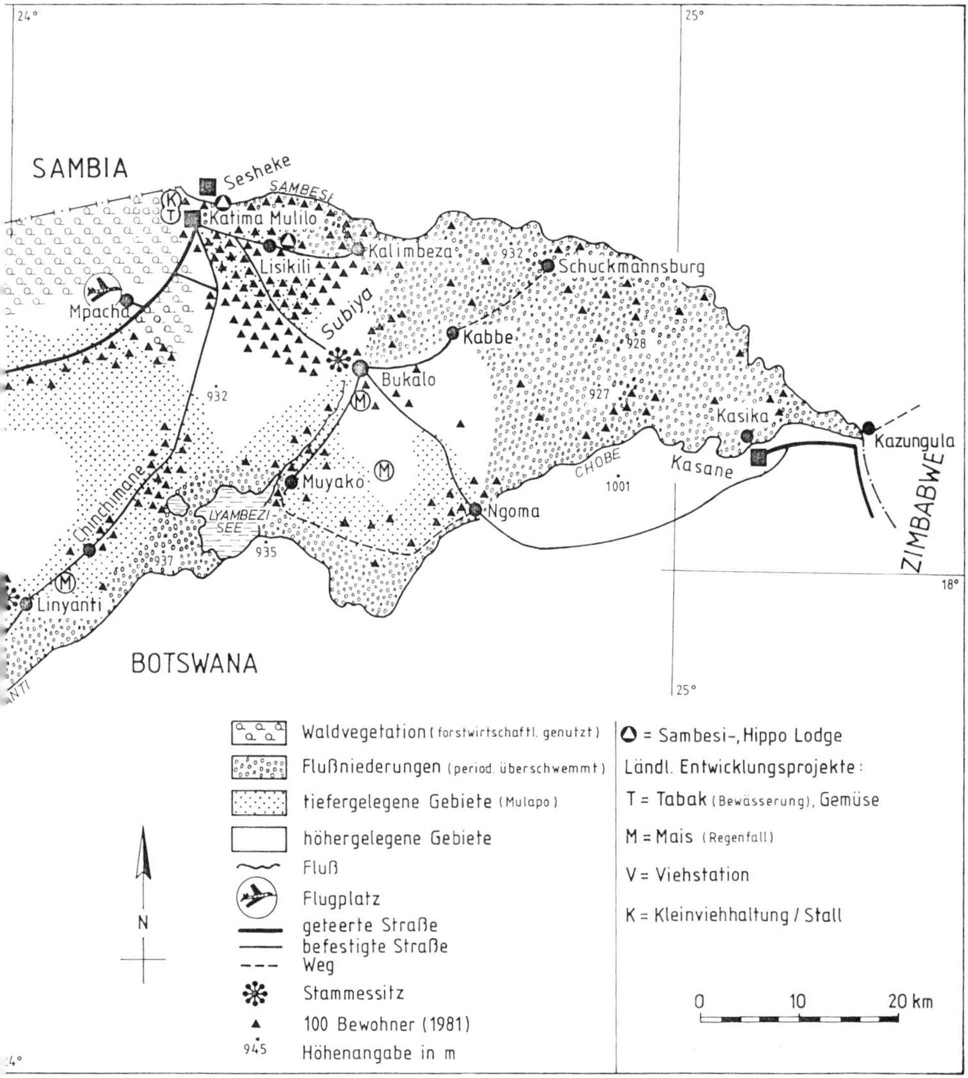
24°
25°
18°
SAMBIA
BOTSWANA
ZIMBABWE
SAMBESI
CHOBE
Sesheke
Katima Mulilo
Kalimbeza
Lisikili
Schuckmannsburg
Mpacha
Subiya
Kabbe
Bukalo
Kasika
Kazungula
Kasane
Muyako
Ngoma
Chinchimane
LYAMBEZI-SEE
Linyanti
932
928
927
1001
935
937
Waldvegetation (forstwirtschaftl. genutzt)
Flußniederungen (period. überschwemmt)
tiefergelegene Gebiete (Mulapo)
höhergelegene Gebiete
Fluß
Flugplatz
geteerte Straße
befestigte Straße
Weg
Stammessitz
100 Bewohner (1981)
945 Höhenangabe in m
= Sambesi-, Hippo Lodge
Ländl. Entwicklungsprojekte:
T = Tabak (Bewässerung), Gemüse
M = Mais (Regenfall)
V = Viehstation
K = Kleinviehhaltung / Stall
N
0 10 20 km

Der Süden

Die Tourismusregion ›Süden‹ umfaßt die südlichen Landesteile von Mariental bis zum Oranje-Fluß, der Grenze zu Südafrika. Sie gliedert sich in das Hochland im Westen und einen Teil der Kalahari im Osten; die Grenze zur südlichen Namib bildet die Große Randstufe. Der Süden bietet sehr verschiedene Attraktionen: die roten Dünen der Kalahari, weite, trockene Ebenen, Inselberge und Schichtstufen. Eindrucksvolle Zeugen der geologischen Entwicklung Namibias sind der Fischfluß-Canyon, die bedeutendste Sehenswürdigkeit der Region, und der Brukkaros-Berg. Des weiteren gibt es Besonderheiten der Pflanzenwelt wie den Köcherbaumwald, historische Stätten wie Bethanien oder das kuriose Schloß Duwisib und Erholungsstätten wie den Hardap-Stausee. Für viele Jahre war die Karakul-Schafhaltung der einzige Zweig der landwirtschaftlichen Nutzung. Die Swakara-Pelze hatten ihren festen Weltmarktanteil. Dürren und niedrige Preise jedoch ließen die Bedeutung dieses Wirtschaftszweiges absinken. Heute ist die Haltung von Straußen lohnender. Das Fleisch, die Federn sowie die Jungtiere lassen sich besser vermarkten. Besonders begehrt ist das Straußenfleisch, da es kein Cholestrol enthält. Bei allen Fahrten sollte man bedenken, daß man sich in Halbwüsten- und Wüstengebieten aufhält, also ausreichende Wasservorräte mitnimmt, die Entfernungen zwischen den Orten (und Tankstellen) nicht unterschätzt und auf abgelegenen Pisten besondere Vorsicht walten läßt.

Die Route Windhoek – Mariental – Keetmanshoop

Die meisten Reisenden aus Übersee erreichen den Süden über die Hauptstraße Windhoek – Mariental. Wenige Kilometer vor Mariental zweigt nach Osten die Zufahrt zur **Erholungsstätte Hardap** ab, die am gleichnamigen Stausee geschaffen wurde. Sie umfaßt Rasthäuser, einen Campingplatz, einen Picknickplatz für Tagesbesucher, ein Schwimmbad, ein Restaurant, ein Aquarium und einen Wildpark. Übernachtungen müssen beim Reservierungsbüro in Windhoek vorausgebucht werden. Der Anblick der bis zu 25 km^2 großen Wasserfläche in der Halbwüste der Südregion stellt eine freudige Überraschung für jeden Besucher dar. Der

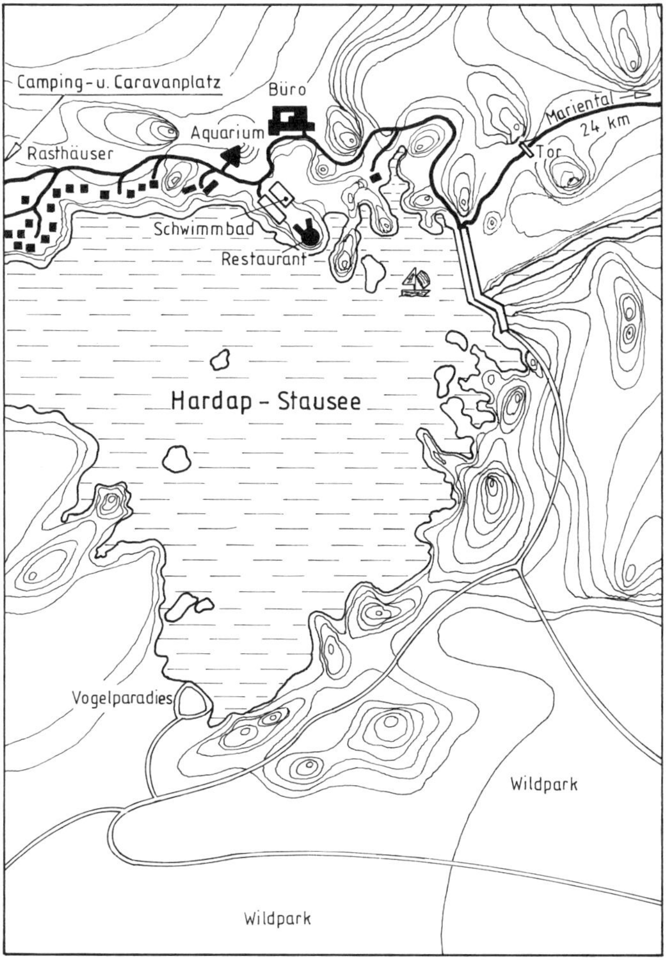

Erholungsstätte Hardap-Stausee

Stausee faßt etwa 300 Millionen m³, mehr als die Edertalsperre, die größte Talsperre der Bundesrepublik (200 Millionen m³). Beim Hardap-Stausee ist allerdings der Zufluß bedeutend geringer und die Verdunstung wesentlich höher, so daß der tatsächliche Wasserstand sehr niedrig sein kann. Die 860 m lange Staumauer von 40 m Höhe staut den oberen Fischfluß bis zu 30 km Länge auf. In den Buchten haben sich zahlreiche Wasservögel wie Flamingos, Reiher und Fischadler angesiedelt. Der Fischreichtum macht den Hardap-Stausee zu einem beliebten Ziel von Anglern (Angelscheine sind im Büro bei der Ankunft erhältlich, zudem kommen zahlreiche Wassersportler, vor allem an Wochenenden und in den Ferien. Die modernen Rasthäuser der ganzjährig geöffneten Erholungsstätte liegen hoch über dem Nordufer des Stausees, vom Restaurant (mit bekannten Fischgerichten, Voranmeldung ratsam) hat man einen reizvollen Blick; westlich von dieser Anlage befindet sich der Camping- und Caravanplatz. Das Wildschutzgebiet am Südufer kann man mit dem Auto oder zu Fuß erkunden, um Antilopen wie Springböcke, Eland, Kudu oder Oryx, um Gnus, Zebras und Strauße zu beobachten. Wer sich für die Fischwelt interessiert, sollte das einzige Süßwasseraquarium Namibias besuchen, das zum Forschungsinstitut für Süßwasser gehört.

Keetmanshoop (Beschreibung S. 246)

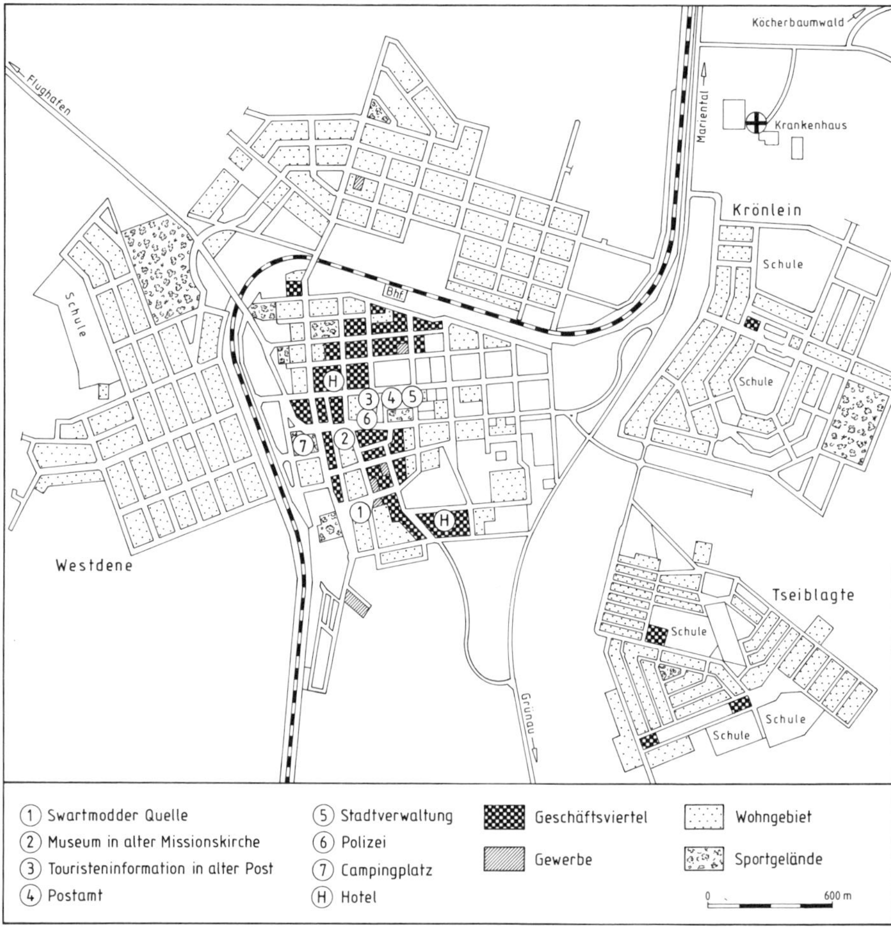

Die Kirche von Keetmanshoop um 1890

Mariental (ca. 10 000 Einwohner), ein Verwaltungs-, Schul- und Handelszentrum, liegt an der Nationalstraße auf halbem Weg zwischen Windhoek und Keetmanshoop. In der Nähe, unterhalb des Hardap-Stausees, werden auf etwa 2500 ha Bewässerungsland Gemüse, Obst, Baumwolle und Luzerne angebaut. In der umliegenden Halbwüste dominiert die Karakulschafzucht. Die traditionelle Kunst der Nama ist in Anin in der Hochanas Region und in Gibeon zu bewundern.

Zwischen Mariental und Keetmanshoop sind zwei Sehenswürdigkeiten für den naturkundlich Interessierten von Bedeutung: der Brukkaros und der Köcherbaumwald. Ein früheres Wahrzeichen Namibias, der Mukurob – was in der Nama-Sprache ›Finger Gottes‹ bedeutet – existiert nicht mehr. Fahrten in die Kalahari und eine Einführung in das Farmleben bietet die Arib-Lodge an, P. O. Box 800, Mariental, ✆ 06 68 ask for 12 41.

Der fast 1600 m hohe **Brukkaros-Berg,** 40 km weiter südwestlich der Nationalstraße gelegen, gehört zu den am meisten diskutierten geologischen Attraktionen Namibias. Seine ›Vulkanform‹ als isolierter Berg über der Halbwüstenebene und sein ›Krater‹, eine deutliche Vertiefung in der mittleren Partie, gaben Anlaß zu Spekulationen über Vulkanismus in Namibia. Geologische Untersuchungen haben jedoch ergeben, daß der Brukkaros Resultat einer Ringintrusion ist, bei der Gesteine unterschiedlicher Härte in die Erdschichten eindrangen. Sie wurden im Zuge der allgemeinen flächenhaften Abtragung freigelegt, wobei das ringförmig angeordnete härteste Gestein einen steilen Rand um die weicheren Gesteine in der Mitte bildete. Letztere wurden abgetragen, so daß der Brukkaros seine ›Kraterform‹ erhielt.

Der **Köcherbaumwald** (Farbabb. 1) liegt an der Straße nach Koes auf dem Gebiet der Farm Gariganus. Wegen starker Umweltverschmutzung durch Touristen wurde der Zugang vom Eigentümer der Farm gesperrt; Besuche sind nur nach Voranmeldung über die Naturschutzbehörden in Windhoek möglich. Die Besonderheit an dieser Stelle liegt in dem dichten, ›waldartigen‹ Bestand an Köcherbäumen (*Aloe dichotoma;* in afrikaans Kokerboom), von denen sich kleinere Gruppen überall in den Halbwüsten des Südens finden. Die bis zu 8 m hohen Köcherbäume, ein Wahrzeichen Namibias, sind Sukkulenten, die sich den extremen Lebensbedingungen dadurch angepaßt haben, daß sie in ihrem Stamm Wasser speichern. Ihren Namen erhielten sie, weil die San früher aus den Ästen Köcher für ihre Pfeile herstellten.

Keetmanshoop (ca. 17 000 Einwohner) ist das Zentrum der Südregion, ein wichtiger Verkehrs- und Verwaltungsmittelpunkt inmitten eines ausgedehnten Farmgebietes, wo vorrangig Karakulschafzucht betrieben wird (Forschungsfarm Gellap-Ost nach Voranmeldung für Besucher zugänglich). Der Ort geht auf eine Händlersiedlung im Land der Nama zurück, die Ende des 18. Jahrhunderts unter dem Namen Swartmodder bekannt war. 1866 errichtete die Rheinische Mission hier eine Station, den Ausgangspunkt für die Christianisierung der Nama. An diese frühe Zeit erinnern die Missionskirche und Museum (1895) sowie der alte Friedhof. Als Standort für Besucher ist das Canyon Hotel beliebt. Das Tourismusforum im alten ›Kaiserlichen Postamt‹ und die Gondwana Tours versorgen die Touristen mit weiteren Informationen.

Der Fischfluß-Canyon (Fish River Canyon)

Der Fischfluß-Canyon (Farbabb. 12, 13) gehört zu den bedeutendsten landschaftlichen Sehenswürdigkeiten im südlichen Afrika. Trotz seiner abgelegenen Lage inmitten der endlosen Halbwüstenflächen im äußersten Süden des Landes sollte man ihn nach Möglichkeit in ein Besuchsprogramm einbeziehen. Der Fischfluß-Canyon kann das ganze Jahr über von verschiedenen Aussichtspunkten aus besichtigt werden; Fußwanderungen – darunter eine eindrucksvolle Vier- bis Fünftagewanderung (80 km) – sind dagegen nur von Mai bis 26. September gestattet. Eine kostenpflichtige Wandergenehmigung für Gruppen von drei bis 40 Personen muß vorher beim Reservierungsbüro in Windhoek beantragt werden. Da die Strapazen in der Hitze erheblich sein können, benötigt man zudem ein maximal 40 Tage altes ärztliches Attest über die körperliche Tauglichkeit, das man beim Beginn der Fußwanderung in Ai-Ais oder am Aussichtspunkt vorzulegen hat. Das Mineralbad von Ai-Ais am Südende des Canyons ist nur vom zweiten Freitag im März bis zum 31. Oktober geöffnet (Reservierung in Windhoek erforderlich).

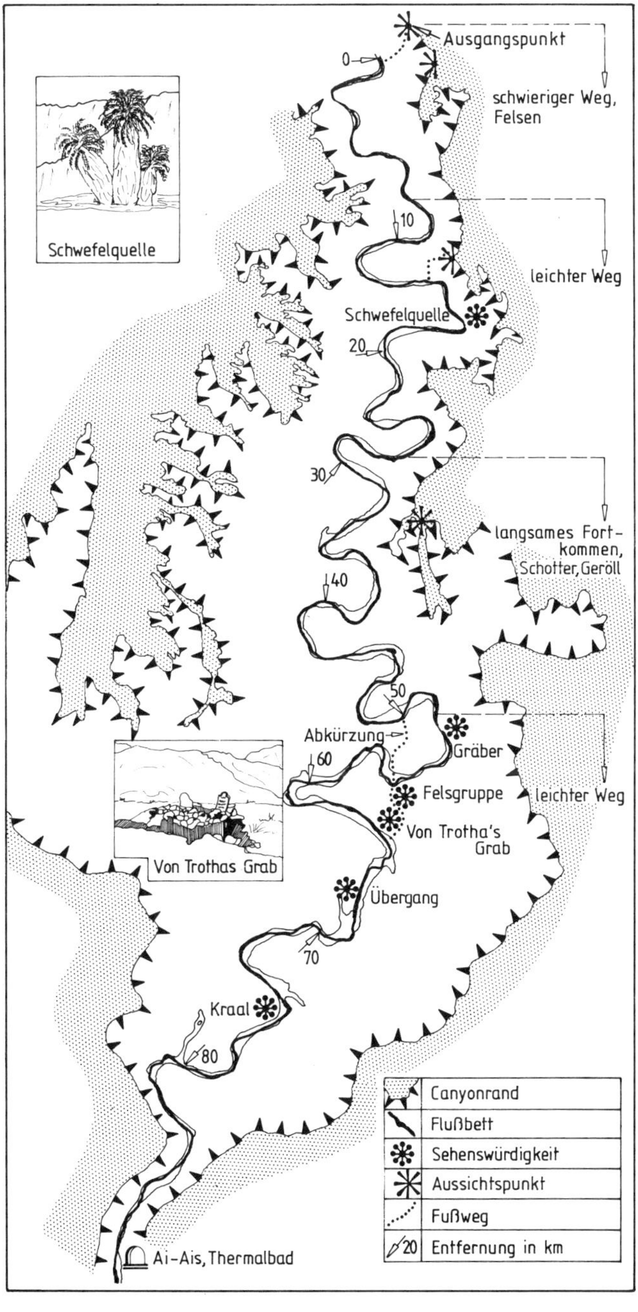

Wanderweg
Fischfluß-Canyon

Am Fischfluß; Gemälde von Ernst Vollbehr, um 1910

Der Fischfluß-Canyon wird häufig mit dem Grand Canyon im Südwesten der USA verglichen, doch sollte man keine übertriebenen Erwartungen hegen: Zwar stellt er zweifellos ein eindrucksvolles Naturdenkmal dar, doch erreicht er keineswegs die Größenordnung der Colorado-Schluchten. Die Tiefe des Fischfluß-Canyons beträgt 450 bis 550 m (Grand Canyon bis zu 1600 m), die Länge etwa 160 km (Grand Canyon 900 km). Glücklicherweise sind auch die Besucherzahlen geringer: In Ai-Ais zählt man rund 23 000 Besucher pro Jahr, an den Zentren des Grand Canyon sind es Hunderttausende!

Der Fischfluß kommt aus dem östlichen Naukluft-Massiv und mündet nach ca. 650 km unterhalb von Ai-Ais in den Oranje. Die etwa 160 km lange Canyon-Strecke in seinem Unterlauf folgt einer alten Einmuldungszone auf dem Hochland, die der Fluß in feuchteren Klimaphasen durch seine erosive Kraft in eine tiefe Schlucht umgestaltete. In den flach lagernden Sedimentgesteinen, vorwiegend Quarzite, Sandsteine und Kalke der kambrischen Nama-Schichten (etwa 500 Millionen Jahre alt), schuf er eindrucksvolle Felsformationen. Der Fischfluß fließt nur nach kräftigen Regenfällen auf voller Länge, da ein Teil seines Wassers schon im Hardap-Stausee zurückgehalten wird. An geschützten Stellen bewahrt er in Kolken das ganze Jahr über Wasser. Dort leben Barsche und Barben, halten sich Vögel auf. Gelegentlich muß man allerdings auch mit gewaltigen Fluten rechnen, wie die Schutzbauten in Ai-Ais zeigen. 1988 mußte der Ort sogar wegen Überschwemmung für Besucher geschlossen werden.

Eine gute Piste von 25 km Länge führt am Ostrand des Canyon entlang, wo es mehrere Aussichtspunkte gibt. Die Zufahrt kann über die Schotterstraße Seeheim–Grünau erfolgen.

Bei Holoog zweigt eine markierte Piste nach Westen ab, die nach 43 km auf den ersten **Aussichtspunkt** stößt. Der Ausblick ist am Morgen oder am Abend besonders eindrucksvoll, wenn nicht die flimmernde Hitze des Tages über der Halbwüste steht. Nur sukkulente Pflanzen und wenige Tiere wie Klippspringer und Bergzebra, Klippschliefer und Erdhörnchen können hier überleben. Beachten Sie, daß das Gebiet des Canyon unter Naturschutz steht und entfernen Sie keine Pflanzen! Am Hauptaussichtspunkt ist ein Abstieg in den Canyon möglich (Abstieg ca. 45 Minuten, Aufstieg ca. 1½ Stunden).

Über eine Piste mit zahlreichen Kurven (keine Wohnwagen zugelassen!), die zwischen hohen Felswänden hinunter in die Schluchten führt, gelangt man zum Thermalbad von **Ai-Ais** am Südende des Canyon. Die 60 °C heißen Quellen (reich an Fluoriden, Sulfaten und Chloriden) dienen zum Kurieren von Rheuma und Nervenleiden. Luxuswohnungen, Hütten und ein Zeltplatz stehen ebenso zur Verfügung wie ein gutes Restaurant, ein Schwimmbad und ein Laden. Die eindrucksvolle Naturlandschaft, das milde Winterklima (Juli bis September 18 bis 25 °C Tagestemperatur) machen den Aufenthalt überaus angenehm. Bekannt ist die Jagdfarm ›Wildrevier Gras‹ von Anton von Wietersheim, ✆ 0 61/22 49 29, Fax 22 15 58.

Nebenstrecken im südlichen Hochland

Östlich von Mariental (vgl. S. 244) beginnt die Kalahari. Auf der Fahrt zum Kalahari-Gemsbok-Nationalpark (jenseits der Grenze in Südafrika) passiert man die kleinen Orte **Stampriet** (68 km) und **Gochas** (weitere 73 km). Hier erstreckt sich ein unterirdisches Wasserreservoir, aus dem das kostbare Naß unter natürlichem Druck aufsteigt. An manchen dieser artesischen Quellen, die z. T. auch von der Piste aus zu sehen sind, haben sich Wasservögel niedergelassen, die meisten werden heute aber für Bewässerungszwecke und zur Trinkwasserversorgung der Farmen genutzt. Ein Denkmal an der Straße erinnert an die schweren Kämpfe zwischen den Nama und der ›Schutztruppe‹ zu Beginn der deutschen Kolonialzeit.

Westlich von Mariental liegen die Farmen **Haribes** und **Voigtsgrund** mit schönen Farmhäusern aus den Jahren 1913 bzw. 1906. Auf der Farm Voigtsgrund findet sich ein Denkmal früher Ingenieurkunst, der 1914–1916 auf private Initiative hin erbaute Stausee. Mit einer Kapazität von 11 Millionen m³ war er bis zum Zweiten Weltkrieg der größte Farmstausee im südlichen Afrika.

Von Mariental aus führt eine Route über die kleinen Zentren **Maltahöhe** (2000 Einwohner), Helmeringhausen und Bethanien (1800 Einwohner) nach Keetmanshoop. Man kann sie auch bei der Anfahrt zum Naukluft-Massiv bzw. nach Sesriem und zum Sossusvlei nutzen. Das **Schloß Duwisib** 72 km südwestlich von Maltahöhe stellt eine Kuriosität dar. Es wurde 1908, nach Beendigung des Herero-Krieges, von dem sächsischen Artillerieoffizier

Baron von Wolf als befestigtes Herrenhaus errichtet. Die luxuriöse Innenausstattung mit einer Sammlung von Möbeln, Gemälden und Waffen aus dem Rußland des 18. und 19. Jahrhunderts steht in merkwürdigem Kontrast zu der umgebenden Halbwüstenlandschaft am Rand der Namib. Nach einer Renovierung durch das Direktorat für Natur- und Denkmalschutz ist das Schloß heute für Touristen zugänglich (Anmeldung beim Reservierungsbüro in Windhoek oder beim Kastellan). Die Gästefarmen Daweb bei Maltahöhe (P. O. Box 18, ✆ 0 66 32/18 40, Fax 66) und Dabis bei Helmringhausen (P. O. Box 15, ✆ 0 63 62 ask for 68 20) bieten nicht nur Unterkünfte, sondern auch einen Einblick in das Farmleben.

Bethanien (1700 Einwohner) gehört zu den ältesten Missionsgründungen in Namibia: 1814 errichtete die London Mission Society hier eine Nama-Mission, geleitet vom Missionar Schmelen. Das Schmelen-Haus steht heute unter Denkmalschutz; das kleine Museum führt in die Geschichte der Region ein. Bethanien spielte auch bei der kolonialen Inbesitznahme Südwestafrikas eine Rolle: Hier wurde am 1. Mai 1883 der erste ›Schutzvertrag‹ zwischen Heinrich Vogelsang als Vertreter von Adolf Lüderitz und dem Nama-Führer Joseph Fredericks abgeschlossen. Lüderitz erwarb dabei die Bucht von Angra Pequena, die heutige Lüderitz-Bucht, für 100 englische Pfund in Gold und 200 Gewehre. Am 25. August 1883 folgte in einem zweiten Vertrag der Kauf eines 20 englische Meilen breiten Küstenstreifens von der Oranje-Mündung nordwärts bis zum 26. Grad südlicher Breite (d. h. etwa die Höhe von Otavi-Grootfontein) für 500 englische Pfund in Gold und 60 Gewehre. Faktoreien wurden in Bethanien, Kubis und Aus errichtet. Der Nauté Wildpark liegt 50 km südwestlich von Seeheim. Nur Tagesbesucher (Angler und Wassersportler) besuchen das Gebiet am gleichnamigen Damm. Es ist das zweitgrößte Reservoir in Namibia hinter dem Hardap-Stausee.

Bei Aus ist ein Abstecher auf die **Farm Namtib** (Desert Lodge) möglich. Dort, am Rande der Namib, kann man bei der Familie Theile (P. O. Box 19, Aus, ✆ 0 63 62/66 40) einfaches, naturnahes Farmleben kennenlernen sowie Wanderungen und Fahrten im Geländewagen unternehmen; auch Reiterferien werden angeboten. Auf der **Farm Rooipunt**, 53 km südlich der Bahnstation Gaogeb an der Linie Keetmanshoop-Lüderitz, liegt ein ›singender Fels‹: Seine geschichteten Platten aus Schwarzkalk bilden einen natürlichen Klangkörper, der wie ein Xylophon wirkt. Vertiefungen im Gestein lassen vermuten, daß dieser Platz lange Zeit von San und Nama als Kultstätte genutzt wurde (Tagesausflugsziel, keine Übernachtungsmöglichkeit). Auf der zwischen Maltahöhe und Büllspoort gelegenen **Farm Gamis** können Sie nicht nur die Karakul-Farm am Rande der Ökumene besichtigen, sondern auch zu einer privaten Flugsafari (Cessna 182, drei Personen) starten. Sie selbst bestimmen den Kurs, Flughöhe und Ziel. Die Anschrift des erfahrenen Piloten und Landeskenners: H. A. Breiting, Farm Gamis, P. O. Box 1002, Maltahöhe, ✆ 0 66 32 Nudaus 42 13.

Botswana: Landeskunde

Von Bernd Wiese

Botswana ist mit 581 730 km^2 etwa eineinhalbmal so groß wie die Bundesrepublik Deutschland, zählt aber nur etwa 1,3 Millionen Bewohner – etwa soviel wie München. Die Besiedlungsdichte beträgt 2 Einwohner pro km^2 (Bundesrepublik Deutschland 223 pro km^2). Wie in Namibia ist die Bevölkerung äußerst ungleich verteilt: Sie konzentriert sich entlang der Ostgrenze, während etwa 80 % des Landes fast menschenleer sind – für einen Besucher aus Mitteleuropa ein unvorstellbarer Eindruck. An die 100 000 km^2, etwa 17 % des Territoriums, wurden zu Nationalparks und Wildreservaten erklärt; Botswana gehört damit zu den Ländern, die ihr nationales Erbe an Naturlandschaften besonders weitflächig geschützt haben. Eindrucksvolle Szenerien finden sich im Unterschied zu Namibia allerdings nur selten: Die endlose Weite der Kalahari, die den größten Teil Botswanas einnimmt, wird von einer monotonen Trockensavanne bedeckt. Nur die Feuchtgebiete des Okavango-Deltas und im Chobe-Nationalpark bieten willkommene Abwechslung, ihre reiche Tierwelt stellt die wichtigste Attraktion des Landes dar. Botswana ist kein Land des Massentourismus, sondern ein Ziel für Naturliebhaber, die, tagelang auf sich gestellt, mit Geländewagen und Zelt den ›Busch‹ Afrikas erleben wollen. Für Jäger werden Jagdsafaris veranstaltet.

Wirtschaftlich und verkehrstechnisch ist Botswana fast völlig abhängig von der Republik Südafrika: Kapstadt und Durban sind die wichtigsten Seehäfen für den meeresfernen Binnenstaat, über Johannesburg gehen die meisten internationalen Flugverbindungen, etwa 80 % der Einfuhren kommen aus Südafrika, mit dem eine Zollunion besteht. Botswana, das frühere britische Protektorat Bechuanaland, ist seit 1966 eine unabhängige Republik (Mitglied der Organisation für Afrikanische Einheit) und gehört zu den ›Frontstaaten‹ des südlichen Afrika, praktiziert aber zugleich eine ›Realpolitik‹, die Auseinandersetzungen mit der Regionalmacht Südafrika meidet. Für politisch-ökonomische Stabilität und umfangreiche Entwicklungshilfe sorgt die Europäische Gemeinschaft, mit der Botswana assoziiert ist. Wichtigster Außenhandelspartner von Botswana ist die Schweiz, da hier die Diamantenverkäufe getätigt werden.

BOTSWANA: NATURLANDSCHAFTEN

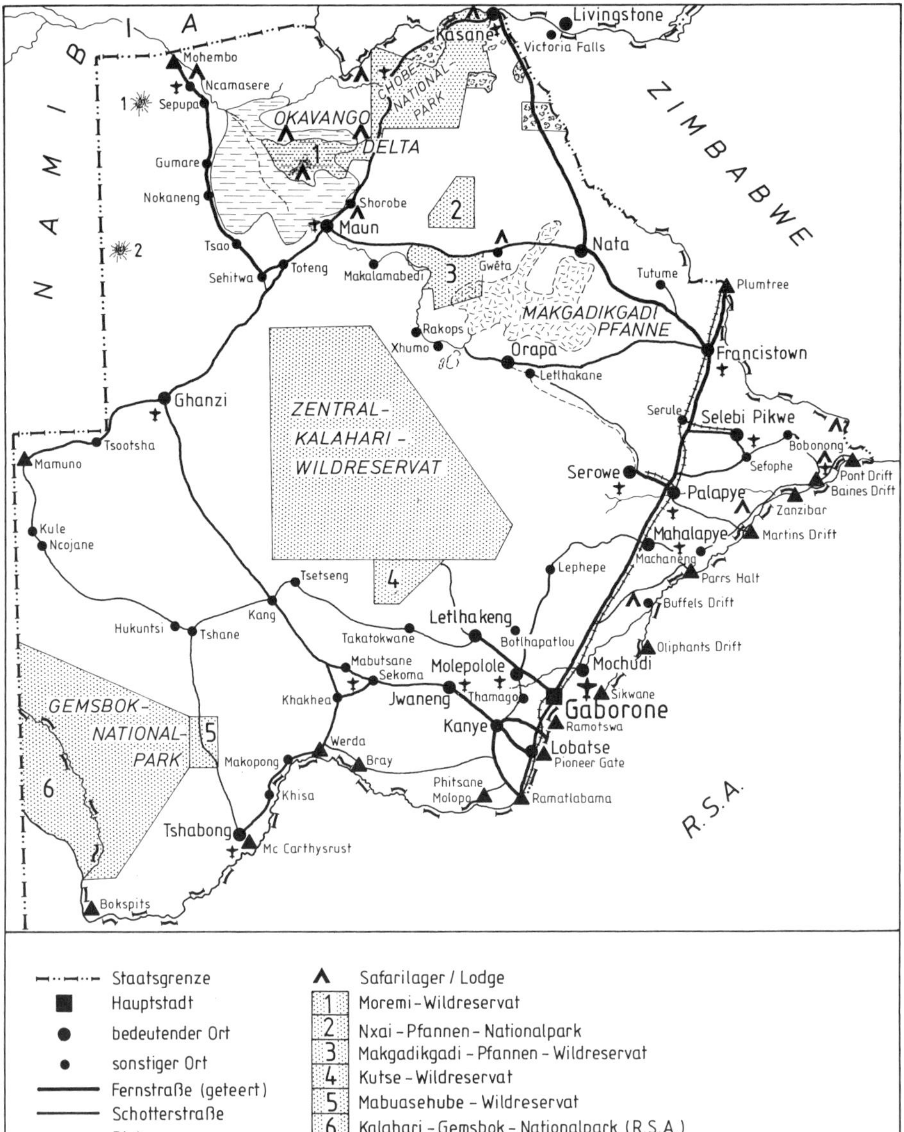

Jagdszene im westlichen Botswana; Darstellung um 1885

Die großen Naturlandschaften: Savannen – Salzpfannen – Binnendelta

Als Staat im Herzen des südlichen Afrika umfaßt Botswana die zentralen Teile des Kalahari-Hochbeckens und dessen östliche Randzone; entsprechend dominieren weite Ebenen, unendliche Kalahari-Sandstrecken. Es fehlen die Wüstentypen wie in Namibia, auch wenn die Kalahari wegen des Mangels an Oberflächenwasser oft als ›Wüste‹ bezeichnet wird. Alte, heute bewachsene Dünen zeugen von trockeneren Klimaphasen. Akzente in der Landschaft setzen einige Inselberge im Nordwesten wie die Tsodilo Hills, Schichtstufen im äußersten Osten wie bei Mochudi sowie vor allem die Makgadikgadi-Salzpfannen in der nördlichen Kalahari und das Okavango-Binnendelta, ein ›Meer im Land‹. Den besten Eindruck von den Makgadikgadi-Pfannen gewinnt man aus der Vogelperspektive, da dann der ganze Farbreichtum der Salzgebiete, der flachen Feuchtstellen, der Vegetationsmuster sichtbar wird; für die Anreise auf dem Landweg benötigt man eine Expeditionsausrüstung. Das größte ›Naturwunder‹ in Botswana und eine der faszinierendsten Landschaften ganz Afrikas ist das etwa 17000 km² große Okavango-Binnendelta, ein gewaltiges Feuchtgebiet innerhalb der Trockenzonen des Kontinentes wie auch das Niger-Binnendelta in Mali (Westafrika). Während dort der Mensch seit Jahrtausenden durch Weidewirtschaft, den Bau von Handelsstäd-

◁ *Verkehrswege und Wildreservate in Botswana*

Rast an einem Termitenbau; Darstellung um 1885

ten und durch Bewässerungsprojekte Eingriffe vorgenommen hat, läßt sich im Okavango-Delta noch immer eine weitgehend natürliche Pflanzen- und Tierwelt erleben. Vom Sportflugzeug aus eröffnet sich die Vielfalt der natürlichen Lebensräume in dem riesigen Delta mit seinen großen Wildtierherden und endlosen Papyrussümpfen. In der Trockenzeit kann man mit dem Geländewagen in das Delta vorstoßen, in der Regenzeit mit dem Boot.

Klima, Wasserhaushalt und Geologie

Botswana gehört wie Namibia zu den Trockengebieten des südlichen Afrika. Nur im äußersten Norden und im Südosten werden 500 mm Niederschlag pro Jahr überschritten, bietet sich die Möglichkeit für Ackerbau auf der Grundlage von Regenfällen – allerdings nur dann, wenn diese tatsächlich niedergehen. Häufig werden die langfristigen Durchschnittswerte nicht erreicht, erhalten die zentralen und südlichen Landesteile, manchmal sogar das gesamte Land zu wenig Regen. Dann treten Dürren ein wie in Namibia, weswegen man Botswana zum ›Süd-Sahel‹ Afrikas rechnen kann. Die Veränderlichkeit des Niederschlags ist bedingt durch das unterschiedlich weite Vordringen von feuchten Luftmassen aus Äqua-

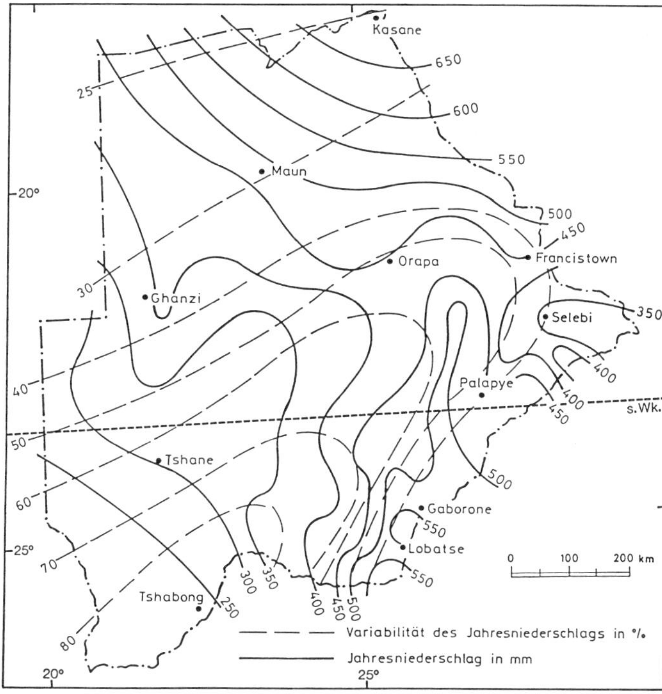

Höhe und Veränderlichkeit des mittleren Jahresniederschlags in Botswana (langjähriges Mittel, nach Unterlagen des Meteorological Service, Gaborone)

torialafrika; fehlen diese in den Monaten November bis April, setzt sich Hochdruckeinfluß durch, und trocken-stabile Luftmassen bedingen einen wolkenlosen Himmel.

Die beste Reisezeit ist die Trockenzeit von Ende April bis September, wenn die Pisten gut befahrbar sind, der Laubfall in der Savanne die Sicht auf das Wild freigibt, für Bewohner europäischer Breiten erträgliche Temperaturen herrschen. Durch die Höhenlage Botswanas zwischen 1000 und 1200 m haben die Sommer zwar warme bis heiße Tage, aber milde Nächte. Im Winter wird es nachts kühl, im Süden sogar kalt mit Nachtfrost. In den nördlichen Landesteilen tritt in der Regenzeit Malaria auf, im Okavango-Delta ist die Tsetse-Fliege verbreitet, die die Schlafkrankheit bei Mensch und Tier überträgt.

In der Trockenzeit ist das Okavango-Delta besonders wasserreich: Seine Quellflüsse wie der Cubango und der Cuito kommen aus dem feuchten Hochland von Angola, wo es zu Beginn des Südsommers heftig regnet. Zwischen Dezember und März gelangt die Flut in den oberen, nordwestlichen Teil des Binnendeltas. Den Südteil erreicht sie, verlangsamt durch schwimmende Papyrussümpfe, aufgestaut in zahllosen Uferseen und verteilt in Rinnen, gemindert durch hohe Verdunstungsverluste, erst zwischen Juni und August. So bildet sich in den Trockenmonaten ein Feuchtraum, der das Wild anzieht und eine willkommene Wasserreserve für den lokalen, auf Selbstversorgung der Bauern ausgerichteten Feldbau darstellt. Da die Tsetse-Fliege die Viehherden bedroht, kann das Delta nur in geringem Maß weidewirtschaftlich genutzt werden; die Bevölkerungsdichte und die weiten Entfernungen zu den Verbrauchergebieten an der Ostgrenze haben bislang auch die Ausbeutung seiner Wasservorkommen verhindert. Es bestehen Pläne für eine stärkere ›Inwertsetzung‹ des Feuchtgebietes, aber Umweltschützer aus aller Welt treten mit Erfolg für den Erhalt dieses einmaligen Feuchtareals ein.

Nur bei extremen Fluten können die Wassermassen den Senkungsraum des Okavango-Deltas durchqueren. Sie fließen dann durch das Botletle- oder Boteti-Trockenflußbett in die Makgadikgadi-Pfanne ab, wo das Wasser, bereits stark mit Mineralien angereichert, in abflußlosen Senken verdunstet und so die Salzpfannen zurückläßt.

An ›Gesteinen‹ können Reisende in Botswana kaum etwas sammeln, da Kalahari-Sand ca. 80% des Landes in eine ›Sandbüchse‹ verwandelt. Im Mittel 5 m, im Maximum bis zu 200 m mächtig, bedecken diese Sande als Abtragungsmaterial aus den umliegenden Schwellen die Gesteine des afrikanischen Sockels. Diese bergen, wie in Namibia, die Bodenschätze, die Botswana reich machen: Kupfer und Nickel bei Selebi Pikwe im Osten, vor allem aber Diamanten bei Orapa und Letlhakane in den zentralen bzw. bei Letlhakeng in den südlichen Landesteilen.

Pflanzen- und Tierwelt

Klima, Wasserhaushalt und oberflächennahe Ablagerungen bestimmen die Gliederung des Landes in Naturräume, Verteilung der Pflanzen- und Tierwelt im großen wie im kleinen Maßstab. Drei große Einheiten lassen sich unterscheiden: Die trockenen Busch- und Baumsavannen über den Kalahari-Sanden; die Mopane-Baumsavannen und Miombo-Trockenwälder im Nordosten und Norden, wo feuchtere Bedingungen herrschen; das Überschwemmungssumpfland und die umgebenden Überschwemmungsgrasfluren um die Feuchtgebiete bzw. Salzpfannen. ›Baumsavanne auf Bergland‹ kommt nur im äußersten Osten vor, dieser Oberflächen- und Vegetationstyp ist in Botswana also völlig untergeordnet.

Die Dornakazien der Kalahari-Baumsavanne erreichen in den südlichen Landesteilen wegen des Wassermangels nur noch die Wuchsform von Büschen, die mit tiefreichenden Wurzelsystemen das Wasser aus dem Sand aufnehmen. Über weite Flächen finden sich einförmige Dornakazienbestände, nur unterbrochen durch baumlose, grasbestandene flache Pfannen (wie im Osten Namibias) oder durch gehölzbestandene Altdünen, zwischen denen sich flache Wannentäler erstrecken. Die Pfannen sind in der Regenzeit und bis in den Beginn der Trockenzeit hinein mit Wasser gefüllt und stellen wichtige Tränken für das Wild dar, was die Pflanzenwelt der Umgebung stark beeinflußt. In der Trockenzeit zieht sich das Wild nach Norden zurück. Dort stehen im Okavango-Delta, am Ngami-See und an den ganzjährig fließenden Flüssen der Nordgrenze ständig Wasser und Weidegründe zur Verfügung. Die Baumsavannen in den nördlichen Landesteilen, wo die Niederschläge 400 mm pro Jahr

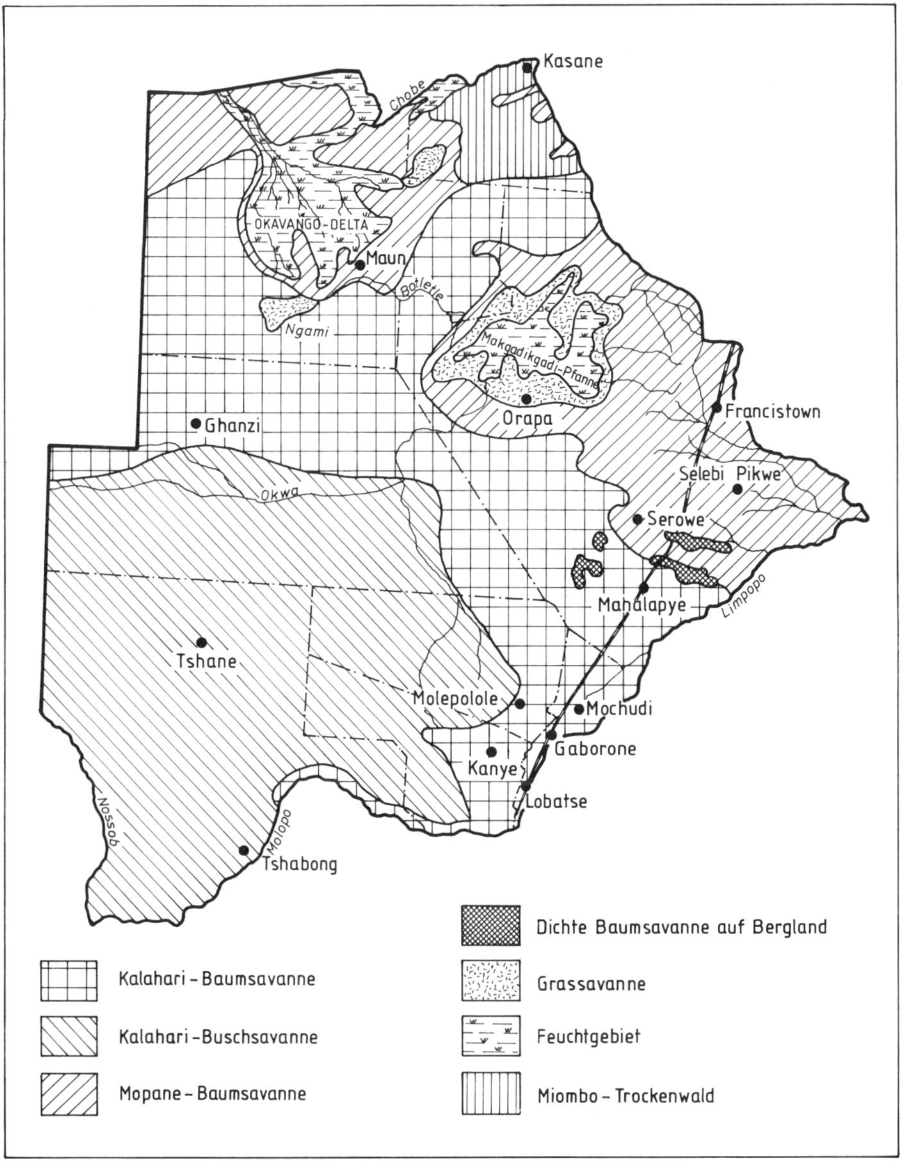

Vegetationszonen in Botswana

Wasserböcke am Ngami-See; Darstellung von 1856

überschreiten, werfen in der Trockenzeit Laub ab, was für das Wild eine wichtige Nahrungsgrundlage ist. Bedeutender noch sind die grasreichen Überflutungs- und Galeriewaldbestände im Okavango-Delta und entlang des Chobe-Flusses, die eine ungeheure ›Nahrungsreserve‹ für das Wild darstellen.

Die Tierwelt in Botswana entspricht der in den feuchteren Teilen Namibias. Wie im Norden und Osten des Nachbarlandes stellt das Großwild der Savannen die wichtigste Attraktion für Reisende dar (vgl. S. 40). Hinzu kommt eine reiche Vogelwelt, insbesondere im Okavango-Delta, wo etwa der Fischadler zu den Raritäten zählt. In den ausgedehnten Nationalparks und Wildreservaten Botswanas besteht die Möglichkeit, die Tier- und Pflanzenwelt der Savannen des südlichen Afrika abseits vom Massentourismus zu erleben. Lediglich der Chobe-Nationalpark und Teile des Okavango-Deltas sind in der Saison bereits ›überfüllt‹, so daß man die Reisetermine (in der Trockenzeit) gut planen sollte. Auf jeden Fall ist eine ›Safariausrüstung‹ erforderlich, da sich eine touristische Infrastruktur nur an wenigen Stellen findet.

Bevölkerung, Kultur, Geschichte und Wirtschaft

Mit einer mittleren Bevölkerungsdichte von nur 2 Einwohnern pro km² gehört Botswana zu den äußerst dünn besiedelten Flächenstaaten Afrikas; weite Teile des Landes wie die südliche, die zentrale und die nördliche Kalahari sind fast unbewohnt. Zurückzuführen ist dies auf die Trockenheit und die wiederkehrenden Dürren, die das Land fast ausschließlich nur für Nomaden bzw. für Halbnomaden mit ergänzendem Ackerbau bewohnbar machen.

Bereits in vorkolonialer Zeit existierten im Osten des Landes ›Tswana-Städte‹ (z. B. Serowe), eng zusammengedrängte Konzentrationen von Familiengehöften, die bis zu 20000

Bewohner der Region im Norden des Ngami-Sees; Darstellung von 1856

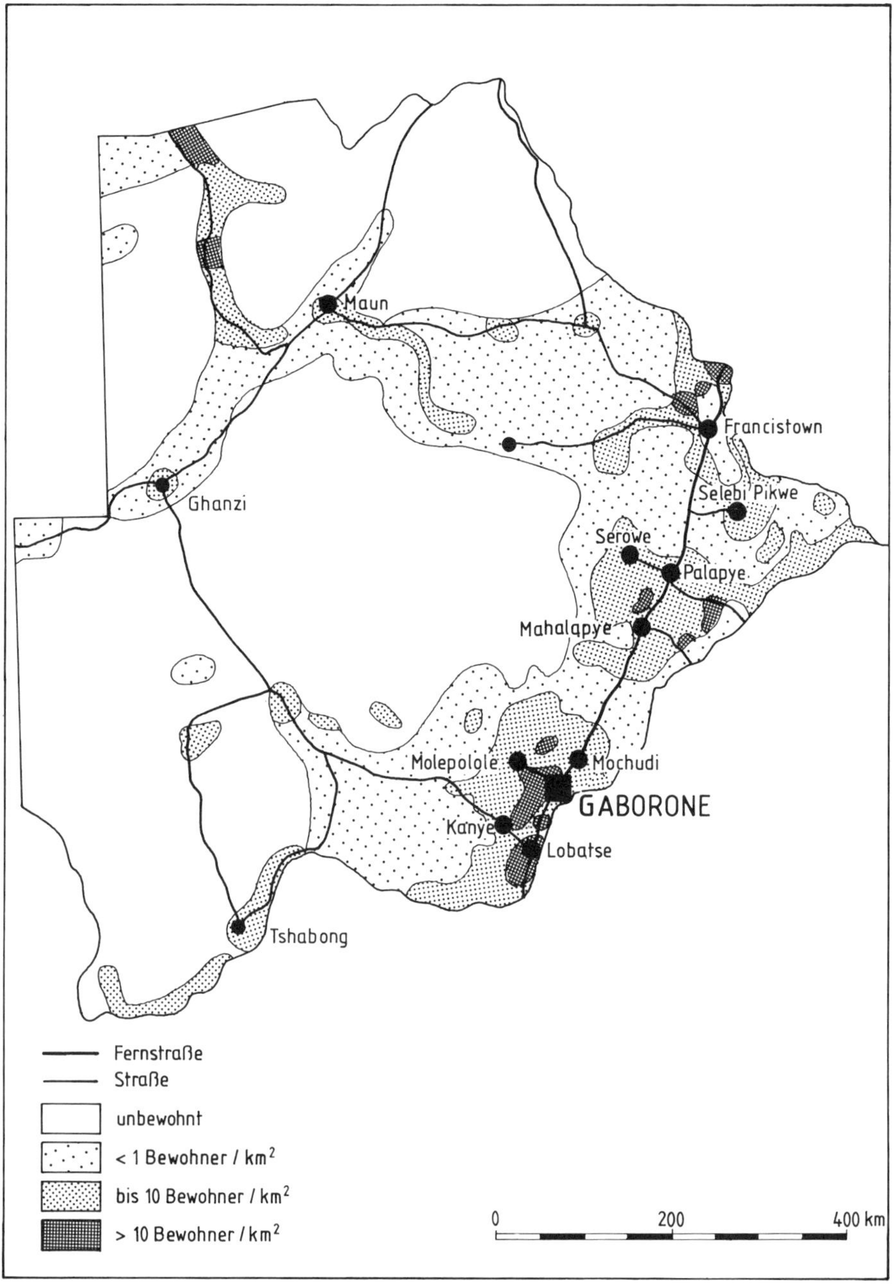
Maun
Francistown
Ghanzi
Selebi Pikwe
Serowe
Palapye
Mahalapye
Molepolole
Mochudi
GABORONE
Kanye
Lobatse
Tshabong
Fernstraße
Straße
unbewohnt
< 1 Bewohner / km²
bis 10 Bewohner / km²
> 10 Bewohner / km²
0
200
400 km

Menschen vereinigten; ihre wirtschaftliche Grundlage waren Viehhaltung und ergänzender Ackerbau. Die Bevölkerungsverdichtung im Osten wurde in der Kolonialzeit verstärkt durch den Bau der Bahnlinie von Kapstadt in das heutige Zimbabwe und Zambia (1897); die Eisenbahn war bald ›Leitlinie‹ der Farmwirtschaft und der Stadtentwicklung. Die meisten der heutigen Städte gingen aus Bergbausiedlungen (z. B. Selebi Pikwe, 55000 Einwohner) oder Handels- und Verkehrsknotenpunkten (z. B. Francistown, 60000 Einwohner) hervor; Gaborone, die neue Hauptstadt (an die 150000 Einwohner), wurde erst 1966 gegründet.

Die Bevölkerung Botswanas ist sprachlich und kulturell bei weitem nicht so zersplittert wie die Namibias. Etwa 90% der Landesbewohner gehören ethnisch-kulturell den **Tswana** an, die den Südost-Bantu zugerechnet werden. Die Tswana, früher auch Bechuana genannt, wanderten seit dem 14. Jahrhundert von Nordosten her in das Innere des südlichen Afrika ein. Von den heutigen Provinzen Transvaal und Oranje-Freistaat in Südafrika aus, wo ebenfalls Tswana siedeln (vor allem im Gebiet des ›unabhängigen‹ homeland Bophuthatswana), zogen Teile des Volkes in das heutige Botswana, wobei sie die San (›Buschmänner‹) nach Westen abdrängten. Ihre Sprache, das SeTswana, ist Umgangssprache in Botswana, Englisch Amtssprache. Zahlreiche Elemente ihrer alten Gesellschaftsstruktur wie die beherrschende Stellung der ›chiefs‹, der Häuptlinge, und die Bedeutung des ›Rates der Ältesten‹ als Kontrollorgan haben sich bis heute erhalten. Der traditionelle Rinder-Halbnomadismus wurde inzwischen abgelöst durch Seßhaftigkeit und systematische Herdenwanderungen zwischen Regenzeit- und Trockenzeitweiden; auch die moderne Ranchwirtschaft breitet sich aus. Dem Anbau von Mais, Hirse und Bohnen kommt bis heute große Bedeutung zu, er reicht aber bei Dürren für die stark gestiegene Bevölkerungszahl bei weitem nicht aus. Die Bevölkerung im Gebiet des Okavango-Deltas praktiziert seit alters her einen Überschwemmungsfeldbau, der die feuchten Böden nach Rückgang der Flut für mehrere Ernten nutzt. Dieses als ›*molapo*-farming‹ bezeichnete System soll verfeinert werden, um in diesem Feuchtraum höhere Erträge zu ermöglichen.

Durch Arbeit in Südafrika, im botswanischen Bergbau und durch das im Ausbau befindliche Schulwesen machen die Tswana eine fortschreitende Akkulturation im Sinne westlicher ›Zivilisation‹ durch. Bei den etwa 20000 **San** (›Buschmännern‹) gibt es noch wildbeuterische Kleingruppen, die durch die Weite der Kalahari schweifen, die meisten dieser ehemaligen Jäger und Sammler sind jedoch durch Lohnarbeit auf Farmen und durch Programme zur Seßhaftmachung in ihrem kulturellen Erbe bedroht, wenn auch nicht in dem Maße wie in Namibia. In Botswana leben zudem etwa 3500 **Weiße** sowie 3000 **Inder** und **›Farbige‹.**

Im Vergleich zu Namibia hat die Kolonialzeit in Botswana kaum Spuren hinterlassen. Das ›Sandveld‹ bot keine Reichtümer (Bodenschätze waren damals noch nicht bekannt) und keine Ansiedlungsmöglichkeiten für weiße Siedler, und so diente es für Großbritannien lediglich als ›Durchgangsland‹ zu den heutigen Staaten Zimbabwe und Zambia mit ihren Kupfer-, Gold-, Asbestvorkommen sowie ihren Hochländern, die sich für weiße Farmer

◁ *Besiedlungsdichte in Botswana*

Zeittafel

1801 Erste Kontakte einer Expedition aus dem Kapland mit Tswana im Norden der heutigen Kapprovinz (Südafrika); Kuruman wird wichtiges Handels- und Missionszentrum

Erste Hälfte des 19. Jahrhunderts Die London Mission Society wählt Kuruman als Ausgangspunkt der Tswana-Mission, Vorstöße nach Norden bis zum Ngami-See. Der Missionar David Livingstone dringt in den 40er und 50er Jahren bis an das Okavango-Delta vor

1866 Goldfunde bei Tati im Osten des heutigen Botswana

1868 Diamantenfunde am Vaal (heutiges Südafrika); anhaltende Auseinandersetzungen zwischen Buren, Tswana und der englischen Verwaltung (Sitz: Kapstadt). Die Ausdehnung der Burenrepublik Transvaal nach Westen bedroht das britische Interesse an einer Süd-Nord-Verbindung vom Kap nach Kairo durch das südliche Afrika

1884 Auf Veranlassung von Cecil Rhodes erste britische Intervention: Der Südosten des heutigen Botswana wird britisches Protektorat

1885 Ausdehnung des Protektorats bis 22° südlicher Breite

1890 Erweiterung des britischen Protektorats bis zum Zambezi

1895 Britisch-Bechuanaland südlich des Molopo-Trockenflusses fällt an die Kapprovinz und bleibt bis heute Teil der Republik Südafrika), das nördlich davon gelegene Gebiet bleibt Protektorat Bechuanaland unter britischer Hoheit (Verwaltungsort bis 1961: Mafeking im heutigen Südafrika)

ab 1963 Gespräche über neue Verfassung und Unabhängigkeit

1966 30. September unabhängige Republik Botswana

1980 Tod des 1. Staatspräsidenten S. Khama, Nachfolger J. Masire

eigneten. Aus diesem Grund blieb das britische Protektorat Bechuanaland weitgehend unter der Herrschaft der traditionellen Autoritäten, fernab von kolonialer Einflußnahme. Die Bindungen an Großbritannien zeigen sich heute im Gebrauch von Englisch als Amts-, Bildungs- und Handelssprache, in der Zugehörigkeit Botswanas zum Commonwealth of Nations und in zahlreichen britischen Traditionen im Alltag – genannt sei nur die ›tea time‹.

Bevölkerungswachstum (mittlere jährliche Zuwachsrate 3,7 %), Verstädterung (Zunahme des Anteils der städtischen Bevölkerung an der Gesamtbevölkerung von 11 % im Jahre 1971 auf 25 % im Jahre 1991) und die Zuwanderung von Flüchtlingen aus Südafrika und Zimbabwe stellen Botswana heute vor Probleme, die sich in Zukunft noch ausweiten werden. Sie bedrohen die traditionelle Stabilität des Landes und das gutnachbarliche Verhältnis zu Südafrika und Zimbabwe.

Dank des Reichtums an Kupfer und Nickel (Selebi Pikwe), dem Energieträger Steinkohle (Abbau bei Moropole; ca. 4 Milliarden t Reserven) und den seit den 70er Jahren abgebauten Diamanten von Orapa, Letlhakane und Letlhakeng, konnte Botswana wirtschaftlich eine Wandlung vom armen Agrarland zu einem für afrikanische Verhältnisse wohlhabenden Bergbaustaat durchmachen. Heute gehört Botswana zu den größten Diamantenproduzenten der Welt, Bergbauprodukte erwirtschaften bis zu 85 % des Exportwerts. Die Bodenschätze bedeuten aber auch eine Abhängigkeit vom Weltmarkt, die das Land etwa zu Beginn der 80er Jahre angesichts des starken Preisverfalls für Diamanten zu spüren bekam. Die traditionelle Rinderweidewirtschaft konnte durch technische und finanzielle Entwicklungshilfe insbesondere der Europäischen Gemeinschaft so umstrukturiert und verbessert werden, daß Fleischprodukte an zweiter Stelle der Exporte stehen und der Rinderbestand bei etwa 2,7 Millionen Tieren liegt. Der Schlachthof von Lobatse entspricht EG-Normen, und auch die Anlagen in Maun und Francistown liefern Exporte für die EG.

Problematisch ist allerdings die soziale Entwicklung: Sie folgt wie in den meisten Entwicklungsländern dem Schema »Die Reichen werden reicher, die Armen ärmer«. Eine kleine Gruppe wohlhabender Herden- und Landbesitzer und weißer Farmer profitiert von der Agrarentwicklung, ein aufgeblähter Beamtenapparat, der seine Privilegien verteidigt, verdient an der Korruption, die Gewinne aus dem Bergbau fließen zur Hälfte ins Ausland. Die Masse der Bauern hingegen – etwa 50 % aller Erwerbstätigen – verharrt in einer Selbstversorgungswirtschaft, da Entwicklungsmittel und -impulse fehlen. In ihren Familien kann nur die Arbeit im botswanischen Bergbau oder ›Wanderarbeit‹ in Südafrika das Einkommen sichern. Noch mindestens 20000 Botswaner sind im südafrikanischen Bergbau tätig, die meisten davon in den Diamantengruben von Kimberley. Industrielle Arbeitsplätze gibt es nur in wenigen Betrieben der Nahrungs- und Genußmittelherstellung, ansonsten verhindern der zu kleine, wenig kaufkräftige Binnenmarkt und die übermächtige Konkurrenz Südafrikas eine eigenständige Entwicklung. Der geringe Ausbildungsstandard bewirkt, daß Botswana bezüglich Fachkräften auf Ausländer zurückgreifen muß.

Der Beitrag der Landwirtschaft zum Bruttosozialprodukt sinkt, und Nahrungsmittelimporte steigen. Krisenzeichen auch in Botswana, das, auch wenn dies kurzfristigen Besuchern meist verborgen bleibt, unter Problemen leidet, die für die meisten Entwicklungsländer Afrikas typisch sind, eine Situation, die zum Nachdenken über Entwicklungsperspektiven im südlichen Afrika speziell und im tropischen Afrika im allgemeinen anregen mag.

Botswana: Reiseteil

Von Karl-Günther Schneider

Im internationalen Fremdenverkehr ist Botswana vor allem wegen seines Safari-Tourismus bekannt. Es ist verlockend und erlebnisreich, mit dem Geländewagen, mit Zelt und mitgebrachter Verpflegung über die Sandpisten der Kalahari zu fahren, die Sumpfflächen des Okavango-Deltas zu ›entdecken‹, die salzglitzernden Flächen der Makgadikgadi-Salzpfannen zu bestaunen, die reiche Tierwelt der Trockensavannen und Wassergebiete zu erleben.

Mehrere Reiseunternehmen mit Sitz in Johannesburg, Gaborone oder Windhoek haben sich auf den Safari-Tourismus spezialisiert und stellen Fahrzeuge, Zelte, Verpflegung und sachkundige Führung. Deutsche Veranstalter arbeiten mit diesen Firmen zusammen, so daß man schon zu Hause die wichtigsten Informationen sammeln, Routen besprechen und Buchungen vornehmen kann. Ausgangsorte der Reisen durch Botswana sind meist Johannesburg oder Windhoek. Um sich die anstrengende Anreise auf dem Landweg zu ersparen, kann man mit einem Charterflug in den Chobe-Nationalpark oder nach Maun am Okavango-Delta fliegen. Die Hauptstadt von Botswana, Gaborone, ist touristisch weniger interessant; man erreicht sie von den internationalen Flughäfen der Nachbarländer wie Johannesburg oder Harare.

Die wildreichen Nationalparks sind die wichtigsten Touristengebiete Botswanas. Sie werden im folgenden kurz vorgestellt.

Der Chobe-Nationalpark

Der Chobe-Nationalpark in Nord-Botswana, Teil der menschenleeren, wasserlosen Kalahari, gehört als Rückzugsgebiet des Wildes und Schweifgebiet von San zu den ursprünglichsten Savannengebieten des südlichen Afrika. Die Weite des Parks (1167 km^2 Fläche) umfaßt das Stromgebiet des Chobe-Flusses sowie Teile der nördlichen Kalahari mit Altdünen, Pfannen und episodisch durchflossenen Talsystemen.

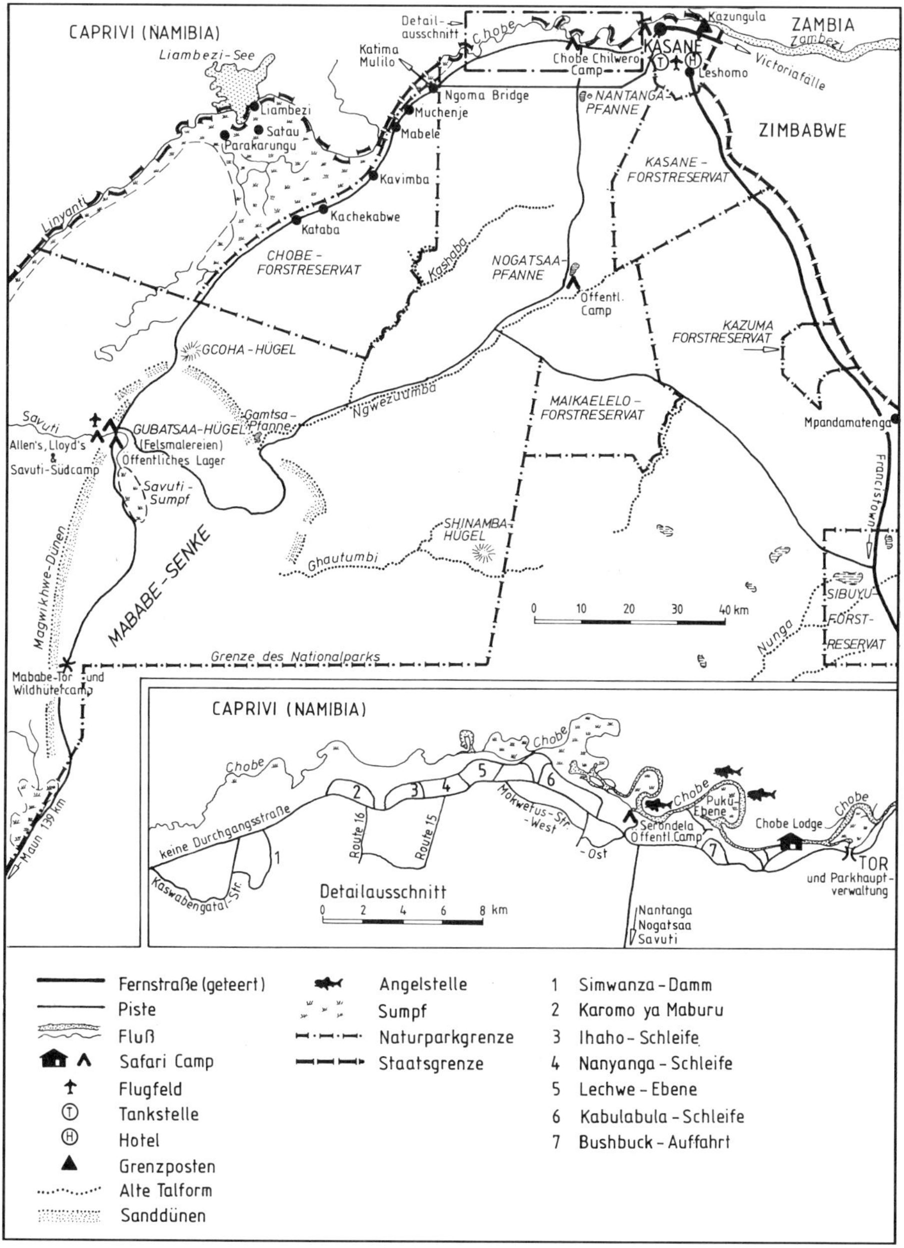

Chobe-Nationalpark

Der **Norden des Nationalparks,** der am meisten besuchte und am besten erschlossene Teil, läßt sich von Namibia aus über Katima Mulilo und den Grenzübergang Ngoma Bridge erreichen, eine Meldung bei der Polizeistation in Kasane nahe dem Parkeingang ist erforderlich. Ausgezeichnete Unterkunft bietet die Chobe Game Lodge (Routenkarten, Bildbände und Informationen über Safaris an der Rezeption erhältlich); in Serondela gibt es einen Campingplatz (Berechtigungsscheine für die Benutzung sowie Angelscheine sind am Parkeingang zu erwerben). Im Nordteil des Nationalparks, entlang der Chobe-Niederung, läßt sich die Großtierwelt der afrikanischen Savannen ausgezeichnet beobachten (Farbabb. 20, 21). Insbesondere in Trockenjahren ist der Chobe-Fluß für das Überleben des Wilds wichtig, da hier das ganze Jahr über Wasserstellen bestehen. Elefantenherden wechseln über die Niederung auf der Suche nach neuen Weideflächen, Antilopen, Giraffen, Büffel, Löwen und Warzenschweine kann man gegen Abend beobachten, wenn sie aus dem Savannengehölz zu den Tränken ziehen. Am Fluß sind Flußpferde, Krokodile und manchmal auch Fischotter zu sehen, des weiteren zahlreiche Vögel wie die roten Bienenfresser, Reiher und – als ›Gäste‹ – Störche und Gänse. Die Paviane wurden inzwischen zu einer regelrechten Plage.

Ca. 50 km **südlich von Kasane** liegt eine andere Naturlandschaft des Chobe-Nationalparks, eine Mopane-Savanne, die reich an Pfannen ist. In diesen flachen Senken verbleibt bis weit in die Trockenzeit hinein Wasser, so daß sich dort riesige Elefanten- und Büffelherden sammeln. Die große Zahl an Elefanten führte bereits zu sichtbaren Vegetationsschäden an den Bäumen. Vor dem Besuch dieses Parkgebietes sollte man Informationen über Wildbewegungen und Fahrwege beim Wildhüter am Eingang in Kasane einholen; ein geländegängiges Fahrzeug, Nahrungsmittel- und Treibstoffvorräte sind unbedingt notwendig. Nur an der Nogatsaa-Pfanne gibt es einen Campingplatz.

Der **Südwesten des Chobe-Nationalparks** wird charakterisiert durch Kalahari-Trockenbusch, alte, heute festliegende Dünensysteme sowie Talsysteme, die nur gelegentlich Wasser führen. Das Gebiet um den Savuti läßt sich auch von Maun am Okavango-Delta aus erreichen; man kann es mit einem Geländewagen durchqueren. Der Savuti führt nur in regenreichen Jahren Wasser, das er vom Linyanti, dem Chobe-Oberlauf, erhält. Dann wird in einem einmaligen Schauspiel die über 100 km lange Magwikhwe-Dünenzone von den Wassermassen durchbrochen, die sich in die Mababe-Senke ergießen. Für kurze Zeit entsteht ein neuer Flachsee. Große Wildherden halten sich in den Sümpfen auf. Auch sonst finden sich in der Nähe der Wasserstellen zahlreiche Antilopen, Elefanten, Gnus, Giraffen, Zebras und Löwen. An einem Inselberg in der Nähe der Zeltplätze sind Felszeichnungen der San erhalten (Tierdarstellungen).

Vom Zeltplatz am Übergang über den Savuti Channel führt eine Sandpiste zum Nordteil des Parks. Für die Fahrt dorthin sind ein Geländefahrzeug sowie Vorräte an Nahrung und Treibstoff dringend erforderlich.

Das Okavango-Delta

Der Okavango oder Kavango entspringt als Cubango im regenreichen Hochland von Angola. Über fast 400 km bildet er die angolanisch-namibische Grenze, bevor er bei Mohembo, nach einem Lauf von mehr als 1000 km, das Staatsgebiet von Botswana erreicht. Bald darauf erweitert sich der Strom, nun als Okavango, in eine Vielzahl von Wasserrinnen. Etwa 80 km hinter der Grenze beginnt das knapp 17000 km^2 umfassende Okavango-Delta, eines der großen Feuchtgebiete Afrikas und eine der letzten Naturlandschaften des Kontinentes. In seiner Flächenausdehnung entspricht es etwa dem ägyptischen Nil-Delta. Während der sommerlichen Regenzeit (November bis März) fließt der Okavango gemächlich dahin, und in das Delta gelangt nur wenig Wasser. Sind im Hochland von Angola jedoch reichlich Niederschläge gefallen, tritt der Fluß gewaltig über seine Ufer und überschwemmt im Juni/Juli allmählich das Deltagebiet. Dann entsteht ›ein Meer im Land‹, wie es einmal genannt wurde, und in der wasserarmen Kalahari grünt auf dem Höhepunkt der Trockenzeit im südlichen Afrika ein riesiges Weidegebiet für das Wild. Die baumbestandenen Hügel werden zu Inseln, Papyrus, Schilfflächen und Grasgebiete breiten sich aus. Da die Wasserstände von Jahr zu Jahr erheblich schwanken, ist es für Reisende schwierig, einen Besuch des Deltas zu planen: In der Zeit der Überschwemmung sind weite Teile unpassierbar.

Wildtränke im Okavango-Delta; Darstellung von 1856

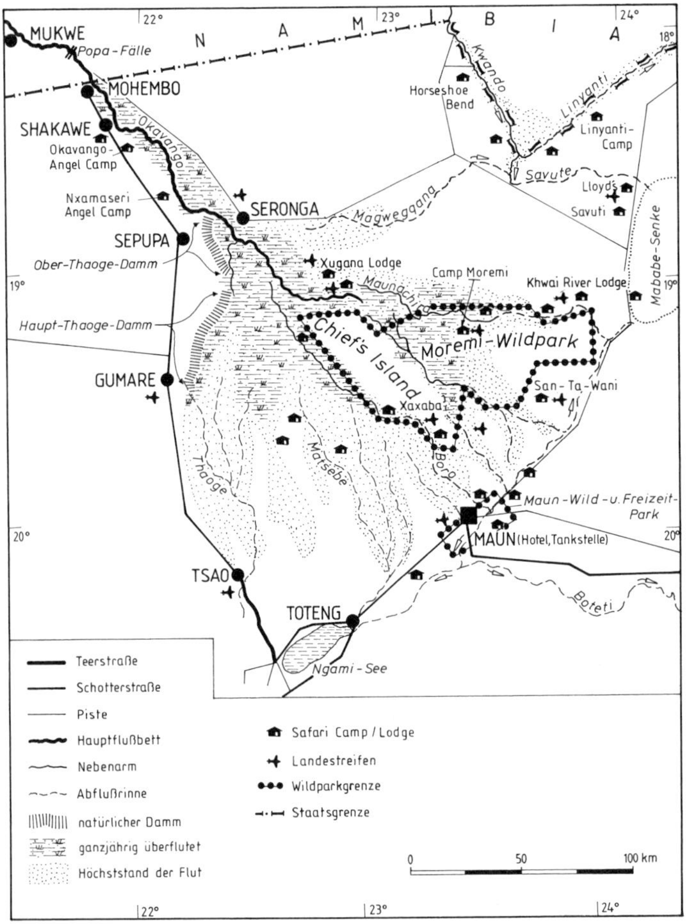

Okavango-Delta

Das Okavango-Delta füllt ein großes geologisches Senkungsgebiet, das als eine Fortsetzung des Zentralafrikanischen Grabens betrachtet wird. Bis heute deuten kleinere Erdbeben die tektonische Instabilität der Region an. Nur 3 % des einströmenden Wassers erreichen den Südosten, das Ende des Deltas, der überwiegende Teil verdunstet in der sommerlichen Hitze der Kalahari. Die Übergangszone von Trockensavannen zu Sumpfland bietet einer ungewöhnlich reichen und zahlenmäßig bedeutenden Wildpopulation ausgezeichnete Lebensmöglichkeiten: Für Großwild, Wassertiere und Vögel stellt das Okavango-Delta ein Paradies dar, das kaum vom Menschen bedroht ist. Nur etwa 50 000 Tswana-Rinderhirten leben in seinem Bereich, einige wenige Mbukushu-Bauern treiben einen Hochflutfeldbau, letzte Gruppen von San-Buschleuten streifen zwischen Kalahari-Dornveld und Delta.

Das Deltagebiet läßt sich in drei Abschnitte gliedern, die in unterschiedlichem Maß zugänglich sind: Im **Norden** herrscht ständiges Sumpfland vor, durchzogen von kleinen Wasserläufen. Kleine, baumbestandene Inseln unterbrechen die Wasserflächen. In diesem ›aquatischen‹ Raum kann der Mensch nicht auf Dauer Fuß fassen; nur zum Fischfang oder als Verkehrsweg nutzt er das Wasser (Farbabb. 4). Diese Zone ist überaus reich an Flußpferden, Krokodilen, Fischottern und der seltenen Sumpfantilope (Lechwe).

Der **südliche Deltabereich** besteht aus eng verzahnten Inseln und Wasserläufen; er wird in der Regel jährlich überflutet. Nach Art und Zahl trifft man hier die bedeutendsten Wildbestände, da die Tiere sowohl das Sumpfland als auch die umgebende Savanne als Lebensraum nutzen können.

Der **äußerste Nordosten** wird bereits von großen Sandinseln bestimmt, von der Moremi-Landzunge, Chief's Island und Matsibi Ridge. Hier wird Feinmaterial abgelagert, und das Delta verlandet allmählich. Da Chief's Island am weitesten in den Überschwemmungsbereich ragt und den dauerfeuchten Gebieten des nördlichen Deltas am nächsten liegt, gibt es hier zwei Camps/Hotels, von denen aus man fast das ganze Jahr über das Delta besuchen kann.

Das Regionalzentrum **Maun** (18000 Einwohner), am Südrand des Deltas am Thamalakhane gelegen, ist die beste Ausgangsbasis für Fahrten in das Delta und in die Kalahari. Der Flughafen wird von Air Botswana und Privatmaschinen angeflogen, Post, Bank, Reparaturwerkstätten, Tankstellen, Geschäfte für Güter des täglichen Bedarfs, und ein kleines Krankenhaus stehen zur Verfügung. Eine ca. 500 km lange, für Geländewagen zu befahrende Sandpiste durch die Kalahari verbindet Maun mit Francistown an der ›Lebenslinie‹ der geteerten Great North Road (vgl. S. 273). In Maun gibt es zwei Hotels mit herrlichem Blick auf den Thamalakhane. Per Geländewagen oder Kleinflugzeug lassen sich die übrigen Hotels und Rastlager im südlichen Delta erreichen. Während der Ferien und Feiertage ist dringend eine Voranmeldung erforderlich, da Safariunternehmen meist über Monate im voraus Plätze für ihre Gäste reservieren.

Maun ist auch Ausgangspunkt für Fahrten zu den abseits gelegenen Aha Hills aus Kalken und Dolomiten, zur Drotzky's-Karsthöhle und den im äußersten Nordwesten des Landes gelegenen Tsodilo Hills (Buschmann-Gruppen, Buschmann-Zeichnungen). Es sind Ziele einer Abenteuer-Safari, für Höhlenforscher, Botaniker, Prähistoriker und Ethnologen. Für die über 400 km lange Fahrt ist ein geländegängiges Fahrzeug erforderlich; Wasser, Proviant und Treibstoff müssen mitgenommen werden.

Von Maun aus operieren Jagdsafari-Unternehmen. Sie haben von der Regierung ausgedehnte Konzessionsgebiete erhalten, um die international beliebte Trophäenjagd im wildreichen Delta zu betreiben. Der Jagdtourismus wird sehr gefördert, da er hohe Einnahmen bringt und dazu beiträgt, die Zahl der Wildtiere zu ›steuern‹. In der Nähe von Maun kann man ein Unternehmen besichtigen, in dem Jagdtrophäen präpariert werden. Die Wilderei durch Einheimische konnte man bisher nicht unterbinden, da der Schußwaffenbesitz nicht kontrolliert wird und Präparatoren in aller Welt hohe Preise für seltene oder große Felle und Häute zahlen.

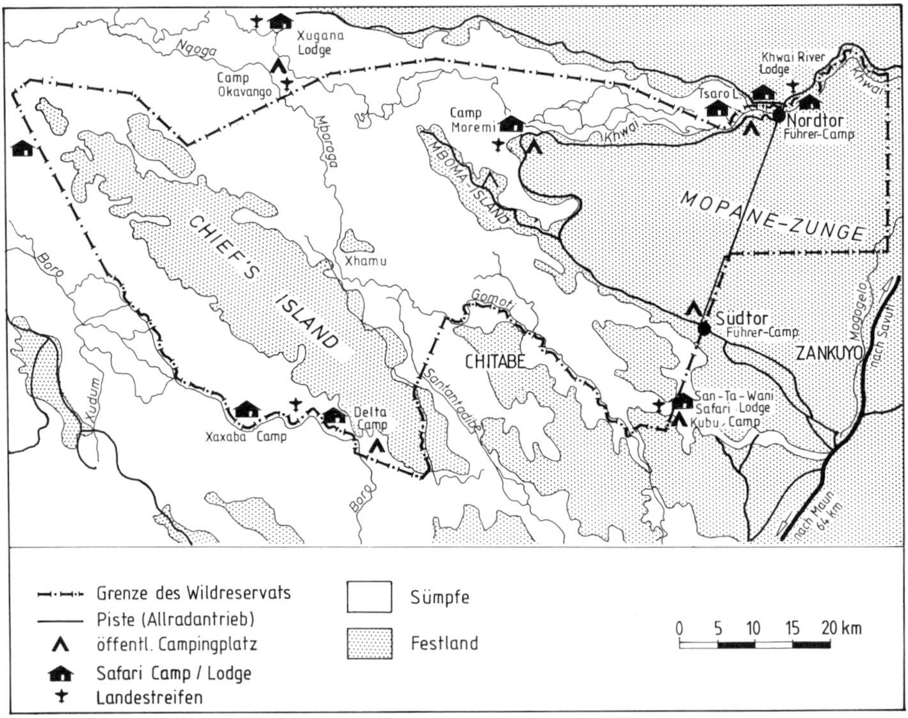

Moremi-Wildreservat

Seit 1968 besteht im Osten des Deltas das 1800 km^2 große **Moremi-Wildreservat.** Campingplätze und Lodges stehen zur Verfügung. Zur Wildbeobachtung kann man das Auto verlassen. Ein Besuch empfiehlt sich in der Trockenzeit von Mai bis September, da in der Regenzeit zahlreiche Wege unpassierbar werden. Ein Geländewagen ist unerläßlich, auch wenn das Wildreservat von Maun aus über Shorobe zu erreichen ist. Wenn der Wasserstand es zuläßt, sollte man etwa vom Crocodile Camp aus eine Bootsfahrt im Einbaum (*mokoro;* Farbabb. 4) oder in einem der flachen, motorgetriebenen Aluminiumboote unternehmen, begleitet von einem kundigen Führer. Ein weiterer Ausflug von Maun aus führt zum ca. 80 km südwestlich gelegenen **Ngami-See.** Man muß sich aber erkundigen, ob der ›See‹ im jeweiligen Jahr überhaupt gefüllt ist, da er je nach Wasserführung des Okavango trockenfallen kann. Am Nhabe River besteht ein Campingplatz; Zelte, Verpflegung und Treibstoff sind mitzubringen. Der See selbst ist ein Vogelschutzgebiet mit zahlreichen Beobachtungsstellen.

In Zusammenarbeit mit internationalen Organisationen konnten die botswanischen Behörden das Delta bisher in seiner Gesamtheit weitgehend intakt halten. Die Wasserentnahme für den Diamantenbergbau und die Bergbausiedlung Orapa in der Kalahari wird streng kontrolliert, Pläne für eine Fernwasserversorgung des Pretoria-Witwatersrand-Vaaldreieck-Gebietes in Südafrika mit seinen etwa 6 Millionen Einwohnern und der größten Industriekonzentration Afrikas wurden bisher nicht verwirklicht. Die Weidewirtschaft Botswanas kann allerdings zu einer Bedrohung der südlichen Deltagebiete führen, da der Fleischexport des Landes zunehmende Bedeutung erlangt. In den 70er Jahren rottete eine Sprühaktion die Tsetse-Fliege, die Überträgerin der Nagana-Viehseuche, im Südabschnitt des Deltas aus. Seitdem hat der Rinderbestand deutlich zugenommen, und die Savanne in der Deltarandzone ist bereits erheblich überweidet.

Der Besucher des Okavango-Deltas muß Malaria-Prophylaxe betreiben; er sollte sich vor dem Schwimmen in flachen Deltagewässern hüten, da Bilharziose grassiert. Äußerst selten tritt auch die Schlafkrankheit auf – dann wird ein Transport in eine Spezialklinik in Johannesburg notwendig.

Die Makgadikgadi-Pfannen

Die Makgadikgadi-Salzpfannen im Nordosten Botswanas, in älteren Karten und Atlanten noch in der Schreibung ›Makarikari-Pfannen‹ zu finden, gehören zu den eigenartigsten

Löwenjagd; Darstellung um 1860

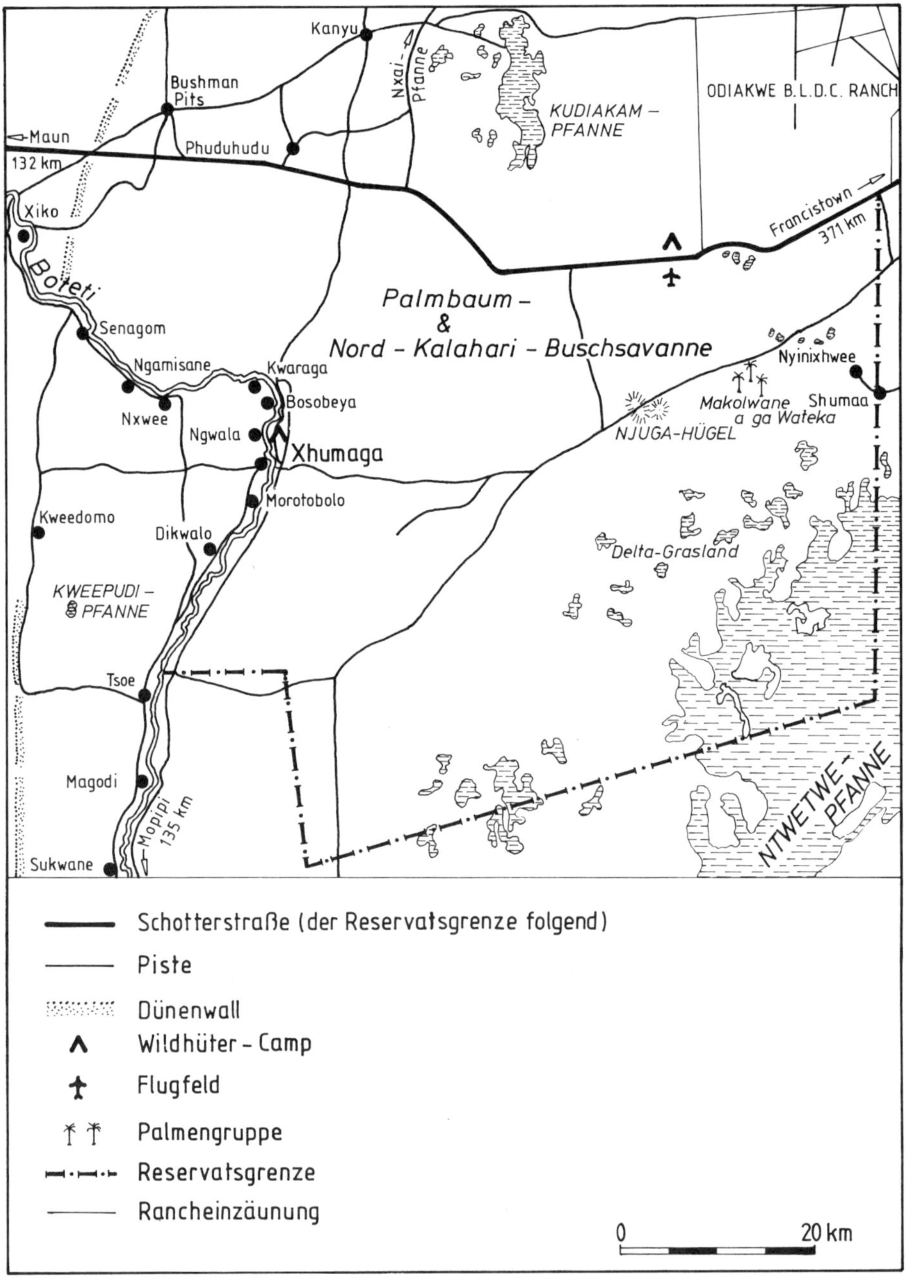

Kanyu
Bushman Pits
Maun 132 km
Phuduhudu
Nxai-Pfanne
KUDIAKAM – PFANNE
ODIAKWE B.L.D.C. RANCH
Xiko
Boteti
Francistown 371 km
Palmbaum – & Nord – Kalahari – Buschsavanne
Senagom
Ngamisane
Kwaraga
Bosobeya
Nxwee
Ngwala
Xhumaga
Nyinixhwee
Makolwane a ga Wateka
Shumaa
NJUGA-HÜGEL
Morotobolo
Kweedomo
Dikwalo
Delta-Grasland
KWEEPUDI – PFANNE
Tsoe
Magodi
Mopipi 135 km
Sukwane
NTWETWE – PFANNE
Schotterstraße (der Reservatsgrenze folgend)
Piste
Dünenwall
Wildhüter – Camp
Flugfeld
Palmengruppe
Reservatsgrenze
Rancheinzäunung
0
20 km

Naturwundern und zu den am wenigsten erforschten und besuchten Gebieten des südlichen Afrika. Vom Flugzeug aus gesehen präsentieren sie sich als unendliche, vegetationslose Weite mit herrlichen Farben von Weiß über Grau bis Violett. Nur die Ränder zeigen spärliche Vegetation, kleine Inseln von Grün existieren, insgesamt aber handelt es sich in der Trockenzeit um einen lebensfeindlichen Raum. In der Regenzeit füllen sich Teile des Pfannengewirrs wie die Sowa-Pfanne im Norden mit Wasser, was große Schwärme von Wasservögeln, besonders von Flamingos, anlockt. Im Norden und Westen der Ntwetwe-Pfanne befinden sich ausgedehnte Grasflächen, in denen sich nur die *Hyphaene*-Palme als Baum halten kann, da das Stauwasser in den Überschwemmungsflächen Baumwuchs ansonsten unmöglich macht. Die Naturweideflächen werden in der Trockenzeit von großen Wildherden bevölkert, von Gnus, Zebras, Gems- und Springböcken. Viele Löwen und Geparde begleiten die Herden, die während der Regenzeit nach Norden in Richtung Nxai-Pfanne wandern. In den 70er Jahren wurden diese Pfanne und die Weidegebiete um die Ntwetwe-Pfanne zu Wildschutzgebieten erklärt. Es ist geplant, diese Schutzgebiete zu erweitern und zu verbinden, um ungestörte Herdenwanderungen zu ermöglichen. Noch verläuft die Piste zwischen Maun und Francistown durch eine ungeschützte Zone.

Zwischen Maun und **Nata** (ca. 300 km) gibt es nur in Gweta (Motel) Unterkunftsmöglichkeiten. Von Gweta aus sind Fahrten zu den Salzpfannen möglich. Wasser, Treibstoff und Proviant müssen mitgenommen werden. Empfohlen wird ein allradgetriebenes Fahrzeug, auch wenn die Strecke von Francistown bis Nata geteert ist. Im endlosen, langweiligen Kalahari-Busch sorgen nur einige große Affenbrotbäume wie die in den Autokarten vermerkten ›Three Sisters‹ für etwas Abwechslung. **Francistown** (ca. 60000 Einwohner), die wichtigste Stadt Botswanas nach Garborone, bietet angenehme Hotels und gute Einkaufsmöglichkeiten.

Das Kutse-Wildschutzgebiet

Dieses Wildschutzgebiet, auch unter dem Namen Kutswe bekannt, ist von Gaborone aus auf einer ca. 250 km langen Piste zu erreichen. Es zeigt die naturräumlichen Einheiten der inneren Kalahari: lange Reihen von Pfannen, Reste alter Talformen; buschbestandene Dünenzüge, reich an Vogelarten; sandige Platten mit Kalahari-Dornbusch, in dem sich Großwild wie Giraffen, Gnus und Springböcke, ferner Löwen, Geparde, Hyänen und Wildhunde antreffen lassen. Besucht wird das Reservat meist wegen der Möglichkeit, mit San in Kontakt zu kommen. Dies läßt sich jedoch nur durch Vermittlung eines ›Guide‹ des Wildparks und mit Einverständnis der Bewohner realisieren. Ein Geschenk, z. B. Tabak, kann das Fotografieren erleichtern.

◁ *Wildreservat Makgadikgadi-Pfannen*

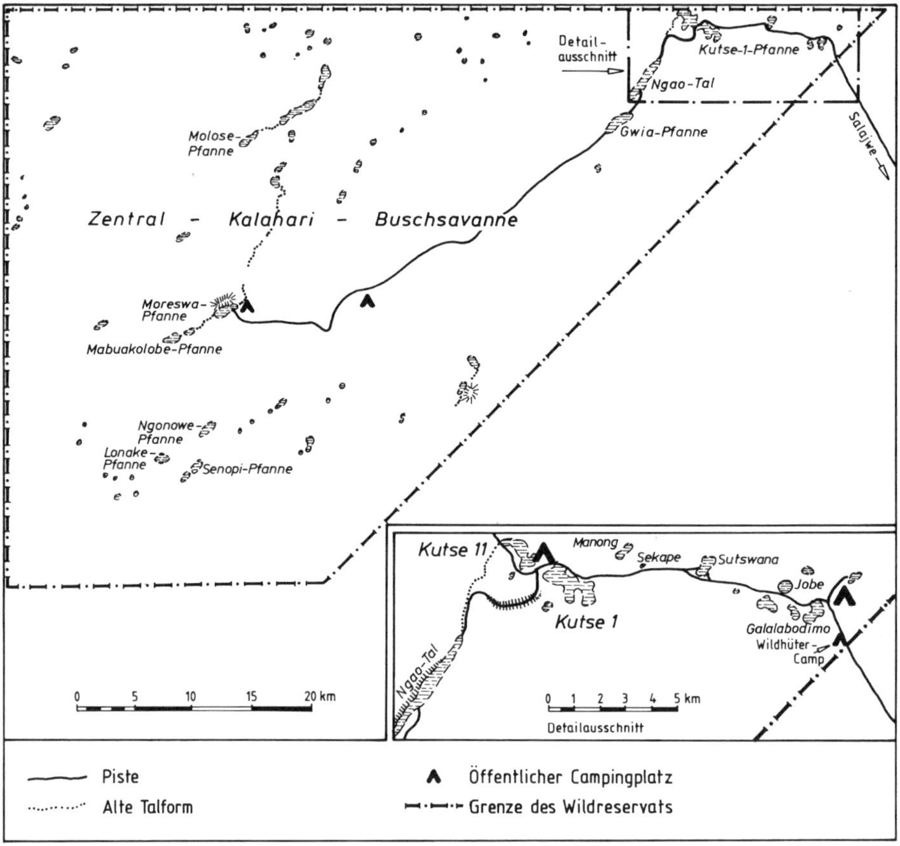

Kutse-Wildreservat

Die Naturschutzbehörde hat in der Nähe der Galabadino-Pfanne ein Lager errichtet. Dort müssen sich Besucher anmelden und können einen ortskundigen Führer zur Begleitung engagieren. Die Route sollte man mit dem ›Warden‹ absprechen. Reisende werden dringend gewarnt, von den Pisten abzuweichen, um in das Wildschutzgebiet der zentralen Kalahari zu fahren, da dieses für die Öffentlichkeit gesperrt ist. In Kutse herrscht Wassermangel; nur die Bohrlöcher am Lager der Wildhüter sowie am Zeltplatz bieten die Möglichkeit, Trinkwasser aufzunehmen. Nahrungsmittel und Proviant müssen mitgebracht werden.

Mabuasehube-Wildreservat und Gemsbok-Nationalpark

Das Mabuasehube-Wildreservat (Game Reserve) und der anschließende Gemsbok-Nationalpark im äußersten Südwesten Botswanas lassen sich am besten von Südafrika bzw. von Namibia aus besuchen; ab Gaborone sind sie nur schwer zu erreichen.

Gemsbok-Nationalpark und Mabuasehube-Wildreservat

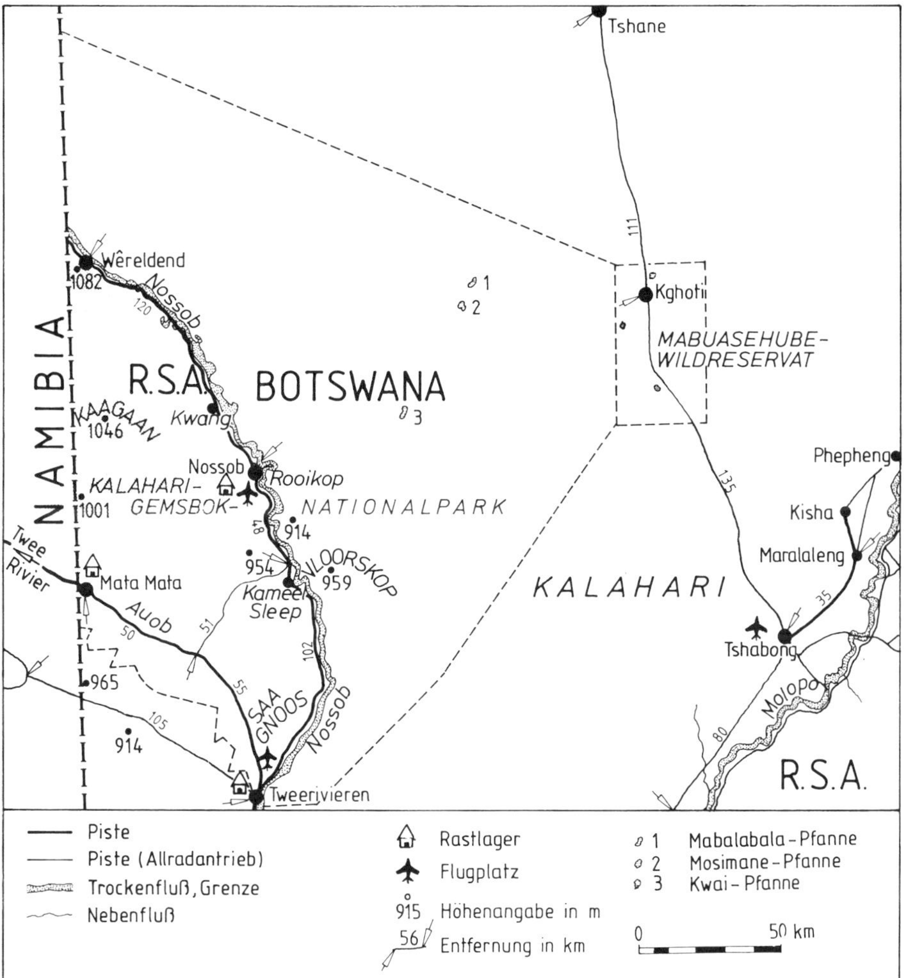

Die Anreise nach **Mabuasehube** erfolgt durch die nördliche Kapprovinz zum Grenzposten Tshabong, 30 km von der südafrikanischen Grenze entfernt. Ab hier ist auf jeden Fall ein allradgetriebenes Fahrzeug notwendig, da man etwa 120 km Dünengelände durchqueren muß. Die Piste passiert einige Pfannen, an denen sich meist Herden von Antilopen und Gnus aufhalten. Im Wildschutzgebiet ist keinerlei touristische Infrastruktur vorhanden: Proviant, Treibstoff und auch Ersatzteile sollten mitgenommen werden, da es eine Woche dauern kann, bis wieder ein Fahrzeug eintrifft.

Der botswanische **Gemsbok-Nationalpark** (Farbabb. 18) ist die Fortsetzung des südafrikanischen Kalahari-Gemsbok-Nationalparks. Die touristische Infrastruktur auf der südafrikanischen Seite kann von Besuchern aus Botswana genutzt werden. Die Rastlager in Tweerivieren, Matamata und Nossob verfügen über gut ausgestattete Bungalows und Zeltplätze; kleinere Mengen Lebensmittel kann man in einem Laden in Tweerivieren kaufen. In den Weihnachts- und Osterferien sind die Lager ausgebucht. Die beste Besuchszeit für Reisende aus Übersee liegt zwischen Mai und Oktober, ehe die sommerliche Hitze beginnt. Der Gemsbok-Nationalpark besticht weniger durch die Artenzahl des Wildes als vielmehr durch seine einmalige Naturlandschaft. In der sommerlichen Regenzeit von November bis April entwickeln sich herrliche Farbspiele: rote Dünen, grüne Akazien, vereinzelte Grasflächen und markante Haufenwolken bieten vor allem in den Morgen- und Abendstunden lohnende Fotomotive.

Gaborone, die Hauptstadt Botswanas

Die Hauptstadt Botswanas (an die 150000 Einwohner) liegt im dicht bevölkerten Osten des Landes, nur wenige Kilometer von der Grenze zu Südafrika entfernt. Die auf dem Reißbrett geplante Stadt entstand seit 1966, so daß sie höchstens für den an Stadtplanung interessierten Reisenden von Bedeutung ist; architektonische ›Höhepunkte‹ fehlen. In unmittelbarer Nähe der Hotels liegt die Mall, das moderne Einkaufszentrum, wo man sich im Botswana Book Centre mit Karten und Büchern über das Land versorgen kann. Das Nationalmuseum in der Independence Avenue (geöffnet montags bis freitags 9 bis 18 Uhr, samstags und sonntags 9 bis 17 Uhr) gibt eine hervorragende Einführung in die Geschichte und Kultur Botswanas. Der dort erhältliche ›Guide to Places of Historic and Natural Interest in and around Gaborone‹ enthält Hinweise für die Gestaltung eines Programms in Gaborone, das meist nur als ›Etappenort‹ auf dem Weg in die Nationalparks und in das Okavango-Delta kurz besucht wird.

Gaborone ▷

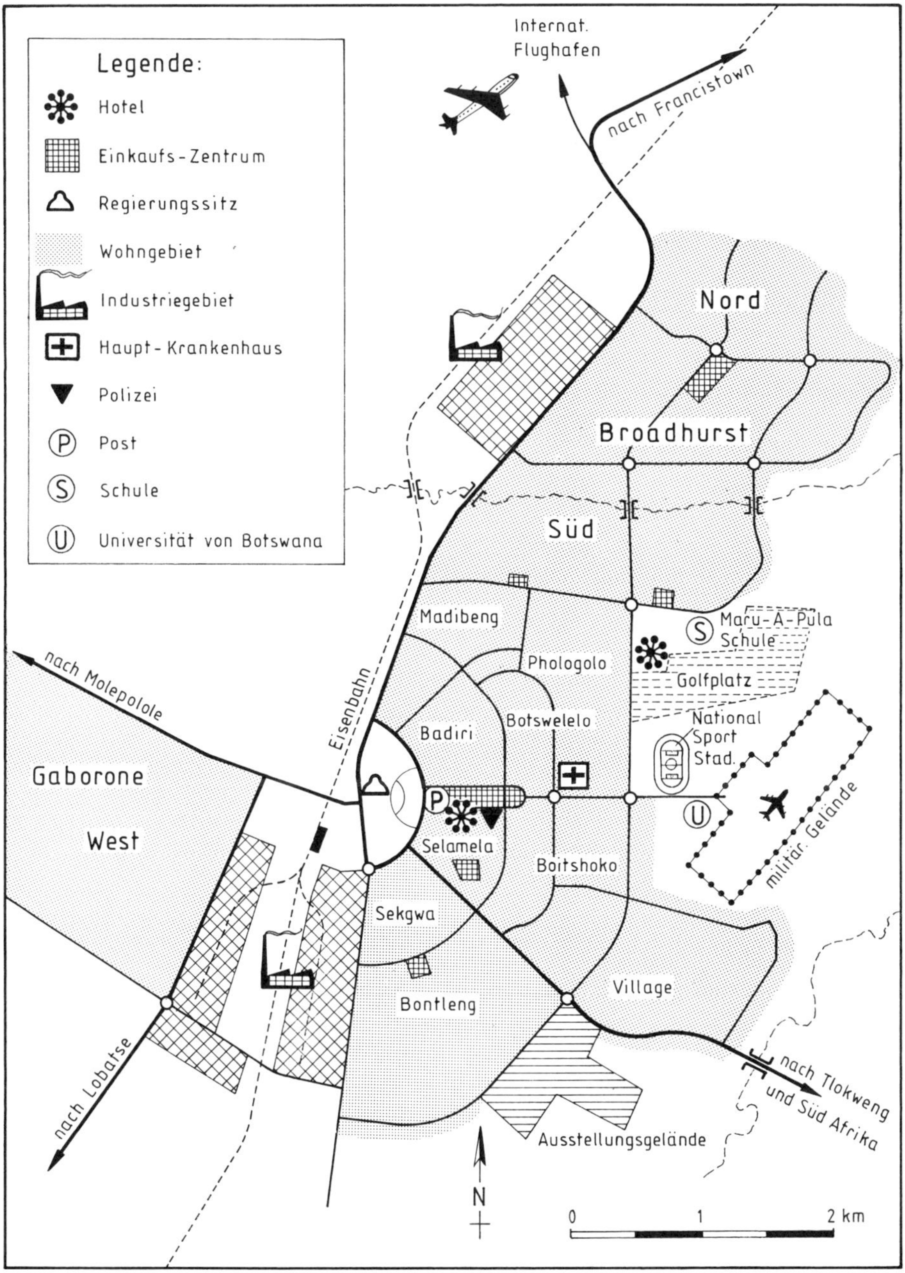

Legende:
Hotel
Einkaufs-Zentrum
Regierungssitz
Wohngebiet
Industriegebiet
Haupt-Krankenhaus
Polizei
Post
Schule
Universität von Botswana
Internat. Flughafen
nach Francistown
Nord
Broadhurst
Süd
Madibeng
Maru-A-Pula Schule
Phologolo
Golfplatz
Botswelelo
National Sport Stad.
Badiri
Eisenbahn
nach Molepolole
Gaborone West
Selamela
militär. Gelände
Boitshoko
Sekgwa
Village
Bontleng
nach Lobatse
nach Tlokweng und Süd Afrika
Ausstellungsgelände
N
0
1
2 km

Erläuterung der Fachbegriffe (Glossar)

Afrikaaner Bezeichnung für die weißen Einwohner Südafrikas und seiner Nachbarländer, die **Afrikaans** als Muttersprache haben. Diese Sprache der → *Buren* ist seit 1925 neben Englisch Amtssprache in Südafrika und Namibia. Die Parallelbezeichnung ›Kapholländisch‹ weist auf die Herkunft des Afrikaans aus dem Niederländischen hin, das seit dem 17. Jahrhundert im Siedlungsgebiet der ›Niederländisch-Ostindischen Kompanie‹ am Kap benutzt wurde. Aus ihm entwickelte sich die heutige Umgangssprache der niederländischen, deutschen, französischen und anderer Siedler. Afrikaans ist seit 1875 auch Schriftsprache.

Akkulturation ›Kulturwandel‹, Übernahme von geistigen und materiellen Kulturgütern fremder Kulturen durch Einzelne oder Gruppen. Akkulturation ist bedingt durch Kulturkontakt oder durch die erzwungene Dominanz einer Kultur wie z. B. im Kolonialzeitalter.

Bantu Sprachfamilie in Afrika südlich des Äquators mit zahlreichen Untergruppen. Die Bezeichnung wurde auch auf die Sprecher übertragen (›Bantu‹ oder ›Bantu-Völker‹). Im Rahmen der Bantu-Wanderungen kamen Bantu-Sprachen seit dem 9.–10. Jahrhundert aus Zentral- und Ostafrika in den Süden des Kontinents, wo sie die Khoisan-Sprachen der San (›Buschmänner‹) und der Khoi (›Hottentotten‹) verdrängten.

Buren (niederländisch für Bauern) Bezeichnung für die Nachkommen der niederländischen, deutschen und französischen Siedler, die seit 1652 in das Siedlungsgebiet der ›Niederländisch-Ostindischen Kompanie‹ am Kap einwanderten. Nach der Besetzung des Kaplandes durch Großbritannien im Jahre 1806 entstanden erhebliche Konflikte zwischen Altsiedlern und Briten um Sprache (Afrikaans gegen Englisch) und ›Eingeborenenpolitik‹ (konservativ gegen liberal). Nach der Sklavenbefreiung in der Kapkolonie (1834) wanderten zahlreiche Buren im ›Großen Treck‹ nach Norden, um sich dem englischen Einfluß zu entziehen, und gründeten die Freistaaten Natal, Oranje und Transvaal, heute Provinzen der Republik Südafrika. Einige zogen auch durch die Kalahari bis in den Norden Namibias und nach Angola. Im Burenkrieg (1899–1902) unterwarfen die Briten die burischen Freistaaten.

Burger Bezeichnung für die freien Bürger im Siedlungsgebiet der ›Niederländisch-Ostindischen Kompanie‹ am Kap im Unterschied zu den Sklaven und den afrikanischen Bewohnern.

Clan (auch Klan) Begriff der Völkerkunde, abgeleitet von der keltisch-gälischen Bezeichnung für ›Sippe‹. Die Mitglieder eines Clans nehmen eine gemeinsame Herkunft von einem mythischen Vorfahren an und bilden meist eine lose Wirtschafts- und Siedlungsgemeinschaft.

Desertifikation Ausdehnung wüstenhafter Bedingungen durch Überbeanspruchung der natürlichen Ressourcen Pflanzenwelt, Boden und Wasser durch Landwirtschaft und Holzeinschlag.

Dolomithügel Höhe oder Kuppe, die aus Dolomitgestein gebildet wird. Dieses Gestein ist oft härter als die Nachbargesteine und bildet daher sogenannte ›Härtlingskuppen‹.

Erg Sandwüste. Ursprünglich arabische Bezeichnung für die großen Sandgebiete in der Nord-Sahara, auf andere Sandwüsten der Erde übertragen. → *Hamada*, → *Serir*

Ethnie Parallelbezeichnung für den Begriff ›Stamm‹, der als politisch belastet gilt. Umfaßt Menschen gleicher Sprache und gleicher Kultur, die in einem Territorium zusammenleben und sich als zusammengehörig empfinden. Oft stellt die Ethnie auch eine politische Einheit dar. Der Großverband der Ethnie ist in → *Clans* gegliedert.

Habitat In der Ökologie Bezeichnung für eine ausgedehntere ›Lebensstätte‹, ein Biotop. An einen solchen ›Lebensraum‹ sind bestimmte Tier- und Pflanzenarten ökologisch gebunden.

Hamada ›Felstrümmerwüste‹, in der als Folge mechanischer Verwitterung eckige, scharfkantige Gesteinsbruchstücke vorherrschen. Der Begriff wurde von der Sahara auf andere Wüsten übertragen. → *Erg*, → *Serir*

Homelands Begriff aus der Apartheid-Terminologie Südafrikas, amtliche Bezeichnung für die in Südafrika und zeitweise auch in Namibia ausgewiesenen Siedlungsgebiete für die Schwarzen. Die Schaffung der ›Heimatländer‹ hatte eine strikte räumliche Rassentrennung zum Ziel. Bewohner der Homelands galten außerhalb als ›Besucher‹, die jederzeit abgeschoben werden konnten.

Kraal Bezeichnung für ein Gehöft, einen ›Bauernhof‹ in Afrika südlich der Sahara. Ursprünglich der Viehkraal, der umzäunte Platz zum Einstellen des Viehs in der Nacht.

Moränen Reliefformen und Ablagerungen, die durch Gletscher entstanden sind.

Matrilinear Völkerkundliche Bezeichnung für eine Erbfolge und Rechtsform, in der die mütterliche Abstammungslinie im Unterschied zur *patrilinearen* = väterlichen bevorzugt wird. Nicht mit Matriarchat (›Mutter-Herrschaft‹) gleichzusetzen! Folgen matrilinearer Organisation sind meist matrilokale Heiratswohnfolge (d.h. der Mann tritt in die Gruppe der Frau ein), mütterliche Abstammungsregel (d.h. die Kinder gehören zur Verwandtschaftsgruppe der Mutter, Eigentum und Ämter werden in mütterlicher Linie vererbt) und eine besonders hervorgehobene wirtschaftliche, soziale und religiöse Stellung der Frau.

Pfanne Runde bis ovale Mulde von unterschiedlicher Größe mit ebenem Boden. Dieser besteht aus verfestigten feinen Ablagerungen (Sedimenten), die mit Kalk oder Salz vermischt sein können. Pfannen treten in Trockengebieten auf und werden episodisch, seltener periodisch von Niederschlagswasser oder durch Zufluß aus der Umgebung überflutet. Der Ausdruck wird vor allem in den Trockengebieten des südlichen Afrika verwendet. In Nordafrika und im Orient spricht man von Sebcha oder Sebka.

Rivier Bezeichnung für ein Trockenflußbett (Wadi) im südlichen Afrika, abgeleitet von der afrikaansen Bezeichnung für ›Fluß‹.

Sediment Von Wasser, Eis oder Wind abgelagerte Verwitterungsprodukte wie Ton, Sand oder Schotter, die zu Gesteinen verfestigt werden können.

Savanne Sammelbezeichnung für Vegetationstypen der wechselfeuchten Tropen, in denen die Grasvegetation im Verhältnis zur Baumvegetation überwiegt. Der Unterschied zwischen Trockenzeit mit Laubfall und Vegetationsruhe sowie Regenzeit mit regengrünen Pflanzen ist typisch.

Sukkulenten An Trockenheit angepaßte Pflanzen, die über wasserspeichernde Gewebe in Blättern, Stämmen oder Wurzeln sowie über gegen Verdunstung geschützte Oberflächen verfügen. Durch die Wasserspeicherung sind die Pflanzen oft fleischig-saftig.

Serir (auch Sserir) Ursprünglich arabische Bezeichnung für Kies- oder Geröllwüste von flächenhafter Ausdehnung. → *Erg*, → *Hamada*

Wadi Trockental oder Trockenflußbett in der Wüste oder in anderen Trockengebieten, auch als → *Rivier* oder *omuramba* bezeichnet. Führt episodisch große Wassermengen, ist deshalb oft tief eingeschnitten, hat wegen des ungleichmäßigen Fließens kein ausgeglichenes Gefälle.

Praktische Reiseinformationen

DuMont Buchverlag, Postfach 10 10 45, 50450 Köln

Namibia-Informationen

Wissenswertes vor Reiseantritt

Informationsstellen in der Bundesrepublik Deutschland

Deutsch-Namibische Gesellschaft, Zollstr. 2, 41460 Neuss, ✆ 0 21 31/27 75 34, Fax 27 89 08.

Namibia-Verkehrsbüro, Im Atzelnest 3, Postfach 2041, 61290 Bad Homburg, ✆ 0 61 72/40 66 50/54, Fax 40 66 90

Air Namibia, Im Atzelnest 3, 61352 Bad Homburg, ✆ 0 61 72/4 06 60, Fax 40 66 40.

... in Namibia

Informationsbüro für Fremdenverkehr, P.O. Box 13267, Windhoek, ✆ 0 61/23 69 75 (Buchungen), ✆ 0 61/3 38 75 (Information), Fax 0 61/22 49 00, Telex 09 08/8 80, Telegrammadresse NATSWA Windhoek; Vertretungen in Johannesburg (Carlton Centre) und Kapstadt (Sanso Centre, George Street).

Broschüren über sowie Reservierungen für Erholungsorte, Rastlager und Wildschutzgebiete erhält man im Reservierungsbüro für Fremdenverkehr im Oude Voorpost Building, Ecke Moltke/John Meinert Straße.

Zentralreservierungen: Frau Dagmar Henckert-Brandt, Namibiadirekt, Windhoek, P.O. Box 2766, Gevers Str. 42, ✆ 0 61/23 36 91, Fax 2 48 14

Spezialisierte Reiseveranstalter in der Bundesrepublik Deutschland

Iwanowski's Individuelles Reisen GmbH, Büchnerstr. 11, 41540 Dormagen, ✆ 0 21 33/2 60 30, Fax 26 03 33.

Daneben bieten viele deutsche Reiseveranstalter Namibia-Touren an. Erkundigen Sie sich in Ihrem Reisebüro.

Diplomatische Vertretungen

Namibische Botschaft, Mainzerstr. 47, 53179 Bonn, ✆ 02 28/34 60 21, Fax 34 60 25

Diplomatische Vertretung der Bundesrepublik Deutschland in Namibia: SANLAM-Building, Independence Avenue,

P.O. Box 231, Windhoek, ✆ 0 61/22 92 17/8/9, Fax 0 61/22 29 81.

Landkarten

Eine Touristenkarte sowie diverse Broschüren zum Land und seinen Sehenswürdigkeiten erhält man kostenlos im Reservierungsbüro für Fremdenverkehr, P.O. Box 107, Windhoek, ✆ 0 61/22 12 25, Fax 22 42 18.

Straßenkarte 1:2 Millionen (Afrikaans, Englisch, Deutsch) mit Sehenswürdigkeiten, auf der Rückseite Stadtpläne von Windhoek und Swakopmund sowie Entfernungstabelle; kostenlos vertrieben durch das Informationsbüro für Handel und Fremdenverkehr, PPS 13297, Windhoek.

Preiswerte Straßenkarte von Mobil: Area Map Namibia 1:2,5 Millionen, auf der Rückseite Stadtplan von Windhoek.

Macmillan Namibia Traveller's Map 1:2,4 Millionen (ausgezeichnet!), Map Studio, Mini Map.

Shell-Straßenkarte (dreisprachig) 1:3 Millionen, auf der Rückseite Stadtplan von Windhoek und Plan der Etoscha-Pfanne.

Karten sind auch erhältlich im Reservierungsbüro des Fremdenverkehrsverbandes, P.O. Box 107, Windhoek, ✆ 0 61/22 12 25, Fax 22 42 18 sowie bei den Nebenstellen in allen größeren Städten.

Für Mitglieder von Automobilclubs wird dringend ein Besuch bei der AA (Automobile Association) in Windhoek (P.O. Box 61, Windhoek, ✆ 2 42 01) empfohlen, wo Karten und neueste Reiseinformationen kostenlos erhältlich sind. Amtliche topographische Karten bekommt man beim Landesvermessungsamt (Surveyor General) im Justizgebäude neben der Hauptpost.

Reisepapiere/Einreisebestimmungen

Für Bürger aus der Bundesrepublik Deutschland, aus Österreich, der Schweiz und Liechtenstein genügen für einen Aufenthalt bis zu 60 Tagen ein nach Abreise noch 6 Monate gültiger Reisepaß sowie ein Rückflugticket. Wer einen Wagen mieten will, benötigt einen internationalen Führerschein. Wagenbestellungen sollte man von Europa aus vornehmen (Preisvorteile). Bitte erkundigen Sie sich vor Reiseantritt nochmals nach den aktuellen Bestimmungen, da sich diese kurzfristig ändern können.

Devisenvorschriften

Für Geldbeträge in Reiseschecks und in ausländischer Währung gilt keine Ein- oder Ausfuhr-Beschränkung.

Vgl. Geld und Geldwechsel S. 309

Zollbestimmungen

Keine speziellen Bestimmungen für Touristen und Geschäftsreisende; es gelten die üblichen internationalen Vorschriften. Für Schußwaffen, die bei der Ankunft deklariert werden müssen, erteilt das Zollamt eine befristete Einfuhrgenehmigung.

Reisezeit

Das warme, trockene Klima in Namibia erlaubt Reisen zu jeder Jahreszeit. Im Sommer der Südhalbkugel (Oktober bis April) ist es während des Tages meist warm bis heiß (Tagesmaximum in Windhoek 33 °C) und nachts kühl (Tagesminimum 10 °C), so daß in dieser Zeit vor allem die Küste von vielen Besuchern frequentiert wird (besonders Weihnachten/Neujahr und Ostern!). Dort verursachen Küstennebel kühle Vormittage; bei Ostwind (Bergwind) jedoch können wenige Stunden bis mehrere Tage ausgesprochen heiß sein.

Der Südsommer ist auch Regenzeit, wobei an der Küste und im Süden im Jahresdurchschnitt lediglich 50 mm Niederschlag fallen und nur im Norden über 500 mm. Die Niederschläge sind allgemein sehr gering; nach kurzen Starkregen scheint meist rasch wieder die Sonne. Ganze Regentage kommen äußerst selten vor.

Im Winter der Südhalbkugel (Mai bis September) ist der Himmel wolkenlos, die Tage sind warm (Windhoek ca. 25 °C), die Nächte kühl bis kalt (um 8 °C, regional 0 °C und weniger). Es empfiehlt sich, im Südwinter die Wildreservate und die zentralen und nördlichen Landesteile zu besuchen. Der September ist der klimatisch angenehmste Monat für Besuche von Caprivi und Kavango.

Unterkünfte sind während der namibischen und südafrikanischen Schulferien (über Weihnachten/Neujahr, um Ostern und von Juli bis September) stark frequentiert; Besucher sollten sich über die entsprechenden Termine erkundigen und rechtzeitige Reservierungen vornehmen.

Allgemein benötigt man für Namibia leichte Sommerkleidung, für die im Südwinter recht kalten Nächte aber auch ein paar warme Sachen (für die Küste auch im Südsommer).

Vgl. Klimatabellen S. 20 f.

Gesundheitsvorsorge

Für Reisende, die aus Mittel- und Westeuropa kommen, werden keine Impfungen verlangt. Für schwierige mehrtägige Wanderungen (z. B. Fischfluß-Wanderung, Ugab-Wanderung) benötigt man ein ärztliches Gesundheitszeugnis neueren Datums (beim Reservierungsbüro vorzulegen). Während der Regenzeit (Oktober bis April) ist für die nördlichen Gebiete eine Malariaprophylaxe zu empfehlen. Insgesamt bedeutet eine Namibia-Reise kein nennenswertes gesundheitliches Risiko; die für weite Teile Afrikas typischen Tropenkrankheiten treten nur selten auf oder sind ganz ausgerottet.

Vgl. Apotheken/Ärztliche Versorgung S. 308

Anreise

... mit dem Flugzeug

Der internationale Flughafen Windhoek, 42 km östlich von Windhoek, wird derzeit von Air Namibia von Frankfurt aus dreimal wöchentlich (montags, donnerstags, samstags) direkt angeflogen (Rückflug Windhoek – Frankfurt sonntags, mittwochs, freitags). Täglich verbinden mehrere Flüge der Air Namibia Windhoek mit Kapstadt, Johannesburg, Gaborone, Maun, Lusaka, Harare und Luanda.

Auskunft bei: Air Namibia, P.O. Box 731, Windhoek, ✆ 0 61/22 96 30/35, Fax 22 87 63, Gustav Vogt Centre, 185 Independence Avenue.

... auf dem Landweg

Von Kapstadt führt eine Teerstraße über Vioolsdrift/Noordoewer nach Windhoek (1493 km), von Upington in der nördlichen Kapprovinz eine weitere über Nakop/Karasburg (Upington – Windhoek 993 km); zudem gibt es ab der Republik Südafrika eine Route über Mata Mata an der Südgrenze des Kalahari-Gemsbok-Nationalparks. Von Botswana aus kann man anreisen a) ab Zentrum des Landes über Ghanzi, Buitepos, Gobabis; b) ab Okavango-Delta über Maun, Shakawe, Rundu; c) ab dem Norden über Kasane, Ngoma Bridge, Katima Mulilo, Rundu.

Es besteht eine Schnellzugverbindung von Kapstadt nach Windhoek über De Aar (einmal pro Woche, Fahrzeit zwei Tage), außerdem verkehren Luxusbusse der Gesellschaft ›Transnamib‹ (vgl. S. 288) zwischen Kapstadt und Windhoek (hin mittwochs und sonntags, zurück montags und donnerstags, Fahrzeit 18 Stunden) sowie zwischen Johannesburg und Windhoek (gleiche Fahrttage, Fahrzeit ca. 20 Stunden).

Reisen in Namibia

... mit dem Auto

Das Auto ist das landesübliche Verkehrsmittel. Namibia hat ein für afrikanische Verhältnisse dichtes, gut ausgebautes Straßennetz von ca. 4400 km Teerstraßen, ca. 37 400 km Schotterstraßen und ca. 22 000 km Farmpisten. Für abgelegene Farmgebiete und die nördlichen Landesteile ist abseits der Durchgangsstraßen die Benutzung eines Allradfahrzeuges (›Four wheel drive‹) erforderlich. Bei Fahrten in abgelegene Gebiete empfiehlt es sich, vorher bei Polizei, Tankstellen oder auf Farmen Auskünfte über Streckenzustand, Treibstoff- und Wasserversorgung einzuholen.

In Namibia herrscht Linksverkehr. Die Geschwindigkeitsbegrenzung auf Fernstraßen beträgt 120 km/h (auf Schotterstraßen sollte man langsamer fahren!), in Ortschaften, falls nicht anders angegeben, 60 km/h. Sicherheitsgurte müssen laut Gesetz angelegt werden. Ausländische Besucher, die ihr Kraftfahrzeug selbst fahren, benötigen einen gültigen Internationalen Führerschein.

Die Verkehrsschilder entsprechen den international üblichen: an Ortsausgängen und an wichtigen Kreuzungen geben Schilder die Entfernungen zu den Zielorten an. Warnschilder, die auf Antilopen (besonders Kudus!) hinweisen, müssen unbedingt beachtet werden: Die Tiere springen oft völlig unerwartet auf die Straße! Nachts ist langsames Fahren dringend empfohlen, da das Wild, vom Schweinwerferlicht geblendet, unberechenbar reagiert!

Mitgliedern von Automobilclubs wird ein Besuch bei der AA (›Automobile Association‹) in Windhoek empfohlen (Karten und neueste Straßeninformationen kostenlos, oft auch bei Tankstellen zu bekommen).

Autovermietung: Autos, darunter auch Campmobile und Geländewagen, kann man in Windhoek, Walvis Bay, Swakopmund, Lüderitz, Keetmanshoop, Tsumeb und Katima Mulilo von internationalen oder lokalen Unternehmen mieten. Büros internationaler Leihwagenfirmen wie Avis, Budget oder Imperial befinden sich auch am Wind-

Entfernungstabelle

(Angaben in km; bezogen auf die besten und nicht unbedingt auf die kürzesten Verbindungen)

Aranos																																									
693	Ariamsvlei																																								
610	496	Aus																																							
534	420	136	Bethanien																																						
504	390	106	31	Goageb																																					
226	1028	942	648	838	Gobabis																																				
845	1248	1162	1027	1058	664	Grootfontein																																			
553	165	333	258	227	888	1108	Grünau																																		
839	1030	673	906	1052	658	592	1101	Hentiesbaai																																	
663	1114	1028	845	876	482	262	926	333	Kalkfeld																																
212	624	529	394	428	413	633	475	627	444	Kalkrand																															
880	1278	1192	1056	1087	693	428	1137	359	292	662	Kamanjab																														
581	112	328	357	326	757	1135	51	1131	954	503	1194	Karasburg																													
587	984	898	764	795	401	392	845	257	130	375	418	878	Karibib																												
375	318	232	159	112	551	930	160	924	748	297	965	211	772	Keetmanshoop																											
736	577	125	264	233	912	1291	460	766	990	491	1282	511	1034	361	Lüderitz																										
245	638	247	227	258	421	800	485	394	618	119	835	542	494	386	372	Maltahöhe																									
145	548	465	389	359	321	700	408	694	518	75	735	436	442	230	591	112	Mariental																								
735	19	458	440	409	1070	1290	182	1284	1108	657	1325	131	1032	360	642	667	590	Nakop																							
936	1338	1252	1117	1149	755	166	1199	686	353	729	557	1232	483	1021	1387	891	791	1386	Namutoni																						
691	257	471	396	423	867	1246	138	1240	1064	613	1281	145	988	316	656	623	546	276	1342	Noordoewer																					
474	872	786	651	682	282	376	737	369	242	262	406	765	113	559	920	429	329	919	467	875	Okahandja																				
846	1238	1157	1022	1053	660	394	1104	591	258	629	278	1137	388	931	1292	801	701	1291	123	1247	372	Okaukuejo																			
649	1046	960	826	857	663	330	907	265	68	432	356	840	62	734	1095	704	504	1094	421	1050	175	326	Omaruru																		
1083	1497	1394	1259	1290	896	308	1340	828	495	972	696	1374	625	1168	1529	1038	938	1528	139	1484	609	262	563	Ondangwa																	
820	1182	1079	944	975	504	82	1025	510	180	556	381	1059	310	853	1147	775	675	1213	173	1169	294	347	248	315	Otavi																
651	1048	963	879	858	464	199	908	393	63	439	229	942	193	736	1097	606	506	1096	290	1052	177	195	136	432	177	Otjiwarongo															
1146	1560	1457	1322	1353	959	371	1403	891	558	934	759	1437	688	1231	1592	1101	1001	1591	202	1547	672	325	626	63	378	495	Oshikango														
624	1121	1036	962	931	538	272	982	469	136	512	156	1015	266	809	1170	679	579	1169	398	1125	250	122	204	540	225	73	603	Outjo													
315	734	632	559	528	310	530	578	528	337	103	565	606	272	406	761	270	176	760	626	716	159	526	329	867	453	336	831	409	Rehoboth												
1188	1744	1610	1538	1056	1113	504	1557	1041	600	976	308	1590	730	1273	1634	1143	1043	1633	355	1589	825	478	668	216	531	537	279	464	873	Ruacana											
1110	1501	1422	1349	1318	924	274	1368	855	522	898	723	1401	652	1195	1556	1062	965	1555	430	1511	636	553	590	568	342	459	631	567	795	784	Rundu										
84	609	523	450	420	260	761	469	760	579	128	796	497	503	291	652	161	61	651	857	607	390	762	565	999	684	567	1062	640	231	1104	1026	Stampriet									
758	1161	667	541	972	577	569	1021	80	307	532	439	1032	177	829	792	430	613	1189	660	1145	289	565	239	802	487	370	865	443	429	747	890	680	Swakopmund								
832	1229	1143	1070	1039	645	57	1089	577	244	620	445	1123	374	917	1278	887	687	1277	109	1243	358	232	312	256	64	181	314	289	517	467	321	748	551	Tsumeb							
779	1177	1091	956	987	593	461	1037	134	199	568	225	1071	193	865	1106	734	634	1224	552	1180	305	457	131	694	379	262	757	335	464	533	782	698	214	443	Uis						
616	1014	928	855	824	430	422	874	227	160	405	452	907	30	701	1062	571	471	1061	523	1017	142	418	92	655	340	233	718	296	301	760	743	533	147	414	184	Usakos					
708	216	432	461	430	1043	1263	155	1262	1082	630	1298	104	1005	333	757	688	563	235	1559	249	892	1264	1067	1301	1186	1069	1564	1142	733	1606	1528	601	1162	1250	1198	1035	Velloorsdrif				
793	1196	632	506	1006	612	832	1056	113	342	567	474	1070	212	878	651	395	648	1238	695	1194	390	600	274	837	522	405	900	478	464	782	1153	709	35	586	249	211	1204	Walvis Bay			
627	216	374	403	372	962	1182	97	1177	1000	549	1217	43	924	252	583	608	482	155	1279	191	811	1173	987	1221	1106	989	1483	1062	652	1525	1447	521	1081	1169	909	953	80	1197	Warmbad		
537	942	948	749	745	324	439	768	307	180	325	472	828	50	622	984	492	392	982	533	938	63	438	112	675	360	240	738	316	222	780	760	453	227	424	243	80	955	262	874	Wilhelmstal	
403	806	720	647	616	208	447	666	436	260	191	477	694	184	500	849	358	258	848	538	804	71	443	246	680	365	248	743	321	88	785	707	319	355	429	376	213	821	390	740	134	Windhoek

hoek International Airport. Es empfiehlt sich, die Fahrzeuge dieser Firmen schon von Europa aus vorzubestellen. Die Preise liegen knapp unter deutschem Niveau; Pauschaltarife für längere Zeiträume sind relativ günstig. In der Republik Südafrika gemietete Autos können ohne weitere Formalitäten auch in Namibia gefahren werden; will man einen in Südafrika zugelassenen Wagen hier abgeben, muß man allerdings einen Zuschlag zahlen.

Windhoek (Vorwahl 0 61): Avis, ✆ 23 31 66, Fax 22 30 72, P.O. Box 2057; Budget, ✆ 22 87 20/22 76 38, Fax 22 76 65, P.O. Box 1754; Imperial, ✆ 22 71 03, Fax 22 27 21, P.O. Box 1387; Kessler, ✆ 23 34 51/22 76 38/22 72 22, Fax 22 45 51, P.O. Box 20274; Namib 4x4 Hire, ✆ 22 06 04, Fax 22 06 05; Pegasus Car + Camper Hire, ✆ 22 34 23, Fax 22 34 23, P.O. Box 21104; Woodway Camper Hire, ✆ 22 99 18, Fax 22 03 35, P.O. Box 11084.

Windhoek Flughafen (Vorwahl 06 26): Avis, ✆ 4 02 71, Fax 4 02 54; Budget, ✆ 4 02 25; Imperial, ✆ 4 02 78.

Swakopmund (Vorwahl 06 41): Avis, ✆ 25 27, Fax 58 81; Budget, ✆ 41 18, Fax 41 17, P.O. Box 180; Namib 4x4 Hire, ✆ 41 00/52 97, Fax 52 77, P.O. Box 4048.

Tsumeb (Vorwahl 06 71): Avis, ✆ 2 05 20, Fax 2 08 21.

Walvis Bay (Vorwahl 06 42): Imperial, ✆ 73 91, Fax 74 07.

… mit dem Bus

Luxusbusse der Gesellschaft ›Mainliner‹ verkehren zwischen Windhoek und Walvis Bay (über Swakopmund) und zwischen Windhoek und Tsumeb; langsamere und weniger bequeme Lokalbusse verbinden alle größeren Orte. Linien nach Kapstadt und Johannesburg.

Mainliner-Büros: Zentrale Windhoek, Ausspannplatz/Galilei-Str., P.O. Box 5437, Windhoek, ✆ 0 61/22 78 47, Fax 22 82 85. Reservierung 72 Stunden vorher.

… mit der Bahn

Die namibische Eisenbahn ist erheblich langsamer als der Bus und spielt für den Personenverkehr deshalb nur eine untergeordnete Rolle. Hauptachse ist die Linie Kapstadt – Windhoek, von Windhoek bestehen regelmäßige Verbindungen nach Swakopmund/Walvis Bay (Nachtzug) und nach Grootfontein. Regelmäßig verkehren auch Züge zwischen Keetmanshoop und Lüderitz (zweimal wöchentlich), ein Luxuszug ist in Planung.

… mit dem Flugzeug

Air Namibia bietet Flüge von Windhoek nach Keetmanshoop (weiter nach Upington in Südafrika), Swakopmund/Walvis Bay, Tsumeb, Oshakati, Rundu, Katima Mulilo und Maun. Chartermaschinen können am Eros-Flugplatz in Windhoek gemietet werden, ✆ 22 35 62/3, Fax 3 45 83.

Taxis

Taxis können in Windhoek telefonisch bestellt oder an festen Taxiständen angemietet werden. Alle Fahrzeuge sind mit Taxameter ausgerüstet (von Ort zu Ort unterschiedliche Tarife), für längere Strecken empfiehlt sich eine Preisabsprache.

Reisebüros, Reservierungen

In Windhoek und den anderen größeren Orten gibt es Reisebüros, die Bus- und Flugtouren zu den wichtigsten touristischen Zielen anbieten. Auf Wunsch werden auch Sondertouren organisiert.

Sperrzonen

Die Diamantensperrgebiete 1 und 2 in der mittleren und südlichen Namib (vgl. Karte S. 170) sind für Besucher nicht zugänglich. Im Nordwesten Namibias kann man bis zu den Ruacana-Wasserfällen fahren. Im Ovambo-Land gibt es zwei kommerzielle Unterkunftsmöglichkeiten: das International Guesthouse Oshakati und die Evangelische Mission Ondangwa.

Weiter- und Rückreise

Eine Weiterreise von Namibia nach Südafrika ist ohne Formalitäten möglich; für die Weiterreise nach Botswana erhalten Sie das Visum an der Grenze (das gleiche gilt für Zimbabwe). Die Weiterreise nach Angola ist derzeit noch schwierig.

Bei der Ausreise gibt es für Touristen und Geschäftsreisende keine besonderen Formalitäten; lediglich eine Deklaration der ausgeführten Devisen ist erforderlich. Will man Jagdtrophäen oder besonders wertvolle Souvenirs mitnehmen, wende man sich vorher an ein Reisebüro, an Frachtunternehmen oder an die Zolldienststelle. Bei einer Reise durch Zimbabwe ist es sinnvoll, alle Wertgegenstände zu deklarieren und dies von der Polizei in Windhoek schriftlich bestätigen zu lassen.

Unterkunft

In Namibia steht ein breites Angebot an Unterkünften zur Verfügung: Hotels und Pensionen, Gästefarmen (Farmen, die Zimmer oder Hütten vermieten) und Rastlager (Wohnwagenparks und Campingplätze) gibt es in allen größeren Orten bzw. allen touristisch wichtigen Regionen. Alle Beherbergungsbetriebe werden regelmäßig von Vertretern des Wirtschaftsministeriums überprüft und nach Qualität in drei Kategorien eingeteilt: *** bezeichnet ›gehobene‹ Unterkünfte mit allem Komfort, ** mittlere und * einfache, aber gepflegte Häuser. Übernachtungspreise (niedriger als in Mitteleuropa!) und weitere Details enthält der jährlich in deutsch erscheinende ›Beherbergungsführer für Touristen‹ (kostenlos beim Direktorat für Fremdenverkehr, P.O. Box 13267, Windhoek, ✆ 0 61/23 69 75 (Buchungen), ✆ 0 61/3 38 75 (Information), Fax 0 61/22 49 00, Telex 09 08/8 80, Telegrammadresse NATSWA Windhoek.

Für Unterkünfte in den Nationalparks, Wildreservaten und Erholungsstätten sind Reservierungen unbedingt erforderlich, und zwar in den Ferienzeiten und an Wochenenden möglichst frühzeitig. Buchungen kann man beim Reservierungsbüro für Fremdenverkehr im Oude Voorpost Building, Ecke Moltke/John Meinert Straße vornehmen. Öffnungszeiten: Reservierungen Mo–Fr 8–13 und 14–15 Uhr (Informationen bis 17 Uhr), Kassenstunden nur vormittags. Reservierungsbescheinigung und Quittung müssen bei der Ankunft im Touristenlager vorgelegt werden. Die Läden in den Touristenlagern führen Lebensmittel; sie nehmen keine ausländischen Zahlungsmittel oder Reiseschecks an.

Hotels

Aranos
* Aranos, ✆ (0 66 42) 31/133, Fax 2 29

Aroab
* Aroab, ✆ (0 63 52) 27

Asab
* Asab, ✆ (06 68) 1 54 41

Aus
* Bahnhof, ✆ (06 33 32) 44

Bethanien
* Bethanien, ✆ (0 63 62) 13

Goageb
* Konkiep, ✆ (0 63 62) 33 21

Gobabis
* Central, ✆ (06 81) 20 95/4, Fax 23 97
* Gobabis, ✆ (06 81) 25 68/30 68, Fax 27 03

Gochas
* Gochas, ✆ (0 66 62) 44

Grootfontein
* Meteor, ✆ (0 67 31) 20 78, 20 79, Fax 30 72

Grünau
* Grünau, ✆ (00 20) 1

Helmeringhausen
* Helmeringhausen, ✆ (0 63 62) 7

Hentiesbaai
* De Duine, ✆ (0 64 42) 1

Hochfeld
* Hochfeld, ✆ (0 62 28) 17 03
NHFD

Kalkrand
* Kalkrand, ✆ (0 66 72) 29

Kamanjab
* Oase, ✆ (0 65 52) 32

Karasburg
* Kalkfontein, ✆ (0 63 42) 1 72
* Van Riebeeck, ✆ (0 63 42) 23

Karibib
* Erongoblick, ✆ (06 22 52) 9
* Stroblhof, ✆ (06 22 52) 81, Fax 2 40

Katima Mulilo
Zambezi Lodge, ✆ u. Fax (06 73 52) 2 03, 1 49

Keetmanshoop
*** Canyon, ✆ (06 31) 33 61, Fax 37 14
** Travel Inn, ✆ (06 31) 33 44/5/6, Fax 21 38

Koes
* Kalahari, ✆ (0 63 22) 14

Lüderitz
** Bay View, ✆ (0 63 31) 22 88, Fax 24 02
* Kapp's, ✆ (0 63 31) 27 01, Fax 24 02
* Pension Zum Sperrgebiet, ✆ (0 63 31) 28 56, Fax 29 76

Maltahöhe
* Maltahöhe, ✆ (0 66 32) 13, Fax 1 33

Mariental
* Sandberg, ✆ (06 61) 22 91, 7 38

Noordeower
* Camel Lodge, ✆ (06 37) 71 71, Fax 43

Okahandja
* Okahandja, ✆ (0 62 21) 30 24, Fax 22 59
* Oropoko Lodge, ✆ (0 61) 6 23 95, Fax 21 70 26

Omaruru
* Central, ✆ (06 22 32) 30
* Staebe, ✆ (06 22 32) 35, Fax 3 39

Omitara
* Omitara, ✆ (0 62 02) 4, Fax 30

Oshakati
International Guest House, ✆ u. Fax (0 67 51) 2 01 75
Santorini Inn, ✆ (0 67 51) 2 04 57/2 05 06

Otavi
* Otavi, ✆ (0 67 42) 2 29, Fax 73

Otjiwarongo
** Hamburger Hof, ✆ (06 51) 25 20, Fax 36 07
** Otjibamba Lodge, ✆ (06 51) 31 33, Fax 32 06

Outjo
** Onduri, ✆ (0 65 42) 14/1 65, Fax 1 66
* Etosha, ✆ u. Fax (0 65 42) 1 30

Rehoboth
* Rio Monte, ✆ (0 62 71) 21 61
Suidwes, ✆ (0 62 71) 22 38

Rundu
Kavango-Lodge, ✆ u. Fax (06 73 72) 13/24

Swakopmund
*** Hansa, ✆ (06 41) 3 11, Fax 27 32
** Adler, ✆ (06 41) 50 45/6/7, Fax 42 06
** Europa Hof, ✆ (06 41) 50 61/2, 58 98, Fax 23 91
** Grüner Kranz, ✆ (06 41) 20 39, Fax 50 16
** Strand, ✆ (06 41) 3 15, Fax 49 42
* Schütze, ✆ u. Fax (06 41) 27 18
* Pension Dig By See, ✆ (06 41) 41 30, Fax 41 70
* Pension Prinzessin-Ruprecht-Heim, ✆ (06 41) 22 31, Fax 20 19
* Pension Rapmund, ✆ (06 41) 20 35, Fax 45 24
* Pension Schweizerhaus, ✆ (06 41) 3 31/2/3, Fax 58 50
* Pension D'Avignon, ✆ (06 41) 58 21, Fax 55 42
* Atlanta Hotel, ✆ (06 41) 2 36 01, Fax 56 49
* Hotel-Pension Deutsches Haus, ✆ (06 41) 48 96, Fax 48 61
Swakopmund Hotel and Entertainment Centre, ✆ (06 41) 6 33 33, Fax 6 33 44

Tsumeb
* Minen, ✆ (06 71) 2 10 71/2, Fax 2 17 50
** Makalani Hotel, ✆ (06 71) 2 10 51, Fax 2 15 75
Pension ›Kreuz des Südens‹, ✆ (06 71) 2 10 05, Fax 2 10 67
** Mokuti Lodge (11 km vor Namutoni), ✆ u. Fax (06 71) 2 10 84

Usakos
Usakos, ✆ (06 22 42) 2 59

Walvis Bay
** Atlantic, ✆ (06 42) 22 11, Fax 50 63
** Casa Mia, ✆ (06 42) 59 75, Fax 65 96
* Flamingo, ✆ (06 42) 30 11, Fax 40 97
* Mermaid, ✆ (06 42) 62 11/2/3, Fax 66 56

Windhoek
**** Kalahari Sands, ✆ (0 61) 22 23 00, Fax 22 22 60
*** Safari, ✆ (0 61) 24 02 40, Fax 23 56 52
** Cela, ✆ (0 61) 22 62 94/5, Fax 22 62 46
** Continental, ✆ (0 61) 23 72 93, Fax 23 15 39
** Fürstenhof, ✆ (0 61) 23 73 80, Fax 22 87 51
** Thüringer Hof, ✆ (0 61) 22 60 31, Fax 23 29 81
* Aris Hotel (25 km südlich), ✆ (0 61) 23 60 06
* Kapp's-Farm (20 km östlich der Stadt), ✆ (0 61) 23 47 63
* Handke, ✆ (0 61) 23 49 04, Fax 22 56 60
Steiner, ✆ (0 61) 22 28 98
Airport Lodge, ✆ u. Fax (0 61) 22 77 09
Arebbusch-Travel Lodge, ✆ (0 61) 25 22 55
Charlotte's Gästehaus, ✆ (0 61) 22 88 46
Suiderhof: Marie's Gästehaus, Bed and Breakfast, ✆ (0 61) 25 17 87/25 17 66, Fax 25 21 28
Klein Windhoek: Gästehaus Onganda, ✆ (0 61) 22 72 12, Fax 24 86 61

Witvlei
* Witvlei, ✆ (0 68 32) 4

Gästefarmen

Aus
Namtib Desert Lodge, ✆ (0 63 62) 66 40

Gobabis
** Ohlsenhagen, ✆ (06 88) 1 10 03, Fax (06 81) 23 26
** Steinhausen, ✆ (0 62 02) 32 40, Fax (0 61) 22 32 00
Hetaku, ✆ (0 62 02) 35 04

Helmeringhausen
** Sinclair, ✆ (0 63 62) 65 03, Fax (0 61) 22 69 99

Kalkfeld
*** Mount Etjo Safari Lodge, ✆ (06 51) 40 35

Unterkunft in Nationalparks, Wildreservaten und Erholungsstätten

Ort/ Gebiet	*Laden/Kiosk*	*Restaurant*	*Tankstelle*	*Postdienst*	*Schwimmbad*	*Camping/ Lagerplatz*	*einfache Hütten/Zimmer*	*gut ausgestattete Hütten/Zimmer*	*Luxus-wohnungen*	*Öffnungszeiten*	*Besonderheiten*
Ai-Ais	×	×	×	×	×	×	×	×	×	2. Freitag im März bis 31. 10.	Muß vor Sonnenuntergang erreicht werden
Lüderitz	im Ort	×	– im Ort –			×	×	×	×	ganzjährig (an Feiertagen geschlossen)	Für Besuch von Kolmanskop Zugangsschein im CDM-Büro
Hardap-Stausee	×	×	×		×	×	×	×	×	ganzjährig	Tagesbesuche von Sonnenaufgang bis -untergang möglich
Namib-Naukluft-Park						×				ganzjährig	Nur Wasser, Waschräume, Feuerholz vorhanden, kein Treibstoff (nur Sesriem) Nur Wagen mit Allradantrieb
– *Naukluft*	– nur für Übernachtungsgäste –					×					
– *Sesriem*											
– *Sandwich Harbour*	– keine Übernachtung –										
Daan-Viljoen-Wildpark	×	×			×	×	×	×	×	ganzjährig	Übernachtungsbesucher bis 24 Uhr, Tagesbesucher bis Sonnenuntergang, tel. Anmeldung: ✆ (0 61) 22 68 06
Gross-Barmen	×	×	×		×	×	×	×		ganzjährig	Tagesbesuche von Sonnenaufgang bis -untergang. Für Tagesbesucher tel. Anmeldung: ✆ (0 62 21) 20 91
Waterberg Plateaupark	×	×	nur Benzin	×	×	×	×	×		ganzjährig	Tel. Anmeldung ✆ (06 51) 31 91, Tore ab Sonnenuntergang geschl.

Von-Bach-Erholungsstätte	– in Okahandja –				×					ganzjährig	Geöffnet Sonnenauf- bis Sonnenuntergang. Telefonische Anmeldung für Tagesbesucher: ⌀ (06221) 2475. Angelscheine am Eingang
Touristenerholungsbereich Westküste	×				×					ganzjährig	Keine Zugangsscheine erforderlich
– *Meile 14*	nur in Saison	Nur im Dezember (Schulferien)									
– *Meile 72*			×								
– *Meile 108*			×								
– *Schakalspütz/ Jakkalsputs*											
Skelettküstenpark	×	×	×				×	×		ganzjährig	Durchfahrt nur mit Erlaubnisschein, Kontrollstellen am Eingang vor 15 Uhr passieren. Torrabaai nicht für Tagesbesucher. Ugab-Wanderroute
– *Torrabaai*	×		×				×			1. 12.–31. 1.	
– *Terrace Bay*	×	×	×	– Reservierungsbescheinigung –						ganzjährig	
Etoscha-Nationalpark											Ankuft vor Sonnenuntergang. Verlassen der Straße und Wagen nicht erlaubt. Eingang und Ausgang über Namutoni oder Okaukuejo.
– *Okaukuejo*	×	×	×	×	×	×	×	×	×	ganzjährig	
– *Halali*	×	×	×	×	×	×	×	×	×	2. Freitag im März bis 31. 10.	
– *Namutoni*	×	×	×	×	×	×	×	×	×	ganzjährig	
Kavango											Geöffnet von Sonnenauf- bis -untergang. Angelscheine im Lagerbüro. Keine Wohnwagen, Benzin nur in Bagani, Rundu, Mukwe. Wasser und Lebensmittel müssen für drei Tage mitgebracht werden
– *Popa-Fälle*	×					×	×			ganzjährig	
– *Khaudum-Lager*	– Reservierungsbescheinigung –					×	×			ganzjährig	
Rehospa (Rehoboth)	×	×	– im Ort –		×	×	×	×	×	ganzjährig	

Kamanjab
*** Hobatere Lodge, ✆ (0 65 52) 20 22

Karibib
** Audawib, ✆ (06 22 52) 16 31, Fax 12 40
Albrechtshöhe, ✆ (06 22 52) 12 22, Fax (0 61) 22 39 94

Maltahöhe
Burgsdorf, ✆ (0 66 32) 13 30, Fax 1 80

Mariental
Donkerhoek, ✆ (0 66 62) 31 13

Okahandja
** J+C Lievenberg, ✆ (06 22 52) 31 12
** Matador, ✆ (0 62 28) 43 12
* Wilhelmstal-Nord, ✆ (0 62 28) 62 12
Haasenhof, ✆ (0 62 28) 8 21 31, Fax (0 62 21) 28 70

Omaruru
** Erindi-Onganga, ✆ (0 65 32) 12 02
** Immenhof, ✆ (0 65 32) 18 03, Fax (0 61) 22 70 21
** Okosongoro, ✆ (0 65 32) 17 21
** Otjandaue, ✆ (06 22 32) 12 03
** Schönfeld, ✆ (0 65 32) 18 31
* Otjumue-Ost, ✆ (06 22 32) 19 13, Fax 3 09

Otavi
** Kupferberg, ✆ (0 67 42) 22 11

Otjiwarongo
*** Wabi Game Lodge, ✆ u. Fax (06 58) 1 53
** Okonjima ✆ u. Fax (06 58) 1 82 12

Outjo
*** Bambatsi Holiday Ranch, ✆ (0 65 42) 11 04
** Otjitambi, ✆ (0 65 42) 46 02
** Toshari Inn, ✆ (0 65 42) 36 02, Fax 1 82

Tsumeb
** La Rochelle, ✆ (06 78) 1 10 13

Usakos
*** Ameib Ranch, ✆ u. Fax (06 22 42) 11 11
** Wüstenquell Desert Lodge, ✆ (06 22 42) 13 12

Windhoek
*** Kamab, ✆ (0 62 28) 53 13, Fax (0 61) 23 59 36
*** Kuzikus Wildfarm, ✆ (06 28) Nina 31 02
*** Okapuka Ranch, ✆ (0 61) 22 78 45
** Elisenheim ✆ (0 61) 26 44 29, Fax 26 44 29
** Finkenstein, ✆ (0 61) 3 47 51, Fax 23 88 90
** Hope, ✆ (06 28) Nina 32 02, Fax (0 61) 22 38 99
** Karivo, ✆ (06 28) Seeis 13 21
** Silversand, ✆ (0 62 02) 11 02
** Swartfontein, ✆ (06 28) Namibgrens 11 12
* Monte Christo, ✆ (0 61) 3 26 80
Günter + Margot, ✆ (0 61) 3 26 28

Gästefarmen nur für Jäger

Gobabis
** Kalahari Hunting Lodge, ✆ (06 28) Nina 34 22

Karibib
** Khomas, ✆ (06 42) 41 29, Fax 68 50 (an der Us-Paßstraße)

Okahandja
Kashiuna Hunting Lodge, ✆ (0 62 28) 52 22, Fax (0 61) 4 19 70

Windhoek
** Ibenstein, ✆ (00 20) Dordabis 8
** Ongoro-Gotjari, ✆ (06 28) Seeis 13 12
* Bellerode, ✆ (0 61) 23 54 85
Panorama Hunting Lodge, ✆ u. Fax (0 61) 23 33 45

Rastlager, Lodges (Wohnwagenparks/Camping)

Caprivi
Lianshulu Lodge, ✆ (0 61) 22 51 78, Fax 23 94 55

Damaraland
Etendeka Mountain Camp, ✆ (0 61) 22 61 74
** Palmwag Lodge, ✆ (06 41) 44 59, Fax 46 64

Gobabis
** Welkom, ✆ (06 88) 1 22 13

Grootfontein
Stadtverwaltung, ✆ (0 67 31) 31 00/1/2/3

Henties Bay
Eagle Shopping Centre Flats, ✆ (0 64 42) 32, Fax 2 99

Karibib
* Tsaobis Leoparden Naturpark, ✆ (06 22 52) 13 04 und 09 08/6 69, Fax (0 61) 23 36 90

Keetmanshoop
** Stadtverwaltung, ✆ (06 31) 33 16, Fax 38 18

Khorixas
** ✆ (06 57 12) 1 96 und 09 08/35 12, Fax 3 88

Koës
Kalahari Game Lodge, ✆ (0 66 62) 31 12

Maltahöhe
** Namib Rastlager, ✆ (0 66 32) Solitaire 32 11

Okavango
** Ndhovu Safari Lodge, ✆ (0 61) 22 08 76, Fax 23 97 00

Omaruru ✆ (06 22 32) 1 09, Fax 3 09

Otavi
* Stadtverwaltung, ✆ (0 67 42) 22

Otjiwarongo
* Stadtverwaltung, ✆ (06 51) 22 31, Fax 20 98
** Otjiwa Game Ranch, ✆ u. Fax (06 58) 1 10 02

Outjo
* Stadtverwaltung, ✆ (0 65 42) 13/2 05, Fax 65

Rundu
* Kaisosi Safari Lodge, ✆ (06 73 72) 2 65
Kavango Guest Lodge, ✆ (06 73 72) 2 44, Fax 13

Swakopmund
Alte Brücke, ✆ u. Fax (06 41) 49 18

Tsumeb
* Sachsenheim Game Ranch, ✆ (06 78) 1 35 21

Walvis Bay
** Stadtverwaltung, ✆ (06 42) 59 81
Langstrand, ✆ (06 42) 31 34
Esplanade Park, ✆ (06 42) 61 45, Fax 45 28

Urlaubsaktivitäten

Angeln

Das gesamte Küstengebiet von Swakopmund bis zur Mündung des Ugab-Flusses, das zum Nationalen Touristenerholungsgebiet Westküste gehört, und der nördlich anschließende Skelettküstenpark sind wahre Anglerparadiese. Als beliebteste Angelplätze im Erholungsgebiet Westküste können Meile 4, 8 und 14, Wlotzkas Baken, Meile 30, Schackalspütz (Jakkalsputs), Hentiesbaai, Meile 72, 92, 95, 98 und 108 gelten. Ein Angelschein wird in diesen Gebieten nicht verlangt, aber Beschränkungen bestehen bezüglich der Größe und Anzahl der zu fangenden Fische und Langusten (Jagd auf letztere darf man nur zu bestimmten Jahreszeiten machen).

Sandwich oder Sandvis Harbour (auch Sandwich-Hafen) im Namib-Naukluft-Park südlich von Walvis Bay ist ein weiterer guter Standort für Angler. Erlaubnisscheine für den Besuch dieses Ortes sind bei Tankstellen in Walvis Bay und beim Touristenbüro in Swakopmund erhältlich (keine Übernachtung, sonntags geschlossen, nur Wagen mit Vierradantrieb zugelassen).

Eine spezielle Erlaubnis benötigt man zum Angeln von Frischwasserfischen z. B. im Hardap-Stausee, im Daan-Viljoen-Wildpark, im Von-Bach-Stausee, im Fischfluß, im Okavango (Popa-Fälle), im Zambezi und seinen Nebenflüssen. Angelscheine werden von der Naturschutzbehörde vor Ort ausgestellt.

Auskünfte für Sportfischer: Encounter Namibia, P.O. Box 23060, Windhoek, ✆ 0 61/22 84 74, Fax 0 61/3 40 17.

Jagd

In Namibia gelten strenge Jagdgesetze, kein Tier darf widerrechtlich gefangen oder getötet werden. Das Jagen auf Farmen ist auf die amtliche Jagdzeit (gewöhnlich Juni/Juli) beschränkt. Da das Wild als Eigentum des jeweiligen Farmbesitzers gilt, stellt dieser nicht nur einen Jagdschein aus, sondern bestimmt auch, welche Wildart gejagt werden darf und welchen Preis er dafür verlangt. Im August und September wird gewöhnlich Federwild gejagt. Alle anderen Vögel bis auf erklärte Schädlinge stehen unter Naturschutz. Die Termine der Jagdzeiten werden im Mai bekanntgegeben.

Für Trophäenjäger, die keine Einwohner Namibias oder der Republik Südafrika sind, gelten die Jagdzeiten nicht. Wer im Besitz des Jagdscheines ist, den das Direktorat für Naturschutz ausstellt, darf bis auf die Monate Dezember und Januar das ganze Jahr hindurch jagen. Einen Jagdschein erhalten Trophäenjäger allerdings nur, wenn sie den Nachweis erbringen, daß sie unter Aufsicht eines eingetragenen Berufsjägers oder Jagdführers jagen werden. Nähere Auskünfte erteilt der Verband Berufsjäger und Jagdführer (NAPHA), P.O. Box 11291, Klein-Windhoek, ✆ 0 61/3 44 55, Fax 22 25 67. Für Trophäendienste: M. Gorn, P.O. Box 21068, Windhoek, ✆ 0 61/ 23 22 36, Fax 22 08 62

Wandern

Es gibt vier vom Direktorat für Naturschutz und Erholungsstätten abgesteckte Wanderwege: Fischfluß-Canyon, Ugab-Wanderung, Waterberg-Naturwanderweg, Naukluft-Wanderweg (s. Reiseteil). Außerdem besteht auf zahlreichen Gästefarmen nach Rücksprache mit den Besitzern die Möglichkeit zu Wanderungen (z. T. mit Führung).

Wassersport

Baden an der Küste ist beliebt, wegen der kalten Benguela-Meeresströmung allerdings kein ganzjähriges Vergnügen: In Swakopmund erreichen die Wassertemperaturen im Südsommer zwar bis 22 °C, in den Wintermonaten aber nur 15 °C. An den Stauseen im Binnenland können bei ausreichendem Wasserstand die üblichen Wassersportarten ausgeübt werden. Yachtclubs gibt es in Walvis Bay und Windhoek.

Luftsport

Auf dem Hochland, wo ausgezeichnete Thermik herrscht, ist Segelfliegen ein populärer Sport. Ausgangsflugplätze sind Windhoek (Eros-Flugplatz) und Keetmanshoop. In Windhoek und Swakopmund erhält man Auskünfte über Fallschirmspringen. Nachfragen: Namibian National Aero Club, Windhoek, ✆ 0 61/23 43 16, Fax 23 60 33. Für Heißluftballons: Namib Sky Adventures Safaris, P.O. Box 197, Maltahöhe, ✆ 0 66 32 ask for 57 03.

Sonstiges

In Namibia bestehen zahlreiche weitere Möglichkeiten für sportliche Betätigung – Fußball und Rugby, Golf und Tennis sowie nicht zuletzt Reiten sind sehr populär. Nähere Auskünfte erteilen die vorstehend genannten Informationsstellen.

Praktische Hinweise von A–Z

Apotheken

Apotheken gibt es in allen Städten, Notapotheken in den Nationalparks. Wichtige Medikamente sollten aus der Heimat mitgenommen oder in Windhoek gekauft werden, wo die Versorgung europäischem Standard entspricht.

Ärztliche Versorgung

Die ärztliche Versorgung ist landesweit gut organisiert, Spezialisten verschiedenster Fachgebiete finden sich in Windhoek. In Extremfällen sollte man die hervorragenden Krankenhäuser in Südafrika (Kapstadt, Johannesburg) aufsuchen. Eine Reisekrankenversicherung empfiehlt sich, da unsicher ist, ob die eigene Krankenkasse eventuell anfallende Kosten nachträglich übernimmt.

Auskunftstellen

Amtliche Informationsstellen gibt es in allen größeren Orten, sie sind mit dem internationalen Symbol ⓘ gekennzeichnet. Zentrale in Windhoek vgl. S. 283.

Einkauf und Souvenirs

Waren des täglichen Bedarfs sind in allen Orten des Landes erhältlich, die Supermärkte und Läden führen ein breites Angebot insbesondere von Artikeln aus der Republik Südafrika. In den größeren Städten findet sich auch ein umfangreiches Spektrum an Waren für den mittel- und langfristigen Bedarf; Windhoeks Spezialgeschäfte brauchen den Vergleich mit einer mitteleuropäischen 100 000-Einwohner-Stadt kaum zu scheuen. Vor allem auf dem Land sind viele Läden Tankstellen angeschlossen.

Beliebte Souvenirs aus Namibia sind Edelsteine (vgl. umseitige Auflistung) und daraus gefertigter Schmuck, Kleidungsstücke aus Swakara-Fellen (von Karakulschafen), Lederwaren, Holzschnitzereien insbesondere aus Okavango (vgl. S. 78) und geflochtene Körbe aus Ovambo. Souvenirläden mit einer reichen Auswahl gibt es nicht nur in den Städten, sondern auch in den Wildparks.

Dringendst abgeraten wird vom Kauf etwa von Elfenbein- und Krokodilledersouvenirs. Verstöße gegen das Washingtoner Artenschutzabkommen werden empfindlich geahndet. Air Namibia hält eine Broschüre über Artenschutz bereit.

Elektrizität, Maße und Gewichte

220 V Wechselstrom in allen Orten und Nationalparks, in kleineren Camps nur während der Morgen- und Abendstunden. Der Kauf eines Adapters ist zu empfehlen (in Windhoek erhältlich).

Maße und Gewichte folgen dem metrischen System.

Edelsteine Namibias

Amethyst: bedeutendster Edelsteinvertreter aus der Quarzgruppe, Mohshärte 7, spezifisches Gewicht 2,6, Farbe violett, tritt meist in Verbindung mit grobkörnigen Ganggesteinen (Pegmatiten) auf, die in Namibia weit verbreitet sind. Fundort: u. a. bei den Rössing-Bergen in der mittleren Namib, im Karasburg-Distrikt und bei Lüderitz.

Weitere Vertreter der Quarzgruppe sind *Zitrin* (zitronen- bis goldgelber Quarz), *Chalzedon* (farblich wechselnd), *Achat* (Farbe meist grau) und *Rosenquarz* (hellrosenrot bis schwach violett). Die physikalischen Eigenschaften entsprechen denen des Amethysts.

Aquamarin: Beryll-Gruppe, Farbe blaßblau bis tiefblau, farbgebende Substanz Eisen, Mohshärte 7, spezifisches Gewicht 2,7. Vorkommen bei Karibib und Usakos, Rössing-Berge, Kleine Spitzkoppe, zwischen Swakopmund und Hentiesbaai. Verarbeitet mit Treppenschliff.

Heliodoor (hellgelb), *Horgarit* (goldgelb) und *Smaragde* (dunkel bis hellgrün) gehören ebenfalls zu dieser Gruppe.

Amazonit: Kalkfeldspat, Mohshärte 6–6,5, Farbe grünblau, grün, farbgebende Substanz Kupfer. Vorkommen bei Otjiwarongo, in den Rössing-Bergen und im Distrikt Maltahöhe.

Diamant: reiner Kohlenstoff, höchster Mohshärtewert (10), farblos, schwach gelblich oder bläulich. Einer der wertvollsten Edelsteine überhaupt, nach Karat-Gewicht, Farbe, Reinheit und Schliff bewertet.

Sodalith: Alumosilikat-Edelstein, Farbe blau, gelblich-weiß bis farblos, Mohshärte 5–6, spezifisches Gewicht 2,2–2,4. Häufig für kunstgewerbliche Gegenstände benutzt. Fundort: äußerster Norden Namibias.

Tigerauge (Riebeckite): parallelstengeliges Quarzaggregat mit Einlagerungen von feinfaserigem Brauneisen. Farbe meist gelbbraun, Mohshärte 6, spezifisches Gewicht 3–3,4. Wird in Namibia häufig verkauft, stammt aber nicht von hier, sondern aus dem Osten Südafrikas.

Topas: Tonerdesilikat, Farbe gelb, rosa, blau oder farblos. Mohshärte 8, spezifisches Gewicht 3,5–3,6. Fundort: bei den Pegmatit-Gesteinen im Raum von Karibib. Der *Silbertopas* ist häufig bei der Kleinen Spitzkoppe zu finden. Oft werden die Topas-Edelsteine mit einem Brillant-, Treppen- oder Scherenschliff versehen.

Turmalin: Borsilikat, Farbe grün, rot, blau, gelb, braun, schwarz oder farblos. Mohshärte 7–7,5, spezifisches Gewicht 3,0–3,2. Spröde und hitzeempfindlich. Durch Reiben laden sich Turmaline elektrisch auf und ziehen Papierfetzen an. Verschiedene Schliffarten. Fundort: Bei den Pegmatit-Gesteinen im Raum Karibib.

Die Härte der wirklich edlen Steine liegt oberhalb der 7 der Mohsschen Härteskala (Edelsteinhärte). Bei besonders schönen Schmucksteinen nimmt man eine geringere Härte in Kauf.

Wer Spaß am Mineralien- und Edelsteinsammeln hat: Zahlreiche kleine Bergwerke auf Farmen bergen Schätze für Sammler. Ein Spezialist auf diesem Gebiet, der auch Touren berät und veranstaltet, ist Mr. E. Miller, P.O. Box 694, Swakopmund, ✆ 06 41/54 53, Fax 45 61. Er führt diese Spezialtouren gemeinsam mit Sunrise Safaris durch.

Essen und Trinken

Nahrungsmittel für den Alltag und die Reise (Brot, Obst, Gemüse, Fleisch, Wurst, Konserven u. ä. sind in allen Orten erhältlich, nichtalkoholische Getränke in allen Läden und z. T. auch an Tankstellen, alkoholische Getränke in ›Bottle Stores‹ und Warenhäusern. Restaurants und Cafés gibt es in Windhoek und Swakopmund in breiter Auswahl, in den übrigen Orten muß man sich mit einfachen bis mittleren Hotelrestaurants oder mit kargen Snack-Bars begnügen; simple ›einheimische‹ Garküchen wie in den Ländern Tropisch-Afrikas fehlen (abgesehen von den ›schwarzen‹ Trabantenstädten der Zentren). In Nationalparks und Erholungsorten finden sich preiswerte Speiselokale einf. bis mittl. Kategorie, in einigen Safari-Camps auch exklusive Restaurants.

Die namibische Küche ist nach Zubereitung und Menge mit der deutschen vergleichbar; vielerorts spürt man auch britischen Einfluß. Top-Restaurants bieten internationale Küche. Das ›Südwester Bier‹ hat eine lange Brautradition und ist ausgezeichnet, dic hervorragenden südafrikanischen Weine erhält man überall.

Fernsehen und Radio

In Namibia ist das namibische Fernsehprogramm (Englisch) in allen größeren Orten zu empfangen; zudem gibt es ein mehrsprachiges Radioprogramm.

Feste und Feiertage

Neben Neujahr, Karfreitag, Ostersonntag und -montag, Himmelfahrt und Weihnachten, 21. März (Unabhängigkeitstag), 1. Mai (Tag der Arbeit), 4. Mai (Cassinga Tag), 25. Mai (Afrika Tag), 26. August (Tag der Helden), 10. Dezember (Tag der Menschenrechte) und 26. Dezember (Familientag).

Fotografieren

Überall möglich. Beim Fotografieren von Personen sollte man rücksichtsvoll und zurückhaltend sein; ein kurzes Gespräch mit der Bitte um ein Foto ist in jedem Fall angebracht.

Geld und Geldwechsel

Die Währungseinheit in Namibia ist der Namibiadollar (N$) = 100 Cent (c). Er hatte im Herbst 1995 den Gegenwert von knapp 0,40 DM. Es sind Banknoten zu 100, 50, 10 N$ sowie Münzen zu 5 und 1 N$ und zu 50, 10 und 5 c im Umlauf. Der Südafrikanische Rand ist ebenfalls ein legales Zahlungsmittel.

Reiseschecks und Banknoten fremder Währung kann man bei Banken (u. a.: First National, Windhoek Bank, Trust Bank, Standard, Barclay's und Nedbank) oder an autorisierten Hotelschaltern einlösen. Die meisten Hotels, Geschäfte und Restaurants sind einem Kreditkartensystem angeschlossen (Diner's Club, American Express, Visa, Master Card/Euro Card).

Öffnungszeiten der Banken in der Regel (aber von Bank zu Bank variierend) montags bis freitags 8.30–13 Uhr und 14–16.30 Uhr, samstags 8.30–11 Uhr.

Das Preisniveau für Artikel des täglichen Bedarfs, Restaurants und Hotels ist niedriger als in Deutschland.

Einige Beispiele für ›Südwester Deutsch‹

(aus Joe Pütz, ›Dikschenärie – ein Wörkmänjul für Südwester Deutsch‹, Windhoek 1982)

Hamundatu: m. (Herero *hamundatu* = ›acht‹) der Große, Starke, Gewaltige
Ein Ford *Foh-bei-Foh* (4 × 4 = Allradantrieb) mit einem sieben Liter *Wie-Äit* (V-8-Motor) und *Ouwerdreiw* (Schnellgang) ist ein *Hamundatu.* Wenn der dann auch noch eine *Otomätick* (Automatik) und *miskien* (vielleicht) sogar noch einen *Törbo-Tschardscher* (Turbolader) hat, dann ist das *chottwiehet* ein *warmer* (›hochfrisierter‹) *Hamundatu!* Wer einen *Hamundatu* hat, der liegt meistens mehr unter der *Tschorrie* (dem Auto) als er sie fährt.

kalben: v. (Deutsch) kaputt gehen
Weil ich vergessen hab', Öl rein zu *choihen* (nachzufüllen), *kalbt* dieser Motor *tu net* da (war der Motor auf der Stelle kaputt).

kappen: v. (Deutsch) Gebrauch wie im Deutschen, zumeist jedoch ›auskappen‹ = sich vergnügen, Spaß haben, etwas genießen
Jerre, ich hab die *Pahtie darrem ausgekappt: stief* Suff, *stief schmahrte* Weiber, und die Musik war *bleddie moi* (Mensch, hab' ich die Party genossen: viel zu trinken, hübsche Frauen und tolle Musik).

Kräsch: m. (Englisch *crash* = Zusammenstoß, Verkehrsunfall) wie Englisch
Da fährt dieser *Oukie* (Kerl, Typ) doch *chottwiehet* mit einem *Stink-Schpud* (hoher Geschwindigkeit) durch den *Robot* (die Verkehrsampel) und *kräscht* in den Farmer seine *Lorrie* (LKW)! *Jerre,* der *Plaasbuhr* (Farmer) war *befackt* (wütend)! *Tu* will dieser *Oukie* noch streiten, *tu muhrrt* (verprügeln) dieser Farmer ihn *net* da (an Ort und Stelle).

kriegen: v. (Deutsch) Alle Zustände ›kriegt‹ man in Südwest. Man *kriegt kalt, warm,* etc. Und wenn man *lekker kriegt,* dann macht etwas Spaß, oder es geht einem gut. Wenn man jemanden *jammer kriegt,* dann tut er einem leid. *Schwer kriegen:* sich plagen, abmühen, *ssier kriegen:* Schmerzen erleiden.

moi: adj./adv. (Afrikaans *mooi* = schön, gut, elegant) wie Afrikaans
Die *Alte* ist nicht nur *moi* (hübsch), sondern zieht sich auch *moi* (elegant) an. *Lekker* ist *moi,* und *lelleck* ist nicht *moi.* So *moi* (schön) der Sonnenuntergang ist, ich *fockoff* (verschwinde), bevor die *Chochos* (Insekten) mich auffressen.

muilik: adv./adj. (Afrikaans *moeilik* = schwierig) wie Afrikaans
Wenn das *Tutts* (die Prüfung) *muilik* ist, hab' ich keine *Kahnz* (Chance).

Muite: w. (Afrikaans *moeite* = Mühe) wie Afrikaans
Der *Oukie* hat sich soviel *Muite* beim Autoputzen gemacht, daß selbst die Köter *schkham* sind (sich schämen), gegen seine *Teiers* (Reifen) zu pissen.

Pad: w. (Afrikaans *pad* = Weg, Straße) 1. wie Afrikaans, 2. Richtung, 3. Piste
Manche von diesen *Farmpads* sind *wüst roff* (äußerst holprig). Das *Wellblech* (die gewellte Straßenoberfläche) ist so *kwai* (schlimm), daß dein *Bakkie* (Kleinlastwagen) *omtrent* (fast) auseinanderfallen will. Ich wünsch', die *Administrahsie* (Administration) würde die *bleddie Pads* öfter *schkrappen* (glätten).

Halbpad (auf halbem Wege) zwischen Mariental und Keetmanshoop liegt *fackoll* (rein gar nichts). Ich hab' das Buch erst *halbpad* (zur Hälfte) gelesen.

Welche *Pad* (Route) seid ihr zum Marienfluß gefahren?

Padkost: Reiseproviant; *Padkarte:* Straßenkarte; *Padzeichen:* Wegweiser.

Wir gehen auf Pad: Wir ziehen los, wir brechen auf. *Wir sind auf Pad zu euch:* Wir sind schon unterwegs, wir machen uns gleich auf den Weg.

Dieser *Oukie* muß *seine eigene Pad gehen:* Er muß tun, was er für richtig hält, er muß sich selbst zurechtfinden.

Pänick: w. (Englisch *panic* = Panik) Panik, Angst haben, sich Sorgen machen, Bedenken haben, aufgeben, sich aufregen.
Häi, Oukie, du mußt nicht *pänicken,* das wird schon alles *orreit* (gut) werden.

schkielick: adv. (Afrikaans *skielik* = plötzlich) wie Afrikaans
Tu (als) dem *Oukie* sein *Beik* (Motorrad) *kalbt* (kaputtgeht), *tu* (da) muß er *schkielick futtsahm* laufen (zu Fuß gehen). Das hat der *omtrent fackoll geleikt* (das gefiel ihm gar nicht).

ssier: adv. (Afrikaans *seer* = schmerzen, weh tun, sich verletzen) wie Afrikaans
Wenn einem'ne *Klippe* (ein Stein) auf den *Tuinkie* (Zeh) fällt, dann ist das *facken ssier* (... dann tut das ganz schön weh). Der *Oukie* spielt so schlecht Gitarre, daß meine Ohren *ssier kriegen* (... daß es mir in den Ohren weh tut).

Ssokker/Fußball: s. (Englisch *soccer* = Fußball) beide Ausdrücke sind gebräuchlich
Bei einem *Ssokker-Gäim* (Fußball-Spiel) bieten die Zuschauer eine ideale Gelegenheit für eine Studie der Sprache in *Äkschen.* Unter dem Einfluß von Bier und Aufregung (die der *Oukie*-Nationalsport immer verursacht) tritt Südwester Deutsch in seiner ganzen Spontaneität und Kreativität ungehemmt zum Vorschein. Empfindliche Geister sollten sich lieber fernhalten.

Südsiddie w. (Afrikaans *subsidie* = Subvention) wie Afrikaans
Manche *Oukies* denken, die Farmer *buhrn* (farmen) mit *Behstern* (Rindern), aber andere sagen, die *buhrn* (wirtschaften) mit der *Sübsiddie.* Ich denk', die Städter sollen ruhig ein *biekie* (bißchen) *Sübsiddie* an die *Plaasbuhrn* (Farmer) zahlen, weil die Städter die Farmer mehr brauchen als umgekehrt. Der *Plaasbuhr* kommt auch ohne uns klar, aber wo würden wir ohne den *Plaasbuhr* in den Ferien hingehen?!
Tu (als) der *Oukie* die haarigen Beine von der *Alten* sieht, *tu* (da) *switscht* der *ssommer ab* (... verlor er das Interesse). *Switsch'* doch mal das Licht an, ich kann *fackoll* (nichts) sehen.

Taun: w. (Englisch *town* = Stadt) wie Englisch
Kommt *Oukies,* wird gehen heute abend in die *Taun* ... *Miskien* (vielleicht) finden wir ein paar *moihe* (schöne) *Hühner* (Mädchen). Hier auf der *Plaas* (Farm) ist keine *Äkschen.*

Tutts: s. (Afrikaans *toets* = Test, Examen, Prüfung) wie Afrikaans
Erst hab' ich vor diesem *Tutts gepänickt* (zuerst hatte ich Angst vor dieser Prüfung), aber *tu seh' ich* (als ich sah), das ist gar nicht so *muilik* (schwierig), *tu* (da) hab' ich erstmal *rieläxt* (entspannt).

Wellblech: s. (Deutsch) gewellte Straßenoberfläche
Dies *bleddie* (verfluchte) *Wellblech* auf der *Pad* (Straße) hat meine *Schocks* (Stoßdämpfer) total *aufgefackt* (demoliert).
Auf allen Sandstraßen bildet sich nach einiger Zeit eine erstaunlich regelmäßige, wellenartige Verformung der Oberfläche. Je stärker der Verkehr, desto schneller entsteht dieses ›Wellblech‹. Mindestens einmal im Jahr werden die *Pads* dann von einem *Padschkrapper* (Straßenhobel) *geschkrappt* (geebnet).

Öffnungszeiten

Behörden 7.30–13 Uhr und 14–16.30 Uhr; Geschäfte in der Regel 8.30 oder 9–13 Uhr und 14–18 Uhr oder durchgehend 8.30 bis 17 Uhr, Post s. unten. Sonntags wirken die Orte wie ausgestorben.

Post/Telefon

Alle Orte verfügen über ein Postamt. Öffnungszeiten in den größeren Orten 8.30 bis 12 Uhr und 13.30–18.30 Uhr. In der Post, die generell zuverlässig arbeitet, kann man telefonieren, in größeren Orten auch Telegramme, Telex und Telefax aufgeben. Mittlere Laufzeit eines Briefes von und nach Mitteleuropa sieben bis zehn Tage (Luftpost). Nach Deutschland, Österreich und in die Schweiz gelten folgende Luftposttarife: Briefe per 10 g N$ 1,20, Postkarten und Aerogramme N$ 0,85, Drucksachen per 10 g N$ 1,10, kleine Päckchen per 100 g N$ 7,40.

Telefonieren von Namibia nach Deutschland: internationaler Code 09, Landescode 49 und Telefonnummer des Anschlusses ohne erste 0 der Vorwahl. Von Deutschland nach Namibia: 0 02 64 und den gewünschten Anschluß ohne die erste 0 der Ortsnetzkennzahl wählen.

Sprachen

In Namibia gibt es eine Amtssprache (Englisch) und zwei Verkehrssprachen (Afrikaans, Deutsch) sowie eine ganze Reihe afrikanischer Sprachen (vgl. S. 65). Die meisten amtlichen Veröffentlichungen und zahlreiche andere Publikationen erscheinen dreisprachig, touristische Literatur und Bildbände sind z. T. in Deutsch erhältlich. In den meisten Städten und in den südlichen Landesteilen kann Deutsch als Umgangssprache verwendet werden, Englisch wird stark gefördert. Mit Deutsch und Englisch ist eine Verständigung in Namibia problemlos möglich.

Trinkwasser

In Hotels und sonstigen Unterkünften kann Leitungswasser sorglos getrunken werden, bei Reisen in die nördlichen Gebiete empfiehlt sich der Gebrauch eines Wasserdesinfektionsmittels (z. B. Micropur). In abgelegenen Gebieten ist die Mitnahme von mindestens 3 l Wasser pro Person und Tag notwendig.

Zeitunterschied

Seit dem 3. 4. 95 gilt in Namibia die Winter Standard Zeit. Dementsprechend ist die namibische Uhrzeit eine Stunde nach der mitteleuropäischen Sommerzeit (MESZ).

Zeitungen und Zeitschriften

In Namibia werden mehrere Tageszeitungen (Allgemeine Zeitung, Windhoek Advertiser, Die Republikein, The Namibian) und Wochenzeitungen (Windhoek Observer, Die Suidwester, Times of Namibia) veröffentlicht. Bei CNA (Central News Agency) in Windhoek (Gustav Voigts Centre) sind internationale Zeitungen und Zeitschriften erhältlich.

Botswana-Informationen

Wissenswertes vor Reiseantritt

Informationsstellen in Botswana

Department of Wildlife and National Parks, P. O. Box 131, Gaborone, ✆ 51461. Tourism Division, Private Bag 0047, Garborone, ✆ 53024/3314.

Reisepapiere/Einreisebestimmungen

Für Bürger der Bundesrepublik Deutschland, Österreichs und der Schweiz genügen der gültige Reisepaß und die Vorlage eines Rückflugtickets; ein Visum ist nicht erforderlich. Aufenthaltsdauer ein Monat, Verlängerung bei der Immigration möglich. Will man einen Wagen mieten, benötigt man einen Internationalen Führerschein. Es empfiehlt sich auch hier, vor Reiseantritt aktuelle Informationen einzuholen.

Diplomatische Vertretungen

Zuständig ist die Botschaft der Republik Botswana in B-1040 Brüssel, 169, Avenue de Tervuren, ✆ 7356110/7352070.
Botschaft der Bundesrepublik Deutschland in Gaborone: P. O. Box 315, ✆ 353143, 353806; Fax (002–6731) 353038.

Devisenvorschriften

Die Ein- und Ausfuhr von Landeswährung ist auf 50 Pula beschränkt, die von Devisen in unbeschränkter Höhe möglich, falls sie nach der Ankunft bei einem autorisierten Händler (Bank) registriert werden. Für Reiseschecks gibt es keine Beschränkungen.

Zollbestimmungen

Keine speziellen Bestimmungen; es gelten die international üblichen Vorschriften. Für Schußwaffen und Munition wird eine Importgenehmigung nur erteilt, wenn man die Buchung einer Jagdsafari nachweist. Da Botswana Mitglied der Zollunion des südlichen Afrikas ist, erfolgt bei der Einreise von Südafrika aus keine Zollkontrolle.

Reisezeit

Für die Beobachtung von Wild eignet sich am besten die Trockenzeit zwischen Mai und November. Die Südwintertage sind warm bis kühl, die Nächte kalt (absolute Minima bis −11° C im Süden der Kalahari). Im Südsommer (November bis März) kann es bis 44° C werden, Regenfälle machen manche Pisten unpassierbar, die üppige Vegetation erschwert die Wildbeobachtung.

Während der südafrikanischen Feiertage und Schulferien sind viele Unterkünfte ausgebucht; rechtzeitige Buchungen empfehlen sich dann.

Vgl. Klimatabelle S. 21

Gesundheitsvorsorge

Für Reisende, die aus Mittel- und Westeuropa oder aus Namibia/Südafrika kommen, werden keine Impfungen verlangt, wer aus Tropisch-Afrika anreist, muß per Internationalem Impfpaß eine gültige Gelbfieberimpfung nachweisen. Malaria kommt vor allem im Okavango-Delta und im Gebiet des Chobe-Nationalparks vor, in der Regenzeit in ganz Botswana. Malariaprophylaxe ist also dringend notwendig. Die Tsetse-Fliege, Überträgerin der Schlafkrankheit, ist vor allem im Okavango-Delta verbreitet. Menschen werden nur selten von dieser Seuche befallen, dennoch sollte man insektenabwehrende Mittel (Autan, Moscito coils) oder ein Moskitonetz benutzen.

Bei Wanderungen durch den Busch besteht die Gefahr, sich Zeckenfieber zuzuziehen. Tragen Sie deshalb kräftige Bein- und Fußkleidung und suchen Sie nach längeren Buschmärschen Ihren Körper nach Zecken ab. Bilharziose, eine unangenehme Wurmkrankheit, ist in Botswana weit verbreitet; schwimmen Sie also nicht in Flüssen und Seen. Auch die Tollwut grassiert; deshalb Vorsicht vor Tieren mit eigenartigem Verhalten. Falls Sie gebissen werden, wenden Sie sich schnellstens an einen Arzt oder Health Officer. Bei längeren Reisen im Busch unbedingt Erste-Hilfe-Ausrüstung mitnehmen!

Landkarten

Shell Autokarte, Minimap, Mapstudio 1:4 Millionen und Macmillan Botswana Traveller's Map 1:2,4 Millionen (gut).

Anreise

... mit dem Flugzeug

Botswana erreicht man von Europa aus am besten über Johannesburg, von wo aus zweimal täglich Flugverbindungen mit Gaborone bestehen (Flugzeit ca. 1 Stunde). Flüge nach Gaborone gibt es auch von Harare (Zimbabwe) und Lusaka (Sambia). Vom Flughafen Gaborone in das Stadtzentrum fahren keine Busse, Taxis warten nur selten. Bitten Sie einen der Hotel-Kleinbusse, Sie gegen ein Entgelt mitzunehmen.

... auf dem Landweg

Per Bahn erreicht man Gaborone und die Städte entlang der ›life of rail‹ von Zambia, Zimbabwe und Südafrika aus; die Züge sind jedoch sehr langsam. Von Johannesburg, Mafeking, Victoria Falls und Bulawayo führen Teerstraßen nach Botswana, daneben gibt es zahlreiche Grenzübergangsstellen an Pisten. Öffnungszeiten von 8–16 Uhr, an den Hauptübergängen von 7–20 Uhr.

Entfernungstabelle *(Angaben in km)*

	Francistown	Gaborone	Ghanzi	Tshane	Kanye	Kasane	Lobatse	Mahalapye	Martin's Drift	Maun	Nata	Orapa	Palapye	Ramatlabama	Ramokgwebane	Sehithwa	Selebi Pikwe	Serowe	Shakawe
Gaborone	435																		
Ghanzi	778	712																	
Tshane	973	538	374																
Kanye	553	120	592	419															
Kasane	500	909	1278	1473	1029														
Lobatse	507	72	637	463	45	1008													
Mahalapye	235	198	1013	736	318	735	270												
Martin's Drift	277	356	1068	894	476	777	428	158											
Maun	492	925	286	660	1035	616	990	717	759										
Nata	188	621	590	1159	741	312	693	423	465	304									
Orapa	240	673	638	1211	793	728	745	473	515	352	416								
Palapye	163	270	941	808	390	661	342	72	114	653	349	401							
Ramatlabama	555	120	675	501	83	1055	48	318	476	1045	741	793	390						
Ramokgwebane	82	517	860	1055	637	582	589	317	359	574	270	322	245	637					
Sehithwa	591	1026	204	578	796	715	1089	816	858	99	403	451	752	1137	673				
Selebi Pikwe	151	402	927	940	519	651	474	204	246	641	337	389	132	522	233	740			
Serowe	210	309	988	847	429	708	381	111	153	700	396	448	47	429	292	799	179		
Shakawe	878	1311	491	865	1083	1002	1382	1101	1155	386	690	738	1039	1431	960	287	1027	1086	
Tshabong	910	475	645	271	411	1411	403	673	831	931	1096	1148	745	441	992	849	879	784	1136

Reisen in Botswana

... mit dem Auto

Bei der Hauptdurchgangsroute Mafeking – Gaborone – Francistown – Kazungula und den wichtigsten der davon abzweigenden Stichstrecken handelt es sich um gut ausgebaute Teerstraßen, für die übrigen, meist schwierigen Sandpisten benötigt man ein Geländefahrzeug.

In Botswana herrscht Linksverkehr. Die Geschwindigkeitsbegrenzung auf Fernstraßen beträgt 110 km/h, in Ortschaften 50 km/h. Es besteht Anlegepflicht für Sicherheitsgurte. Ausländische Besucher, die ein Fahrzeug selbst fahren, benötigen einen Internationalen Führerschein.

Autovermietungen gibt es in Gaborone, Francistown und Maun. Es empfiehlt sich, die Fahrzeuge internationaler Unternehmen von Europa aus vorzubestellen. Die Preise liegen deutlich über mitteleuropäischem Niveau (wegen der schlechten Straßen).

... mit Bus und Bahn

Busse und Kleinbusse verkehren zu allen größeren Orten des Landes, besonders im dichter besiedelten Osten. Auf den Teerstraßen recht zügige, ansonsten (etwa Francistown – Maun) sehr anstrengende und lange Fahrten. Die Orte im Osten des Landes werden zudem durch die Bahnlinie von Südafrika nach Zimbabwe verbunden.

... mit dem Flugzeug

Das Flugzeug ist für Reisende zu empfehlen, die in angemessener Zeit etwas von Botswana sehen wollen. Linienflüge gibt es von Gaborone nach Maun, Francistown nach Selebi Pikwe, Charter-Gesellschaften bieten zudem Flüge über das Land bzw. besonders sehenswerte Gebiete an.

Taxis

Taxis gibt es in Gaborone, Francistown, Lobatse und Selebi Pikwe. Handeln Sie den Fahrpreis vorher aus.

Reisebüros

Reisebüros und Safari-Unternehmen in Gaborone, Francistown und Maun bieten Touren an, im wesentlichen zum Okavango-Delta und zum Chobe Nationalpark. Auf Wunsch werden auch Fahrten zu den anderen Wildparks durchgeführt.

Sperrzonen

Das Central Kalahari Game Reserve ist für Besucher gesperrt.

Weiter- und Rückreise

Eine Weiter- und Rückreise nach Südafrika und Namibia ist ohne Formalitäten möglich, für die Weiterreise nach Zimbabwe oder Zambia genügt der gültige Reisepaß. Zimbabwe und Zambia verweigern gelegentlich die Einreise, wenn der Paß Einreisestempel der Republik enthält. Lassen Sie sich diese im Zweifelsfall auf ein separates Blatt stempeln.

Unterkunft

Das Angebot an Unterkünften ist begrenzt, aber ausreichend. Reservierungen sind dringend ratsam.

Camping ist überall erlaubt, auf Privatgelände sollte man die Erlaubnis des Eigentümers einholen. In Nationalparks und Wildreservaten, wo offizielle Campingplätze bestehen, ist ›wildes‹ Campen verboten.

Hotels

Francistown
Grand, ✆ 212300
Marang Motel, ✆ 3991–3
Tati, ✆ 21232, 1
Thapama Lodge, ✆ 213872

Gaborone
Gaborone, ✆ 353991
Gaborone Sun, ✆ 351111
Mogo, ✆ 352733
Oasis Motel, ✆ 356396/7
Present Hotel, ✆ 353631

Ghanzi
Kalahari Arms, ✆ 1

Lobatse
Cumberland, ✆ 330281
Lobatse, ✆ 330319

Mahalapye
Mahalapye, ✆ 410200

Maun
Riley's, ✆ 204
Tsaro Lodge, ✆ 205

Molepolole
Mafenya-Tlala, ✆ 320394

Palapye
Botsalo, ✆ 420245
Palapye, ✆ 420277

Serowe
Serowe, ✆ 430324
Tshwaragano, ✆ 430377

Selebi Pikwe
Bosele, ✆ 810675/6/7

Lodges und Camps in Nationalparks und Wildreservaten

Chobe-Nationalpark
Chobe Game Lodge, Buchung über ✆ Johannesburg 231787
Chobe Safari Lodge, ✆ Kasane 336
Serondela Camp, ✆ Kasane 235
Allan's Camp und South Camp, Buchung über ✆ Johannesburg 7485070
Linyanti Camp, Buchung über ✆ Johannesburg 7485070
Lloyd's Camp, c/o ✆ Maun 205
Linyanti Explorations, Radio ✆ A2RC338 (Kasane)

Okavango-Delta
... in Matlepaneng (ca. 12 km nördlich von Maun):
Crocodile Camp, ✆ Maun 265
Island Safari Lodge, ✆ Maun 300
Okavango River Lodge, ✆ 296
... sonstige:
Camp Okavango, ✆ Maun 205
Xaxaba Camp, c/o ✆ Maun 205
San-Ta-Wani Safari Lodge, Buchung über ✆ Johannesburg 7485070
Delta Nyagha Camp, Buchung über ✆ Pretoria 468439

Xugana Lodge, Buchung über ✆ Caledon (Südafrika) 22463
Khwai River Lodge, Buchung über ✆ Johannesburg 7485070
Okavango Fishing Safaris, Radio ✆ A2RC137 (Francistown)
Nxamaseri Camp, c.o. ✆ Maun 205

Sonstige Gebiete
Tuli Lodge, Buchung über ✆ Johannesburg 23823
Stevensford Safari Lodge, ✆ Gaborone 52021
Limpopo Safari Lodge, ✆ Gaborone 52321
Limpopo Inn, ✆ Sherwood Ranch 505
Zanzibar Hotel, ✆ Sherwood Ranch 420

Praktische Hinweise von A–Z

Apotheken und ärztliche Versorgung

Apotheken gibt es in den größeren Städten. Wichtige Medikamente sollten aus der Heimat oder aus Südafrika mitgebracht werden. Für längere Safaris im Busch empfiehlt sich eine Notapotheke. Ärztliche Versorgung besteht nur in den größeren Städten; in kleinen Orten existieren Health Centres mit einer Minimalausstattung. In Extremfällen gute Krankenhäuser in Südafrika aufsuchen.

Auskunftstellen

Als solche fungieren die Reisebüros, die Zentralen der Safari-Unternehmen und die Hotelrezeptionen.

Einkauf und Souvenirs

Einkäufe für den täglichen Bedarf sind in allen Orten des Landes möglich. Ein gutes Warenangebot besteht jedoch nur in Gaborone und den übrigen größeren Städten. Ein breites Spektrum an Souvenirs bietet der Laden der staatlichen Handwerksförderungsgesellschaft Botswanacraft in der Mall in Gaborone. Als typische Artikel des lokalen Handwerks sind Flechtarbeiten (Körbe) und Lederwaren zu nennen. Felle kann man bei Botswana Game Industries in Gaborone und Francistown kaufen. Von Gaborone aus empfehlen sich Tagesfahrten nach Oodi (Teppichweberei), Thamaga (Töpferei), Pilane (Lederverarbeitung) oder Lobatse (Tiro ya Diatla; Läufer, Teppiche, Lederarbeiten); erkundigen Sie sich vorher bei Botswanacraft. Denken Sie daran, für Felle eine amtliche Rechnung zu verlangen, da Sie ansonsten bei der Einreise nach Europa Schwierigkeiten bekommen können.

Elektrizität, Maße und Gewichte

220 V Wechselstrom in Gaborone und den größeren Orten; ansonsten gibt es nur in den Abendstunden Strom. Nehmen Sie Kerzen und eine Taschenlampe mit, da es

häufig zu Stromausfällen kommt. Übergangsstecker (Adapter) sind in Gaborone erhältlich. Maße und Gewichte: metrisches System.

Essen und Trinken

Nahrungsmittel sind in allen Orten erhältlich, doch meist nicht frisch, sondern in Konserven. Alkoholfreie Getränke bekommt man in allen Läden und z. T. an den Tankstellen, alkoholische in ›Bottle Stores‹ und Kaufhäusern. Speisen mitteleuropäischer Art bekommt man nur in den mittleren bis gehobenen Restaurants in Gaborone, Francistown und in den Safari-Camps, sonst herrscht afrikanische Küche (Maisbrei mit Soße) vor. Auf Buschfahrten muß man sich mit Konserven selbst verpflegen; genügend Getränke mitnehmen (Hitze, Staub).

Fotografieren

Überall möglich, außer bei militärischen Objekten und Regierungsgebäuden. Filme kann man in Gaborone, Francistown, Kasane und Maun kaufen, doch sind die Vorräte oft erschöpft, so daß es sich empfiehlt, Reserven von zu Hause oder aus Südafrika mitzunehmen. Es gibt keine Reparaturmöglichkeiten für Kameras in Botswana.

Geld und Geldwechsel

Die Währungseinheit des Landes ist der Pula (abgekürzt P), der in 100 Thebe (t) unterteilt wird. Er hatte im Herbst 1995 den Gegenwert von DM 0,50. Es gibt Banknoten zu 1, 2, 5, 10 und 20 P sowie Münzen zu 1, 2, 5, 10, 25, 50 t und zu 1 P. Drei Geschäftsbanken wechseln Devisen und Reiseschecks: Barclay's, Standard und Bank of Credit and Commerce. Geschäftszeiten: montags bis freitags 8.15 bis 12.45 und samstags 8.15 bis 10.45 Uhr. Geld kann man auch in größeren Hotels wechseln. Bei Reisen ins Landesinnere sollte man genug Pula mitnehmen, da sich dort kaum Wechselmöglichkeiten finden. Achtung: In Botswana wechselt man wesentlich günstiger als in Deutschland.

Museen, Bibliotheken, Buchhandlungen

Das Botswana National Museum in Gaborone ist das Zentralmuseum des Landes mit Sammlungen zur heimischen Flora, Fauna, Völkerkunde und Geschichte. Öffnungszeiten: montags bis freitags 9–18, samstags und sonntags 9–17 Uhr. Die Nationalbibliothek in Gaborone ist montags bis freitags 9–18 und samstags 9–12 geöffnet. Im nahegelegenen BNLS Headquarter gibt es einen Ausstellungsraum mit Veröffentlichungen über Botswana. Auch die Bibliothek der nationalen Universität hat einen ›Botswana Room‹ mit Publikationen über das Land. Literatur kann man des weiteren im Nationalarchiv einsehen. Wichtigste Buchhandlung im Lande ist das Botswana Book Centre in der Mall in Gaborone, hier sind auch ausländische Zeitungen erhältlich.

Öffnungszeiten

Geschäfte: montags bis freitags 8–17 Uhr und samstags 8–13 Uhr.

Post

Alle Städte und größeren Dörfer verfügen über ein Postamt. Öffnungszeiten: montags bis freitags 8.15–12.45 Uhr und 14–16 Uhr, samstags 8–11 Uhr. Die Post- und Telefonverbindungen mit Europa sind gut, innerhalb der Städte befriedigend, innerhalb des Landes langsam und unzuverlässig.

Sprachen

Englisch ist Umgangssprache in den Städten und größeren Orten, SeTswana herrscht in den ländlichen Gebieten vor, doch findet sich auch dort stets jemand, der Englisch spricht. Zeitungen und Nachrichtensendungen in Englisch.

Trinkwasser

In Gaborone, Francistown und Selebi Pikwe kann man Leitungswasser unbesorgt trinken, ansonsten ist Wasser aus Bohrlöchern zu empfehlen. Im Busch Wasser sicherheitshalber abkochen oder Desinfektionstabletten (z. B. Micropur) verwenden. Bei Buschfahrten ist die Mitnahme von ca. 3 l Wasser pro Person und Tag notwendig.

Urlaubsaktivitäten

Wildbeobachtung ist die wichtigste Urlaubsaktivität der Besucher. Die Touren in die Wildparks werden meist von Safari-Unternehmen organisiert, wobei erfahrene Begleiter die Regel sind. Angeln kann man im fischreichen Okavango-Delta sowie in den Seen und Flüssen; Ausrüstung muß mitgebracht werden.

Jagd und Jagdsafaris werden von Jagdfirmen veranstaltet, die auch über die Jagdgesetze informieren, Begleiter besorgen, Jagdlizenzen einholen, den Versand der Trophäen besorgen.

Zeitunterschied

Wie Namibia.

Kartenverzeichnis

Namibia: Landeskunde

Namibia: Reiseteil

Alle Karten sind Originalentwürfe der Autoren. Die Reinzeichnungen fertigten Günter Kloppenburg, Manfred Vierschilling und M. Stork an.

Literaturverzeichnis

Allgemeine Landeskunde

Hasse, R. u. a.: Botswana, Hamburg 1989

Klimm, E., K. G. Schneider, S. E. von Hatten: Namibia-Botswana. Darmstadt 1994

Leser, H.: Namibia, Stuttgart 1982

Mthoko, N. A. u. a.: Geography of Namibia. Windhoek 1990

Schneider, K. G., G. Richter: Okawango – Ostcaprivi – periphere Wirtschaftsräume im Entwicklungsland Namibia. Köln 1991

Reiseführer

Globetrotter Travel Guide Namibia (und Landkarte). Windhoek 1994

Iwanowski, M.: Reise-Handbuch Namibia. Dormagen 13. Auflage 1995/96

Iwanowski, M.: Reise-Handbuch Botswana. Dormagen 1994/95

Iwanowski, M.: Gästefarmführer 1995/96. 2. Auflage. Dormagen 1995/96

Main, M. u. a.: Visitors' Guide to Botswana, Cape Town 1988

Weber, I. und H. O. Wiebus: Reise-Taschenbuch Namibia. 2. Auflage. Köln 1996

Bildbände

Bannister, A.; P. Johnson: Namibia – Afrikas herbes Paradies. Kapstadt, 2. Auflage 1984

Cubitt, G.; Namibia. Land der wilden Schönheit. Kapstadt 1986

Hall-Martin, A.; C. Walker; J. du P. Bothma: Kaokoveld: The Last Wilderness. Johannesburg 1988

Jacobsohn, M. und P. Pickford: Himba. Nomaden in Namibia. Kapstadt 1990

Johnson P.; A. Bannister: Okavango – Meer im Land, Land im Wasser. Kapstadt/Johannesburg 1977

Lambrechts, H. A.: Namibia. Durstland und Wildnis. Kapstadt

Main, M.: Kalahari. Life's Variety in Dune and Delta. Johannesburg 1987

Mead, C.: Shadows of the Sand. A Photodocument of the Sossus Vlei in the Namib Desert Dunes. Bryanston 1988

Reardon, M. und M.: Etoscha – Kampf auf Leben und Tod. Kapstadt

Ross, K.: Okavango – Jewel of the Kalahari. Johannesburg 1984

Schoemann, A.: Skeleton Coast. Johannesburg 1988

Sycholt, A.: Durststrecken. Auf den Spuren von Adolf Lüderitz zwischen Namib und Diamantenküste. Windhoek 1986

Pflanzen- und Tierwelt

Eine umfangreiche Darstellung für den Fachmann ist Werger, M. J. A. (ed.): Biogeography and Ecology of Southern Africa. Monographiae Biologicae, Vol. 31, 2 Teile. The Hague 1978

Eine vorläufige Vegetationskarte von Südwestafrika stammt von Giess, W.: Beiträge zur Flora von Südwestafrika. In: Dinteria Nr. 4, SWA Wissenschaftliche Gesellschaft. Windhoek 1971

An Pflanzen-Bestimmungsbüchern sind zu nennen: Berry, C.: Bäume und Sträucher des Etoscha-Nationalparks. o. O., o. J. (neuen Datums). Craven, P.; C. Marais: Namib Flora – von Swakopmund zur Großen Welwitschia über Goanikontes. Windhoek 1986. Müller, M. A. N.: Gräser Südwestafrikas/Namibias. Windhoek 1985 (mit Holzschnitten und Fotos von W. Giess).

Sehr guter Führer zu Flora und Fauna mit zahlreichen Illustrationen und Farbfotos: Seely, M.: The Namib. Natural history of an ancient desert. Windhoek 1987

Die Naturschutzbehörde (Nature Conservation) in Windhoek hat eine gute Informationsbroschüre herausgegeben mit dem Titel ›Erhalten Sie unsere Pflanzen‹ (1983)

Empfehlenswerte Bücher zur Tierwelt: Die Tiere in Etoscha. Shell-Führer o. O., o. J. Castell-Rüdenhausen, H. Graf zu: Jagen zwischen Namib und Kalahari. Wildarten und -vorkommen, Jagdmöglichkeiten und Jagdarten in Südwestafrika. Hamburg/Berlin 1981. Strassen, H. zur: Wildfährten in Südwestafrika. Windhoek 1987

Bevölkerung und Völkerkunde

Als ethnologisches Fachbuch ist zu empfehlen Baumann, H. (Hrsg.): Die Völker Afrikas und ihre traditionellen Kulturen. Teil 1: Allgemeiner Teil und Südliches Afrika. Wiesbaden 1975

Ein herrlicher Bildband über die San-Kultur ist Bannister, A.; P. Johnson: Buschmänner. Eine Kultur stirbt in Afrika. Kapstadt 1979

Eine eindrucksvolle Dokumentation der Felsgravierungen und -malereien in Namibia ist Scherz, E. R.: Felsbilder in Südwestafrika. Teil 1: Die Gravierungen in Südwestafrika (ohne den Nordwesten des Landes). Köln 1970. – Teil 2: Die Gravierungen im Nordwesten Südwestafrikas. Köln 1975. – Teil 3: Die Malereien. Köln 1986. Vgl. auch: Pager, H.: Die Felsmalereien am Oberen Brandberg, Köln 1990.

Eine kurze Einführung in die Felsmalereien und Gravierungen in Namibia gibt Scherz, E. R. und A.: Afrikanische Felskunst. Köln 1974

Veröffentlichungen des Heinrich-Barth-Instituts, Jennerstr. 8, 50823 Köln, 1990–1996: Kuper, R. (Hrsg.): Neuere Veröffentlichungen zur Felskunst Namibias. Richter, J.: Studien zur Urgeschichte Namibias.

Zur Sprache der Deutschen in Namibia gibt es die Studie Kleinz, N.: Deutsche Sprache im Kontakt in Südwestafrika. Deutsche Sprache in Europa und Übersee, Band 9. Stuttgart 1984

Geschichte

Bilger, H. R.: Südafrika in Geschichte und Gegenwart, Konstanz 1976 (die Kapitel C I, D 2, G II stellen Südwest-Afrika/Namibia dar und betten es ein in die Geschichte des Großraums südliches Afrika)

Das Standardwerk zur Landesgeschichte bis zum Tod des Herero-Führers Maharero im Jahre 1890 ist Vedder, H.: Das alte Südwestafrika. 5. Auflage. Windhoek 1985

Für die deutsche Kolonialzeit stehen sich zwei Publikationen mit unterschiedlicher Betrachtungsweise gegenüber: Bley, H.: Kolonialherrschaft und Sozialstruktur in Deutsch-Südwestafrika 1894–1914. Hamburg ^{2}1989. Weber, Otto von: Geschichte des Schutzgebietes Deutsch-Südwest-Afrika. 4. Auflage. Windhoek 1985 (dieses Buch ist Nachfolger des antiquarisch noch zu beschaffenden Standardwerkes von O. Hintrager: Südwestafrika in der deutschen Zeit. München 1955)

Als Sammelband bietet sich an: Vom Schutzgebiet bis Namibia. 1884–1984. Windhoek 1985 (herausgegeben von der Interessengemeinschaft deutschsprachiger Südwester)

Das ehemalige Deutsch-Südwestafrika im Kontext der deutschen Kolonien stellen folgende Veröffentlichungen dar, großteils erschienen anläßlich des 100. Jahrestages der Berliner Kongo-Konferenz von 1884: Graudenz, K.; H. M. Schindler: Die deutschen Kolonien. 3. Auflage. Augsburg 1988. Gründer, H.: Geschichte der deutschen Kolonien. Paderborn 1985. Hinz, M.; H. Pateman; A. Meier (Hrsg.): Weiß auf Schwarz – 100 Jahre Einmischung in Afrika. Deutscher Kolonialismus und afrikanischer Widerstand. Berlin 1984. Höpker, W. (Hrsg.). Hundert Jahre Afrika und die Deutschen. Pfullingen 1984. Petschull, J.; T. Höpker: Der Wahn vom Weltreich – Die Geschichte der deutschen Kolonien. Hamburg 1984. Westphal, W.: Geschichte der deutschen Kolonien. München 1984.

Wentenschu, W.: Namibia und seine Deutschen. Göttingen 1995

Weitere wichtige Dokumente sind die Veröffentlichungen: Hendrik Witbooi – Afrika den Afrikanern. Aufzeichnungen eines Nama-Häuptlings aus der Zeit der deutschen Eroberung Südwestafrikas 1884–1894. Berlin 1982. Carl Hugo Hahn: Tagebücher 1837–1860.
Herausgegeben vom Windhoeker Staatsarchiv. 5 Bände. Windhoek 1987

Architektur und darstellende Kunst

Peters, W.: Baukunst in Südwestafrika 1884–1914, Windhoek 1981

Roos, N.: Kunst in Südwestafrika. Pretoria 1978 (vor allem über Malerei).

Zur Stadtgeschichte gibt es reich illustrierte Bände von Christine Marais: Swakopmund – unser Erbe. Windhoek 1980. Lüderitz – unser Erbe. Windhoek 1981. Windhoek – unser Erbe. Windhoek 1986

Dokumente zu Lüderitz enthält der Band: Lüderitz – damals und gestern. Wissenschaftliche Gesellschaft. Windhoek 1983

Romane und Erzählungen

Frenssen, G.: Peter Moors Fahrt nach Südwest. Berlin 1986

Grimm, H.: Südafrikanische Novellen. München 1913

– Der Gang durch den Sand und andere Geschichten aus Südafrika. München 1916

– Das deutsche Südwester-Buch. München 1929

– Lüderitzland: Sieben Begebenheiten. München 1934

Martin, H.: Wenn es Krieg gibt, gehen wir in die Wüste. 5. Auflage. Windhoek 1986

Timm, U.: Morenga. Königstein 1978

Konsalik, H. G.: Wie ein Hauch von Zauberblüten. Gütersloh 1981

Johann, A. E.: Südwest. München 1984

Das reiche Märchengut der San und Bantu ist in folgenden Bänden erschlossen: Schmidt, Sigrid: Märchen aus Namibia. Düsseldorf/Köln 1980. Märchen der Buschmänner. Nacherzählt von G. von Radowitz. Märchen der Welt. Hanau 1983. Der Wolkenschmaus. Märchen aus Namibia. Leipzig 1987

Bild- und Quellennachweis

Farbabbildungen

Willi Dolder, Schaffhausen 5, 7, 9, 14, 18–20, 22

IFA-Bilderteam, München 2 (Bohnacker) Umschlagvorderseite, Umschlaginnenklappe, Umschlagrückseite, 10, 12, 16, 17, 25, 26, 29–33, 35 (Kolban), 13, 15, 28 (Dr. Thiele)

Keystone-Pressedienst, Hamburg 23, 24

Karl-Günther Schneider, Leverkusen 3, 4, 6, 11, 27, 34, 38, 39

Andreas Tanner, Nesselwang 21, 37

H. W. Theiss, Windhoek 40

Birgit Halle, Köln 8

Die Farbabbildung 36 wurde entnommen von Henri Breuil, ›The White Lady of the Brandberg‹, London 1955, mit freundlicher Genehmigung des C. H. Beck-Verlags, München und von Gallimard, Paris

Schwarzweißabbildungen

De Beers Consolidated Mines, Marshalltown 56
Department of Information, Windhoek 32–35, 43, 57, 59 (FNDC, früher ENOK)
Maria Fisch, Windhoek 44–48
L. Jacobson, Windhoek (Copyright Staatsmuseum Windhoek) 36
Antje Otto, Windhoek (Copyright Staatsmuseum Windhoek) 37–42, 49, 50
Rössing, Uranium Ltd., Windhoek 53–55, 60
Franz Seiner, Graz 22 (entnommen aus Kurd Schwabe, ›Im Deutschen Diamantenlande‹, Berlin 1909)
Ullstein-Pressedienst, Berlin 1–21, 23–31
Windhoek Photo Studio 58

Textabbildungen

Charles John Andersson: Lake Ngami or Explorations and Discoveries during four Years' Wanderings in the Wilds of South Western Africa. London 1856 S. 2, 24, 25, 42 oben, 43 oben, 44, 77, 223, 258, 259, 267
Charles John Andersson: Entdeckungsreisen und Jagdabenteuer in Südwest-Afrika. Der Okavango-Strom. Leipzig 1863 S. 42 unten, 43 unten, 81 (2), 85, 94, 153, 244, 271
Department of Information, Windhoek S. 107, 109
Maria Fisch, Windhoek S. 237
Gustav Fritsch: Südafrika bis zum Zambezi. Das Wissen der Gegenwart – Deutsche Universal-Bibliothek für Gebildete. XXXIV. Band, Leipzig/Prag 1885 S. 38 (2), 39 (2), 253, 254
Theodor Leutwein: Elf Jahre Gouverneur in Deutsch-Südwestafrika. Berlin 1906 S. 8, 75, 88, 89, 92, 159
Helgard Patemann: Lernbuch Namibia. Deutsche Kolonie 1884–1915. Wuppertal 1984 S. 86
W. Scheel: Deutschlands Kolonien in achtzig farbenfotografischen Abbildungen. Berlin 1912 S. 93
Anneliese und Ernst R. Scherz: Afrikanische Felskunst. Köln 1974 S. 68, 69, 167 (2), 171, 231
Hans Schinz: Deutsch Südwest-Afrika. Oldenburg und Leipzig 1891 S. 9, 23, 30, 66, 70, 72, 73, 184, 218, 244
Kurd Schwabe: Mit Schwert und Pflug in Deutsch-Südwestafrika S. 87, 90
Hermann Thomsen: Deutsches Land in Afrika. Mit Bildern von Ernst Vollbehr, München 1911 S. 16, 35, 74, 78, 165, 248

Karte in der vorderen Umschlagklappe: Helga Everhartz, Köln
Karte in der hinteren Umschlagklappe: aus Hans Schinz, ›Deutsch Südwest-Afrika‹, Oldenburg und Leipzig 1891

Zitate: S. 65 und 67 mit freundlicher Genehmigung des Eugen Diederichs Verlags, München, S. 71 mit freundlicher Genehmigung des Dietrich Reimer Verlags, Berlin, Tabellen S. 20f. mit freundlicher Genehmigung des Zentralausschusses für deutsche Landeskunde e. V., Universität Trier

Register

Begriffe, die über das Inhaltsverzeichnis des ›Gelben Teils‹ S. 281 f. erschlossen werden können, sind nicht erfaßt.

DUMONT

KUNST-REISEFÜHRER

»Die Kunst-Reiseführer des Kölner Verlages werden von Jahr zu Jahr, von Band zu Band perfekter: immer detailliertere Pläne begleiten die Erklärungen, immer noch typischere Illustrationen erläutern den Text.« *Basler Nachrichten*

»Die Kunst-Reiseführer aus dem Kölner DUMONT Verlag verbinden in vorbildlicher Weise allgemeine kunstgeschichtliche Orientierung und konkrete Verwertbarkeit des Geschriebenen am Urlaubsort. Sie zeigen, daß wissenschaftlich exakt nicht langweilig heißen muß.«
Süddeutscher Rundfunk

»Für Menschen, denen Land, Leute und Denkmäler mehr Anreiz sind als die geebneten Pfade des institutionalisierten Tourismus, die sich in das Abenteuer einlassen, sich die Begegnungen selbst zu gestalten, erfüllen die DUMONT Kunst-Reiseführer ein Maximum an Voraussetzungen.«
Salzburger Nachrichten

Weitere Informationen über die Titel der Reihe DUMONT Kunst-Reiseführer erhalten Sie bei Ihrem Buchhändler oder beim DUMONT Buchverlag • Postfach 10 10 45 • 50450 Köln.